国家双高"铁道机车专业群"系列立体化教材

轨道交通概论

主　编 ◎ 李建龙　陆　超　杨培义
副主编 ◎ 高文艳　牛晨旭
主　审 ◎ 耿志刚　吴安伟

西南交通大学出版社
·成　都·

图书在版编目（CIP）数据

轨道交通概论 / 李建龙，陆超，杨培义主编．
成都：西南交通大学出版社，2024.6. -- ISBN 978-7
-5643-9885-9
I. U239.5
中国国家版本馆 CIP 数据核字第 2024WM2912 号

Guidao Jiaotong Gailun
轨道交通概论

主　编／李建龙　陆　超　杨培义　　　　责任编辑／王　旻
　　　　　　　　　　　　　　　　　　　　封面设计／何东琳设计工作室

西南交通大学出版社出版发行
（四川省成都市金牛区二环路北一段 111 号西南交通大学创新大厦 21 楼　610031）
营销部电话：028-87600564　　028-87600533
网址：http://www.xnjdcbs.com
印刷：四川煤田地质制图印务有限责任公司

成品尺寸　185 mm×260 mm
印张　22　　字数　549 千
版次　2024 年 6 月第 1 版　　印次　2024 年 6 月第 1 次

书号　ISBN 978-7-5643-9885-9
定价　58.00 元

课件咨询电话：028-81435775
图书如有印装质量问题　本社负责退换
版权所有　盗版必究　举报电话：028-87600562

前言 PREFACE

随着全球城市化进程的加速及可持续发展理念的深入推广，轨道交通作为解决城市交通拥堵、优化城市空间布局、提升公众出行效率与质量的关键手段，其重要性日益凸显。本书积极响应国家"课程思政"建设号召，在传授学科专业知识的过程中，融入社会主义核心价值观，培养学生深厚的家国情怀、高尚的职业道德和严谨的科学精神，实现立德树人、知行合一的教育目标。

本书旨在系统、全面地将轨道交通企业新规章、新知识和新设备融入教材中，贴近企业实际生产过程，构建生产情景有机地融入思想政治教育元素，培养学生的社会责任感、创新精神和谨慎求真、踏实肯干、追求卓越的工匠精神，实现知识教育与价值引领的深度融合。

本书从轨道交通的行车组织、线路、机车车辆、信号、通信、供电等方面进行全方位、立体化介绍，对轨道交通运输行业建立整体概念，并选取各系统典型工作任务、标准进行了详细介绍，是轨道交通运输行业新知识学习的必备用书。本书内容涵盖面广，内容丰富，实用性强，可作为高等职业院校轨道交通相关专业的教材，也可作为相关职工岗位职工培训及海外铁路职业技能培训教材。

本书由郑州铁路职业技术学院李建龙、广州铁路职业技术学院陆超、郑州铁路职业技术学院杨培义任主编，新疆铁道职业技术学院高文艳和郑州铁路职业技术学院牛晨旭任副主编；中国铁路郑州局集团有限公司郑州机务段耿志刚、郑州地铁集团有限公司吴安伟任主审。具体编写分工如下：李建龙编写第一章、第六章、第七章；陆超编写第八章、第九章；杨培义编写第五章；高文艳编写第二章；牛晨旭编写第三章、第四章。

本书在编写过程中，得到了中国铁路郑州局集团有限公司和郑州地铁集团有限公司的大力支持，中国铁路郑州局集团有限公司郑州机务段、中国铁路郑州局集团有限公司郑州动车段、中国铁路郑州局集团有限公司郑州车辆段对编写工作给予了具体的指导和帮助，在此一并表示感谢。

由于作者水平所限，难免有错误和不当之处，恳请读者给予批评指正。

编　者
2024年2月

数字资源目录

序号	二维码名称	资源类型/数量	书籍页码
1	轨道交通运输行业概况	PPT、微课	1
2	轨道交通运输行业组织架构	PPT、微课	8
3	行车组织	PPT、微课	19
4	认识旅客运输组织	PPT、微课	45
5	认识铁路货物运输组织	PPT、微课	56
6	铁路线路平面	PPT、微课	77
7	铁路线路纵断面	PPT、微课	81
8	路基和桥隧建筑物	PPT、微课	85
9	轨道	PPT、微课	90
10	道岔	PPT、微课	95
11	轨道交通车站总体认知	PPT、微课	109
12	铁路车站中间站、区段站、编组站	PPT、微课	116
13	认识城市轨道交通车站和车辆基地	PPT、微课	128
14	了解铁路车辆的种类及配属	PPT、微课	141
15	认知铁道机车的分类及型号	PPT、微课	154
16	了解铁道车辆的结构	PPT、微课	157
17	了解铁道车辆的运用与检修	PPT、微课	172
18	认知内燃机车	PPT、微课	176
19	认知电力机车	PPT、微课	180
20	认知机车检修	PPT、微课	187
21	轨道交通通信概况	PPT、微课	188
22	铁路通信设备	PPT、微课	205

序号	二维码名称	资源类型/数量	书籍页码
23	轨道交通信号设备	PPT、微课	214
24	高速铁路供电系统	PPT、微课	249
25	城市轨道交通供电系统	PPT、微课	259
26	高速铁路接触网	PPT、微课	264
27	城市轨道交通接触网	PPT、微课	276
28	轨道交通SCADA系统	PPT、微课	279
39	动车组的分类、特点及发展概况	PPT、微课	289
30	城轨列车基本知识	PPT、微课	291
31	了解动车组的基本构造	PPT、微课	292
32	轨道交通新技术重载运输	PPT、微课	321
33	磁悬浮与自动驾驶新技术	PPT、微课	324

目 录 CONTENTS

第一章　绪　论……………………………………………………………………001
　　第一节　轨道交通概述……………………………………………………002
　　第二节　轨道交通企业组织架构…………………………………………008
☞ 学习工作任务单……………………………………………………………013

第二章　轨道交通行车组织………………………………………………………019
　　第一节　列车运行图………………………………………………………019
　　第二节　铁路行车组织……………………………………………………022
　　第三节　城市轨道交通行车组织…………………………………………038
　　第四节　旅客运输组织……………………………………………………045
　　第五节　铁路货物运输组织………………………………………………056
☞ 学习工作任务单……………………………………………………………069

第三章　轨道交通线路……………………………………………………………075
　　第一节　线路介绍…………………………………………………………076
　　第二节　路基和桥隧………………………………………………………085
　　第三节　轨　道……………………………………………………………090
　　第四节　限界及工务工作…………………………………………………099
☞ 学习工作任务单……………………………………………………………103

第四章　轨道交通车站……………………………………………………………109
　　第一节　概　述……………………………………………………………109
　　第二节　中间站与编组站…………………………………………………116
　　第三节　城市轨道交通车站………………………………………………128
　　第四节　城市轨道交通车辆基地…………………………………………130
☞ 学习工作任务单……………………………………………………………134

第五章　轨道交通机车及车辆……………………………………………………140
　　第一节　铁路车辆分类及标记……………………………………………141

第二节　铁路机车分类及型号 …………………………………… 154
　　第三节　铁道车辆 ………………………………………………… 157
　　第四节　车辆运用与检修 ………………………………………… 172
　　第五节　认知内燃机车和电力机车 ……………………………… 176
　　第六节　机车发展与运用 ………………………………………… 185
☞ 学习工作任务单 ……………………………………………………… 192

第六章　轨道交通通信、信号 …………………………………………… 198
　　第一节　概　述 …………………………………………………… 199
　　第二节　轨道交通通信设备 ……………………………………… 204
　　第三节　轨道交通信号设备 ……………………………………… 214
　　第四节　轨道交通行车信号 ……………………………………… 224
　　第五节　轨道列车运行控制系统 ………………………………… 230
☞ 学习工作任务单 ……………………………………………………… 242

第七章　轨道交通供电系统 ……………………………………………… 248
　　第一节　概　述 …………………………………………………… 248
　　第二节　接触网 …………………………………………………… 264
　　第三节　数据采集与监视控制系统 ……………………………… 279
☞ 学习工作任务单 ……………………………………………………… 283

第八章　动车组和城市轨道列车 ………………………………………… 289
　　第一节　概　述 …………………………………………………… 289
　　第二节　动车组和城市轨道车辆构造 …………………………… 292
　　第三节　动车组和城市轨道交通车辆标记 ……………………… 307
☞ 学习工作任务单 ……………………………………………………… 314

第九章　重载列车和磁悬浮列车 ………………………………………… 320
　　第一节　重载运输 ………………………………………………… 321
　　第二节　磁悬浮列车 ……………………………………………… 324
　　第三节　列车自动驾驶系统 ……………………………………… 333
☞ 学习工作任务单 ……………………………………………………… 338

参考文献 …………………………………………………………………… 344

PART ONE

第一章

绪 论

学习目标

知识目标

1. 了解轨道交通发展概况
2. 了解轨道交通行业企业概况

能力目标

1. 批判性分析各种轨道交通的优劣
2. 培养学生搜集整理信息的能力

素质目标

1. 培养学生的民族自豪感
2. 培养学生爱国、爱路的情怀

轨道交通运输行业概况

1909 年建成的京张铁路，是在詹天佑主持下，中国人自行设计建设的第一条铁路，在中国铁路建设史和詹天佑铁路生涯中有着重要意义。詹天佑对中国铁路事业作出了巨大的贡献，最显著的就是创设了"竖井开凿法"和人字形铁路，并负责主持修建了中国自主设计的第一条铁路"京张铁路"。京张铁路从 1905 年 9 月 4 日开始动工，历经 4 年建造完成，从此拉开了建造中国铁路的序幕。这条意义重大的铁路至今都没有被毁坏，它作为重要的工业遗址，足以让人们感受到新旧交替以及百年铁路历史的重大变迁。京张铁路不仅仅是一条铁路，更是历史变迁的见证者，它表现出了那个时代中国人的创造力和胆识胆气，启示人们要始终保持发展和进步，才能在这个日新月异的时代中继续焕发生机与活力。

交通运输行业是国民经济的命脉，国民经济发展的规模和速度在很大程度上是以交通运输行业的发展为前提条件的。交通运输行业又是流通领域的支柱，它是沟通工农业、城乡、地区、企业之间经济活动的纽带，是面向社会为公众服务的公用事业，是对国民经济和社会发展具有全局性、先行性影响的基础行业。

现代交通运输业是国民经济的有机组成部分，它具有物质生产和为社会公众服务的多重属性，是一个具有明显服务功能的物质生产部门。交通运输是生产过程在流通过程中的继续，是独立的物质生产部门，它参与社会物质财富的创造。运输业具备生产力的三要素：劳动者、劳动对象和劳动资料，人们借助劳动资料，作用于劳动对象，使之适合自己的需要就是物质生产。以铁路为例：线路、站场、机车车辆等各种固定和移动的设备，是铁路运输业从事物质生产的劳动资料；铁路职工利用劳动资料，按照旅客和货主的要求，有目的地改变旅客和货物在空间上的位置，由此发生的场所变动，就是运输生产的产品。铁路职工是劳动力，旅客和货物是服务对象。运输业对它的劳动对象只提供服务，而不能自由支配。

交通运输缩短了人和物在时间和空间上的距离，使不同国家和地区之间的接触和交往不断增强，增进了相互间的了解，强化了相互间的各种社会联系。交通运输业的发展对国家统一、人类文明进步、经济文化交流以及国防力量的增强都发挥着重要的作用。

第一节　轨道交通概述

轨道交通是一种独立的有轨交通系统，以固定轨道作为运输道路，由机械动力牵引车辆在轨道上运送旅客和货物的运输方式。轨道运输与其他各种现代化运输方式相比，具有运输能力大、速度快的特点，它可提供资源集约利用、环境舒适、节能减排、安全快捷的大容量运输服务，能够按照设计能力正常运行，与其他交通工具互不干扰，具有强大的运输能力、较高的服务水平和显著的资源环境效益。

轨道运输的成本也比公路运输和航空运输低，运距愈长，运量愈大，其单位成本就愈低；轨道运输一般可以全天候运营，受气候条件限制较小；具有较高的安全性和可靠性，正点率较高；采用电力牵引时，可以不使用石油作燃料，节省能源，减少污染，有利于环境保护。由于轨道运输具有上述技术经济特点，因此，轨道运输适合幅员辽阔的大陆国家；适合运送常规的、稳定的大宗货物和中长距离的货物运输，以及满足城市间旅客运输的需要和城市内及城郊大规模乘客运输。但轨道运输具有投资大、建设周期长等缺点，且路网密度小、服务范围小；人们只能到车站乘车或托运货物，灵活性差、送达速度低，难以实现"门到门"运输，不太适合运量小的场合。

一、轨道交通运输行业发展概况

在轨道交通运输发展的历史进程中，人们常把担当长大运输的铁路称为大铁路（或称干线铁路），用于与城市轨道交通运输相区别。由于铁路运输的快速发展，今后的铁路运输主要是既有线、高速铁路和重载铁路并行的局面。

1769年，法国工程师库纳研制成功了第一辆蒸汽机车。1801年，英国煤矿工程师特里维克研制成功了第一辆能在铁轨上行驶的蒸汽机车，这是一辆单缸蒸汽机车，拖着5节车厢的煤，在煤矿的铁路上行驶。11年后，英国人莫莱为了提高蒸汽机车的速度，将机车的主动轮改成一个大齿轮状，铁轨也改造成带齿的。史蒂芬逊是火车制造的实践者和设计师。世界上第一辆火车诞生的时候，速度很慢，每小时才6.4 km，当它和马车赛跑时，马车竟把火车远远地甩在了后面。但是史蒂芬逊并不灰心，他以巨大的勇气和毅力，对火车继续进行研究和改进。史蒂芬逊发现自己设计的机车有严重的缺陷：锅炉产生的蒸汽没有很好地利用，绝大部分都白白地浪费了，他还在路基和铁轨铺设上深入研究。经过艰苦不懈的努力，世界上第一条铁路——英国斯托克顿到达林顿约 48 km 长的铁路正式通车了，负责铁路勘测和修建的总工程师是史蒂芬逊，负责制造机车的也是史蒂芬逊。

1825 年 9 月 27 日，斯托克顿车站上人山人海，史蒂芬逊亲自驾驶着自己制造的机车，牵引着 38 节车厢，载着 450 名乘客以每小时 24 km 的速度轰隆轰隆地向达林顿方向驶去。围观的人群发出了热烈的欢呼声和赞叹声。从此以后，机车一辆辆诞生，铁路一条条延伸遍布全世界。史蒂芬逊播下的第一粒种子，如今已经在全世界开花结果。

如图 1-1-1 所示是我国第一台机车。目前，我国铁路建设已经进入一个黄金时期，正在快速发展。截止至 2022 年，全国铁路营业里程达到 15.5 万 km，主要繁忙干线实现客货分线，复线率和电化率分别达到 50% 和 60% 以上，运输能力满足国民经济和社会发展需要，主要技术装备达到或接近国际先进水平，其中高速铁路 4.2 万 km。展望到 2030 年，我国铁路基本实现内外互联互通、区际多路畅通、省会高铁连通、地市快速通达、县域基本覆盖；扩大中西部路网覆盖，完善东部网络布局，提升既有路网质量，推进周边互联互通，形成覆盖广泛、内联外通、通边达海的铁路网，提高对地区发展、对外开放等方面的支撑保障能力。

图 1-1-1 我国第一台机车

二、城市轨道交通

国家标准《城市公共交通常用名词术语》将城市轨道交通定义为"通常以电能为动力，采用轮轨运转方式的快速大运量公共交通之总称"。因此，城市轨道交通是指采用专用轨道导向运行的城市公共客运交通系统，包括地铁系统、轻轨系统、单轨系统、有轨电车、磁浮系统、自动导向轨道系统、市域快速轨道系统等多种类型。

1775 年，英国人约翰·乌特兰发明的有轨马车是世界上最早的城市轨道交通，如图 1-1-2 所示。1863 年，世界上第一条用蒸汽机车牵引的地下铁道线路在英国伦敦建成通车，标志着世界上第一条地下铁道的诞生，为人口密集的大都市如何发展公共交通提供了宝贵的经验。特别是1879年电力驱动机车的研究成功，使地下客运环境和服务条件得到了空前改善，地铁建设显示出强大的生命力。从此以后，世界上一些著名的大都市相继建造地下铁道。

图1-1-2　有轨马车

1863—1899年，英国的伦敦和格拉斯哥、美国的纽约和波士顿、匈牙利的布达佩斯、奥地利的维也纳以及法国的巴黎共5个国家的7座城市率先建成了地下铁道。在进入20世纪的最初24年里（1900—1924年），欧洲和美洲又有9座大城市相继修建了地下铁道，如德国的柏林、汉堡，美国的费城以及西班牙的马德里等。

1925—1949年，其间经历了第二次世界大战，各国都着眼于自身的安危，地铁建设处于低潮，但仍有日本的东京、大阪，俄罗斯的莫斯科等少数城市在此期间修建了地铁。第二次世界大战以后，1950—1974年，世界上地铁建设蓬勃发展，加拿大的多伦多、蒙特利尔，意大利的罗马、米兰，美国的旧金山，俄罗斯的圣彼得堡，乌克兰的基辅，日本的名古屋、横滨，以及中国的北京等约30座城市相继建成了地铁。

从1863年世界上最早的英国伦敦地铁通车运营，此后160年来，世界各地开通了包括地铁系统、轻轨系统、单轨系统、有轨电车、磁浮系统等多种类型的城市轨道交通系统。目前，已有50多个国家和地区、超过170座城市开通了城市轨道交通线路，车站总数超过9 000座，运营里程超过10 000 km，城市轨道交通已成为城市公共交通的重要组成部分。其中，运行速度最快的地铁是北京地铁大兴机场线最高速度达160 km/h、广州地铁18号线设计最高速度达160 km/h、广州地铁22号线设计最高速度达160 km/h；世界上最繁忙的地铁是莫斯科地铁，莫斯科地铁由10余条线路组成，每天发出9 000多辆列车，每天运送的乘客人数达到了1 600万人次，是伦敦地铁一天运输人次的1.7倍；最长的地铁是上海地铁11号线，82.4 km，是中国第一条跨省、跨市地铁线路；世界埋深最深的地铁是朝鲜首都平壤地铁，最大埋深达200 m；莫斯科地铁被公认为是世界上最漂亮的地铁，地铁站的建筑造型各异、华丽典雅，每个车站都由著名建筑师和艺术家设计，以不同历史事件或历史人物为主题，采用五颜六色的大理石、花岗岩、陶瓷和彩色玻璃镶嵌各种浮雕和壁画装饰，辅以华丽的照明灯具，好像富丽堂皇的宫殿，享有"地下宫殿"之美称，如图1-1-3所示。

图 1-1-3　莫斯科地铁

三、高速铁路运输

从 20 世纪 50 年代开始,世界进入了交通运输工具现代化、多样化时期,高速公路和汽车的快速发展,航空运输的兴起,使铁路在速度上处于劣势,受到长短途运输的两面夹击,铁路在西方国家首先陷入"夕阳产业"的被动局面,一度处于建设停滞状态。

提高列车速度是铁路赖以生存和适应社会经济发展的唯一出路。为此,从 20 世纪初至 20 世纪 50 年代,德国、法国、日本等国进行了大量的有关高速列车的理论研究和试验工作。1903 年 10 月 27 日,德国人用电动车首创了试验速度达 210 km/h 的历史纪录;1955 年 3 月 28 日,法国人用两台电力机车牵引三辆客车,使试验速度达到了 331 km/h。但直到 20 世纪 60 年代,高速铁路技术才进入实际运用阶段。如图 1-1-4 所示为蒸汽高速机车。

图 1-1-4　高速蒸汽机车

日本从 20 世纪 50 年代末开始,为迎接第 18 届奥运会在东京召开,加快了研究和建设高速铁路的步伐。1964 年 10 月 1 日,世界上第一条高速铁路——日本东海道新干线赶在 1964 年 10 月 10 日奥运会开幕前正式投入运营,列车运行速度达到 210 km/h,突破了保持多年的铁路运行速度的世界纪录。由于东海道新干线票价较飞机票便宜,日本高速铁路吸引了大量旅客,迫使东京至名古屋间的飞机航班停运。它成为当今世界上铁路在与航空的竞争中取得胜利的一个范例。如图 1-1-5 所示为日本高速列车。

20 世纪 80 年代,随着世界性的能源危机、环境污染等问题愈演愈烈,铁路的优点又体现出来,与此同时,随着有关高速铁路的一系列新技术、新工艺、新设备的研究取得突破和发展,以及各国铁路运输管理体制改革的不断深入,世界铁路开始进入"第二发展期"——高速铁路的大发展期。

图 1-1-5　日本高速列车

我国的基本国情是：人口众多,幅员辽阔,耕地匮乏,资源短缺,生产布局不合理,经济发展不平衡等。因此,大力发展高速铁路,来解决大客流量的快速运输问题是我们的必然选择。

我国高速铁路网的发展目标是：到 21 世纪中叶,建成以北京、上海、武汉、广州为中心,连接绝大部分目前人口在 10 万以上的城市和省会城市的高速铁路网,进一步拓展四大中心城市的"朝发夕至"和"一日到达圈",实现 1 000 km 以内朝发夕归,3 000 km 以内夕发朝至,5 000 km 以内一日到达,高速铁路相连的中心城市间均可实现夕发朝至,运输能力和运输质量全面适应我国 2050 年基本实现现代化经济和社会文明发展的需要。

四、重载铁路运输

世界铁路重载运输是从 20 世纪 50 年代开始出现并发展起来的。第二次世界大战后的经济复苏及工业化进程的加快,对原材料和矿物资源等大宗商品的需求量增加,导致这些货物的运输量增长,这给铁路运输提出了新的要求。一方面,大宗、直达的货源和货流又为货物运输实现重载化提供了必要的条件；另一方面,铁路部门从扩大运能、提高运输效率和降低运输成本出发,也希望提高列车的重量。而铁路技术装备水平的不断提高又为发展重载运输提供了物质技术基础。一些国家铁路从 20 世纪 50 年代起就有计划、有步骤地进行牵引动力现代化改造,停造并先后停止使用蒸汽机车,新型大功率内燃和电力机车逐步成为主要的牵引动力,为大幅度提高列车重量提供了必需的牵引动力,从而以开行长大列车为主要特征的重载运输开始出现。但这一时期的重载技术尚不配套,一些关键技术,如长大列车间的过量冲动、车钩强度、机车的合理配置、同步操纵及制动等,都没有得到很好的解决。

重载运输从 20 世纪 60 年代中后期开始取得实质性进展,并逐步形成强大的生产力。美国、加拿大及澳大利亚等国铁路相继在运输大宗散装货物的主要方向上开创了固定车底单元列车循环运输方式,并且发展很快。美国是单元式重载列车的发源地。1958 年,为了加强与当时出现的煤浆管道运输的竞争能力,美国铁路开行了每辆货车载重 90.7 t、编组 85 辆的第一列由矿区直达钢厂的万吨级矿石单元式重载列车。1960年，美国只有一条固定的重载单元列车运煤线路，年运量不过120万吨；到1969年，重载煤炭运输专线增加到293条，运量达1.44亿吨，占铁路煤炭运量的30%左右。苏联在20世纪60年代末为解决线路大修对运输的干扰，在通过能力紧张的限制区段，组织开行了将两列普通货物列车连挂合并的组合列车。在这之后，这种行车组织方式又成为提高繁忙运输干线区段能力的重要措施。南非铁路在20世纪60年代末开始引进北美重载单元列车技术，并从70年代开始，在其窄轨运煤和矿石的线路上，逐步把列车的重量提高到5 400 t和7 400 t，并不定期开行总重为11 000 t的重载列车。巴西铁路从20世纪70年代中期开始，通过借鉴、引进北美和南非的技术，开行了重载单元列车。另外，德国、波兰、瑞典、印度等国，也根据各自国家的具体情况和实际需要，开行了重量和长度都超过普通列车标准的重载列车。如图1-1-6所示为美国重载列车。

图1-1-6　美国重载列车

20世纪80年代以后，由于新材料、新工艺、电力电子、计算机控制和信息技术等现代高新技术在铁路上的广泛应用，铁路重载运输技术及装备水平又有了很大提高。特别是在牵引动力、车辆大型化与轻量化、同步操作和制动技术等方面有了新的突破，从而更大地促进了重载运输的发展。各国铁路运营条件、技术装备水平、发展重载运输的目的不同，采用重载列车运输类型和组织方式各有差异。以美国、加拿大为代表，包括澳大利亚、巴西、南非等国，是以降低运输成本、获取更大利润为目的。这些国家的铁路网规模大，行车密度小，货运比重大，运能有较大富余，而且货流量大，去向又集中，一般均组织由装车地到卸车地之间的单元式重载列车。苏联铁路是客货混跑，运能紧张，为提高铁路运输能力而发展重载运输，因而多采用组合式列车或超重超长列车。

我国铁路发展重载运输起步较晚，是从开行组合列车开始起步的。自1984年经国务院批准，决定在北京局管辖的丰沙大和京秦电气化铁路试验开行重载列车至今，经历了3个阶段，采取了3种运输组织模式。第1阶段（1984—1990年）为改造旧线、开行组合式重载列车模式阶段。第2阶段（1990—1992年）为新建大秦铁路，开行单元式重载列车模式阶段。第3阶段（1992年以后）为逐步改造既有繁忙干线，开行整列式重载列车模式阶段。由一台或多台机车集中在头部牵引的整列式重载列车，是我国重载运输发展过程中采用的重载列车基本形式。为在全国既有路网推行重载列车技术，当时，中国铁路总公司有计划、分步骤地在一些主要干线（包括京广线、京沪线、京哈线）繁忙区段组织开行了5 000 t级的整列式重载列车,这种扩能效果显著的重载运输方式,已成为中国发展重载运输的主要方式。如图 1-1-7 所示为神华号万吨重载列车。

图 1-1-7　神华号万吨重载列车

第二节　轨道交通企业组织架构

轨道运输行业在国民经济中起着重要的作用,而安全又是轨道交通运输行业中最核心的内容,安全红线绝对不能触碰。轨道运输行业是一个特殊的岗位群,是一个极为庞大的联动机,关系到车辆、机车、线路、供电、车站、信号、通信等多个部门,各个岗位之间需要相互配合,相互协调,才能完成运输工作。辛勤的员工不分昼夜奋战在运输一线上,严格

轨道交通运输行业组织架构

执行各项规章制度,不得出现一丝的纰漏,这关系到轨道运输的安全性,所以在这种制度下造就了可亲可爱、勤勤恳恳、兢兢业业、忠于职守、尽职尽责的广大铁路职工,认真地维护着国家经济发展大动脉,确保轨道运输畅通无阻。

李向前是一名普普通通的工人师傅,是中国铁路郑州局集团有限公司洛阳机务段宝丰检修车间内燃机车钳工、高级技师,郑州局集团公司首席技师,中国铁路总公司首席技师。2017年光荣当选党的十九大代表。他不仅钻研业务,还将几十斤到几百斤的配件,一遍又一遍拆装,46 个笔记本记得满满的。半年时间,他就成为班组"问不倒""难不住"的业务通。凭借在技术攻关、设备改造、人才培养等方面的突出贡献,他曾获得全路技术能手、全国技术能手等荣誉称号,是中国铁路总公司"百千万人才"工程专业带头人,是享受国务院政府特殊津贴的"蓝领专家"。细微之处见真章。正是李向前细心追求技艺无止境,将习以为常的工作做精、做细,才有了技术的扎实提升和创新改进。"高山仰止,景行行止",榜样具有无穷的感染力。李向前不光在个人业务能力上苦心钻研,更是带动身边年轻人一起前进。2013 年,以李向前名字命名的"李向前内燃机车钳工铁路技能大师工作室"成立。依托工作室平台,通过精选题、建团队、抓机制、解难题,激发了全段干部职工创新创效热情。用身边的榜样

引领身边人，是最好的引导，也是最具说服力的。一个榜样就是一座丰碑，就是一个示范引领潮流的样板。如图 1-2-1 所示，最美奋斗者李向前。

图 1-2-1　最美奋斗者李向前

一、铁路运输业的体系架构

2013 年 3 月 14 日下午，中国铁路总公司成立大会在原铁道部举行，根据国务院机构改革和职能转变方案，铁路实行政企分开：将铁道部拟定铁路发展规划和政策的行政职责划入交通运输部；组建国家铁路局，由交通运输部管理，承担铁道部的其他行政职责；组建中国铁路总公司，承担铁道部的企业职责；不再保留铁道部。

国家铁路局主要职责：（1）起草铁路监督管理的法律法规、规章草案，参与研究铁路发展规划、政策和体制改革工作，组织拟订铁路技术标准并监督实施。（2）负责铁路安全生产监督管理，制定铁路运输安全、工程质量安全和设备质量安全监督管理办法并组织实施，组织实施依法设定的行政许可。组织或参与铁路生产安全事故调查处理。（3）负责拟订规范铁路运输和工程建设市场秩序政策措施并组织实施，监督铁路运输服务质量和铁路企业承担国家规定的公益性运输任务情况。（4）负责组织监测分析铁路运行情况，开展铁路行业统计工作。（5）负责开展铁路的政府间有关交流与合作。（6）承办国务院及交通运输部交办的其他事项。

2019 年月 18 日，经国务院批准同意，中国铁路总公司设置成立中国国家铁路集团有限公司。

中国国家铁路集团有限公司（简称"国铁集团"）是经国务院批准、依据《中华人民共和国公司法》设立、由中央管理的国有独资公司。中国国家铁路集团有限公司以铁路客货运输为主业，实行多元化经营，负责铁路运输统一调度指挥，统筹安排路网性运力资源配置，承担国家规定的公益性运输任务，负责铁路行业运输收入清算和收入进款管理，自觉接受行政监管和公众监督，负责国家铁路新线投产运营的安全评估，保证运输安全，提升服务质量，提高经济效益，增强市场竞争能力。中国国家铁路集团有限公司实行两级法人（中国国家铁路集团有限公司—铁路局集团公司）、三级管理（中国国家铁路集团有限公司—铁路局集团公司—站段）。截至 2018 年末，中国国家铁路集团有限公司下设 18 个铁路局集团公司（简称：铁路局）（设置运输站段 845 个），3 个专业运输公司等 34 家企业，3 个事业单位。其中，18 个铁路局集团公司分别是：中国铁路哈尔滨局集团有限公司、中国铁路沈阳局集团有限公司、中国铁路北京局集团有限公司、中国铁路太原局集团有限公司、中国铁路呼和浩特局集团有限公司、中国铁路郑州局集团有限公司、中国铁路武汉局集团有限公司、中国铁路西安集团有限公司、中国铁路济南局集团有限公司、中国铁路上海局集团有限公司、中国铁路南昌局集团有限公司、中国铁路广州局集团有限公司、中国铁路南宁局集团有限公司、中国铁路成都局集团有限公司、中国铁路昆明局集团有限公司、中国铁路兰州局集团有限公司、中国铁路乌鲁木齐局集团有限公司、中国铁路青藏集团有限公司。

国铁集团下设的18个铁路局集团公司组织架构相类似。其中在铁路运输行业中，常说的车、机、供、电、辆就是分别指车务段、机务段、供电段、车辆段。截止至2020年，运输站段主要有：

车务段——是管理车站和车站工作人员的，一般一等和特等车站成立直属站，二等及其以下由车务段管辖。

直属站——直属于铁路局集团公司管辖。

机务段——是管理、运用和维护机车以及管理机车乘务员的机构。

供电段——主要负责电气化铁路的牵引供电、铁路运输信号供电、铁路地区的电力供应、电力设备的检修与保养等工作。

车辆段——铁路列车车辆设备维护维修管理单位。

客运段——铁路客运服务单位。

工务段——铁路路轨、铁路线路改造和维护维修管理单位。

电务段——负责管理和维护列车在运行途中的地面信号与机车信号及道岔正常工作。

通信段——负责通信段所辖范围内各种通信设施的日常检修工作。

动车段——动车进行日常整备和入库进行检修的地方。

综合段——专门负责管辖内高铁线路、桥隧、信号、牵引供电、电力设备管理工作。

维修检修段——大功率机运用检修段、如上海高铁基础设施段。

二、城市轨道交通运输业的体系架构

在我国，城市轨道交通存在及运营历史已达到几十年，早期的轨道交通线路以北京城市轨道交通1、29线为代表，进入20世纪90年代，国内各大城市相继开启轨道交通建设，城市轨道交通线路也从早期的单一线路运营，发展到今天初具网络化规模。截至2020年，各特大型城市（如北京、上海、广州等）已具有完善的轨道交通网络。各个城市地铁公司都隶属于市政府的管辖，每个地铁公司的组织架构都略有不同，截止至2020年郑州地铁组织构架如图1-2-2所示。

城市轨道交通运营工作的核心是提供运输服务，主要包含客运组织，以及与此相关的票务、行车、乘务、车务、维修、管理组织等。运营公司是城市轨道交通行业的核心业务部门，截止至2020年，以郑州地铁集团运营分公司组织架构为例，如图1-2-3所示。

调度票务中心——对全线列车运行、电力供应、车站设备运行、防灾报警、环境监控、票务管理及乘客服务等地铁运营全程进行调度、指挥、监控的"中枢"和票务清算。

乘务中心——负责城轨车辆的正常驾驶和城轨司机的管理以及城轨车辆行车调度。

站务中心——为确保运营期间设备状态良好，每日运营前需要先做好运营前检查，并负责车站日常运营管理工作，为乘客提供服务。

车辆中心——维护、维修地铁车辆。在合理的成本下，保证车辆的可靠性与可利用程度。目标是确保车辆运作顺畅，并且在出现故障时，尽快解决问题。

通号中心——负责城市轨道线路通信与信号设备的安装与日常维护。

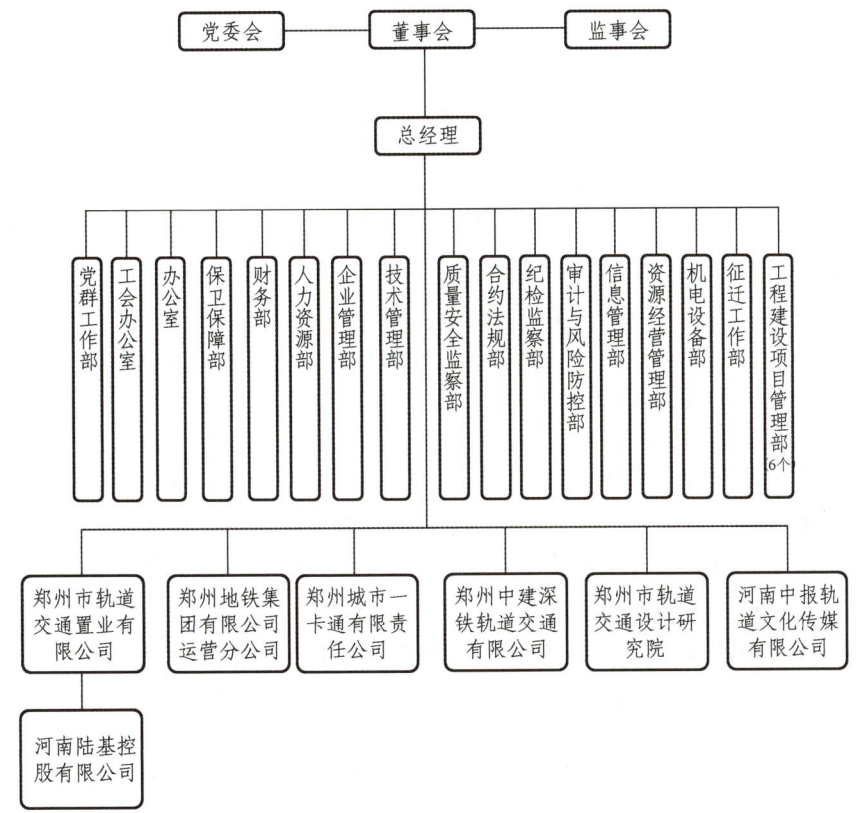

图 1-2-2　郑州地铁组织构架

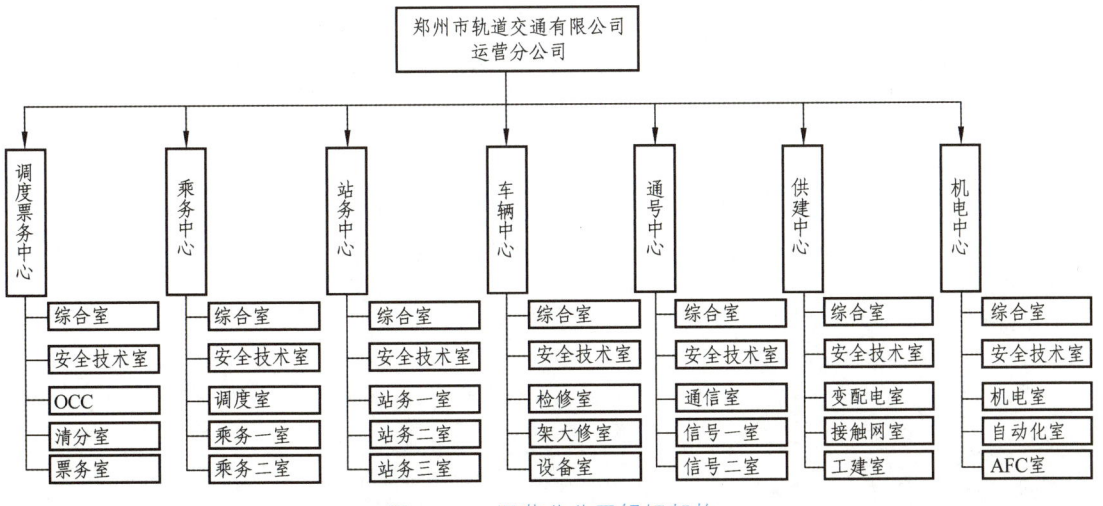

图 1-2-3　运营分公司组织架构

供建中心——负责城市轨道线路接触网、变电站和配电室的日常维护和修理。

机电中心——主要负责北京市地铁运营线路中机电系统设备设施（包括通风空调系统、给排水系统、低压配电及照明系统、环境与设备监控系统、火灾自动报警系统、气体灭火系统、自动扶梯、电梯及无障碍设备、屏蔽门系统及人防系统共九大系统）的日常维修、设备大修、抢险抢修、更新改造、配合新线建设及接收等工作。

三、高速铁路运输的体系架构

由于我国高速铁路分成既有线路和新建客运专线，这两种和普速铁路都属于国铁集团。而且高速铁路和普速铁路所用的设备都很相似，基本上也是由供电、车辆、信号、工务、车务这些核心部门组成，所以组织架构和普速铁路基本相同。高速铁路是一个时变复杂大系统，300～350 km/h 的高速运行对轨道、接触网、通信和列控系统的平顺性、稳定性和可靠性提出了近乎严苛的要求，传统的检测技术已无法满足高铁系统安全和效率的需要。采用综合检测及评估技术对基础设施的状态进行等速实时检测和分析评价，已成为保障高铁运行安全和指导养护维修所必不可少的技术手段。

高铁综合段是随着高速铁路快速发展才开设的新的站段。自2008年京津城际铁路开通运营以来，中国高铁基础设施维修基本采用专业垂直管理，主要由工务、电务、供电各专业普速铁路延伸管理高铁的模式，为确保设备质量、高铁安全提供了有力保障。10多年来，我国高铁技术装备水平大幅提升，高速动车组运行密度大幅增加，运营环境更趋复杂，确保高铁和旅客安全万无一失，面临许多新情况、新问题、新挑战。传统的分专业管理模式已明显不适应技术设备高度融合的现实需要，"天窗"利用率较低、专业结合部多、生产资源无法统筹共用、运维成本高等问题随之凸显。一体化管理能有效减少各专业维修作业的相互干扰，强化高铁设备设施的质量基础。同时，推进一体化管理也是推动铁路高质量发展的必然选择，有利于实现劳动力、机械设备、维修"天窗"的资源综合利用，促进提质增效；有利于降低运维成本，构建中国特色、世界一流的高铁基础设施运维管理标准体系，助力中国高铁"走出去"。为此，国铁集团、各铁路局集团公司、各专业部门始终致力于研究探索更安全、更高效的高铁综合维修模式，大力推进高速铁路综合维修生产一体化管理，结合部协调更加顺畅，设备质量稳步提升，工务部门保持零故障，信号、通信、供电设备故障率均大幅下降，应急处置上道次数有效减少。

学习工作任务单			
工单编号	1	工单名称	轨道交通行业分类
工单类型	基础型工单	面向专业	轨道交通行业相关岗位
工单大类	学习型工单	能力面向	专业能力
职业岗位	机车乘务员、车辆乘务员、动车组司机、电客车司机等轨道交通行业从业人员		
考核点	轨道交通运输概况		
工单简介	本工单主要能区分轨道交通运输行业的基本情况，了解轨道交通行业组织架构。对轨道交通运输行业有基本的认知，为以后的工作学习打下坚实基础。 加强学生爱党爱国，热爱轨道交通行业的精神，以及民族自豪感。		
设备环境	多媒体教室		
用途说明	在常规课程中可引导学生获取信息的能力和总结归纳的能力		
实施人员信息（学生填写）			
姓名		班级	学号

笔记栏

任务目标

实施该工单的任务目标如下：
1. 了解轨道交通运输行业发展概况。
2. 了解各种轨道交通运输的差异性。
3. 了解轨道交通行业一般企业组织架构。
4. 能够正确区分轨道交通运输形式。

任务介绍

1. 任务描述

本任务从轨道交通运输业发展分类开始介绍,从詹天佑等名人事迹出发弘扬铁路工匠精神。

2. 任务要求

(1)说明轨道交通运输行业都有哪些细分。
(2)说明轨道交通运输行业中各种形式的应用场合。
(3)说明轨道交通运输行业一般的组织架构。

任务资讯

(10分)1. 轨道交通运输行业都有哪形式?

(10分)2. 说明轨道交通运输行业中各种形式的应用场合?

(10分)3. 简要说明轨道交通运输行业中一般组织架构。

笔记栏

任务扩展

任务扩展要求如下：

请根据轨道交通行业的现况并结合我国国情，展望未来轨道交通运输行业的发展趋势并结合所学的专业知识对未来职业做出展望。

（10分）1. 简述未来轨道交通运输行业的发展方向？

（10分）2. 结合本章所学的专业知识对未来职业岗位发展展望。

笔记栏

| 任务实施 | 笔记栏 |

任务实施要求如下:

(**10分**) 1. 轨道交通运输从无到有的历程。

(**10分**) 2. 轨道交通运输行业的分类。

(**10分**) 3. 每种轨道交通运输的适用场合。

| 工作日志 | 笔记栏 |

（5分）实施工单过程中填写如下日志：

工作日志表

日期	工作内容	问题及解决方式

工作总结

（15分）请写出完成本任务的工作总结：

质量监控单(教师完成)

工单实施栏目评分表

评分项	分值	作答要求	评审规定	得分
任务资讯	30	问题回答清晰准确,能够紧扣主题,没有明显错误项。	对照标准答案错误一项扣2分,扣完为止。	
任务扩展	20	近期展望贴合实际,结合所学专业能有基本准确的定位。	回答前后逻辑合理,不合理处扣2分。	
任务实施	30	各种类型表述清楚,特点描述准确。	分类少些一项扣2分,对照标准答案错误一项扣5分,扣完为止。	
其他	20	日志和问题项目填写详细、能够反映实际工作过程。	没有填或者太过简单每项扣5分。	
合计得分				

职业能力评分表

评分项	等级	作答要求	等级
知识评价	A|B|C	A:能够完整准确地作答任务资讯的所有问题,准确率在90%以上。 C:对基础知识掌握得不牢固,任务资讯和答辩的准确率在50%以下。	
能力评价	A|B|C	A:熟悉各个环节的实施步骤,完全独立完成任务,有能力辅助其他学生完成规定的工作任务,实施快速,准确率高(任务规划和任务实施正确率在85%以上)。 C:未完成任务或只完成了部分任务,有问题没有积极向其他同学请教,工作实施拖拉,不积极,各个部分的准确率在50%以下。	
态度素养评价	A|B|C	A:不迟到、不早退,对待他人有礼貌,善于帮助他人,积极主动完成规定工作任务,工作台完整整洁,回答老师提问科学。 C:未完成任务或只完成了部分任务,有问题没有积极向其他同学请教,工作实施拖拉不积极,不能准确回答老师提出的问题,各个部分的准确率在50%以下。	
思政素养	A|B	A:树立正确爱党爱国精神,树立不畏艰难、勇于创新的开拓精神,深入实践、严谨细致的科学精神,能深刻理解"詹天佑"工匠精神。 B:对"铁路"工匠精神理解不够全面。	

PART TWO

第二章

轨道交通行车组织

学习目标

知识目标

1. 了解轨道交通运行图
2. 了解车站行车组织
3. 城市轨道交通行车组织

能力目标

1. 能正确识别列车运行图
2. 分析对比各种轨道交通形式的行车组织优缺点

素质目标

1. 培养学生民族自豪感
2. 培养学生爱国、爱路的情怀

轨道交通行车组织是运输组织的重要组成部分,是各部门综合运用各种技术设备、合理组织列车运行、实现旅客和货物运输过程的计划和组织工作。行车组织工作的主要内容包括:车流组织、列车编组计划、列车运行图、铁路运输生产计划、调度指挥、车站行车工作组织等。行车组织关系到轨道交通运输的安全,我国铁路也是世界上最繁忙的。在广袤的大地上是我们无数铁路人、轨道交通人默默奉献确保轨道交通运输的安全。

第一节 列车运行图

行车组织

列车运行图是列车运行管理的图解,列车运行图规定了各次列车占用区间的次序,列车在每个车站的到、发或通过时刻,列车在区间内的运行时间和在车站上的停站时间,以及机车交路、列车的重量和长度标准等。

一、列车运行图的作用

(一) 列车运行图是列车运行组织工作的基础

列车运行是一个很复杂的环节,它要求与之相关的各个部门、各工种、各项作业之间相互协调配合,才能保证列车运行安全和提高运输效率。因此,列车运行图既是组织列车运行工作的基础,也是各部门、各工种行车工作人员相互配合协调的主要依据。

(二) 列车运行图是运输组织工作的一个综合性计划

运营生产是一个统一的整体,涉及轨道交通运营的各业务部门,均需要根据列车运行图所规定的要求来安排工作。例如,车站要根据运行图所规定的列车到达和出发时刻,来安排本车站的行车组织工作和客运组织工作;车辆维修部门每天运营前要整备好运营需求的列车数;车辆运转部门要根据列车运行图的要求确定列车的派出时刻和乘务员的作息计划;工务、通信、信号、供电、机电等部门也要根据列车运行图来安排施工计划和维修计划;行车调度员要根据列车运行图来指挥列车运行,因此,列车运行图是轨道交通运输组织的一个综合性计划。

二、列车运行图的表示形式和表示要素

(一) 列车运行图的表示形式

列车运行图实际上是利用坐标原理来表示列车运行的。如图 2-1-1 所示,图中以横轴表示时间,并用竖线等分横轴代表一昼夜的小时和分钟;以纵轴表示距离,并按列车在区间运行时分的比例画水平线,代表各车站中心线在线上所处的位置,称为站名线;水平线和水平线之间的间隔表示站间距离。图上的斜线称为列车运行线,图中的数字为列车在车站的停车时分,填记在列车运行线与站名线相交的钝角内,通过时分填记在左侧的钝角内。

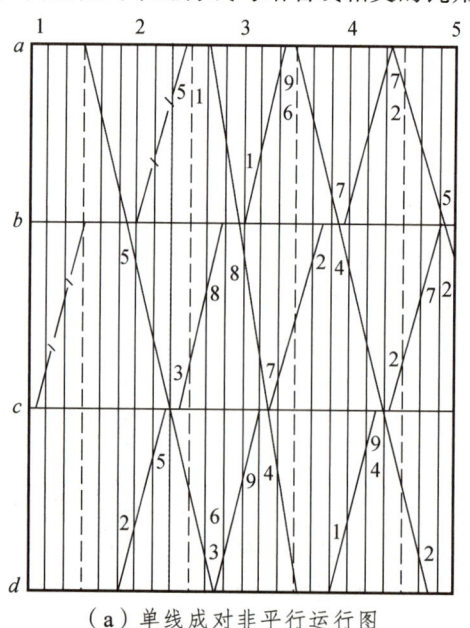
(a) 单线成对非平行运行图

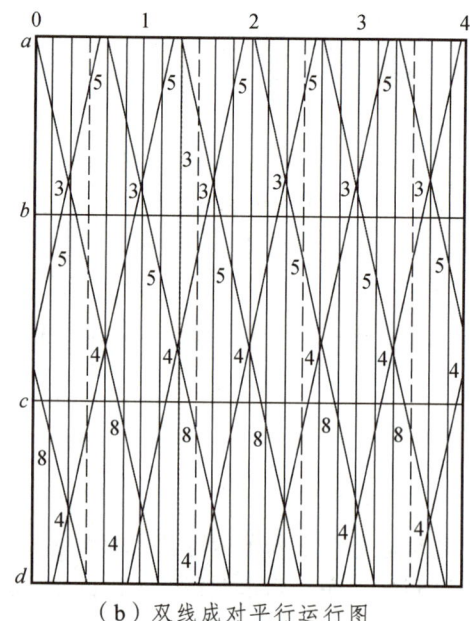
(b) 双线成对平行运行图

图 2-1-1 列车运行图

根据垂直线等分横轴的时间单位不同，列车运行图主要有以下 4 种表示形式：

（1）一分格运行图：横轴以 1 min 为单位进行等分。一分格运行图是地铁、轻轨采用的列车运行图格式。

（2）二分格运行图：横轴以 2 min 为单位进行等分。二分格运行图是市郊铁路编制新图时的列车运行图格式。

（3）十分格运行图：横轴以 10 min 为单位进行等分，半小时格用虚线表示。十分格运行图是铁路日常使用的列车运行图格式。

（4）小时格运行图：横轴以 1 小时为单位用竖线加以划分。小时格运行图是编制旅客列车方案图、机车周转图或客车周转图采用的格式。

（二）列车运行图的表示要素

（1）横坐标：是表示时间变量，按要求用一定的比例进行时间划分。一般城市轨道交通列车运行图采用 1 分格或 2 分格，即每一等分表示 1 min 或 2 min。

（2）纵坐标：是表示距离变量，根据区间实际里程，采用规定的比例，以车站中心线进行空间划分。

（3）垂直线：是一簇平行的竖线，表示时间等分段。

（4）水平线：是一簇平行的不等分线，表示各个车站中心线所在的位置。

（5）斜线：是列车运行线，一般以上斜线表示上行列车，下斜线表示下行列车。

（6）列车在车站的到达、出发或通过时刻：在列车运行图上，列车运行线与车站中心线的交点即表示该列车到达、出发或通过的时刻。由于城市轨道交通列车停站时间较短，所以一般不标明到、发的不同时间。

（7）列车车次：每列列车均有不同的车号与车次，一般按不同的列车类别规定。

（三）列车运行图的分类

由于区间正线数目和闭塞设备的不同，以及列车运行速度、上下行方向的列车数量、同方向列车的运行方式等方面的差异，列车运行图可以分为多种不同的类型。

1. 按区间正线数目的不同分类

（1）单线运行图：在单线区段上，上下行列车都在同一条正线上运行，因此，列车的交会必须在车站上进行，区间内绝不会出现上下行列车运行线的交会。

（2）双线运行图：在双线区段上，上下行列车在各自的正线上运行，互不干扰，列车可以在区间内或车站上进行交会，但列车的越行必须在车站上进行。

（3）单双线运行图：在有部分双线的区段上铺画出的运行图，它分别具有单线运行图和双线运行图的特征。

2. 按同方向列车运行速度的不同分类

（1）平行运行图：在同一区间内，同方向列车运行速度相同，因而铺画出的列车运行线相互平行，且在区段内无列车的越行。

（2）非平行运行图：同方向列车运行的速度不相同，因而铺画出的列车运行线出现不平行，且在区段内有列车的越行。

3. 按上下行列车数目的不同分类

（1）成对运行图：成对运行图中上下行的列车数目相等。

（2）不成对运行图：不成对运行图中上下行的列车数目不相等。

4. 按同方向列车运行方式的不同分类

（1）追踪运行图：在自动闭塞的双线（或单线）区段上，同方向列车以闭塞分区为间隔，实行追踪运行。

（2）非追踪运行图：在非自动闭塞的单线（或双线）区段上，同方向列车以站间或所间区间为间隔，实行非追踪运行。

5. 按使用范围分类

日常运行图、节假日运行图、其他特殊运行图。

为了适应客运量波动的需要，城市轨道交通通常应编制分号运行图。分号运行图是在基本运行图以外另行编制的运行图。这些分号运行图包括双休日分号运行图、节假日分号运行图等，如双休日分号运行图和基本运行图在客流量、高峰小时出现的时间上都有所不同。

上述分类都是针对列车运行图的某一特点而加以区别的。实际列车运行图都具有多方面的特点，某一区段的列车运行图，它既是双线的、非平行的，又是追踪的，例如城市轨道交通系统的列车运行图一般为双线成对追踪平行运行图。

第二节 铁路行车组织

铁路行车组织是铁路运输组织的重要组成部分，是铁路部门综合运用各种技术设备、合理组织列车运行、实现旅客和货物运输过程的计划和组织工作。铁路各部门必须贯彻安全生产的方针，坚持"高度集中、统一领导"的原则，发扬协作精神，高质量、高效率地完成客、货运输任务。

一、车流组织

铁路运输的对象是旅客和货物，大量的旅客和货物向某一方向流动，即形成通常所说的客流和货流。客流和货流形象地表达了运输产品的位移特性，但要真正实现旅客和货物的位移，必须要借助一种载体——载运工具。就铁路运输而言，这个载体就是客车和货车，于是产生了车流的概念。车流是铁路运送的具有一定去向的车辆的集合。

（一）车流与列流

车流是指在一定时期内，某一方向、某一区段或某一车站上，车辆的去向或到站（流向）和数量（流量）的总称。

对于旅客运输而言，由于旅客自身能上下车，所以旅客列车的车辆可以用固定车底的方式连挂在一起，车辆一般不必拆散改编，而且旅客列车循环往返于始发站和终到站之间，在较长的一段时期内其流量、流向基本上固定不变。因此，旅客列车一般是固定编组的，其车流组织问题比较容易解决。

对货物运输而言，车流组织则要复杂得多。铁路部门每天将装车站装出的重车向卸车地点输送，构成了重车流；同时，在卸车站把卸后的空车向装车地点排送，又形成了空车流。在铁路上，每天有近百万辆空、重货车，其数量不同、去向不同、性质不同、运距不同，再加上全路各站、各区段的线路和设备条件不同，如何按照优化原则，将发、到站各不相同的重车流及不同车种的空车流合理地组织起来，在适当的地点编组成列车，通过列车在铁路线上的运行，将货物迅速而经济地运送到目的地，这就是车流组织所要解决的问题。

1. 车流组织的基础——货流

在一定时期内，货物由发送地向装车地输送就形成了货流。货流由货物、流量、流向、运距4个要素构成。货流的构成与分布取决于各地区之间各种产品的生产、供应和销售关系。为了有效地规划和组织铁路货物运输工作，应通过深入细致的调查、研究，分析出货源、货流的变化规律，进行货流预测，为编制铁路货物运输计划提供依据。

2. 货流转化为车流，车流形成列流

在装车站，按照货物运输计划，将货物装上货车车辆后，这些货车车辆就有了去向，形成了车流。将具有一定去向的货车车辆按照列车编组计划编组成列车，这些列车也有了一定的去向，形成了列流。列车是铁路运输的基本单元，列流就是具有一定去向的列车的集合。列流的大小用列流量或行车量衡量，以每天开行的列车数来表示，合理地组织车流和列流是行车组织的主要研究内容之一。

编组后的列车按照列车运行图在铁路线路上运行，将货物送往目的地。

上述从货流到车流、由车流形成列流在铁路线上运行的过程，就是铁路完成货物运输的过程。中间需要进行大量的组织工作。把货流组织成车流，是货物运输计划要解决的问题；把车流组织成列流，是货物列车编组计划的任务；列车流的组织、规划列车运行的秩序则主要靠列车运行图来完成。上述关系可以用图2-2-1来表示。

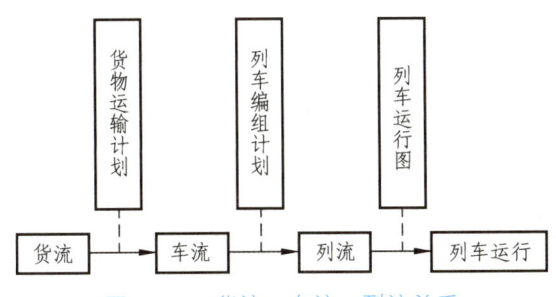

图2-2-1 货流、车流、列流关系

（二）车流组织的原则

图2-2-1揭示了货流、车流、列流在行车组织工作上的递推关系，以及货物运输计划、列车编组计划、列车运行图的主要功用。可以说，车流组织贯穿了铁路运输的始终，可见车流组织在铁路运输工作中的重要性。因此，车流组织应遵循一定的原则。我国铁路车流组织的大体做法是：

（1）在装车量较大的车站或地区组织始发直达列车。

（2）在卸车量较大、产生空车较多的车站或地区尽量组织空车直达列车。

（3）未纳入始发直达和空车直达列车的重、空车流向就近的技术站集结，按车流去向、流量大小和流程远近分别编入各种适当的列车，主要是技术直达列车、直通货物列车和区段货物列车，逐步输送到终到站。

（4）中间站到发的零星车流一般用摘挂列车或区段小运转列车输送。

（5）在枢纽地区到发的零星车流一般用枢纽小运转列车输送。

二、列车编组计划

列车编组计划是全路车流组织的规划，是铁路行车组织工作的基础性计划，它的正确编制与严格执行可以充分发挥各站技术设备的潜力，提高运输效率。

（一）列车的定义、分类及车次

1. 列车的定义

把车辆按规定条件编成车列，并挂有机车及规定的列车标志时，称为列车。也就是说，列车必须具备3个条件：① 按有关规定编成的车列；② 挂有牵引本次列车的机车；③ 有规定的列车标志。

单机（包括单机挂车）、动车及重型轨道车虽未完全具备列车条件，亦按列车办理。

2. 列车的分类

为适应旅客和货物运输的不同需要，列车按运输性质的分类如下：

1）旅客列车

旅客列车是指以客车（包括代用客车）编组的，运送旅客及行李、包裹、邮件的列车，包括动车组、直达特快旅客列车、特快旅客列车、快速旅客列车、普通旅客列车、通勤列车、临时旅客列车、临时旅游列车等。

2）行邮行包列车

行邮行包列车是指固定车辆编组及发、到站的专门运送旅客行李、包裹和邮件的列车，包括行邮特快专列、行包快运专列。

3）路用列车

路用列车是指专为运送铁路自用物资或设备的列车。

4）货物列车

货物列车是指铁路专门用于运输货物的列车。货物列车有以下分类：

（1）按编组地点和运行距离分类。

① 始发直达列车：在一个车站装车或相邻几个车站装车，通过一个及以上编组站不进行改编作业的列车。始发直达列车车次的编定范围是 86 001～86 998 次。

② 技术直达列车：在技术站（编组站或区段站）编组，通过一个及以上编组站不进行改编作业的列车。技术直达列车车次的编定范围是 10 001～19 998 次。

③ 直通列车：在技术站编组，通过一个及以上区段站不进行改编作业的列车。它与技术直达列车的不同之点在于只通过区段站，而不通过编组站。直通列车车次的编定范围是 20 001～29 998 次。

④ 区段列车：在技术站编组，到达相邻技术站，但在区段内各站不进行车辆摘挂作业的列车。区段列车车次的编定范围是 30 001～39 998 次。

⑤ 摘挂列车：在技术站编组并在邻接区段内各中间站进行车辆摘挂作业的列车。摘挂列车车次的编定范围是 40 001～44 998 次。

⑥ 小运转列车：是为组织和取送本地车流而开行的一种列车，包括区段小运转列车（在技术站和邻近区段内一个或几个中间站间开行的列车）和枢纽小运转列车（只在枢纽内各站间开行的列车）。小运转列车车次编定范围是 45 001～45 998 次。如图 2-2-2 所示为货物列车的分类示意图。

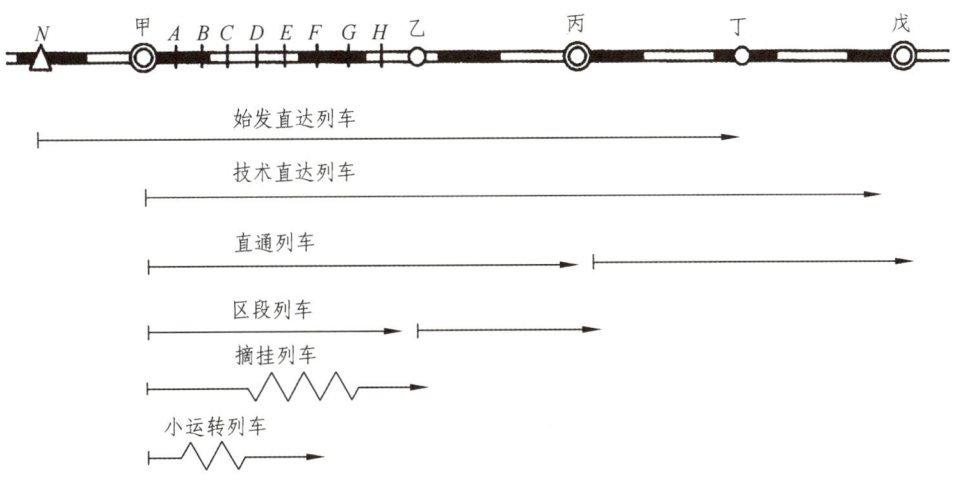

图 2-2-2　货物列车分类

（2）按运输种类和用途分类。

货物列车可分为快运货物列车、"五定班列"货物列车、空车直达列车、冷藏列车、超限货物列车、军用货物列车、重载货物列车、自备车列车、路用列车。

3. 列车的车次

为便于计划安排和具体掌握列车运行情况，各类列车均应冠以固定车次。这样，就可以从不同的车次辨别该次列车的种类、等级和运行方向。

列车运行，原则上以开往北京方向为上行，车次编为偶数；相反方向为下行，车次编为奇数。在铁路支线上，一般由连接干线的车站开往支线的方向为下行，相反方向为上行。在个别区间使用直通车次时，可与上述规定方向不符。

为确保旅客列车车次全路唯一性，各局管内特快、快速列车车次不足时，需向国铁集团申请车次，不得自行确定车次。

现行列车车次如表 2-2-1 所示。

表 2-2-1 列车车次编定表

顺号	列车分类			车次范围	顺号	列车分类			车次范围
一	旅客列车				二	行包专列			
1	高速动车组旅客列车			G1~G9998	1	行邮特快专列			X1~X198
	其中	跨局		G1~G5998	2	行包快运专列			X201~X998
		管内		G6001~G9998	三	货物列车			
2	城际动车组旅客列车			C1~C9998	1	直达货物列车			80001~87998
	其中	跨局		C1~C1998					10001~19998
		管内		C2001~C9998			其中	货运五定班列	80001~81748
3	动车组旅客列车			D1~D9998				快运货物列车	81751~81998
	其中	跨局		D1~D3998				煤炭直达列车	82001~84998
		管内		D4001~D9998				石油直达列车	85001~85998
4	直达特快旅客列车			Z1~Z9998				始发直达列车	86001~86998
5	特快旅客列车			T1~T9998				空车直达列车	87001~87998
	其中	跨局		T1~T4998				技术直达列车	10001~19998
		管内		T5001~T9998	2	直通货物列车			20001~29998
6	快速旅客列车			K1~K9998	3	区段货物列车			30001~39998
	其中	跨局		K1~K6998	4	摘挂列车			40001~44998
		管内		K7001~K9998	5	小运转列车			45001~49998
7	普通旅客列车			1001~7598	6	超限货物列车			70001~70998
	（1）普通旅客快车			1001~5998	7	万吨货物列车			71001~72998
	其中	跨三局及其以上		1001~1998	8	冷藏列车			73001~74998
		跨两局		2001~3998	9	军用列车			90001~91998
		管内		4001~5998	10	自备车列车			60001~69998
	（2）普通旅客慢车			6001~7598	11	抢险救灾列车			95001~97998
	其中	跨局		6001~6198	四	单机和路用列车			
		管内		6201~7598	1	单机			50001~52998
8	通勤列车			7601~8998		其中	客车单机		50001~50998
9	临时旅客列车			L1~L9998			货车单机		51001~51998
	其中	跨局		L1~L6998			小运转单机		52001~52998
		管内		L7001~L9998	2	补机			53001~54998
10	旅游列车			Y1~Y998	3	试运转列车			55001~55998
	其中	跨局		Y1~Y498	4	轻油动车、轨道车			56001~56998
		管内		Y501~Y998	5	路用列车			57001~57998
11	动车组检测车			DJ5501~DJ5598	6	救援列车			58101~58998
12	回送出入厂客车底列车			001~00298	车次中字母的读音：G—高，C—城，D—动，Z—直，T—特，K—快，L—临，Y—游，DJ—动检，F—返，X—行				

（二）列车编组

1. 旅客列车编组

每对旅客列车的编组辆数、编组结构及车辆编挂次序是固定的，即为固定车底。车底的组成根据客流密度、列车种类、机车功率大小、线路情况、站线和站台长度等因素加以确定，每对列车都不尽相同。旅客列车在始发站与终到站之间往返运行，在一定时期内执行固定编组。其编组计划表的内容包括列车的发到站、车次、车辆和客运乘务的担当段、编组辆数、车厢顺序号、编挂车种、定员、总重吨数、车底周转图、车底需要组数等事项，如表 2-2-2 所示。

表 2-2-2 旅客列车编组表

			顺序 昌开	1	2	3	4	5	6	7	8	9	10	11	12	13	14	15	16	17	18	19	计	
南昌―青岛 快速 K342/3 K344/1 次	车辆段	乘务 客运段 担任	青开	1	2	3	4	5	6	7	8	9	10	11	12	13	14	15	16	17	18	19		
			车厢编号	1	2	3	4	5	6	7	8	9	10	11	12	13	14	15	16	17	18	19	19	19
			车种	KD	YZ	YZ	YZ	YZ	YZ	YZ	CA	RW	YW	YW	YW	YW	YW	YW	YW	YW	YW	XL		
			定员		118	118	118	118	118	118	112		36	60	66	66	66	66	66				1246	
			吨数	69	54	54	54	54	54	54	54	51	54	54	54	54	54	54	54	54	54	61	991	
			附注							办		广					欠	宿						

车底周转图：

青岛 — 1 — 11.55 □ 13.12 — 2 — 3
　　　　K342/3　　　　K344/1
南昌 — 兖州调向 15.51 — 8.43

通常情况下，行李车、邮政车、发电车等非乘坐旅客的车辆应分别挂于机车后第一位和列车尾部，起隔离作用。按旅客列车编组表编组，列车最后一辆的后端应有压力表、紧急制动阀和运转车长乘务室。

2. 货物列车编组

1）货物列车的编组要求

货物列车应按照列车编组计划、列车运行图和《铁路技术管理规程》（简称《技规》）等的有关规定进行编组。

（1）编入货物列车的车辆去向、车辆编挂方法等应符合列车编组计划的规定。

（2）货物列车的重量和计长应符合列车运行图的规定（摘挂列车除外）。未经有关部门批准，车站不准发出欠轴、超重和超长列车。

（3）编入货物列车中的车辆的技术条件、装载危险货物车辆的隔离、关门车的编挂、机车编入列车的条件等，均应符合《技规》的规定。

2）货物列车编组计划

如何正确地组织重、空车流及合理地将车辆按规定编入列车向目的地运送，是铁路行车组织要解决的主要问题。

为此，铁路有关部门要制订货物列车编组计划，使全路编组的列车互相配合、互相衔接，成为统一的整体，在流向有同有异、流量有大有小、流程有远有近、各站设备条件不尽相同、作业性质与能力互有差异的复杂条件下，将发、到站各不相同的重车流及不同车种的空车流合理地组织起来，在适当的地点编组成各种不同去向和种类的列车，并保证各站产生的车流都能迅速而经济地运送到目的地。

货物列车编组计划是全路车流组织计划,由装车地直达列车编组计划和技术站列车编组计划两大部分组成。它根据全路的车流结构、各站的设备能力和作业条件,统一安排全路各站的解编作业任务,具体规定全路各货运站、编组站和区段站编组货物列车的种类、到站及车组编挂办法。首先在装车站利用自装车流编组装车地直达列车。装车地直达列车能最大限度地减少中间作业环节,降低运输成本,减轻运行途中相关技术站改编作业的负担,加速机车车辆周转和货物送达。没有被装车地直达列车吸收的车流,要将其送往技术站加以集中,以便和技术站自装车流汇合在一起分别编组不同种类和到站的列车。

表2-2-3是金州站某方向的货物列车编组计划表,从表中可以看出,货物列车编组计划解决了以下问题:① 在哪些车站编组列车;② 编组到哪些车站的列车;③ 编组什么种类的列车;④ 列车中编挂哪种去向的车流;⑤ 以什么样的方式编组;⑥ 规定各去向列车的车次。

表 2-2-3 金州站某方向的货物列车编组计划表

顺号	发站	到站	编组内容	列车种类	定期车次	附注
1	金州	哈尔滨南	哈尔滨南及其以远,5 000 t	五定班列	80201	主要卸车站:滨江、香坊、哈尔滨站
2	金州	灵山	灵山站卸	始发直达	85861~85865	
3	金州	各站	1. 沈阳南及其以远补轴 2. 粮食直达同一站	始发直达		第一组挂机次
4	金州	鸡西	空敞车	空车直达	86001~86003	
5	金州	七台河	空敞车	空车直达	86007	
6	金州	长春北	长春北及其以远和空车不分组	技术直达		
7	金州	沈阳南	沈阳南及其以远和空车不分组	直通列车		
8	金州	沈阳南	1. 沈阳南及其以远和空车不分组 2. 辽阳—北台间及溪辽线 3. 鞍山站卸	区段列车		
9	金州	甘井子	甘井子站卸	区段小运转		
10	金州	大连北	南关岭—大连北间站顺	枢纽小运转		

三、铁路通过能力

铁路线路通过能力是指某一铁路线、某一方向或区段,根据现有的固定技术设备(如区间、车站、机务设备及电气化铁路线的供电设备等),在一定类型的机车车辆和行车组织方法(如运行图类型及车站技术作业过程等)条件下,在单位时间(通常为一昼夜)内所能通过的规定重量的最大列车对数或列数。货运通过能力除了用列数表示外,也可用车数或货物吨数表示。

按各种固定设备分别计算出来的通过能力,其中最小的一种能力就限制了整个线路、方向或区段的通过能力,该能力即为该线路、方向或区段的最终通过能力。

与铁路行车组织有关的是区间通过能力和车站通过能力。

（一）铁路区间通过能力

在保证行车安全的条件下，每昼夜可能通过区间的列车对数（或每一方向的列车数），称为区间通过能力。区间通过能力主要取决于该区段的技术设备和所采用的行车组织方法，如区间正线数量、区间长度、线路纵断面、机车车辆类型、信号、联锁、闭塞方式以及列车运行图的类型等。列车运行图类型对区间通过能力影响很大，在同样的技术装备条件下，采取不同的运行图类型，通过能力就有很大不同。首先计算平行运行图的区间通过能力，然后在此基础上再计算非平行运行图的区间通过能力。

平行运行图区间通过能力应分别对区段内每一区间进行计算。运行图周期的最大区间通过能力，即为该区段的限制区间通过能力。所谓运行图周期，是指一定类型运行图中反复出现的一组列车占用区间的总时间。

为了适应国民经济发展和国防建设的需要，铁路应有预见、有计划地采取措施加强区段的通过能力。加强铁路区段通过能力的途径，不外乎是提高货物列车重量标准及其载重系数、增加列车密度、提高行车速度或者几方面综合起来运用，实现列车重量、速度、密度的优化组合。

（二）铁路车站通过能力

根据车站现有技术设备，在采用合理的技术作业过程条件下，车站一昼夜所能接发各方向的最大货物列车数和运行图规定的旅客列车数，称为车站通过能力。车站通过能力取决于咽喉道岔通过能力和到发线通过能力中的较小者。前者是指车站咽喉区各进路咽喉道岔组通过能力之和；后者是指车站到达场、出发场、到发场及直通场中办理货物列车到发作业的线路的通过能力之和。采用合理的作业组织和先进的工作方法，以减少进路交叉干扰和缩短各项作业占用设备的时间标准，特别是采取可行的技术组织措施促进车站各作业环节之间能力的协调，以及组织各方向列车均衡到发以减少各种作业间的等待时间，将有助于提高车站的通过能力和改编能力，为保持车站的正常作业秩序创造条件。

四、车站行车组织工作

车站是铁路运输的基层生产单位，车站工作的质量直接影响着铁路区段方向乃至整个路网运输工作的安全性、准确性、连续性和节奏性，决定着全路运输工作任务完成的数量和质量。因此，正确组织车站工作，特别是车站的行车组织工作，对保证实现安全、正点、畅通、优质、高效等运输生产管理的基本要求有着十分重要的意义。车站行车组织工作的内容主要包括接发列车工作、列车和货车的技术作业及调车工作。

（一）接发列车工作

为了保证列车运行的安全，列车接入车站和由车站出发，都必须按照一定的程序办理接发列车的必要作业。

办理闭塞：在正常情况下，列车运行采用空间间隔行车的方法，即同一时间和同一区间（或闭塞分区）内，只准许有一列列车运行，以防止同向列车追尾或对向列车正面冲突。而实现铁路行车这一要求的技术设备，称为闭塞设备。因此，当列车进入区间前，两站间办理闭塞手续，是车站接发列车工作的首要作业程序。车站值班员在办理闭塞（预告）前，应确认区间（闭塞分区）空闲。

1. 准备接车或发车进路

列车到达、出发或通过车站时所需占用的一段站内线路，称为列车进路。为保证列车运行的安全，列车到达或出发之前，车站值班员应正确发布准备列车进路的命令，及时停止影响列车进路的调车工作。

2. 开放和关闭进站信号或出站信号

只有在闭塞手续办理完毕，列车进路确已准备妥当以后，才能开放进站或出站信号。在列车进入接车线警冲标内方并停妥或开出车站之后，应及时关闭信号。

3. 交接行车凭证（不使用自动闭塞和半自动闭塞时）

正常情况下，列车占用区间的许可是出站信号机的进行显示，因而在接发列车时，不必交接行车凭证。在设备不正常的情况下无法取得出站信号机的进行显示时，列车必须取得规定的行车凭证，才能向区间发车。

4. 迎送列车及指示发车

列车进出车站时，接发列车工作人员应在规定地点接送列车，注意列车运行情况和货物装载状态，发现有危及人身、货物或行车安全的情况，应及时采取有效措施妥善处理。

车站发车人员只有在确认列车取得占用区间许可、发车进路准备妥当、影响进路的调车工作已经停止、列车各项作业已经办理完毕以后，方可按规定时刻显示发车指示信号或发车信号，准许列车由车站出发。

5. 开通区间及报点

列车到达或出发之后，车站值班员应及时将列车到、发时刻通知邻站，向列车调度员报告并登记《行车日志》。

6. 列车到、发及通过车站时刻

到达时刻：以列车进入车站、停于到达线警冲标内方的时刻为准；列车超过实际到达线有效长时，以第一次停车时刻为准；列车在区间分部运行时，以全部车辆到达车站的时刻为准。

出发时刻：以列车机车向前进方向起动，列车在站界内（场界内）不再停车为准；列车全部发出站界后，因故退回车站再次出发时，则以第一次出发时刻为准；在分界站为邻局出发时，则以最后发出时刻为准。

通过时刻：以列车机车通过车站值班员室外的时刻为准。

车站值班员是车站接发列车工作的统一指挥者，接发列车工作的各项作业原则上应由车站值班员亲自办理。如因设备条件和业务量关系难以做到时，除了布置进路必须由车站值班员亲自办理外，其他各项工作可指派助理值班员、信号员或扳道员等办理。

（二）技术站货物列车及货车的技术作业

1. 技术站办理的货物列车的作业过程

（1）无改编中转列车：在该技术站不进行改编作业，而只在到发场进行到发技术作业后继续运行的列车。无改编中转列车的作业过程如表 2-2-4 所示。

表 2-2-4　无改编中转列车的作业过程

顺序	作业项目	作业时间 0 5 10 15 20 25 30 35 40 45
1	检车员、车号员、货运检查员出动	—
2	到达试风、摘机车、车辆技术检查和修理	35
3	货运检查及整理	20
4	交接票据并接收列车	20
5	车号员核对现车	15
6	列尾装置技术作业	10
7	挂机车及试风	5
8	准备发车及发车	6
	作业总时分	41

（2）部分改编中转列车：在该技术站需要变更列车重量、变更运行方向和换挂车组的列车。部分改编中转列车的作业过程如表 2-2-5 所示。

表 2-2-5　部分改编中转列车的作业过程

顺序	作业项目	作业时间 0 5 10 15 20 25 30 35 40 45 50
1	检车员、车号员、货运检查员出动	—
2	车辆技术检查及修理（包括摘机车及试风）	35
3	货运检查及整理	25
4	部分改编调车作业	10
5	司机接收票据和列车	25
6	车号员核对现车	15
7	列尾装置技术作业	10
8	挂机车及试风	10
9	准备发车及发车	6
	作业总时分	46

到达解体列车：在该技术站进行解体的列车。到达解体列车的作业过程如表 2-2-6 所示。
（3）自编始发列车：由该技术站编成的列车。自编始发列车的作业过程如表 2-2-7 所示。

表 2-2-6 到达解体列车的作业过程

顺序	作业项目	作业时间 0 5 10 15 20 25 30 35 40
1	检车员、车号员、货运检查员出动	
2	车辆技术检修（包括试风及摘机车）	35
3	货运检查及整理	20
4	车号员核对现车	15
5	列尾装置技术作业	10
6	司机与车号员办理票据交接	10
7	准备解体	10
	作业总时分	35

表 2-2-7 自编始发列车的作业过程

顺序	作业项目	作业时间 0 5 10 15 20 25 30 35 40 45
1	检车员、车号员、货运检查员出动	
2	车辆技术检查和修理	25
3	货运检查及整理	18
4	车号员核对现车	16
5	列尾装置技术作业	10
6	司机接收票据和列车	20
7	挂机车及试风	7
8	准备发车及发车	13
	作业总时分	33

2. 技术站办理的货车的作业过程

（1）无调中转车：随无改编中转列车或部分改编中转列车到达，在该站进行到发技术作业后，又随原列车继续运行的货车。无调中转车在技术站的技术作业与无改编中转列车在技术站的技术作业过程相同。

（2）有调中转车：随到达解体列车或部分改编中转列车到达，在该技术站经过一系列改编作业后，再随自编始发列车或另一列部分改编中转列车继续运行的货车。

（3）货物作业车（或称本站作业车）：随到达解体列车或部分改编中转列车到达，需在车站进行货物作业（卸车或装车）的货车。它包括一次货物作业车和双重货物作业车。

（三）调车工作

除了列车在车站到、发、通过及在区间运行之外，凡是机车车辆在站线或其他线路上进行的一切有目的的移动，统称为调车。调车工作是铁路运输生产不可缺少的重要环节，对编组站来说，调车工作更是它的主要生产活动。

车站的调车工作，由车站调度员（未设车站调度员的由调车区长，未设调车区长的由车站值班员）统一领导。分场（区）时，各场（区）的调车工作，由负责该场（区）的车站调度员或该场（区）的调车区长领导。

1. 调车工作按作业目的分类

（1）解体调车：将到达解体的车列或车组，按其车辆的去向或其他需要分解到调车场各个固定线路上去的调车。

（2）编组调车：按列车编组计划、列车运行图以及有关规章的规定和要求，将车辆选编成车列或车组的调车。

（3）摘挂调车：对部分改编中转列车进行补轴、减轴、车辆换挂以及摘挂列车在中间站进行摘挂车辆的调车。

（4）取送调车：将待装、待卸的车辆由调车场送至装卸作业地点以及从上述地点将作业完毕的车辆取回调车场的调车。

（5）其他调车：因工作需要对车列或车组进行转场、转线，对调车场内的停留车辆进行整理以及机车出入段等调车作业。

车站由于作业性质的不同，完成各种调车工作的比重也不一样，如编组站有大量的解体和编组调车，而中间站一般只进行摘挂和取送调车。

2. 调车工作按使用设备分类

调车工作按使用设备分为牵出线调车和驼峰调车。牵出线调车，车辆的动力靠调车机车的推力作用，适合车列的编组作业。驼峰调车是利用其高差的位能、车辆溜放的动力以其自身的重力为主，调车机车的推力为辅，适合车列的解体作业。

（1）牵出线调车：牵出线调车是最基本的调车作业方式，通常有推送调车法和溜放调车法两种。

① 推送调车法是利用机车将车辆移动到适当地点，停妥后再摘车的调车作业方法，如图2-2-3 所示。这种调车作业方法安全可靠，但调车效率较低。

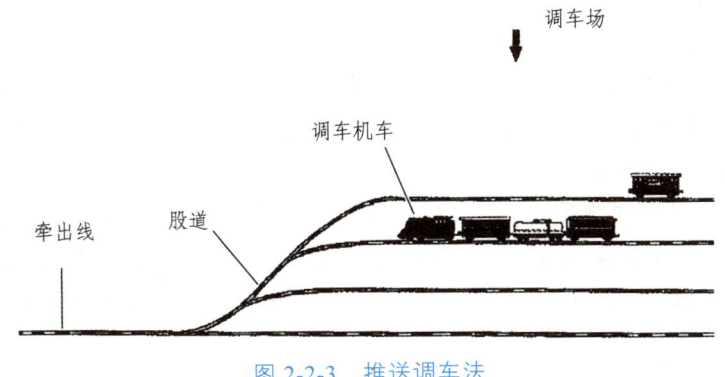

图 2-2-3　推送调车法

②溜放调车法是利用机车推送车列达到一定速度，并在行进中提开车钩，被摘下的车组借助所获得的动能溜向指定地点，由制动员用人力制动机使之停车或与停留车安全连挂的调车作业方法，如图2-2-4所示。

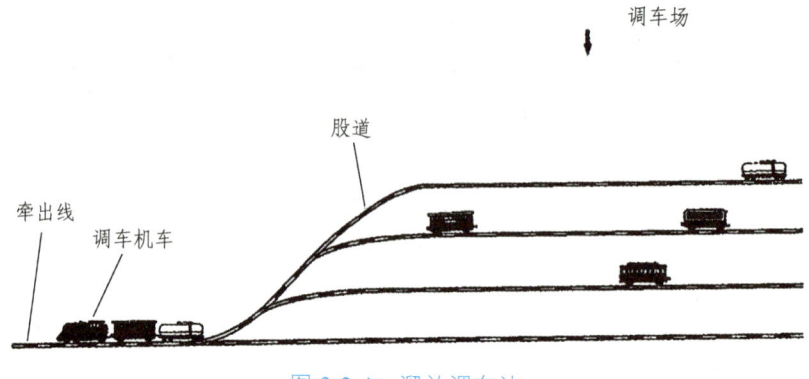

图2-2-4 溜放调车法

相比于推送调车法，溜放调车的分解行程更短，因此调车效率更高，所以摘解车组时通常使用溜放调车法。

（2）驼峰调车：在铁路运输中，驼峰是调车中使用的土坡，由于它的纵断面形似骆驼的峰背而得名。

驼峰调车是利用车辆自身的重力，辅以机车的推力，使摘下的车辆由峰顶自行溜入峰下调车场指定线路，由制动员使用铁鞋或车辆减速器、减速顶、加减速小车等使之停车或与停留车安全连挂的调车作业方法。这是技术站解体车列时普遍采用的调车作业方法。

驼峰解体车列的作业过程主要为：

① 挂车：机车自峰顶至到达场入口，进入车列停留线连挂车列，在到达场与调车平行配置时，还包括将车列牵引至峰前推送线。

② 推峰：机车将车列推至峰顶。

③ 溜放：机车继续推送车列，使被摘解的车组脱钩溜向调车场内的指定线路。

④ 整理车场：在连续解体几个车列以后，机车下峰连挂车组并尽可能向尾部推送，为驼峰继续溜放创造条件。

（3）驼峰调车作业的组织方法：

①单推单溜：一条推送线，一条溜放线，一台机车连续进行挂车、推峰和溜放作业，必要时下峰整理车场，如图2-2-5所示。此方案对驼峰机车的利用率较高，但对驼峰设备的利用率较低，适合改编作业量较小的编组站。

②双推单溜：两条推送线，一条溜放线，两台调车机车交替进行挂车、推峰和溜放作业，如图2-2-6所示，此方案相比于单推单溜方案，其驼峰设备的利用率较高，驼峰解体车列的能力也更强，适合改编作业量较大的编组站。

③双推双溜：具有两条及以上推送线，两条溜放线，两台及以上的调车机车，两套驼峰信号系统，调车场线路在24条以上。如图2-2-7所示，此方案可以充分利用驼峰设备，解体能力很强，但是大量的折角车流会造成解体能力的损失，因此适合于改编作业量很大而折角车流量不大的编组站。

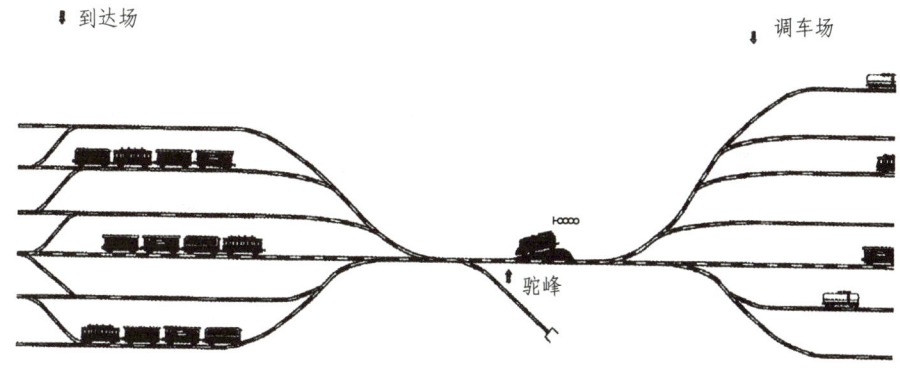

图 2-2-5　单推单溜驼峰调车作业

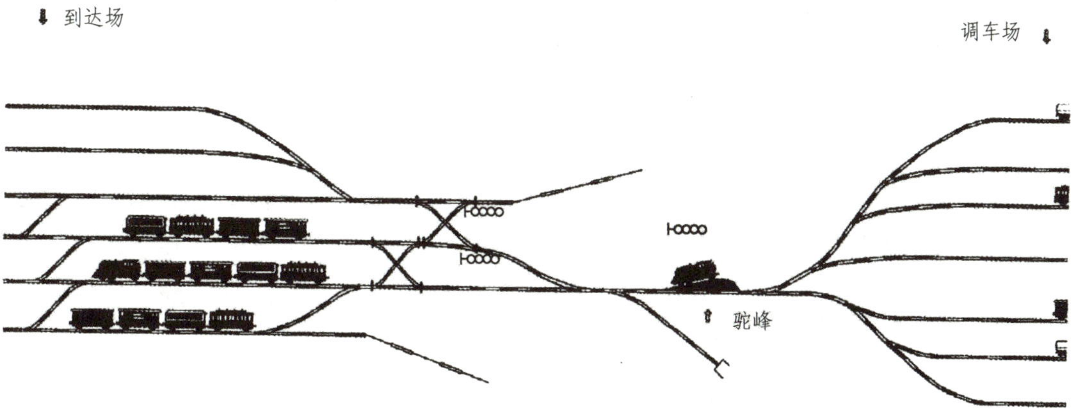

图 2-2-6　双推单溜驼峰调车作业

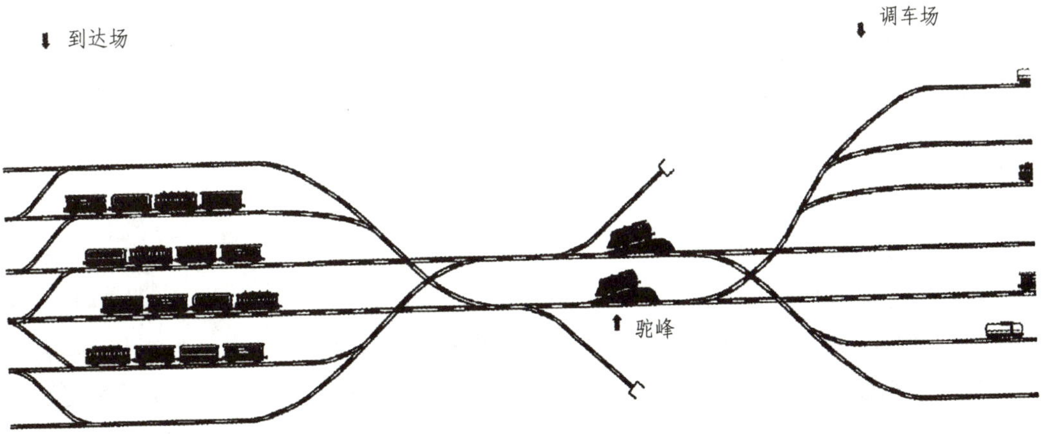

图 2-2-7　双推双溜驼峰调车作业

（四）车站作业计划

铁路运输是一个实时处理系统，车流、列流每日均有所变化，车站自身的工作条件也经常发生变化。为了使车站各项工作顺利进行，必须有一个周密又切实可行的工作日常计划。

车站工作日常计划包括班计划、阶段计划和调车作业计划。

1. 车站班计划

车站班计划是车站最基本的作业计划，是车站完成一个班运输生产任务的作业组织计划。

铁路日常生产活动一般分两个班次进行，由当日 18:00 至次日 6:00 为第一班，自 6:00 至 18:00 为第二班。班计划由主管运输的副站长或运转车间主任负责编制，其内容一般包括：① 列车到达计划；② 列车出发计划；③ 卸车计划；④ 排空车计划；⑤ 装车计划；⑥ 班工作指标及临时重点任务。

班计划编制完成后，由站长或主管副站长负责审批下达，各班组要制定保证安全、准确完成计划的具体措施。

2. 阶段计划

阶段计划是一个班各阶段工作的具体安排，是完成班计划的保证，由车站调度员根据该阶段工作开始前的具体情况，利用车站技术作业图表进行编制。由于各站情况不同，一般车站每隔 3~4 h 编制下一阶段计划。

3. 调车作业计划

调车作业计划是列车解体、编组和车辆取送作业的具体行动计划，一般由调车区长根据阶段计划编制，并以调车作业通知单的方式下达给有关作业人员执行。

五、铁路运输生产计划

铁路货物运输生产计划按编制期限分为长远计划、年度计划和月度计划。长远计划是较长时期的运量规划，通常为 5 年或 10 年。它是规划期内全路的运量规模和货物周转量等经济指标预期达到的目标。年度计划直接反映计划年度国民经济计划中铁路应完成的运输任务，作为分配各铁路局货物运输任务的依据。月度计划根据年度计划和托运人提出的具体运输要求按月编制，是年度计划在计划月份的具体安排，也是组织日常运输生产活动的直接依据。

铁路运输生产计划包括货运计划、技术计划、运输方案，是铁路日常组织运输工作的基础，也是铁路运输日常生产的主要依据。

（一）货运计划

铁路货物运输计划的基本任务是，根据国家的经济政策和运输政策，在国家计划经济和计划运输原则的指导下，密切产、供、运、销的关系，正确安排各地区、各部门、各种货物运量和流向，充分发挥运输工具的效能，按月度完成铁路年度运输任务，最大限度地满足国民经济高速度发展的需要。

货运计划的主要内容：

（1）全路分品类的发、到铁路局货运量计划。

（2）国际联运发、到铁路局货运量计划。

（3）主要港口水陆联运计划。

（4）外贸到港计划。

（5）国铁集团、铁路局下达的各类重点物资、重点厂矿、企业装车计划。

（6）零担、集装箱运输计划和直达列车、整列短途列车及成组装车计划。
（7）品类别货车静载重指标计划等。

（二）技术计划

铁路运输技术计划是铁路部门为了保证完成月度货物运输计划而制订的机车车辆运用计划，简称技术计划。制订技术计划的目的在于合理使用机车车辆和铁路通过能力，提高运输效率，保证完成货物运输任务。技术计划以月为单位，为各铁路局规定使用车、卸空车、接入和交出的货车、列车等运输工作任务，规定机车车辆的运用效率指标，并确定各铁路局的运用货车保有量和使用机车台数。

技术计划的内容主要包括：① 使用车、卸空车和交接重车计划；② 空车调整计划；③ 各区段货物列车列数计划；④ 分界站货车出入和货物列车交接计划；⑤ 货车运用指标和运用货车保有量计划；⑥ 机车运用指标和货物列车机车使用台数计划。

（三）运输方案

铁路运输方案是保证完成铁路运输生产计划的综合部署。编制运输方案，应根据技术计划规定的任务，按照列车编组计划和列车运行图的规定，考虑装卸站的装卸能力、区段输送能力及各部门各企业的生产规律，根据当月（旬）具体情况，对月、旬的货运工作、列车工作、机车工作和施工等进行统筹安排。运输方案由货运工作方案、列车工作方案、机车工作方案和施工方案几部分组成。

六、铁路运输调度指挥工作

铁路运输系统具有线长、点多、工种多、分工细、连续性强的特点。为了使各环节协调配合，铁路运输生产必须实行集中统一指挥的管理原则。凡是与运输有关的各部门、各工种都必须在运输调度的统一指挥下进行日常生产活动。

铁路运输调度是铁路日常运输组织的指挥中枢，其基本任务是正确地编制和执行运输工作日常计划，科学地组织客流、货流和车流，搞好均衡运输，挖掘运输潜力，提高运输效率，经济合理地使用机车车辆及运输设备，组织与运输有关的各部门紧密配合，协同动作，使列车编组计划、列车运行图和运输方案得以实现。

我国调度指挥实行分级管理、集中统一指挥的原则，通过设置三级调度机构进行统一指挥，即国铁集团设调度部，铁路局设调度指挥中心（总调度室），技术站设调度室的三级调度指挥机构。各级运输调度指挥部门同时受运输管理部门的领导和上级调度指挥部门的指挥。

铁路运输调度指挥工作的核心部门是铁路局调度所，在调度所一般设有：

（1）列车调度员：又称行车调度员，负责管辖区段内所有与列车运行有关的工作。通常列车应按运行图运行，但实际列车运行的条件随时都有可能发生变化，如每天的车流有可能增加或减少，列车运行图中所规定的车次有可能要停运，有时又需要增开列车，图定列车有可能发生晚点，有的列车需要调整作业时间等，因此，在列车运行日常工作中，需要根据变化的情况采取相应的措施来进行运行调整，使列车尽可能按列车运行图行车，这就需要由列车调度员来进行调度指挥。

（2）计划调度员：负责编制和调整管辖区域的列车工作计划，协助值班主任组织实现日班计划。

（3）机车调度员：负责机车运用的调度工作。

（4）客运调度员：负责旅客计划运输及客车的运用。

（5）货运调度员：负责管辖区段内装卸作业及管内重车的输送工作。

此外，根据各铁路地区的具体货流和设备情况还可以设有：篷布调度员、零担货物调度员、罐车调度员、车辆检修调度员、特种运输调度员、预/确报调度员、军事运输调度员、电力牵引区段的电力调度员等。

第三节　城市轨道交通行车组织

运输组织是城市轨道交通运营单位为出行者提供服务的核心工作，其目标是为乘客提供安全、快速、准时和舒适的高水平服务。运输组织需要综合运用城市轨道交通系统的各种设施设备，协调组织各个运输生产部门，合理安排各项生产活动，实现运营单位高效率和低成本的运营管理。

行车组织是指利用城市轨道交通设施设备，根据列车运行图组织列车运行的活动。

一、行车组织原则和要求

城市轨道交通行车组织工作是城市轨道交通运输组织的核心环节，主要指为完成运送乘客任务所进行的列车运行组织工作，担负着指挥列车运行、保证行车安全、提高运输效率等任务。

（一）行车组织原则

行车组织工作是为了安全、快速、高效、舒适地运送乘客，应按照客流的时空分布特征制订合理的行车计划，按照行车计划组织行车工作。全线应该按照全日单位小时最大客流量配置运营车辆，根据各个时段日客流量分布情况，确定不同时段的列车开行对数。为避免列车运能浪费，在客流非高峰时段可以减少列车开行对数或减小列车编组数量，在客流分布不均衡的线路可以采取不同的列车运行交路方案。

（二）行车组织要求

（1）安全性：城市轨道交通行车密度大、运输能力强，而行驶空间较为狭窄，一旦发生事故影响范围广、救援难度大、损失较为严重。因此，行车组织的首要任务和要求是保障运营安全。

（2）准时性：准时是城市轨道交通系统的重要优势，为避免大量乘客在车站等待滞留，要科学制订行车组织方案，列车应严格按列车运行图行车。

（3）可靠性：为保证行车组织工作按运输计划正常进行，可能影响正常行车的设施设备要具有高可靠性，减少和避免行车时发生故障。

（4）通过能力：城市轨道交通进站列车一般只在正线停靠，为避免先行列车对后续列车的影响，要求行车各项设备必须满足通过能力的要求。

（5）自动化水平：城市轨道交通站间距短，行车密度大，行车组织工作复杂，需要不断提高科技水平，通过自动化程度高的先进技术设备，提升行车组织能力。

二、列车开行计划

为了经济合理地运用技术设备，实现高服务水平、高效率和低成本的运营目标，城市轨道交通的运营组织必须以列车开行计划为基础。列车开行计划主要包括全日行车计划、列车开行方案、列车运行图和车辆运用计划。其中，列车开行方案由列车编组方案、列车交路方案和列车停站方案构成。

（一）全日行车计划

全日行车计划指城市轨道交通系统全日分阶段开行的列车对数计划，决定着客流输送能力和列车应用计划，也是列车运行图（时刻表）计划编制的依据。全日行车计划编制的资料主要包括营业时间计划、全日分时最大断面客流量、列车定员数、线路断面满载率。

（二）列车开行方案

列车开行方案主要包括列车编组方案、列车交路方案和列车停站方案等内容。在列车开行方案中，列车编组方案规定了列车是固定编组还是非固定编组以及列车编组的车辆数；列车交路方案规定了列车的运行区段与折返车站；列车停站方案规定了列车是站站停车还是非站站停车以及非站站停车的方式。此外，列车开行方案还规定了按不同编组、交路和停站方案开行的列车数。

1. 列车编组方案

（1）大编组方案：是指在运营时间内列车编组辆数固定且相对较多，如采用 6 辆或 8 辆编组的情形。

（2）小编组方案：是指在运营时间内列车编组辆数固定且相对较小，如采用 3 辆或 4 辆编组的情形。

（3）大小编组方案：是指在运营时间内列车编组辆数不固定。在客流非高峰时段编组辆数相对较少，在客流高峰时段编组辆数相对较多，如在客流非高峰时段和高峰时段，分别采用 3 或 6 辆编组、4 或 6 辆编组及 4 或 8 辆编组的情形。

2. 列车交路方案

列车交路是指列车在规定的运行线路上往返运行的方式。其形式主要分为长交路、短交路、长短结合交路 3 种。长交路是指列车在城市轨道交通全线往返运行的方式；短交路是指列车从始发站到某一能够折返的中间站往返运行的方式；长短结合交路是指在全线有的列车采用长交路方式往返运行，有的列车则采用短交路方式往返运行。

通常情况下城市轨道交通都采用长交路的列车运行方式；而长短结合交路的列车运行方式则是在全线某一段的半程客流较大又比较集中的情况下，同时折返中间站又具备折返设备时采用，长短结合交路的采用可降低运输成本、提高列车车组的利用率；短交路一般不单独采用，除非在城市轨道交通线路中部的某处由于某种原因不能通车，而在不能通车地点的两边车站又具有折返条件的情况下，为了维持通车才单独采用短交路。

（三）车辆运用计划

车辆运用包括列车的出入段、正线运行和列检等作业。车辆运用应按计划进行，车辆运用计划根据列车运行图与车辆检修计划进行编制，主要内容包括排定出入段顺序和时间、铺画车辆周转图、确定对应各出入段顺序的运用车、配备乘务员等。为完成乘客运送任务，城市轨道交通必须设置车辆基地，配置一定数量的车辆。车辆按使用状态的不同，分为运用车、检修车和备用车等。

三、行车组织方式

城市轨道交通应按照运行图规定的行车计划开行列车，进行列车运行组织。根据信号设备所能提供的运行条件，其基本行车指挥控制方式一般分为调度集中控制、调度监督下的自动运行控制和半自动运行控制3种方式，其中大多城市轨道交通不再采用调度集中控制方式。

（一）调度集中控制

调度集中（简称CTC），是指在调度中心内集中显示某一区段内车站、区间、信号、道岔、轨道区段的状态以及列车运行位置，由调度员集中控制区段内的信号和道岔，并指挥列车运行的系统设备。

在行车调度员的统一指挥下，按照列车运行图，利用行车调度设备对列车的到、发、折返等作业进行人工控制和调整。调度集中控制的行车组织的指挥者为行车调度员，车站不参与行车组织的工作。

（二）调度监督下的自动运行控制

自动运行控制是当今世界城市轨道交通列车运行组织的发展趋势和主流行车控制方式。在采用列车自动控制系统（ATC）情况下，由列车自动监控系统（ATS）完成列车运行的控制任务，行车调度员只起监控作用；列车根据列车自动防护系统（ATP）提供的信息，由列车自动运行系统自动驾驶运行。

近年来，很多城市已经逐步采用自动运行控制模式。自动运行控制模式利用计算机技术对列车运行实行自动指挥和自动监护，并有列车自动防护系统，以提高行车安全系数。

（三）调度监督下的半自动运行控制

半自动运行控制模式是在调度控制中心统一指挥和监督下，由车站行车值班员操作车站电气集中或临时信号设备控制列车运行。在一些早期建成城市轨道交通的城市至今仍采用这种列车运行组织方式。在一些新线上，由于信号系统尚未安装调试完毕，在过渡期运营时也可采用此方式进行行车组织。

四、车站行车组织

车站行车组织工作主要包括监督行车设备运转状态，收集信息并上报运营控制中心，执行行车调度员命令调整列车运行，与列车驾驶员执行联控措施。

（一）列车运行控制

车站的列车运行控制是由整个系统的列车运行控制方式所决定的。

（1）在调度集中控制方式下，车站行车组织的主要工作是监护列车运行状态，行车值班员兼做其他工作。

（2）在自动运行控制方式下，车站在除了对列车的运行状态进行监护外，如运营控制中心行车调度员因故放权由车站进行控制，则有集中控制设备的车站应负责进行列车的折返、进路排列等人工作业。

（3）在半自动运行控制方式下，车站负责列车运行控制工作，人工操作信号设备进行接发车、调车等行车作业，并根据行调指令对列车运行进行调整。

（4）在非正常情况下，车站根据调度指令，按规定的作业办法要求负责列车在车站接、发、调车等作业。

（二）正常情况下的行车组织

（1）在调度集中控制和自动运行控制下，车站行车组织的主要工作是通过车站行车控制台对列车的运行情况进行监护，并在调度不能实施行车组织的情况下，根据调度命令，利用车站的设备、线路实施车站的行车作业。

（2）在半自动运行控制下，每个车站设有行车控制设备，具有联锁功能，列车的运行由车站通过人工操作进行控制，调度控制中心只能监督现场设备和列车的运行状态。

（三）信号系统故障时的行车组织

当 ATC 系统发生故障或闭塞设备无法满足列车运行要求时，由相邻两站（车辆基地与正线连接站）行车值班员利用站间电话联系，以电话记录的方式办理闭塞的方法，称为代用闭塞法。代用闭塞法包括电话闭塞法和电话联系法。正线各站之间采用站间电话闭塞法组织行车，车辆基地与正线连接站采用站间电话联系法组织行车。

采用电话闭塞法行车时，行车调度员发布调度命令停止基本闭塞法，列车驾驶员以人工驾驶模式驾驶列车运行，相关操作如下：

（1）行车调度员发布停止基本闭塞法，改用电话闭塞法组织行车命令前，应确认电话闭塞区段内全部列车到站停稳，且电话闭塞区段内所有区间空闲。

（2）行车值班员应将承认闭塞、列车出清站线、取消闭塞等情况记入行车日志。

（3）行车值班员应准确填写路票，确认无误并加盖站名印后，交由列车驾驶员作为行车凭证。

（4）列车凭路票占用区间，一个区间只允许一列车运行。

（5）行车调度员确认设备已恢复正常并测试完毕后，方可取消电话闭塞。

（6）行车调度员应先向车站发布取消电话闭塞的调度命令，再向列车驾驶员发布取消电话闭塞的调度命令。

五、车辆基地行车组织

车辆基地行车由车辆基地调度员统一指挥,并由其负责车辆基地日常运营和设备维修组织等工作。车辆基地的其他工作人员应服从车辆基地调度员的指挥,按照各自职责开展工作。

(1)车辆基地调度员应按车辆基地管理制度和调车作业规程办理作业。

(2)车辆基地应确保运用车状态良好,符合列车上线有关标准;应确保备用车状态良好,并停放在车辆基地运用库指定位置,做好随时发车准备。

(3)车辆基地内作业应优先接发列车;接发列车时,应提前停止影响接发车进路的调车作业;发车时,应按规定时间提前开放发车信号。

(4)车辆基地接发列车应灵活运用股道,做到正点发车,不间断接车,减少转线作业。

(5)信号楼值班员应按照车辆基地调度员的指挥及接发列车计划、调车作业计划,准确及时准备进路,做好接发列车组织工作。

(6)发车前,信号楼值班员应检查确认进路、道岔位置正确,影响进路的调车作业已经停止后方可开放发车信号;接车前,应检查确认接车线路空闲,进路、道岔位置正确,影响进路的调车作业已经停止后方可开放接车信号。

(7)列车驾驶员不得在车辆基地道岔、咽喉区擅自停车;因特殊原因需在道岔、咽喉区临时停车时,车辆基地调度员、信号楼值班员应向列车驾驶员查明停车原因,并在列车具备运行条件后,指示列车驾驶员起动列车。

六、调度指挥

(一)调度指挥管理原则和主要任务

1. 管理原则

城市轨道交通运营调度是日常运输组织工作的指挥中枢,担负着保证乘客运输安全、提高乘客服务质量的重要责任,对高效完成运输生产任务起重要作用。城市轨道交通调度指挥主要是在运营网络指挥中心的总体协调下进行。

调度指挥管理原则主要有以下4点:

(1)由运营网络指挥中心负责各区域(线路)控制中心之间的总体协调指挥工作。

(2)当某一线路发生事故或出现故障并对其他区域控制中心管辖的线路运营造成影响时,由运营网络指挥中心值班主任负责总体协调处理。

(3)各运营控制中心应根据有关管理规定,结合本区域具体情况制定相应岗位的调度工作手册。

(4)运营控制中心应积极开展管辖线路与邻线有接口联系的调度安全管理工作,总结交流调度安全管理经验,做好调度指挥工作。

2. 主要任务

调度指挥(主要指行车调度)工作实行集中领导、统一指挥、逐级负责的原则,目的是使各个环节紧密配合、协同动作。行车调度是调度机构的核心工种,担负着指挥列车运行、贯彻安全生产方针、实现列车运行图、完成运输计划的重要任务。

调度指挥的主要任务是科学、经济、合理地使用车辆及其他运输设备，挖掘运输潜力，根据列车运行图和每日的具体状况，组织与运输相关的各部门密切配合，采用相应的调整措施，努力完成运输生产任务，以满足乘客出行的需要。

（二）调度指挥机构和系统

城市轨道交通系统是一个技术复杂、设备密集的公共交通系统，具有高度集中以及各个工作环节紧密联系、协同动作的特点，必须坚持集中管理、统一指挥、逐级负责的原则。运输调度是城市轨道交通系统日常运输工作的核心内容，凡与运输有关各部门、各工种都必须在运输调度的统一指挥下进行日常生产活动。

1. 调度机构

为对运输生产活动进行集中领导、统一指挥和实行有效监控，城市轨道交通系统应设置行车组织的指挥中心，行车组织指挥中心主要分为两个层次：运营控制中心和运营网络指挥中心。

1）运营控制中心

运营控制中心是城市轨道交通日常运输工作的指挥中枢，基本任务是组织指挥线路与列车运行有关的各部门、各工种协调作业，确保列车正常运行，组织完成客运生产任务，保证行车和乘客安全，提高运输效率。

为了对复杂的运输生产活动进行全面的指挥和监督，运营控制中心实行分工管理原则，将整个运输生产活动按业务性质划分成若干部分，设置不同的调度工种分别管理相关工作。

列车运行调度管理列车运行调度的管理层次（见图2-3-1）宜分为一级和二级两个指挥层级，二级服从一级指挥；一级指挥为运营控制中心值班主任、行车调度员、电力调度员、环控调度员和维修调度员等；二级指挥为行车值班员、车辆基地调度员等。各岗位人员应根据职责开展工作，并服从运营控制中心值班主任协调和指挥。

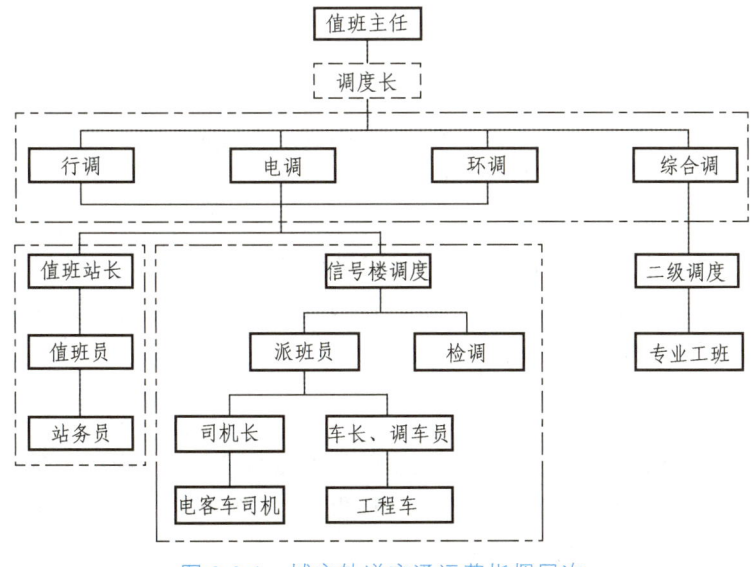

图2-3-1 城市轨道交通运营指挥层次

（1）值班主任：负责统一协调和管理，完成调度指挥任务，协调解决运行中出现的问题。

（2）行车调度员：是调度区段行车工作的指挥者，负责监控列车的运行状况，及时掌握列车运行、到发情况，发布调度命令，检查各站、段执行和完成行车计划情况，并且在列车晚点或发生事故时，组织和指挥车站工作人员、列车乘务员以及相关的各个部门及时采取相应措施，尽快恢复列车运行，减少运营损失。

（3）电力调度员：主要监控变电所、接触网等与供电相关的各种设备，及时采集各种数据，实时监控供电设备的运行，掌握和处理供电设备故障，确保为各个车站、列车可靠安全地供电。

（4）环控调度员：主要监控通风、空调、给排水等和环境相关的各种设备，及时调节所管辖区段内的温度、湿度、空气流动速度、含尘量等各种参数，保证环境质量，满足乘客的出行需要。

（5）维修调度员：负责组织实施车站、正线及配线等设施设备的检查、维修、施工作业的组织实施等。

2）运营网络指挥中心

随着城市轨道交通网络化的特征，单一设置列车调度控制中心往往存在运营控制中心之间的信息传递不畅，所采取的运营调整措施往往不适应整个轨道交通网络化的需要。目前，大城市的城市轨道交通行车指挥中心一般分为两个层次，即中央运营协调与线网运营指挥中心（TCC或COCC）和运营控制中心（OCC）（见图2-3-2）。

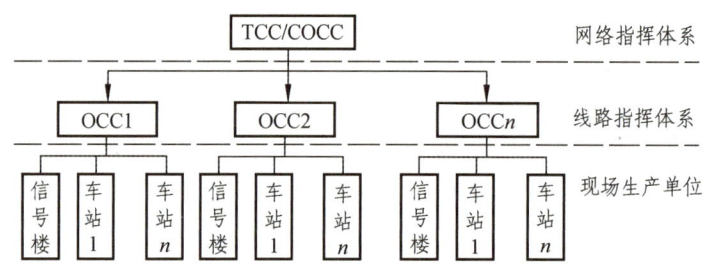

图2-3-2 网络化运行线路调度管理内部架构

运营网络指挥中心作为中央运营协调与应急指挥中心，负责协调各运营控制中心及各相关单位，特别在发生影响两条及以上线路运行的紧急情况时，可实现运营资源的统筹、协调和联动，提升应急突发事件的处置能力。

运营网络指挥中心实时监督城市轨道交通网络客流变化、列车运行和设施设备运行状态；在发生紧急情况时，迅速做出反应，指挥和协调各单位进行应急处置；承担运营生产信息采集、核实、报告、发布的任务。

2. 行车调度指挥系统

城市轨道交通系统的行车调度控制方式主要与采用的行车调度指挥设备类型有关。城市轨道交通系统运行控制设备正逐步向自动化、远程化、计算机化发展，行车调度工作逐步由人工控制方式向行车指挥自动化控制方式发展。

（1）人工调度指挥系统：该系统由运营控制中心设备、车站设备和机车设备组成。运营控制中心设备包括调度电话、无线调度电话、传输线路；车站设备包括调度电话、传输线路；机车设备包括无线调度电话等。

人工调度指挥系统由行车调度员通过调度电话向车站值班员直接发布指令，又称电话闭塞法，其由车站值班员排列接发列车进路，通过与车站值班员联系，调度员掌握列车到达、出发信息，下达列车运行调整调度命令。调度员通过无线调度电话呼叫列车乘务员，发布调度指令，指挥列车运行。列车运行图由行车调度员手工绘制。人工调度指挥通常在线路开通初期，设施设备尚未到位或发生故障等特殊情况下使用。

（2）列车自动控制系统：通常列车自动控制系统（ATC）由列车自动防护系统（ATP）、列车自动监控系统（ATS）、列车自动运行系统（ATO）组成。其中，列车自动防护系统规定列车运行速度，防止超速，保证前后列车之间的安全运行间隔；列车自动监控系统能监控列车运行状态，实时控制列车运行时刻表；列车自动运行系统能够使列车按照列车自动监控系统速度平稳调速运行，能够控制列车在站内对准停车，是列车自动监控系统自动调整列车运行的前提。

（三）行车调度工作基本规则及主要工作

1. 基本规则

（1）指挥列车运行的命令和口头指示，只能由行车调度员发布。

（2）行车调度员发布命令时，在车站由行车值班员或指定人员负责传达，在车辆基地由车辆基地调度员负责传达。

（3）行车调度员同时向多个车站行车值班员发布调度命令时，指定其中一名行车值班员复诵，其他行车值班员核对，确保无误。

2. 主要工作

（1）检查各站执行列车运行图和行车相关施工计划的情况，及时发布行车命令和口头指示；行车调度员在发布命令前，应准确了解掌握现场情况。

（2）严格按列车运行图指挥行车，发生非正常情况或应急情况时，按照预案及时、准确处置，保障运营安全。

（3）监控列车在车站到发及区间内的运行情况，及时、准确处理临时发生的问题，防止列车运行事故发生。

（4）必要时可授权实行降级控制，保证列车运行安全。

第四节　旅客运输组织

旅客运输是轨道交通运输的一个重要组成部分。旅客运输的基本任务是最大限度地满足广大人民群众在旅行上的需要，安全、迅速、便捷、舒适、经济地运送旅客、行李、包裹和邮件，保证旅客在旅行途中舒适愉快并得到文化生活上的优质服务。

认识旅客运输组织

一、铁路旅客运输组织概述

（一）铁路旅客运输的工作性质和组织原则

（1）旅客运输的主要服务对象是广大旅客，其次是行李、包裹和邮件。

（2）旅客列车的编组一般是固定的，其始发、终到站以及到、发和途中运行的时刻也是固定的。

（3）旅客车辆（包括餐车、行李车）一般都是按照铁路局的规定固定配属于各客运车辆段。

（4）旅客运输计划只有年度的客运量计划和客运机车及客车车底运用计划，平时只依据节假日客流调查资料所编制的重点节假日计划，来调整年度的客运量计划和机车车辆运用计划。

（5）客运站的位置要求紧靠城市，并且要与市内运输及其他各种交通工具有密切的配合。

（6）选择旅客列车的重量标准、速度和密度时，要进行综合比较。

铁路旅客运输是为广大人民群众旅行的需要服务的。它要求铁路既要质量良好地完成旅客运输任务，又要经济、合理地使用客运机车车辆和其他技术设备。为此，必须在生产实践和科学研究的基础上，不断总结经验，根据具体情况，规定正确的客运组织原则。

（二）客流的定义及分类

客流是指铁路某一方向上、一定时间内旅客的流量和流向，由旅客的流量、流向和流程构成。

按旅客的乘车距离和铁路局的管辖范围，客流分为以下两种：

（1）直通客流：旅客乘车距离跨及两个及以上铁路局的为直通客流。

（2）管内客流：旅客乘车距离在一个铁路局范围以内的为管内客流。

（三）旅客列车的分类及车次

1. 旅客列车的分类

针对客流的不同需求和铁路线路等技术设备条件，铁路开行了不同种类、不同等级的旅客列车，主要分为以下几种：

（1）高速动车组旅客列车：车次开头为"G"，读作"高×次"。高速动车组列车在长途高速铁路客运专线上行驶，速度通常为 300~350 km/h。

（2）城际动车组旅客列车：车次开头为"C"，读作"城×次"。城际动车组旅客列车是指和谐号动车组在距离较近、相互间客流量很大的大城市之间的短途客运专线（如京津城际铁路、沪宁城际铁路等）上运行，运行速度为 250~350 km/h。

（3）动车组旅客列车：车次开头为"D"，读作"动×次"。动车组列车是指和谐号动车组在普速铁路线路上运行，经提速后开行的 160~200 km/h 的客运列车。

（4）直达特快旅客列车：车次开头为"Z"，读作"直×次"。这种列车采用动车组客车，车内设备好、服务水准高，列车运行速度一般保持在 160 km/h，途中不办理旅客上下车业务。

（5）特快旅客列车：车次开头为"T"，读作"特×次"。这种列车编组辆数较少，运行速度比较高，区间运行速度常达到 140 km/h，一般运行在线路质量较高的线路上。

（6）快速旅客列车：车次开头为"K"，读作"快×次"。这种列车编组辆数较少，区间运行速度常达到120 km/h，停站次数较少，车内设备比较完善。

（7）普通旅客快车：分直通快车和管内快车，这种列车速度比快速列车慢，编组辆数和停站次数较多。

（8）普通旅客慢车：分直通旅客列车和管内旅客列车，这种列车的编组辆数多、定员多、速度低，在营业站均有停点。

（9）临时旅客列车：一般在节假日、寒暑假、春运期间，为了满足临时增加的客流与运能之间的供需矛盾而临时增开的旅客列车。

（10）旅游列车：这种列车在名胜古迹、游览胜地所在站和大、中城市间开行，用于输送旅游观光旅客。旅游列车的速度、服务和设备都优于其他旅客列车。

2. 旅客列车的车次

全路有上千对各种不同种类、性质的旅客列车运行在全国各条线路上。为了便于旅客能区别各种旅客列车的性质和种类，同时，考虑到铁路行车部门组织列车运行和进行作业的需要，铁路部门把各种旅客列车按其性质、种类和运行方向用一定数字编定车次。所以，车次是某一列车的简明代号，它能表示：列车的种类——是客车还是货车，如是客车还可判明是直通的还是管内的；列车的等级——是快车还是慢车，如是快车还可区分是特快、快速、普快等；列车的去向——是上行还是下行。在我国，以向首都北京、支线向干线或指定方向为上行，车次编定为双数；反之为下行，车次编定为单数。

我国铁路旅客列车的车次编号由国铁集团统一规定执行。

（四）客运站设备

客运站是铁路旅客运输的基层生产单位，专门办理旅客运输业务，是客运部门与旅客之间联系的纽带。客运站有以下设备：

（1）旅客站房，包括客运用房、技术作业用房、车站行政用房、驻站单位用房、职工生活用房和建筑设备用房等。其中，客运用房是旅客站房的主体，站房的主要出入口、售票处、行李房和候车室等又是客运用房的主要组成部分，如图2-4-1所示。

（2）站场，是列车通过和停靠的场地，也是旅客和行包的集散地点。站场内应设置站线、旅客站台、跨线设备和检票口等设施，满足安全、合理地组织旅客和行包运输两方面的需要。根据作业的要求，客运站需设有正线、旅客列车到发线、机车走行线与机车等待线、客车摘挂车辆停留线、公务车停留线和整车行包装卸线等。

（3）站前广场，是客运站与城市交通联系的地带，包括车行道、停车场和旅客活动用地等。除此之外，为了保证客车技术状态的良好，在配属有大量旅客列车车底的客运始发、终到站，或有大量长途旅客列车的折返站，以及有大量市郊旅客的始发、终到站上，设置客车整备所，以便对客车进行洗刷、消毒、检查、修理和整备。为了顺利完成各项作业，客车整备所应具有线路、客车外部洗刷设备、客车整备库（棚）、消毒设备和车底转向设备。

二、旅客运送过程

铁路旅客运送过程主要包括图2-4-2所示的几个环节。

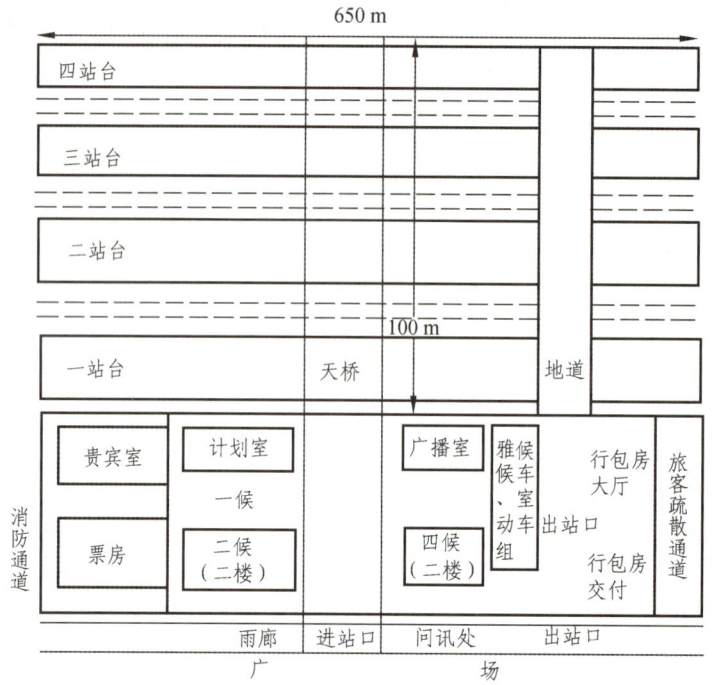

图 2-4-1　株洲车站平面示意图

售票 → 候车 → 检票 → 旅客上车 → 列车服务 → 旅客下车 → 出站

图 2-4-2　铁路旅客运送过程

（一）售　票

车票是旅客乘车的凭证。目前铁路售票方式有站内窗口人工售票、代售点售票、电话订票、互联网售票和自动售/取票机自动售票。

1. 车票的分类

1）按形式分类

（1）磁卡车票：目前我国可在部分铁路线路使用的磁卡车票为"中铁银通卡"，分金卡和银卡两种，如图 2-4-3 所示。"中铁银通卡"属于预付卡，类似公交一卡通，仅限于持卡人本人使用。刷卡乘车时，金卡按一等座票价扣款，银卡按二等座票价扣款，旅客可以持卡至预留席车厢乘车。

图 2-4-3　中铁银通卡金卡

（2）软纸车票：主要是指电子售票机打印的软纸票。票面载明的主要内容有：发站、到站、径路、座别、卧别、票价、车次、乘车日期、有效期、个人身份信息等。

（3）电子车票：铁路电子车票是以电子数据形式体现的铁路旅客运输合同，与普通车票具有同等法律效力。例如，旅客在中国铁路客户服务中心网站（http://www.12306.cn）使用二代居民身份证购票，并且乘车站及下车站都具备二代居民身份证检票条件的，可以使用二代居民身份证原件直接在车站自动检票机办理进、出站检票手续，无须换取纸质车票。

2）按用途分类

铁路车票按用途分为客票和附加票两种（动车组列车票价除外）。客票分为硬座客票和软座客票，附加票包括加快票、卧铺票、空调票。车票是乘车票据的总称，包含客票和附加票。

3）按乘车情况分类

铁路车票按旅客的乘车情况分为直达票和通票。从发站至到站无须中转换乘的车票为直达票；从发站至到站需中转换乘的车票为通票。直达票的有效期是当日当次车有效，通票的有效期是按乘车里程计算的：1 000 km 为 2 日，超过 1 000 km 的，每增加 1 000 km 增加 1 日，不足 1 000 km 的尾数按 1 日计算，自指定乘车日起至有效期最后一日的 24 时止。卧铺票当日当次使用有效，其他附加票随同客票使用有效。

2. 减价票的发售规定

1）儿童减价票

随同成年人旅行按年龄（6~14 周岁），享受半价客票、加快票和空调票。

2）学生减价票

在普通大、专院校，军事院校，中、小学和中等专业学校、技工学校就读，没有工资收入的学生、研究生，家庭居住地和学校不在同一城市时，凭附有加盖院校公章的减价优待证，每年可享受 4 次家庭至院校（实习地点）之间的半价硬座客票、加快票和空调票。学生乘坐动车组可享受二等座公布票价七五折优惠。

3）伤残军警半价票

中国人民解放军和中国人民武装警察部队因伤致残的军人凭"中华人民共和国残疾军人证"、因公致残的人民警察凭"中华人民共和国伤残人民警察证"享受半价的软座、硬座客票和附加票。

3. 车票签证

旅客不能按票面指定的日期、车次乘车时，应当在票面指定的日期、车次开车前办理一次提前或推迟乘车签证手续，特殊情况经站长同意可在开车后 2 h 内办理。持动车组列车车票的旅客改乘当日其他动车组列车时不受开车后 2 h 内限制。

旅客持通票在中转站换车时，应办理中转签证手续。签证不需要补差价或换乘的车次票价低于原票价时，票价差额部分不退，只打印签证号，随原票使用有效；需补差价时，发售有价签证票。

（二）候 车

候车室是旅客休息和等候乘车的场所。车站应有良好的通风、采光、采暖、防暑、休息等设备，与其他站房的主要出入口有密切的联系，并尽可能靠近站台，减少旅客检票上车的行程。候车室一般实行凭票候车。候车室工作人员要主动、热情、诚恳、周到地为旅客服务，搞好清洁卫生，及时通告列车到、发和检票进站时间，加强安全和旅行常识的宣传，做好饮水、购物、娱乐等延伸服务。

为了维护站车的良好秩序，确保运输安全，方便旅客进出站、上下车，一般在旅客进入候车室之前需要对旅客随身携带的物品进行检查。旅客不得携带国家禁止或限制运输的物品、危险品、动物及妨碍公共卫生、能够损坏或污染车辆等的物品进站上车。

此外，每个成人旅客可免费携带物品 20 kg，儿童（含免费儿童）10 kg，外交人员（持外交护照者）35 kg；旅客携带品的外部尺寸，每件长、宽、高之和不得超过 160 cm，动车组每件长、宽、高之和不得超过 130 cm；杆状物品不得超过 200 cm，质量不超过 20 kg。超过规定物品应办理托运。残疾人旅行时代步的折叠式轮椅可免费携带，不计入上述范围。

（三）检票进站

为了维护站、车秩序，保证旅客安全，避免旅客上错车，车站设置了检票口，旅客持车票进站上车时必须经检票口检票进站。

配置自动检票机的车站，对蓝色底纹的磁介质车票（或身份证原件）通过自动检票机进行检票。

对非磁介质车票或自动检票机出现故障时，采用人工检票方式，人工确认车票有效后，在车票边缘上剪口，表明铁路旅客运输合同开始履行。自此时起，铁路应担负旅客的旅行安全责任。

（四）旅客上、下车

旅客上、下车过程中极易发生客伤事故，为了确保旅客安全，客运人员应有秩序地组织旅客上、下车，做好进出站引导工作。

每次接发客车时，车站应派工作人员坚守检票口、天桥口、地道口及进站或出站通路交叉地点；利用广播提前告知旅客检票车次、停靠站台等信息，引导旅客进站排队，站在安全线内侧候车。

车站应对站台划区定岗，责任到人，加强站台旅客宣传，维持站台秩序，及时制止旅客侵限，劝阻旅客不要横越线路、钻爬车窗及随车奔跑；严格开车前检查签认制度，加强列车背面巡视，严防旅客摔伤、挤伤、踩踏和扒乘列车等问题发生。对老、弱、病、残、孕等行动不便的旅客应提供帮助，督促购物旅客及时上车，保证旅客安全。

（五）列车服务

列车服务工作由列车乘务组担当。列车乘务组包括客运人员（列车长、列车员、广播员、行李员、餐车服务员等）、公安乘警（乘警长、乘警等）和车辆乘务员（检车长、检车员、车电员等）三部分人员。列车乘务组在列车长的统一领导下，相互密切配合，共同做好列车服务工作。动车组列车乘务组包括客运人员、机械师、乘警和司机在内的所有列车乘务人员。

列车服务工作包括车厢服务、列车广播和餐茶供应工作。

1. 车厢服务

始发站检票前，乘务员应做好各种准备工作，坚守车门，扶老携幼，迎接旅客看票上车。开车后，乘务员按作业过程进行工作，服务中态度主动、热情、语言文明，表达得体、准确，行动稳重、大方，作风谦虚谨慎，方法机动灵活，处理问题要实事求是，及时通报站名，组织旅客安全乘降。

2. 列车广播工作

列车广播的主要任务是介绍铁路安全、旅行常识及沿线的名胜古迹；正确及时地做好站名及中转换乘通告。为活跃旅客的旅行生活，可适当播放一些文娱节目和录像；为保证旅客身体健康，做好列车卫生宣传工作。

3. 列车饮食供应工作

铁路旅客饮食供应是保证广大旅客在旅行中的饮食需要，应保证饮食卫生，不断提高服务质量。列车餐饮服务应树立"食品安全是命脉，诚信服务是本质，方便快捷是特色"的经营理念。坚持以提高餐车服务质量为中心，让旅客吃得放心、吃得满意。

（六）出　站

旅客到达到站出站时，车站应查验车票。发现违章的旅客应对其进行到达补票，按规定补收运输费用。

三、行李、包裹运输

（一）行李、包裹的范围

1. 行　李

行李是指旅客旅行必须带上的必需品，可凭客票办理托运。

行李可以是旅客自用的被褥、衣服、个人阅读的书籍、残疾人车和其他旅行必需品。为保证安全、贯彻国家有关运输政策，行李中不得夹带货币、证券、珍贵文物、金银珠宝、档案材料等贵重物品和国家禁止、限制运输物品、危险品。

每件行李最大质量不超过 50 kg，体积以适合装入行李车为限，但最小不小于 0.01 m^3。

2. 包　裹

包裹是指适合在旅客列车行李车内运输的小件货物。包裹分为 4 类：

（1）一类包裹：自发刊日起 5 日以内的报纸；中央、省级政府宣传用非卖品；新闻图片和中、小学生课本。

（2）二类包裹：抢险救灾物资，书刊，鲜或冻鱼介类，肉、蛋、奶类，果蔬类。

（3）三类包裹：不属于一、二、四类包裹的物品。

（4）四类包裹：① 一级运输包装的放射性同位素、油样箱、摩托车；② 泡沫塑料及其制品；③国务院铁路主管部门指定其他需要特殊运输条件的物品；④快运包裹。

快运包裹是铁路运输的一种方式，业务全称为"小件货物特快专递运输服务"，简称中铁快运，注册商标为"CRE中铁快运"。快运包裹是中铁快运依托铁路客车行李车，配合公路、航空和市内配送资源，向客户提供的小批量货物门到门运输服务。

快运包裹外部尺寸长、宽、高之和不得小于 0.6 m，包裹外部的最大尺寸应不超过长 3 m、宽 1.5 m、高 1.8 m，超过时应先与中转机构或到达机构协商，同意后方能办理，并根据快运包裹的外部尺寸及质量选择合适的运输工具。每件包裹最大质量不得超过 50 kg，超过时按超重快运包裹办理。

另外，为保证安全，有些物品是不能按包裹运输的，如危险品。

（二）行李、包裹的运送

1. 托 运

旅客或托运人向车站要求运输行李或包裹称为托运。

旅客托运行李时，必须出示有效的客票和托运单。旅客凭客票，在乘车区段内可从任何营业站托运至另一营业站，但每张客票仅限托运一次（残疾人用车除外）。

旅客托运包裹时，应提出托运单。托运某些特殊物品时，还应提出规定部门签发的运输证明，如托运金银珠宝、货币、证券应提出中国人民银行的正式文件或当地铁路公安局或公安处的免检证明。

行李、包裹运输方式分为保价运输和不保价运输，旅客或托运人可以选择其中一种运输方式，并在托运单上注明。参加保价运输的行李、包裹，需交纳保价费。车站对保价运输的行李、包裹可以检查其声明价格与实际价格是否相符，如旅客或托运人拒绝检查，则不能按保价运输办理。

2. 承 运

车站行李员应对要求托运的行李、包裹进行必要的检查。当检查完毕，认为符合运输条件的，即可办理承运手续，填制行李、包裹票及中国铁路小件货物快运运单（一式 5 页，其中丙页为领货凭证），核收运杂费。

3. 运 送

运送行李、包裹时，应先运送行李、后运送包裹，做到行李随人走、人到行李到。所以，行李应随旅客所乘列车装运或提前装运，包裹应按其类别的顺序及性质统筹安排运输，保证行李、包裹在一定期限（即行李、包裹运到期限）内运至到站。

行李、包裹运到期限以运价里程计算，从承运日起，行李 600 km 以内为 3 天，超过 600 km，每增加 600 km 增加 1 天，不足 600 km 也按 1 天计算。包裹 400 km 以内为 3 天，超过 400 km，每增加 400 km 增加 1 天，不足 400 km 也按 1 天计算。快运包裹的运到期限另有规定。

由于不可抗力等非承运人责任发生的停留时间加算在运到期限内。

逾期运到的行李、包裹，承运人应按逾期日数及所收运费的百分比向收货人支付违约金，违约金最高不超过运费的 30%。

4. 到达、保管、交付

行李随旅客所乘坐的列车运至到站，旅客即可领取。包裹由托运人在发站办理托运手续后，告知收货人按时领取，同时承运人在包裹到达后也应及时通知收货人领取。铁路对到达的行李、包裹免费保管3天（行李从运到日起，包裹从发出通知日起）；逾期到达的行李、包裹免费保管10天。超过免费保管期限时，按超过日数核收保管费。

旅客或收货人领取行李、包裹时，凭行李、包裹领取凭证领取。如领取凭证丢失，则必须出示本人身份证、物品清单和担保人的担保书，承运人对上述单证和担保人的担保资格认可后，可由旅客或收货人签收办理交付。

四、旅客运输安全

保证旅客旅行安全是对铁路运输的基本要求。但在运输过程中，因铁路责任、旅客责任或其他原因导致旅客运输事故仍时有发生。旅客运输事故包括旅客人身伤害事故和行李包裹运输事故两类。

（一）旅客人身伤害事故

凡是持有车票的旅客，经检票口加剪开始，至到达目的地出站缴销车票时止，在旅行中遭受外来剧烈、明显的意外伤害事故以及因承运人的过错致使旅客人身受到伤害导致死亡、残疾或丧失身体机能者，均属于旅客人身伤害事故。

旅客人身伤害事故有多种类型，常见事故有挤伤、烫伤、砸伤、碰伤、摔伤、跳车、因病死亡等。客伤事故绝大多数属于旅客自身原因造成的，另一个重要原因是铁路管理不到位、防范意识不强、防范责任不落实和违章、违标作业。

1. 旅客人身伤害事故的种类

（1）死亡。
（2）重伤：肢体残疾、容貌毁损，视觉、听觉丧失及器官功能丧失等。
（3）轻伤：伤害程度不及重伤者。

2. 旅客人身伤害事故的等级

（1）轻伤事故：只有轻伤，没有重伤和死亡的事故。
（2）重伤事故：有重伤，没有死亡的事故。
（3）一般伤亡事故：一次造成死亡1人至2人的事故。
（4）重大伤亡事故：一次造成死亡3人至9人的事故。
（5）特大伤亡事故：一次造成死亡10人至29人的事故。
（6）特别重大伤亡事故：一次造成死亡30人以上的事故。

（二）行李包裹运输事故

行李包裹运输事故种类分为：火灾；被盗（有被盗痕迹）；丢失（全批未到或部分短少，没有被盗痕迹）；损坏（破损、湿损、变形等）；误交付；票货分离、票货不符、误装卸或顶件运输；其他（污染、腐坏等）。

发生旅客人身伤害事故和行李包裹运输事故时,应认真调查分析,明确责任,及时正确处理。

五、城市轨道交通客流组织

客流组织是为实现乘客运送任务,组织乘客按预先设定的路线有序流动所采取的措施。城市轨道交通主要通过合理的客流组织来完成繁重的客运任务。合理组织客流可以在一定程度上缓解客流的迅猛增加对已建成车站有效空间不足的压力。

(一)客流组织目标

科学、合理、灵活地运用线网提供的客运服务设备、设施,安全、准点、舒适、快捷地完成乘客运输任务。

(二)客流组织原则

城市轨道交通运营的特点决定了客流组织必须保证客流运送安全、保持客流运送过程顺畅、尽量减少乘客路途耗时、防止过度拥挤,发生大客流聚集时能够及时疏散。

1. 客流线路设计合理

根据车站内乘客的走行流线,车站客流分为进站客流、出站客流和换乘客流,进出站客流走行流线相反。车站客流流线设计应简单明确,尽量减少和避免流线交叉,以免形成对流,防止客流流线设置不当造成车站秩序混乱。

2. 导向标志设置合理

车站导向标志是引导乘客按照预先设计的移动线路流动的告知措施。导向标志的设计应贯彻"标准、简洁、明确、醒目"的原则。

3. 乘客通道流通顺畅

乘客在车站的流动空间称为通道,通道断面的最窄处称为"瓶颈"。通道内"瓶颈"的流通量往往就是通道的最大流通量,应消除"瓶颈",达到拓宽通道的目的。车站在布置设备时,应计算和分析通道流通量,合理组织客流,防止出现通道"瓶颈"。

4. 出站优先原则

建成投运的车站,可以容纳乘客的空间是有限的,为避免车站乘客大量滞留,造成人身危险,在车站客流组织过程中,必须实行"出站优先"原则。当通道中只有一台自动扶梯时,自动扶梯的运行方向,原则上应与出站方向保持一致。

(三)客流组织注意事项

1. 车站客流组织设施设备

布置与客流组织密切相关的设施设备,应注意:

(1)售、检票位置与出入口、楼梯应保持一定距离。售、检票位置一般不设置在出入口、通道内,并尽量与出入口、楼梯保持一定的距离,从而保证出入口和楼梯的畅通。

（2）保持售、检票位置前通道宽敞。售、检票位置一般选择站厅内宽敞位置设置，以便于疏导售、检票位置前的客流，售、检票位置应适当保持一定距离，避免排队时拥挤。

（3）售、检票位置根据出入口数量相对集中布置。城市轨道交通车站一般有多个出入口，为了减少乘客进入车站后的走行距离，一般设置多处售、检票位置，但设置售、检票位置过于分散容易造成设备使用不平衡，降低设备使用效率，并且不利于管理，因而售、检票位置应根据车站客流的大小相对集中布置。

（4）应尽量避免客流的对流。车站应对进出客流进行分流，进出车站检票机分开设置，使乘客经过出入口和售、检票位置的线路不发生对流。

2. 突发客流组织与调整

大客流往往是在节假日旅游高峰期、举办重大活动（大型体育赛事、音乐会等）或风、雨、雪恶劣天气等情况下发生，大客流虽然持续时间不长，但在大客流冲击情况下，往往对客流组织形成较大的压力。城市轨道交通运营单位应根据大客流特征，采取有效的疏散措施，尽快安全疏散客流。大客流组织措施主要包括：

（1）增加列车运能：根据大客流的方向，在大客流发生时，利用就近的折返线、存车线组织列车运行方案，增开临时列车，增加列车运能，从而保证大客流快速疏散。运输能力是大客流组织的关键。

（2）增加售、检票能力：车站在设置售、检票位置时应考虑提供疏散大客流的通道。在疏散大客流时，可事先准备足够的车票或临时使用纸质替代车票，在地面、通道、站厅增设售票点或临时检票位置来疏散大客流。

（3）采取临时疏导措施：临时合理的疏导措施对大客流快速疏散具有重要作用。临时疏导措施主要包括站厅、站台和通道等设置临时导向标志、警戒绳或隔离栅栏，采用人工引导以及通过广播宣传引导等。

（4）采取入口客流限制措施减少进站客流：在采取其他措施难以有效疏散大客流时，可临时采取关闭入口或入口限流措施减少进站客流量，达到及时疏散站内乘客的目的。

（四）客运服务

1. 客运服务基本要求

车站是城市轨道交通为乘客服务的窗口，车站客运作业直接面对乘客，客运作业服务质量既反映了为乘客提供的服务水平，又显示出运营单位的管理水平，直接关系到乘客对城市轨道交通的满意程度。车站客运服务的基本要求有：

（1）保持站容整洁：车站内外各种设施设备要保持干净、整洁、整齐、有序。

（2）完善标志系统：车站各种标志，如导向标志、提示标志、警示标志等应布置齐全，位置合理。

（3）提供文明优质服务：客运服务人员应遵守职业道德，文明礼貌、规范地为乘客服务，耐心为乘客解决疑难问题，重点照顾老、弱、病、残、孕等乘客。

（4）执行规章制度：客运服务人员应认真执行客运规章制度，服从命令、听从指挥。

（5）掌握客流规律：分析客流统计资料，掌握车站客流在时间、空间上的分布变化规律，熟悉大客流情况下的疏散组织方法。

（6）做好联动协作：客运服务人员应与车站值班员、运营控制中心调度员等加强联系，密切配合，协同工作。

2. 客运作业服务流程

城市轨道交通系统将乘客从出发站输送到目的站，并提供安全、便利、舒适、快捷的乘车、候车环境。乘客要从车站外进入站台上车，一般遵循如下流程：进站口—站厅层—购票—通过检票机—通过楼梯上站台—乘车。

运营单位应在各环节为乘客提供优良的服务，使每一位乘客从购票乘车到下车出站的全过程中都能获得满意的服务。

（1）引导乘客进站：在城市轨道交通各出入口设置明显的导向标志，方便乘客识别，并引导乘客进站乘车。同时，应在一定距离内设置相应导向标志，确保指示和引导信息的连续性。

车站导向标志是车站进行客流组织、引导乘客合理流动的重要手段之一。它由一系列布置在指定位置的固定指示牌、可变内容的信息牌和可移动的临时指示与告示牌组成。导向标志牌能够形象地表示各种公共设施或服务的地理位置。为满足广大乘客的认知需求，导向标志牌的设计和制作应符合国家有关标准。

（2）问讯服务：车站的问讯服务可分为有人式服务和无人式服务，车站工作人员应向问讯的乘客提供服务。车站的计算机查询平台应具有查询出行线路、票价以及各类票卡金额等功能。大部分城市已采用自动售票机，实现了售票和部分问讯功能一体化服务。

（3）售检票服务：目前，城市轨道交通售检票服务主要有人工售检和自动售检为主、人工售检为辅两种方式，后者已成为售检票服务的主流方式。自动售检票可以提供更为准确的售检票服务，服务效率更高。

（4）组织乘降：站台应设有醒目的候车安全线，提示乘客在列车未进站、进站未停稳以及车门未完全打开之前，不要越过安全线，以免发生意外事件。设置站台门可以保障乘客的候车安全。车站应提供广播，为乘客预报列车到站时间。

（5）出站验票

乘客到达目的站后，持票卡验票出站，车站应有各类导向标志，引导乘客从所需的出口出站。对所购票卡票款不足的乘客，车站应提供补票服务。

第五节 铁路货物运输组织

安全、迅速、经济、便利地完成货物运输，是铁路货物运输的基本任务。铁路货物运输在大宗货物运输和中长距离货物运输领域中具有传统优势。由于铁路货运工作涉及面广、政策性强、办理复杂，做好货物运输组织工作，对国家经济建设、国防建设和人民生活都具有十分重要的意义。

认识铁路货物运输组织

一、铁路货物运输合同

铁路货物运输合同，是以运送货物的劳务行为作为合同标的的一种合同。根据《中华人民共和国合同法》的规定，货运合同可以定义为：承运人按照托运人的指示，将托运人交付的货物运送至目的地，交付给指定的收货人、托运人或者收货人支付运费的合同。

铁路货物运输合同的签订，是指托运人按季度、半年度、年度或更长期限签订的整车大宗物资运输合同。整车货物运输、零担货物运输和集装箱货物运输，使用货物运单作为运输合同。

二、铁路货物运输的基本条件

（一）货物运输的种类

根据托运货物的数量、性质、形状等条件并结合所使用的货车，将铁路货物运输的种类划分为整车、零担和集装箱 3 种。

1. 整车货物运输

一批货物的质量、体积、形状或性质需要以一辆以上货车运输的，应按整车托运。

整车货物运输的费用较低，运送速度较快，安全性能好，承担的运量也较大，是铁路的主要运输方式。

2. 零担货物运输

不够整车运输条件的，按零担托运。零担托运的货物，一件体积最小不得小于 0.02 m^3（一件质量在 10 kg 以上的除外），每批不得超过 300 件。

零担货物运输具有运量零星、批数较多、到站分散、品种繁多、性质复杂、包装条件不一、作业复杂等特点。零担运输在铁路总运量中所占的比例较小。

3. 集装箱运输

集装箱是一种现代化运输设备，使用集装箱进行的货物运输，称为集装箱运输，适用于运输精密、贵重、易损、怕湿的货物。

集装箱运输具有保证货运安全、简化货物包装、提高装卸效率、加速车辆周转、便于组织"门到门"运输等优点，是一种现代化的运输方式，是铁路运输的发展方向。

（二）按一批托运的条件

铁路货物运输以批为单位。一批是铁路承运货物和计算运输费用的单位。按一批托运的货物，必须是托运人、收货人、发站、到站和装卸地点相同（整车分卸货物除外）。

整车货物，以每一车为一批；跨装、爬装及使用游车的货物，每一车组为一批；零担货物或使用集装箱的货物，以每张货物运单为一批。

下列货物不得按一批托运：

（1）易腐货物与非易腐货物。
（2）危险货物与非危险货物（另有规定者除外）。
（3）根据货物的性质不能混装运输的货物。
（4）按保价运输的货物与不按保价运输的货物。
（5）投保运输险货物与未投保运输险的货物。

（6）运输条件不同的货物。

上述货物，在特殊情况下，经铁路局认可也可以按一批托运。

（三）货物运到期限

货物运到期限是指铁路在现有技术设备和运输组织工作水平的基础上，将货物运送一定距离而规定的时间。

货物运到期限主要包括货物发送期间、货物运输期间、特殊作业时间。其中：

（1）货物发送期间：1天。

（2）货物运输期间：运价里程每 250 km 或其未满为 1 天；按快运办理的整车货物，运价里程每 500 km 或其未满为 1 天。

（3）特殊作业时间：运价里程超过 250 km 的零担货物和 1 t 型集装箱，另加 2 天，超过 1 000 km 加 3 天；一件货物质量超过 2 t、体积超过 3 m³ 或长度超过 9 m 的零担货物，另加 2 天；整车分卸货物，每增加一个分卸站，另加 1 天；准、米轨间直通运输的整车货物，另加 1 天。

货物的实际运到天数，从货物承运次日起算，在到站由铁路组织卸车的，至卸车完毕时终止；在到站由收货人组织卸车的，至货车调到卸车地点或交接地点时终止。

货物运到期限起码为 3 天。

三、整车货物运输过程

整车货物运输过程可分为发送作业、途中作业、到达作业三大流程。

（一）发送作业

1. 需求受理

除法律法规明令禁止运输的货物，对托运人提出的所有物流需求，不区分货物品类、体积、质量、批次、运到时限、装载要求、运载工具，全部纳入铁路物流服务范围，敞开受理。

运输需求提报方式有以下几种：

（1）托运人通过铁路货运网上营业厅录入运输需求。

（2）托运人拨打 95306 客服电话，客服人员根据客户需求在铁路货运电子商务系统代为录入运输需求。

（3）托运人通过 95306 "我要发货"提出运输需求，客服人员根据客户需求在铁路货运电子商务系统代为录入运输需求。

（4）托运人拨打车站受理服务电话，车站营业厅工作人员根据客户需求在铁路货运电子商务系统代为录入运输需求。

（5）托运人在车站营业厅柜台办理，可填写纸质运单需求联，由车站营业厅工作人员代为录入系统。纸质运单需求联与承运后的运单正本发站存查联合订保存。

托运人按日提出运输需求，车站联系客户核实货源，在货运电子商务系统中确认运输条件，铁路局通过货调系统下达日需求审定结果并反馈给铁路货运电子商务系统。铁路货运电子商务系统生成带 18 位需求号的运单需求联电子信息，客户可补充运单需求联信息。选择电子领货时，应设置领货信息（领货人姓名、身份证号、领货密码等）。

铁路货物运单是托运人与承运人之间，为运输货物而签订的一种运输合同文件。它是确定托运人、承运人、收货人之间在运输过程中的权利、义务和责任的原始依据，也是铁路收取货物运输费用的结算单据之一。铁路货物运输采用统一格式的运单办理，不再使用货票办理。运单格式不得随意改动，各联打印规格均为 A4（297 mm × 210 mm）。各栏由托运人和承运人按规定填写。托运人在本单所记载的货物名称、性质、质量、数量、价格等必要事项应与货物的实际完全相符，并对其真实性负责。货物运单的格式如图 2-5-1 所示。

整车需求核实后，车站在货运站系统指定货区货位、进货或取货时间。

2. 进货验收

托运人可凭需求号或运单需求联进货，按指定日期将货物搬入货场指定的位置。发站在货运站系统中录入需求号，调取相关信息，补充货区货位信息，电子运单需求联状态变更为“已进货”。

货运员（外勤）要检查货物品名、件数、质量与货运站系统中记载是否相符，运输包装和标志是否符合规定，货物堆码是否合乎要求等，划清承、托双方责任。验收后，应通过计算机在货运站系统中确认“进货齐”。

铁　路　货　运　CHINA　RAILWAY　FREIGHI　　　XX铁路局

货　物　运　单　　　【正本】

需求号：　　　　　　　　　　　　批量：

托货人	发站（局）		专用线			货区	
	名称			经办人		货位	
				手机号码		车种车号	
	□上门取货	取货地址		联系电话		取货里程（km）	
收货人	到站（局）		专用线			运到期限	标重
	名称			经办人		施封号	
				手机号码		篷布号	
	□上门送货	送货地址		联系电话		送货里程（km）	
付费方式	□现金 □支票 □银行卡 □预付款 □汇总支付		领货方式	□电子领货 □纸质领货		装车方	施封方

货物名称	件数	包装	货物价格（元）	重量(kg)	箱型箱类	箱号	集装箱施封号	承运人确定重量（kg）	体积（m^3）	运价号	计费重量
合计											

选择服务	□上门装车		费目	金额（元）	税额（元）	费目	金额（元）	税额（元）
	□上门卸车							
	□保价运输 □装载加固材料							
	□仓储 □冷藏（保温）							
	其他服务							
增值税发票类型 □普通票 □专用票	受票方姓名： 纳税人识别号： 地址、电话： 开户行及账号：							
			费用合计		大写：			
托运人记事： 签章			承运人记事： 货运员　　车站日期戳					

收货人签章　　　　车站金接（交）货人签章　　制单人　　制单日期

图 2-5-1　铁路货物运单的格式

3. 装　车

装车作业是铁路货物运输工作的一个重要环节。货物装车和卸车的组织工作，在车站公共装卸场所内由承运人负责；在其他场所如专用线内，均由托运人或收货人负责。但罐车运输的货物、冻结易腐货物、未装容器的活动物、蜜蜂、鱼苗、一件质量超过 1 t 的放射性同位素，以及用人力装卸带有动力的机械和车辆，均由托运人或收货人负责组织装车或卸车。装车包括装车计划、接车、检查货物、制定装载方案、准备加固材料、车辆检查、车前会、监装、装车后检查、车辆施封、苫盖篷布、填写货物装载加固质量签认卡、根据货运站系统信息打印货物运单等步骤。

货场装车时，发站在货运站系统中录入需求号，调取并核实相关信息，选择车号，录入施封号（篷布号）等信息。装车完毕后，电子运单需求联状态变更为"已装车"。

4. 承 运

发站在电子货运票据管理系统检索"已装车"运单需求联，调取相关信息，计算运输费用，生成运单，打印货物运单正本（客户需纸质领货凭证的打印领货凭证），电子运单状态变更为"已制票"。加盖车站日期戳，托运人签章，留存发站存查联，托运人存查联交与托运人。

自整车货物装车完毕，发站在货物运单上加盖车站日期戳时起，即为承运。

承运表示货物运输合同成立，从承运时日起，承、托双方就要分别履行运输合同的义务与责任，因此，承运意味着铁路负责运输的开始。

（二）途中作业

货物在运输途中发生的各项货运作业，均称为途中作业。

1. 途中作业形式

货物的途中作业包括货运交接检查、特殊作业及异常情况的处理。

货运交接检查是途中必须进行的正常作业。列车到达和出发时，列车司机要与车站办理列车编组顺序表（运统1）的人员交接签认，根据列车编组顺序表核对现车。

特殊作业包括整车分卸货物在分卸站的分卸作业、活动物途中上水、托运人或收货人提出的货物运输变更和解除的处理等。

异常情况的处理是指货车运行有碍运输安全或货物完整时需进行的换装或整理以及对运输阻碍的处理。

2. 货物运输变更和取消托运

1）货物运输变更

货物托运后，由于特殊原因需要变更的，经承运人同意，对承运后的货物可以按批在货物所在的途中站或到站办理变更到站和变更收货人。

2）取消托运

整车货物在承运后、挂运前，托运人可向发站提出取消托运，经承运人同意，运输合同即告解除。

托运人要求变更或取消托运时，应将货物运单正本托运人存查联和货物运输变更要求通知书交与变更处理站（或发站）。凭纸质领货凭证领货的，还应将纸质领货凭证一并交与变更处理站（或发站），办理电子领货的，应向处理站（或发站）提供领货密码。

3. 运输阻碍的处理

因不可抗力（如风灾、水灾、冰雹、地震等）的原因致使行车中断，货物运输发生阻碍时，铁路局对已承运的货物，可指示绕路运输；或者在必要时先将货物卸下，妥善保管，待恢复运输时再行装车继续运输。

（三）到达作业

货物在到站进行的各种货运作业，称为到达作业。到达作业程序如图 2-5-2 所示。

1. 卸　车

列车到达后，车站应派人接收重车。

货场卸车，到站接收现车系统的重车信息，在货运站系统指定股道货位并推送现车系统，接车对位后调取相关卸车信息，核实并组织卸车。卸车作业开始之前，装卸货运员应向卸车工组详细传达卸车要求和注意事项。卸车时，货运员应对施封的货车亲自拆封，并会同装卸工一起开启车门或取下苫盖篷布；要逐批核对货物、清点件数；应合理使用货位，按标准进行码放；对于事故货物则应编制记录。

专用线（专用铁路）卸车，到站接收现车系统的重车信息，在货运站系统指定专用线股道并推送现车系统，路企交接后，企业运输员组织卸车，通过货运电子商务系统或手机 APP 补充卸车信息，车站根据作业进度在货运站系统填制货车调送单。

卸车完毕，电子运单状态变更为"已卸车"。

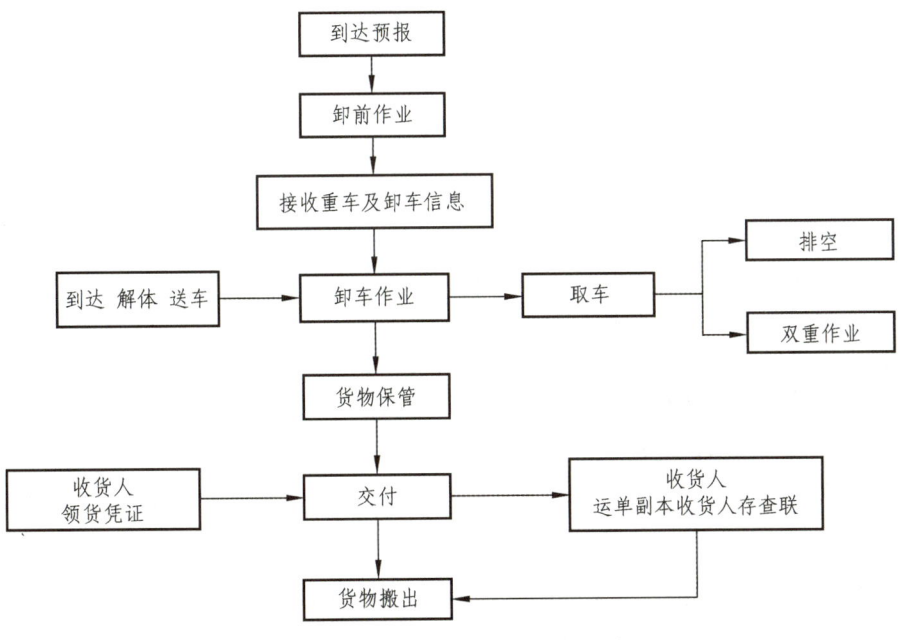

图 2-5-2　铁路货物运输到达作业流程

2. 货物保管

对货位上堆码的货物，货运员（外勤）应加强巡视检查，严禁闲杂人员进入库区；对库区的消防器材、电源进行交接检查。做到库区严禁烟火。对露天存放的怕湿货物，检查堆码、篷布苫盖及铺垫情况，交接、巡视中发现问题及时处理。

3. 交付工作

（1）内交付：收货人凭纸质领货凭证领货的，到站在电子货运票据管理系统中调取运单信息，核实领货凭证、领货人身份等信息，办理内交付手续。

收货人以电子领货方式领货的，收货人在货运电子商务系统打印领货凭证，到站在电子货运票据管理系统中验证领货验证码，办理内交付手续。

收货人凭领货密码和领货人身份证明领货的，到站在电子货运票据管理系统上验证领货密码和收货人身份证信息后打印领货凭证，办理内交付手续。

到站核收相关费用后，打印运单副本两联，加盖车站日期戳，收货人签章，将收货人存查联交与收货人。

（2）外交付：到站凭运单副本收货人存查联与收货人办理货物交接，在运单副本收货人存查联上加盖"货物交讫"章。电子运单状态变更为"已交付"。货位号、品名、件数要确认，特别要注意区分相邻货位同类货物，以防误交付。加固材料、装置、装车备品及自备篷布等一并点交。

（3）货物搬出：到站凭运单副本收货人存查联验放货物。货物搬出后，货运员（外勤）应检查货位，并督促装卸工组将货位清扫干净，防湿布折叠整齐，送至规定存放地点。

交付完毕意味着铁路履行运输合同就此终止，铁路负责运输就此结束。

四、铁路集装运输

集装箱和集装化运输称为货物的集装运输。货物的集装运输是我国铁路货物运输的发展方向。

（一）集装箱运输

1. 集装箱的定义

集装箱是满足下列要求的一种运输设备：
（1）具有足够的强度，可长期反复使用。
（2）适于多种运输方式运送，途中无须倒装货物。
（3）设有供快速装卸的设施，便于从一种运输方式转移到另一种运输方式。
（4）便于箱内货物装满和卸空。
（5）容积不小于 $1~m^3$。

2. 集装箱的种类

（1）按箱型分类：主要有 20 ft（英尺，1 ft=0.3048 m）集装箱、40 ft 集装箱，如图 2-5-3 和图 2-5-4 所示。

集装箱以 TEU 作为统计单位，表示一个 20 ft 的国际集装箱。20 个 1 t 集装箱折合为 1 个 TEU；1 个 40 ft 集装箱折合为 2 个 TEU。

（2）按箱主分类：分为铁路集装箱和自备集装箱。

（3）按所装货物种类和箱体结构分类：可分为普通货物箱和特种货物箱。

图 2-5-3　40 ft 集装箱

图 2-5-4　20 ft 水煤浆罐式集装箱

3. 集装箱货物的运输条件

（1）必须在规定的集装箱办理站办理集装箱货物运输。

（2）必须使用符合规定的集装箱。

（3）必须是适合集装箱运输的货物。

（4）必须符合按一批办理的条件。按一批办理的集装箱，必须是同一箱型、同一箱主、同一箱态，至少一箱，最多不得超过一辆铁路货车所能装运的箱数。

（5）符合集装箱质量的限制。集装箱货物的质量由托运人确定，但托运的集装箱每箱总重不得超过该集装箱的标记总重。集装箱内单件货物的质量超过 100 kg 时，应在运单"托运人记载事项"栏内注明实际质量。

（6）集装箱不办理军事运输。

（二）集装化运输

凡是使用集装用具和自货物包装、捆扎等方法，将散装、小件包装、不易使用装卸机械作业的货物，按规定集装成特定的单元后运往到站的，皆为集装化运输。

集装化运输的形式有托盘、集装桶、集装捆、集装袋、集装网、集装笼、集装架、预垫运输、铸件改形、拆解集装等。

五、特殊条件下的货物运输

（一）超限、超重货物运输

1. 超限货物的定义和等级

货物装车后，车辆停留在水平直线上，货物的任何部位超出机车车辆限界基本轮廓者或车辆行经半径为 300 m 的曲线时，货物的计算宽度超出机车车辆限界基本轮廓者，均为超限货物。

机车车辆限界基本轮廓如图 2-5-5 所示。

根据货物的超限程度，超限货物分为 3 个等级：一级超限、二级超限和超级超限。

一级超限：自轨面起高度在 1 250 mm 及以上，超限但未超出一级超限限界者。

二级超限：超出一级超限限界但未超出二级超限限界者，以及自轨面起高度在 150 mm 至未满 1 250 mm 间超限但未超出二级超限限界者。

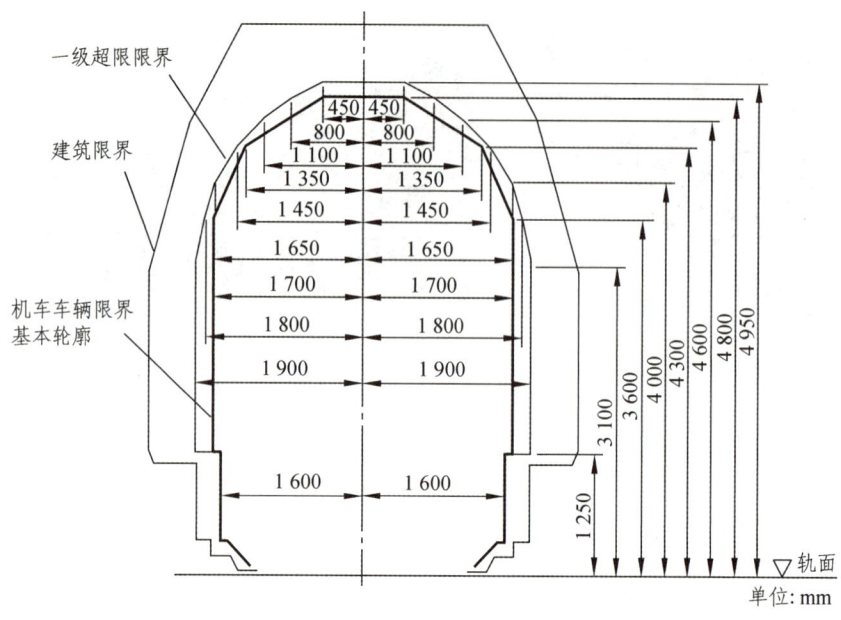

（a）一级超限限界

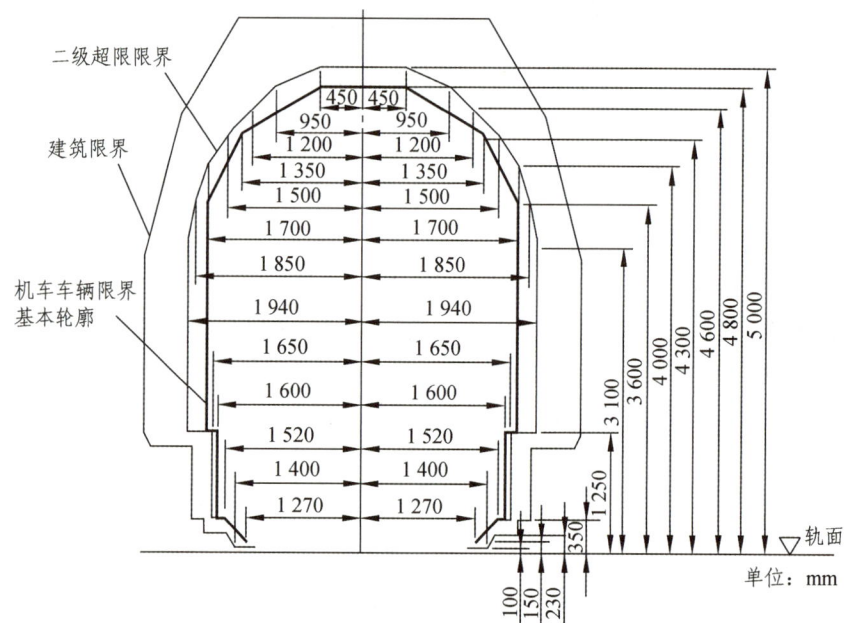

（b）二级超限限界

图 2-5-5　超限限界图

超级超限：超出二级超限限界者。

各级超限限界示意图如图 2-5-5 所示。

2. 超重货物的定义及等级

装车后，重车总重活载效应超过桥涵设计标准活载（中-活载）的货物，称为超重货物。根据货物的超重程度，超重货物分为 3 个等级：一级超重、二级超重和超级超重。

（1）一级超重：1.00<Q1.05。（Q 为活载系数）
（2）二级超重：1.05<Q1.09。
（3）超级超重：Q>1.09。

3. 超限、超重货物运输的基本条件

为了保证安全、经济、迅速地运输超限、超重货物，铁路局和站段必须高度重视运输安全管理工作，实行关键作业质量签认制度和关键作业工序间交接签认制度。铁路局货运处主要负责超限、超重货物运输电报的请示、批示以及相关行政许可的资质审查等。铁路局调度所负责超限、超重车的运行组织和运行掌握以及超限、超重货物所需空车的调配。

（二）超长货物运输

超长货物是指一车负重，突出车端，需要使用游车或跨装运输的货物。

超长货物装载的方法有两种：一种是一车负重，在负重车的一端或两端使用游车；另一种是两车负重跨装运送，可在两负重车中间加挂游车或在负重车的一端、两端加挂游车。超长货物的装载形式如图 2-5-6 所示。

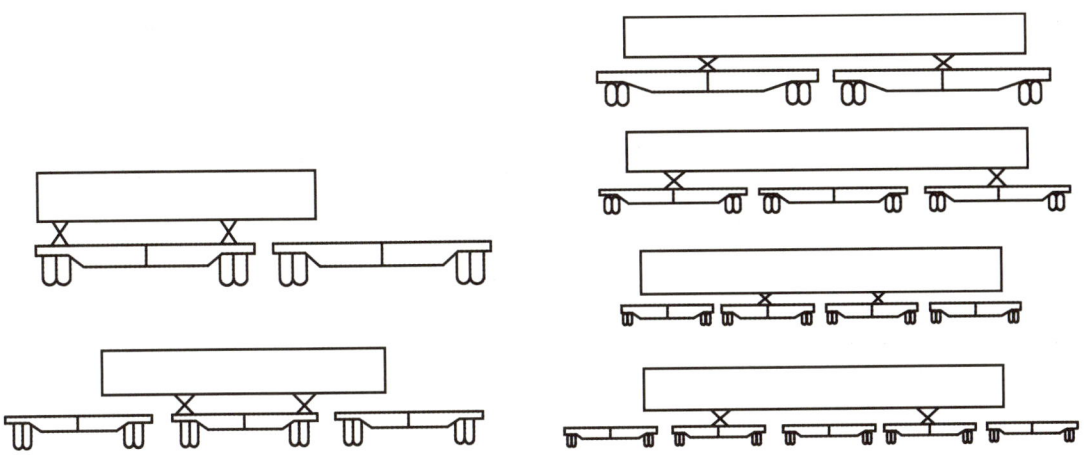

图 2-5-6　超长货物的装载形式

（三）避免集重装载货物的运输方法

1. 集重装载的含义

一件货物的重量大于所装车辆负重面长度的最大容许载重量的货物，称为集重装载货物。支重面长度是指支撑货物重量的货物底面积的长度。负重面长度是指货车地板承担货物重量的长度。

2. 避免集重装载的方法

若货物重量小于所装车辆负重面长度的最大容许载重量时，可直接装载；否则，应采取下列方法避免集重装载：

（1）当货物支重面长度小于所装车辆负重面长度，而大于两横垫木之间的最小距离时，可在货物底部铺设两根横垫木。

（2）当货物支重面长度小于所需两横垫木之间的最小距离时，可按需要先铺设两根横垫木，然后在横垫木上加纵垫木，将货物均衡地装在纵垫木上，如图2-5-7所示。

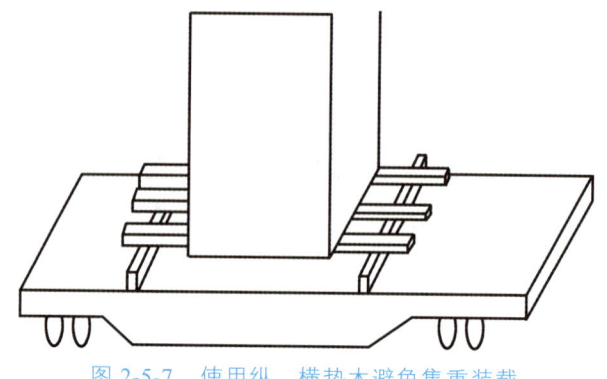

图2-5-7　使用纵、横垫木避免集重装载

（四）危险货物运输

1. 危险货物的定义

在铁路运输中，凡是具有爆炸、易燃、毒害、感染、腐蚀、放射性等特性，在运输、装卸和储存保管过程中，容易造成人身伤亡和财产毁损而需要特别防护的货物，均属于危险货物。

2. 危险货物的分类

铁路运输危险货物按其主要危险性和运输要求分为9类：爆炸品；气体；易燃液体；易燃固体、易于自燃的物质、遇水放出易燃气体的物质；氧化性物质和有机过氧化物；毒性物质和感染性物质；放射性物质；腐蚀性物质；杂类危险货物和物品。

危险货物在运输中应采取相应的特殊运输措施，加强运输组织，保证运输安全。

（五）鲜活货物运输

1. 鲜活货物的定义

鲜活货物是指在铁路运输过程中需要采取制冷、加温、保温、通风、上水等特殊措施，以防止腐烂、变质、冻损、生理病害、病残死亡等问题的货物。

2. 鲜活货物的分类

鲜活货物分为易腐货物和活动物两大类：

（1）易腐货物包括肉、蛋、乳制品、速冻食品、冻水产品、鲜蔬菜、鲜水果等，按其热状态分为冻结货物、冷却货物和未冷却货物。冻结货物是指经过冷冻加工成为冻结状态的易腐货物。冷却货物是指经过冷却处理，温度在冻结点以上的易腐货物。未冷却货物是指未经过任何冷处理，完全处于自然状态的易腐货物。

（2）活动物包括禽、畜、兽、蜜蜂、活水产品等。

托运的鲜活货物必须质量良好，无病残，包装适合货物性质并能保证铁路运输安全，按照货物性质、容许运输期限及运送全程的季节和气候条件选择合适的车辆、装载方法和运送方法，并根据需要采取预冷、制冷、加温、保温、通风、上水、加冰或押运等措施，以最大限度地保持货物质量。

六、铁路货运事故处理

（一）货运事故的定义

在铁路运输过程中（含交付完毕后点回保管）发生丢失、短少、变质、污染、损坏以及严重的办理差错，即货物从承运时起到交付时止的过程中发生的事故，都属于货运事故，均要按照货运事故处理的有关程序去调查处理。

（二）货运事故的种类与等级

1. 按性质分

货运事故按性质分为7类：

（1）火灾。

（2）被盗（有被盗痕迹）。

（3）丢失（全批未到或部分短少，没有被盗痕迹的）。

（4）损坏（破裂、变形、磨伤、摔损、部件破损、湿损、漏失）。

（5）变质（腐烂、植物枯死、活动物非中毒死亡）。

（6）污染（污损、染毒、活动物中毒死亡）。

（7）其他（整车、整零车、集装箱车的票货分离和误运送、误交付、误编、伪编记录以及其他造成影响而不属于以上各类的事故）。

2. 按损失程度分

货运事故按损失程度分为3等：

1）重大事故

（1）由于货物染毒或危险货物发生事故，造成人员死亡3人或死亡重伤合计5人以上的。

（2）货物损失及其他直接损失（以下同）款额30万元以上的。

2）大事故

（1）由于货物染毒或危险货物发生事故，造成人员死亡不足3人或重伤2人以上的。

（2）损失款额10万元以上未满30万元的。

3）一般事故

（1）未构成重大、特大事故的人员重伤事故。

（2）损失款额在2 000元以上未满10万元的。

（三）货运事故的调查与处理

1. 记录编制

为了正确及时地处理事故，分析原因，判定责任，总结吸取事故教训，必须根据不同的情况，分别编制必要的记录。

记录分为货运记录和普通记录两种。货运记录和普通记录均分为带号码和不带号码两种。货运记录和普通记录的号码均由铁路局编印掌握。不带号码的货运记录和普通记录只限作为抄件或货运员发现事故时报告用。

2. 事故调查

车站发现货运事故,除编制记录外,应对事故现场进行检查,找出原因,避免扩大损失。发生火灾、被盗必须及时向铁路公安部门报案并会同处理。涉及车辆技术状态的事故,应会同车辆段检查并做检查记录。

3. 责任划分与赔偿

事故责任的划分原则是"以事实为依据,以规章为准绳"。在查明情况和原因的基础上,首先应按《中华人民共和国铁路法》《铁路货物运输合同实施细则》和《铁路货物运输规程》有关规定划清承运人与托运人、收货人之间的责任,然后再划分铁路内部各单位之间的责任。

学习工作任务单

工单编号	2	工单名称	轨道交通行车组织
工单类型	基础型工单	面向专业	轨道交通行业相关岗位
工单大类	学习型工单	能力面向	专业能力
职业岗位	机车乘务员、车辆乘务员、动车组司机、电客车司机等轨道交通行业从业人员		
考核点	轨道交通行车组织		
工单简介	本工单主要能区分对比各种轨道交通形式的行车组织优缺点，了解轨道交通运行图，了解车站行车组织。对轨道交通运输行业行车组织工作有基本的认知，为以后的工作学习打下坚实基础。 加强学生爱党爱国、热爱轨道交通行业的精神，以及民族自豪感。		
设备环境	多媒体教室		
用途说明	在常规课程中可引导学生获取信息的能力和总结归纳的能力		

实施人员信息（学生填写）

姓名		班级		学号		电话	

任务目标

笔记栏

实施该工单的任务目标如下：

1. 掌握列车的定义、分类。
2. 掌握列车车次的编制原则。
3. 掌握旅客列车和货物列车的编组。
4. 了解车站接发列车作业的程序。
5. 掌握调车作业方法以及牵出线调车和驼峰调车的作业方法。
6. 了解车站工作日常计划的内容。
7. 了解货运计划、技术计划和运输方案的内容。

任务介绍

1. 任务描述

前两个任务对铁路旅客运输和货物运输的组织工作做了介绍,而旅客运输和货物运输过程的实现,需要合理的生产计划和组织工作来指导铁路相关部门综合运用各种技术设备,合理安排列车运行,这就是铁路行车组织工作。

轨道交通运输工作的前提就是保障安全。任何一名轨道交通运输从业者都要牢固树立"安全第一"的思想,通过本任务的学习,了解轨道交通行车组织工作的具体内容,认识安全生产的重要性。

2. 任务要求

(1)熟悉车站接发列车作业流程。
(2)熟悉列车及货车的技术作业工作和调车工作。
(3)要求学员对影响安全的因素、铁路事故的等级和分类以及保证铁路运输安全的基本措施有充分的了解。
(4)具备谨慎、安全意识。

任务资讯

笔记栏

(10分)1. 铁路行车组织对列车的运行有什么影响?

(10分)2. 列车运行图有什么作用?

(5分)3. 为什么有的车站没有客运业务?

任务实施

任务实施要求如下：
（**2分**）1. 货物列车按编组地点和运行距离如何分类？
（**2分**）2. 简述货物列车编组计划的内容。
（**2分**）3. 简述列车运行图的格式和种类？其用途分别是什么？
（**2分**）4. 识别运行图的作用。
（**2分**）5. 简述铁路线路通过能力的概念。
（**2分**）6. 简述车站接发列车的作业程序。
（**2分**）7. 技术站办理的货物列车的种类和货车种类分别有哪些？
（**2分**）8. 简述牵出线调车和驼峰调车的作业方法。
（**2分**）9. 车站工作日常计划包含了哪三类计划？
（**2分**）10. 简述货运计划、技术计划和运输方案的内容。
（**2分**）11. 我国铁路调度指挥的原则是什么？简述列车调度员的工作内容。
（**2分**）12. 简述铁路运输安全的重要性。
（**2分**）13. 简述铁路运输安全工作的特点，影响安全的因素有哪些？
（**2分**）14. 为了保证铁路运输安全，一般有哪些基本措施？
（**2分**）15. 列车行车事故可分为哪几类？

笔记栏

任务扩展

任务扩展要求如下：

将学生分组，完成以下课业后，每组以作业形式提交一份任务报告，包括相关资料和视频。

（5分）1. 查询相关网站，收集铁道论坛相关资料，观摩某些车站发布的接发列车视频。

（10分）2. 查询相关网站、收集铁道论坛相关资料，观摩铁路运输事故的案例视频，针对典型事故案例进行分组讨论，每组同学提交一份事故分析报告。

（10分）3. 查询相关网站、收集轨道交通行业行车事故视频，并结合本专业情况进行总结分析该如何避免。

笔记栏

工作日志

（5分）实施工单过程中填写如下日志：

工作日志表

日期	工作内容	问题及解决方式

工作总结

（15分）请编写完成本任务的工作总结：

笔记栏

质量监控单（教师完成）

工单实施栏目评分表

评分项	分值	作答要求	评审规定	得分
任务资讯	25	问题回答清晰准确，能够紧扣主题，没有明显错误项。	对照标准答案错误一项扣2分，扣完为止。	
任务实施	30	近期展望贴合实际，结合所学专业能有基本准确的定位。	回答前后逻辑合理，不合理处扣2分。	
任务扩展	25	各种类型表述清楚，特点描述准确。	分类少些一项扣2分，对照标准答案错误一项扣5分，扣完为止。	
其他	20	日志和问题项目填写详细、能够反映实际工作过程。	没有填或者太过简单每项扣5分。	
合计得分				

职业能力评分表

评分项	等级	作答要求	等级
知识评价	A|B|C	A：能够完整准确地作答任务资讯的所有问题，准确率在90%以上。 C：对基础知识掌握得不牢固，任务资讯和答辩的准确率在50%以下。	
能力评价	A|B|C	A：熟悉各个环节的实施步骤，完全独立完成任务，有能力辅助其他学生完成规定的工作任务，实施快速，准确率高（任务规划和任务实施正确率在85%以上）。 C：未完成任务或只完成了部分任务，有问题没有积极向其他同学请教，工作实施拖拉，不积极，各个部分的准确率在50%以下。	
态度素养评价	A|B|C	A：不迟到、不早退，对待他人有礼貌，善于帮助他人，积极主动完成规定工作任务，工作台完整整洁，回答老师提问科学。 C：未完成任务或只完成了部分任务，有问题没有积极向其他同学请教，工作实施拖拉不积极，不能准确回答老师提出的问题，各个部分的准确率在50%以下。	
思政素养	A|B	A：树立正确爱党爱国精神、不畏艰难、勇于创新的开拓精神，深入实践、严谨细致的科学精神，能深刻理解"詹天佑"工匠精神。 B：对"铁路"工匠精神理解不够全面。	

PART THREE

第三章

轨道交通线路

学习目标

知识目标

1. 了解轨道交通各种线路
2. 掌握轨道交通轨道及道岔
3. 掌握轨道交通各种限界及要求

能力目标

1. 对比分析各种轨道交通各种线路
2. 分析各种道岔的使用情况

素质目标

1. 培养学生民族自豪感
2. 培养学生爱国、爱路的情怀

2020 年 1 月 13 日，白音库伦综合维修车间线路养护职工前往作业点，如图 3-0-1 所示。呼和浩特局集团有限公司锡林浩特综合维修段白音库伦综合维修车间的职工们，负责锡林郭勒大草原上 40 多千米的铁路检查和养护。临近春节，白音库伦综合维修车间的职工们坚守在雪原上，增加工作班次检修铁路线，保障春运旅客出行安全。

线路是轨道交通运营的基础和关键，然而线路检修与维护工作量大，工作环境恶劣。线路检修维护工作人员不仅需要具备艰苦奋斗、勇往直前的铁路工匠精神，也需要掌握扎实的线路相关理论知识。

图 3-0-1　白音库伦综合维修车间线路养护职工前往作业点

第一节　线路介绍

铁路线路是为了进行铁路运输所修建的固定路线，是机车车辆和列车运行的基础。铁路线路应当常保持完好状态，使列车能按规定的最高速度安全、平稳和不间断地运行，以保证铁路运输部门能够质量良好地完成客、货运输任务。铁路线路是由路基、桥隧建筑物和轨道组成的一个整体工程结构。

根据国家政治、经济、国防上的需要，以及设计线在交通运输系统中和在铁路网中的地位与作用；根据沿线的地形、地质、水文等自然条件和城镇、交通、农田水利设施等具体情况，决定铁路的平面位置及设计高程。正确分布线路上各种建筑物，如车站、桥梁、隧道、涵洞、路基、挡墙等，确定其基本位置、类型及规模，使其在总体上互相配合，全局上经济合理。

在建造一条铁路之前，必须进行调查研究和勘探工作，并从若干个可供比较的方案中选出一个最优方案来进行设计。

一、线路等级和技术标准

依据作用、性质和所担负的远期年客货运量，将铁路分为三级：Ⅰ级、Ⅱ级、Ⅲ级。

Ⅰ级铁路——在铁路网中起骨干作用，远期年客货运量大于或等于 20 Mt。

Ⅱ级铁路——在铁路网中起骨干作用，远期年客货运量小于 20 Mt，或在铁路网中起联络、辅助作用，远期年客货运量大于或等于 10 Mt。

Ⅲ级铁路——为某一区域服务，具有地区运输性质，远期年客货运量小于 10 Mt。

铁路主要技术标准包括：正线数目、限制坡度、最小曲线半径、牵引种类、机车类型、机车交路、车站分布、到发线有效长度和闭塞类型等。这些标准是确定铁路能力大小的决定因素，一条铁路选用不同的标准对设计线的工程造价和运营质量有重大影响，同时又是确定设计线的工程标准和设备类型的依据。

二、铁路线路分类

铁路线路种类很多，除了可按等级分类外，还可按其他方式来分类：

按线路正线数目可分为单线、双线、部分双线、多线铁路等。其中：单线铁路，即区间只有一条正线的铁路线路。双线铁路，即区间有两条正线的铁路线路。部分双线铁路，即在一个区段内只有部分区间为双线的铁路线路。多线铁路，即区间正线为 3 条及以上的铁路线路。

按线路允许的最高行驶速度可分为：普通铁路，最高行车速度为 120 km/h；快速铁路，最高行车速度为 120~200 km/h；高速铁路，最高行车速度为 200~350 km/h；超高速铁路，最高行车速度为 350 km/h。

按钢轨轨节地长度不同分为普通线路铁路和无缝线路铁路。

按线路的轨距不同可分为：准轨铁路（1 435 mm）；宽轨铁路（1 524 mm、1 676 mm）；窄轨铁路（1 000 mm、1 067 mm）。

三、线路的平面

铁路线路在空间的位置是用它的中心线来表示的。线路中心线在水平面上的投影,叫作铁路线路的平面(俯视),表明线路的直、曲变化状态,如图 3-1-1 所示;线路中心线展直后在铅垂面上的投影,叫作铁路线路的纵断面(侧视),表明线路的坡度变化,如图 3-1-2 所示。线路平面是由直线、圆曲线、缓和曲线所组成的。

铁路线路平面

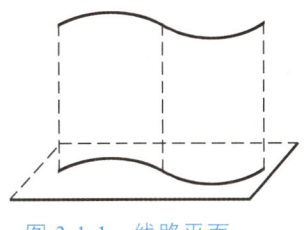

图 3-1-1 线路平面

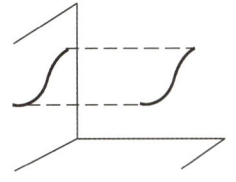

图 3-1-2 线路纵断面

(一)圆曲线

铁路线路在转向处所设的曲线为圆曲线,其基本要素有:曲线半径(R)、曲线转向角(α)、曲线长度(L)、切线长度(T),如图 3-1-3 所示。曲线转向角的大小由线路走向、绕过障碍物的需要等确定。

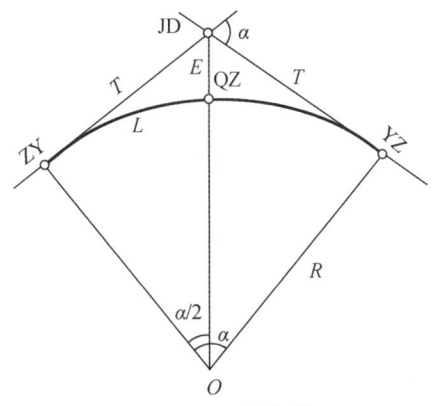

图 3-1-3 圆曲线

为了保证线路的通过能力,并有一个良好的运营条件,还对曲线线路的最小曲线半径做了具体规定,普速铁路、高速铁路和城市轨道线路曲线半径规定分别如表 3-1-1 ~ 表 3-1-3 所示。

表 3-1-1 普速铁路区间线路最小曲线半径

铁路等级	路段设计行车速度/(km/h)	最小曲线半径/m	
Ⅰ级	200	一般	3 500
		困难	2 800
	160	一般	2 000
		困难	1 600
	120	一般	1 200
		困难	800

续表

铁路等级	路段设计行车速度/（km/h）	最小曲线半径/m	
Ⅱ级	120	一般	1 200
		困难	800
	80	一般	600
		困难	500

表 3-1-2　高速铁路区间线路最小曲线半径

路段设计行车速度/（km/h）		最小曲线半径/m	
200	客运专线	一般	2 200
		困难	2 000
250	有砟轨道	一般	3 500
		困难	3 000
	无砟轨道	一般	3 200
		困难	2 800
300	有砟轨道	一般	5 000
		困难	4 500
	无砟轨道	一般	5 000
		困难	4 000
350	有砟轨道	一般	7 000
		困难	6 000
	无砟轨道	一般	7 000
		困难	5 500

表 3-1-3　城市轨道交通线路最小曲线半径

车型	线路	最小曲线半径/m	
A 型车	正线	一般	350
		困难	300
	出入线/联络线	一般	250
		困难	150
	车场线	一般	150
		困难	—
B 型车	正线	一般	300
		困难	250
	出入线/联络线	一般	200
		困难	150
	车场线	一般	150
		困难	—

（二）缓和曲线

在铁路线路（正线）上，直线和圆曲线往往不宜直接相连，他们之间应加设一段曲率半径逐渐变化的曲线，即缓和曲线，如图3-1-4所示。缓和曲线的半径是从缓和曲线所衔接的直线一端起，由无穷大逐渐变化到另一端所衔接的圆曲线的半径R。这样，就能保证列车平顺地从直线进入圆曲线（或由圆曲线进入直线），使离心力逐渐增加（或减小），从而避免轮轨间的突然冲击，改善行车条件，提高旅客舒适度。缓和曲线的设置还可使曲线的轨距加宽和外轨超高得以过渡。

缓和曲线长度由车辆脱轨加速度、未被平衡横向离心加速度时变率和车体倾斜角速度确定，前者从安全角度考虑，后两者是从旅客舒适度考虑。根据理论分析，为保证车轮在缓和曲线上不脱轨，缓和曲线上的超高顺坡率小于2‰即可保证安全。一般情况，主要是由超高时变率和欠超高时变率两项因素确定缓和曲线的长度，主要采用以下两个公式：

$$l_1 \geqslant \frac{v_{\max}}{3.6} \frac{h}{[f]}$$

$$l_2 \geqslant \frac{v_{\max}}{3.6} \frac{h_q}{[\beta]}$$

其中$[f]$为缓和曲线超高时变率允许值，mm/s；$[\beta]$为缓和曲线欠超高时变率允许值，mm/s；$v_{\max}$为设计最高行车速度或该曲线的限制速度，km/h。普通铁路的超高时变率值一般为32~36 mm/s，欠超高时变率一般取45~52.5 mm/s。高速铁路为提高舒适度，一般将超高时变率和欠超高时变率减小，使缓和曲线长度相应增长。城市轨道交通的线路平面圆曲线与直线之间应设置三次抛物线形的缓和曲线，且缓和曲线长一般不少于20 m。

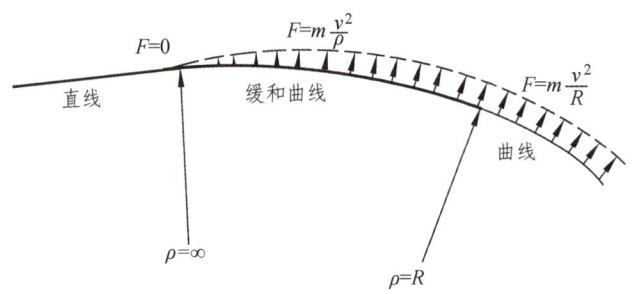

图3-1-4 缓和曲线

（三）夹直线

夹在两个相邻曲线之间的直线称为夹直线。两条相邻曲线间应设置一定长度的直线，以保证列车运行平稳，如图3-1-5所示。高速铁路缓和曲线间的夹直线尽量长些，对运营有利。特别是列车过反向曲线时，其曲线单位附加阻力比单个曲线增大，影响运行中列车的稳定和安全，夹直线更应长些。城市轨道交通的正线、联络线及车辆基地出入线上，两相邻曲线间，无超高的夹直线最小长度应按表3-1-4确定。城市轨道交通的道岔缩短渡线，其曲线夹直线可缩短为10 m。

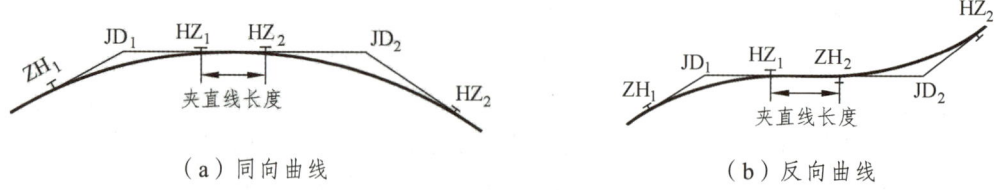

(a) 同向曲线　　　　　　　　　　　(b) 反向曲线

图 3-1-5　夹直线

表 3-1-4　城轨线路夹直线最小长度　　　　　　　　　　　　单位：m

正线、联络线、出入线	一般情况	$\lambda \geqslant 0.5v$	
	困难时最小长度 λ	A 型车	B 型车
		25	20

（四）曲线附加阻力

由于曲线段内轨与外轨长度不相等，列车在通过曲线段时，会发生外侧车轮滚动，内侧车轮滑动的情况；同时，因离心力产生的外侧车轮紧压外轨，使其磨耗增大。两者之差称为附加阻力。曲线阻力与曲线半径成反比，即曲线半径越大，曲线阻力越小，对运行有利；但曲线半径越小，线路适应地形、避让障碍物的能力越强。

（五）铁路线路平面图

用一定的比例尺，把线路中心线及其两侧的地面情况投影到水平面上，就是铁路线路平面图。线路平面图和纵断面图是铁路勘测设计、施工和运营的重要文件，表明了线路中心线的曲直变化和里程，沿线车站、桥隧建筑物等数量和位置，以及用等高线（地面上高程相等的各点连线）表示的沿线地形、地物等情况，如图 3-1-6 所示。

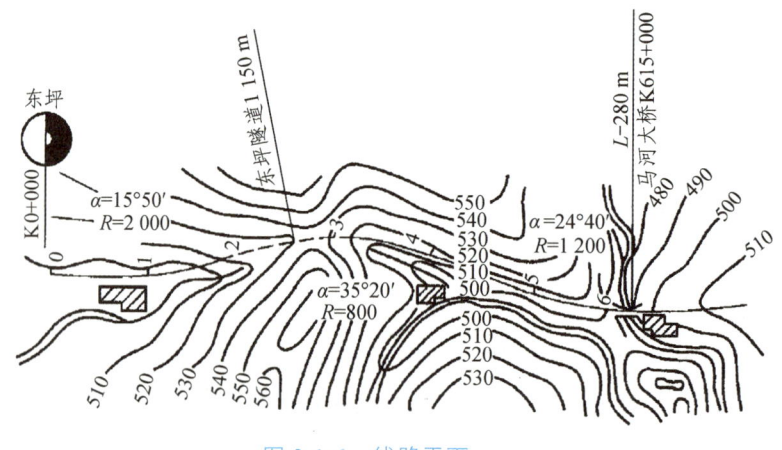

图 3-1-6　线路平面

四、线路纵断面及组成

线路中心线在垂直平面上的投影称为线路纵断面，单轨铁路以轨道梁中心线为准，它表明线路的坡度变化。线路纵断面由平道、坡道及设于变坡点处的竖曲线组成。

（一）坡道

1. 坡段长度

坡段长度 L 为坡段两端两个变坡点间的距离，如图 3-1-7 所示。

铁路线路纵断面

2. 坡度

坡道的陡与缓常用坡度来表示。坡度是指坡道线路中心线与水平线夹角 α 的正切值，如图 3-1-7 所示。

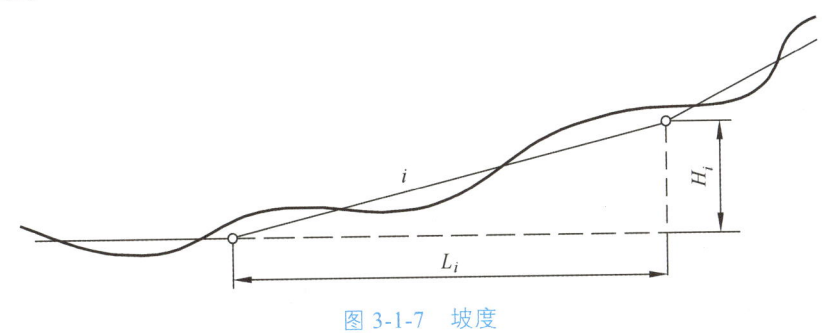

图 3-1-7　坡度

坡道坡度的大小通常用千分率来表示：

$$i‰=H_i/L_i=\tan\alpha$$

式中：i 为坡度值，是坡度的 1 000 倍；α 为坡道段路中心线与水平线的夹角；L_i 为坡段两端两个变坡点间的水平距离；H_i 为坡段两端两个变坡点间垂直距离。

铁路线路根据地形的变化，可分为上坡、下坡和平道。上、下坡是按列车运行方向来区分的，通常用"+"号表示上坡，用"-"号表示下坡，平道用"0"表示。例如+6‰表示 6‰ 的上坡道。

线路采用坡度的大小，对设计线的运营和工程影响很大。在运营方面，限制坡度增大，牵引重量减少，列车速度降低；而在工程方面，可以适应地形，减少建设线路的工程量，降低造价。最大坡度的确定主要取决于机车的牵引功率、牵引特性和制动特性。我国《铁路线路设计规范》规定的最大限制坡度数值如表 3-1-5 所示。与普速铁路相比，高速铁路动车组具有功率高、速度快的特点，运营时可以为机车爬坡提供强劲的动能，设计中允许采用较大的坡度值。法国铁路一直取较大的坡度值，东南线和地中海线采用 35‰ 的大坡度，德国修建科隆—法兰克福线路时，采用了 40‰ 的坡度值。我国客运专线的正线的最大坡度为 20‰，困难地段达到 30‰，动车组走行线的最大坡度不应大于 35‰。地铁正线的最大坡度宜采用 30‰，联络线、出入线的最大坡度宜采用 40‰。

表 3-1-5　普速铁路最大限制坡度数值　　　　　　　　　　　　单位：‰

铁路等级		Ⅰ			Ⅱ		
地形		平原	丘陵	山区	平原	丘陵	山区
牵引种类	电力	6	12	15	6	15	20
	内燃	6	9	12	6	9	15

(二)变坡点和竖曲线

平道与坡道之间,或两个坡道之间的交叉点叫变坡点。列车经过变坡点时,坡度的突然变化会使车钩内产生附加应力。坡度变化较大时,附加应力的突然增大甚至容易造成脱钩、断钩事故。

当两个相邻坡道之间的坡度值超过一定数值时,需要在两个坡道连接处设置一段圆曲线,以保证列车能顺利通过两个坡道过渡处,这一段圆曲线就是竖曲线。但是在缓和曲线地段、明桥面桥上及正线道岔范围内不得设置竖曲线。高速铁路线路的相邻坡度差大于1‰,应设置竖曲线。竖曲线一般采用圆曲线形,竖曲线半径的大小,除应保证列车经过变坡点时车钩不脱钩、车轮不脱轨外,还应考虑在竖曲线上产生竖向离心加速度和离心力对旅客舒适的影响。根据我国《新建时速 300~350 km 客运专线铁路设计暂行规定》中规定,最小竖曲线半径按所处区段远期设计速度取值,如表 3-1-6 所示,考虑养修问题,规定最大竖曲线半径不大于 40 000 m。城市轨道交通竖曲线应符合表 3-1-7 所示要求。

表 3-1-6 高速铁路竖曲线半径

设计的最高行车速度/(km/h)	350	300	250	200
R_s/m	25 000	25 000	20 000	15 000

表 3-1-7 城市轨道交通线路竖曲线半径   单位:m

线别		一般情况	困难情况
正线	区间	5 000	2 500
	车站端部	3 000	2 000
联络线、出入线、车场线		2 000	

(三)线路纵断面图

用一定的比例尺,把线路中心线投影到垂直面上,并标明平面、纵断面的各项有关资料,就成为纵断面图,如图 3-1-8 所示。

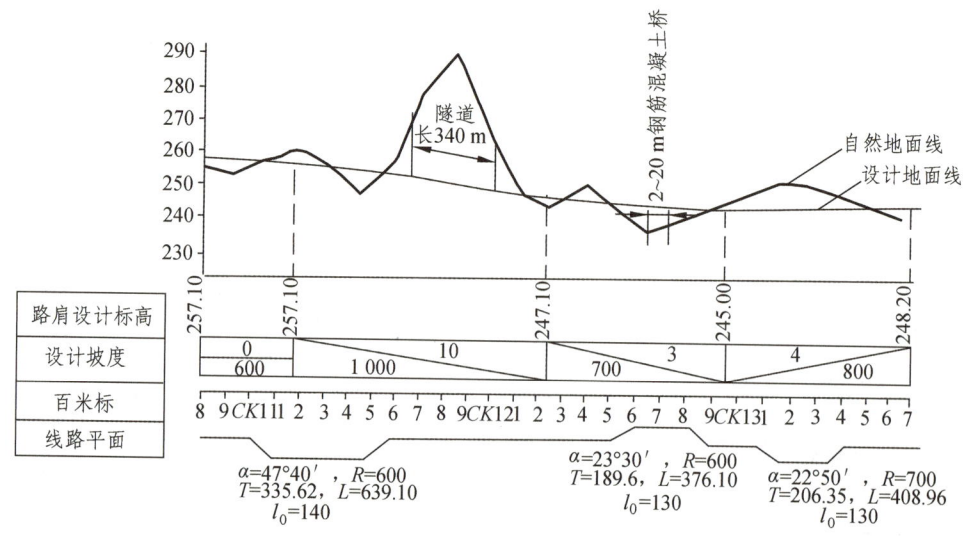

图 3-1-8 线路纵断面图

五、线路标志

为了满足线路维修和司机的工作需要,设置了线路标志。

(一)公里标、半公里标

公里标从铁路线路起点开始,每走一公里设置一个;半公里标设于线路的半公里处。如图 3-1-9 所示。

(a)普速铁路公里标和半公里标标志　　　　(b)地铁公里标

图 3-1-9　公里标与半公里标

(二)曲线标

曲线标设在曲线中点处,标明曲线中心里程、半径大小、曲线和缓和曲线长度,如图 3-1-10 所示。

图 3-1-10　曲线标

圆曲线和缓和曲线的始终点标,设在直缓、缓圆、圆缓、缓直各点处,标明所向方向为直线、圆曲线或缓和曲线,如图 3-1-11 所示。

图 3-1-11　缓和曲线标

（三）坡度标

表示该坡道的坡度大小及坡段长度，并用箭头表示上坡和下坡。坡度标设在变坡点处，如图 3-1-12 所示。

图 3-1-12　坡度标

（四）桥梁标

桥梁标设在桥梁两端桥头处，标明桥梁编号、中心里程和长度，如图 3-1-13 所示。

图 3-1-13　桥梁标

（五）管界标

运维公司、综合维修车间的界标，设在各单位管辖地段的分界点处，两侧标明所向的单位名称，如图 3-1-14 所示。

图 3-1-14　管界标

第二节　路基和桥隧

路基和桥隧建筑物是铁路线路的基础，它们直接承受轨道传递过来的载荷。因此，路基的质量影响着线路的质量。路基必须填筑坚实，并保持干燥、稳定和完好状态，以保证运输安全畅通。

路基和桥隧建筑物

一、路基的基本形式

通常把垂直于线路中心线的路基横截面称为路基横断面，简称路基断面。按照路基所处的地势情况与横断面的形状，路基断面可以分为6类：

（一）路　堤

路堤是线路设计标高高于天然地面，经填筑而成的路基，由路基顶面（包括路肩）、边坡、护道和取土坑（纵向排水沟）等组成，如图3-2-1所示。

 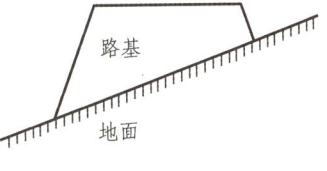

图3-2-1　路堤

（二）路　堑

路堑是路肩设计标高低于地面标高，通过挖掘而形成的路基，如图3-2-2所示。

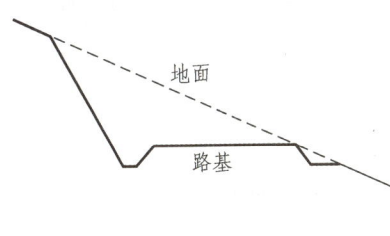 

图3-2-2　路堑

（三）不填不挖路基

路基设计标高与地面标高相同，轨道直接铺设在经过处理的天然地面上。

（四）半路堤

当天然地面横向倾斜，路堤的路基向一侧无填方时构筑的路基称为半路堤。

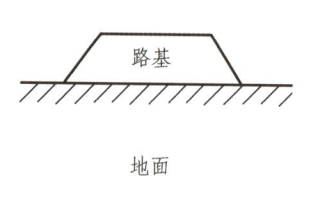 

图 3-2-3　不填不挖路基

 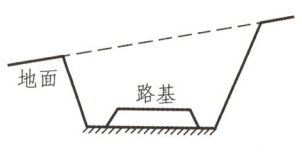

图 3-2-4　半路堤

（五）半路堑

半路堑是指在山区，道路一侧是挖方区，另一侧不挖不填的路基，如图 3-2-5 所示。

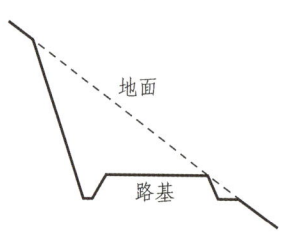 

图 3-2-5　半路堑

（六）半路堤半路堑

半路堤半路堑是指经过填、挖两部分构成的路基。即内侧为挖方、外侧为填方的路基，如图 3-2-6 所示。

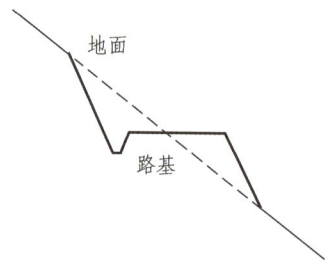 

图 3-2-6　半路堤半路堑

二、路基组成

(一)路基顶面

路基顶面用于铺设轨道。路基顶面的宽度是指从路基一侧的路肩边缘到另一侧路肩边缘之间的距离。

(二)路肩与路基边坡

路肩是指路基顶面两侧无道床覆盖的部分。路基边坡是指路肩边缘以外的斜坡。路肩的作用是抵抗路基核心部分在受压力时向外发生挤动、变形,加强路基的稳定性;防止道砟滚落于路基坡面,保持道床完整;便于设置必要的线路、信号标志;供铁路现场作业人员行走,便于进行工作。

(三)路基防护加固

路基防护加固是保证路基各种坡面的坚固和稳定,防止雨水冲刷而造成路基塌陷或遮断线路。防护加固的方法:种草、植草皮、修建挡土墙。

三、高架结构

高架结构包括区间桥梁、高架车站中的轨道梁及其支撑结构。

桥梁在铁路架空的部位承托轨道。铁路桥梁,均应修建为永久性结构,具有良好的耐久性,符合工程结构抗震和相应的技术规范要求,桥上有砟轨道应满足大型养路机械清筛作业的要求,其限界应根据规划考虑发展的需要。桥梁是供铁路线路跨越水流、山谷或其他建筑物的设施。

桥梁的种类很多、形式多样,一般可按桥梁的建造材料、桥梁长度、桥梁外形以及桥梁跨越障碍等加以区分:按照建造材料分为钢桥、钢筋混凝土桥、石桥等;按照桥梁长度(L)分为小桥($L<20\ m$)、中桥($20\ m \leqslant L \leqslant 100\ m$)、大桥($100\ m \leqslant L \leqslant 500\ m$)和特大桥($L \geqslant 500\ m$)等;按照桥梁外形分为梁桥、拱桥、斜拉桥等;按照桥梁跨越的障碍分为跨越河流、湖泊的跨河桥,跨越山谷、深沟的高架桥(又称旱桥),跨越铁路、公路的跨线桥,如图3-2-7所示。

跨河桥

跨线桥

高架桥

图 3-2-7　桥梁分类

高架车站结构按轨道梁与车站布置形式的不同可分为站桥分离式、站桥结合式、站桥合一式3种。站桥分离式是指桥从车站穿过，与车站的构件不发生任何关系，此结构震动和噪声对周围环境影响小，结构耐久性好，且便于处理同区间的接口问题；站桥结合式是指行车道处设行车道梁，该梁简支在车站框架横梁上，支撑点采取减震措施，这种结构整体性好，震动和噪声对周围环境有一定影响，且施工难度较大。站桥合一式是指车站部分框架结构作为行车道，列车直接在框架梁板上行走，此结构形式施工方便且结构整体性好，但是结构传力不够清晰且震动和噪声对环境影响大，结构耐久性差。3种结构如图 3-2-8 所示。

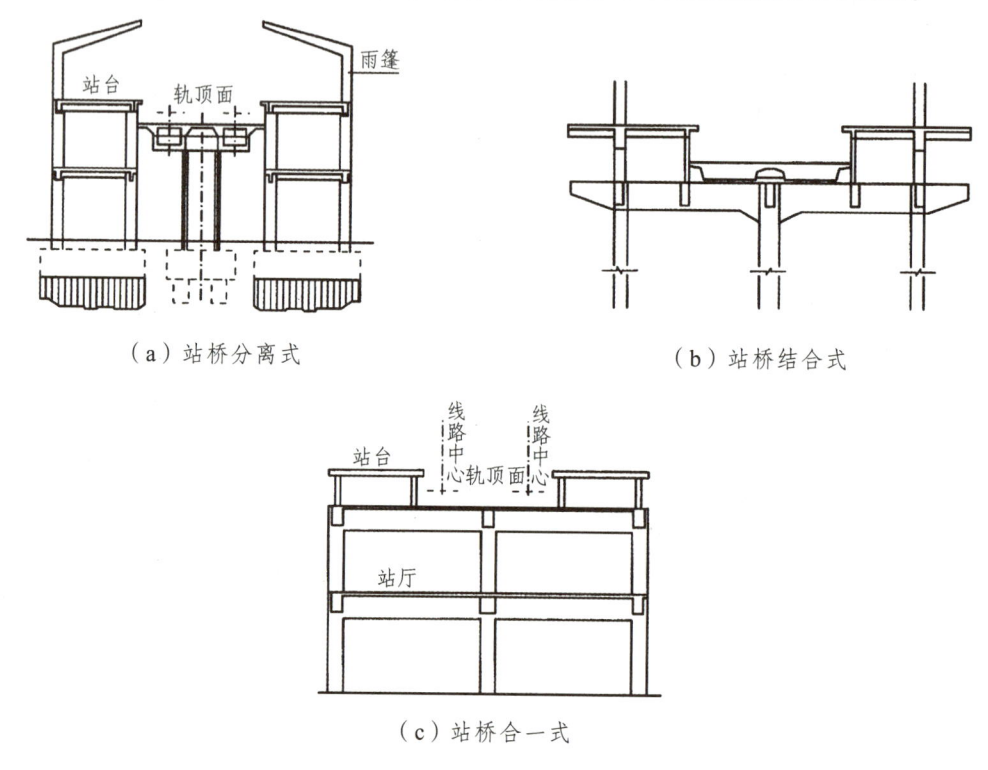

图 3-2-8　高架车站结构

四、隧　道

隧道是指修建在地下或水下并铺设铁路供机车车辆通行的建筑物，大多为穿山隧道，其避免了开挖很深的路堑或修筑很长的迂回线，从而改善了线路条件，节省了运营费用；也有为穿越河流或海峡修建的水下隧道，以及为适应铁路通过大城市的需要而在城市地下修建的城市隧道，如图 3-2-9 所示。

隧道一般由洞门、洞身、附属结构组成。其中，附属结构主要包括避车洞、防排水设施、消防设施、应急通信、通风、照明设备（长大隧道设置）。

（一）洞　门

洞门是隧道进出口处，其主要作用是用来保证洞口土体仰坡和边坡的稳定，并通过洞门位置的排水系统将仰坡流下的雨水引离隧道，以防止水流冲刷洞门。

（a）铁路隧道

（b）地铁隧道

（c）高速铁路隧道

图 3-2-9　隧道

（二）洞　身

洞身是隧道的主要组成部分，其长度由两端洞门的位置决定。洞身是列车通过的通道，为保证行车安全，洞身必须按建筑限界标准修建。洞身衬砌的作用是用来承受地层的压力，防止坑道周围地层变形，并防止岩石风化和碎落，维护坑道轮廓不侵入建筑限界，以确保行车安全。

（三）附属结构

附属结构主要是指避车洞、防排水措施。普速铁路避车洞间隔 300 m 设 1 个，可供运料小车躲避列车；避人洞每 60 m 设 1 个。高速铁路隧道内若不设置避车洞，需设置安全区，即在距离线路中线 3.0 m 以外，单线隧道设在电缆槽一侧，多线隧道必须设在两侧。安全空间高度不应小于 2.2 m，宽度不应小于 0.8 m；安全区的地面应不低于轨面规定高度，必须平整，允许 3‰ 的横向排水坡。安全空间的地面与接触网设备的带电部件之间的距离不小于 3.95 m。在安全区的边界应带有反光的白色线条标志。

列车在高速运行条件下，对隧道技术的要求，主要是空气动力学特性方面。其次，由于断面的扩大和长大隧道的增加，使得隧道施工难度增加。高速铁路隧道较普通铁路隧道的横断面大，受力比较复杂，且列车运行速度较高，隧道维修有一定的时间限制，对隧道衬砌的安全性、耐久性和防水性能要求比较高。高速铁路隧道断面增大，受力复杂，尤其在隧道底部，两侧边墙底直角变化容易引起应力集中，因此高速铁路隧道边墙底与仰拱连接处需进行加强处理。

第三节 轨 道

轨 道

轨道是各种列车行驶的基础，起着引导机车车辆运行，承载来自轨道的巨大压力并将之传递给路基或桥隧建筑物。轨道由钢轨、轨枕、道砟、联结零件、防爬设备和道岔组成，如图3-3-1所示。

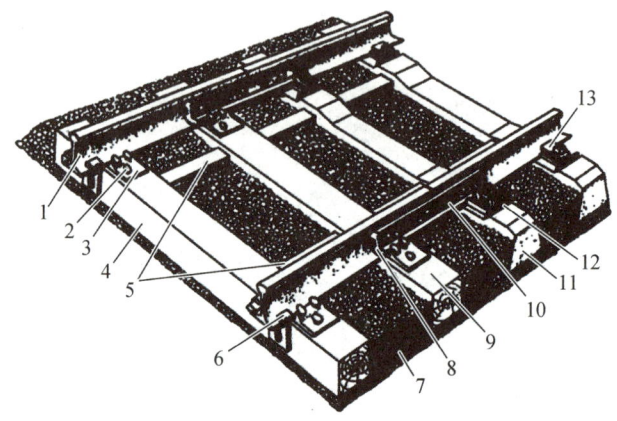

1—钢轨；2—背通道钉；3—垫板；4，9—木枕；5—防爬撑；6—防爬器；7—道床；8—夹板；10—螺栓；11—钢筋混凝土轨枕；12—扣板式中间联结零件；13—弹片式中间联结零件。

注：图中轨枕、扣件等为示例面组合在一起的，并非现场实际使用情况。

图 3-3-1　轨道组成

一、钢 轨

钢轨的作用：支承和引导车轮；为车轮滚动提供阻力较小的表面；承受车轮的作用力并传布于轨枕；在电气化铁路和自动闭塞区段，作为轨道电路使用，如图3-3-2所示。

图 3-3-2　钢轨

（一）钢轨的结构形式及类型

钢轨的作用要求它应当具备足够的刚度、韧度、硬度、顶面粗糙等特点。作用于直线轨道钢轨上的力主要是竖直力，其结果是使钢轨挠曲，为了使钢轨具有最佳的抗挠曲性能，钢轨采用"工"字形断面，由轨头、轨腰和轨底组成，如图3-3-3所示。为使钢轨更好地承受来自各方面的力，钢轨应具有一定高度；轨头为适应轮轨接触，应大且厚，并具有足够面积；为保证稳定性，轨底应有足够宽度和一定厚度。

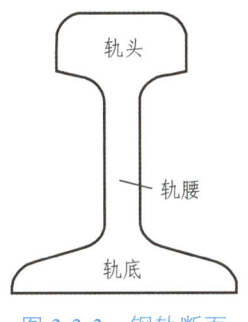

图 3-3-3　钢轨断面

在我国，钢轨的类型（或强度）以每米长度的质量（kg）表示，我国钢轨的主要类型有：按照每米质量分：43 kg/m、50 kg/m、60 kg/m、75 kg/m 等；按照标准长度分：12.5 m、25 m 两种；用于曲线的标准缩短轨有 12.46 m、12.42 m、12.38 m、24.96 m、24.92 m 及 24.84 m 等 6 种。为适应铁路中长期发展规划，消灭普通钢轨接头，大力修建无缝线路，国内钢铁企业已研制生产了 100 m 长钢轨，并投入高速与重载铁路的运营使用。城市轨道交通线路的正线有缝线路地段的钢轨接头应采用对接，曲线内股应采用厂制缩短轨。配线和车场线半径不大于 200 m 的曲线地段钢轨接头应采用错接，错接距离不应小于 3 m。对接和错接示意图如图 3-3-4 所示。

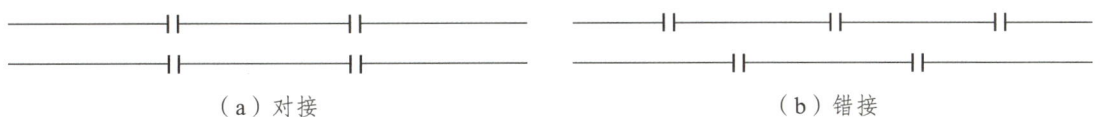

（a）对接　　　　　　　　　　　　　　（b）错接

图 3-3-4　地铁线路对接、错接

（二）轨　缝

普通轨道为适应钢轨热胀冷缩的需要，钢轨接头处必须留有一定的缝隙，如图 3-3-5 所示。预留轨缝不应太小，以免高温时钢轨伸长而无伸长余地；轨缝也不应太大，以免低温时钢轨缩短，缝隙过大，严重影响运行。目前，普铁和城市轨道交通线路轨道仍有轨缝，高铁采用无缝线路。

图 3-3-5　轨缝

(三)轨 距

轨距是钢轨头部踏面下 16 mm 范围内两股钢轨工作边之间的最小距离。直线地段的轨距标准为 1 435 mm。为了使机车车辆能够顺利通过曲线,对曲线地段的轨距要适当加宽。表 3-3-1 所示为我国《铁路线路设计规范》中规定的曲线地段轨距加宽的数值。

表 3-3-1 曲线地段轨距加宽

曲线半径/m	加宽值/mm	轨距/mm
R≥350	0	1 435
350＞R≥300	5	1 440
R＜300	15	1 450

二、轨 枕

轨枕的作用是支撑钢轨,并将钢轨传来的压力传递给道床,保持钢轨位置和轨距。轨枕应具有必要的坚固性、弹性和耐久性,并且造价低、制作简单、铺设及养护方便。轨枕分为木枕和钢筋混凝土枕,如图 3-3-6 所示。

图 3-3-6 木枕和钢筋混凝土枕

城市轨道交通均采用钢筋混凝土轨枕,无砟道床地段应采用预制钢筋混凝土轨枕,有砟道床地段宜采用预应力混凝土枕。在高速铁路上,为保持轨道的良好几何状态,确保旅客的舒适度和减少那些只能在夜间进行的维修工作,应该采用较重型的轨道设备,因此,各国大都采用预应力混凝土轨枕。高速铁路混凝土枕类型大部分为整体式,如日本、德国、意大利等国的各类轨枕。与日、德不同的是,法国铁路 TGV 高速线上主要应用双块式钢筋混凝土轨枕。

我国铁路使用的整体式混凝土枕,基本分为 Ⅰ、Ⅱ、Ⅲ 型。Ⅰ 型和 Ⅱ 型混凝土枕长度都是 2 500 mm,不能满足技术要求,在高速线路上表现为承载能力不足。因此我国客运专线线路上采用了长度为 2 600 mm 的 Ⅲ 型混凝土枕。

三、联结零件

联结零件分为接头联结零件和中间联结零件两类。

(一)接头联结零件

接头联结零件用于将相邻钢轨的头部联结起来,并满足热胀冷缩的要求,主要由夹板、螺栓、螺帽和垫圈等，如图 3-3-7 所示。在城市轨道交通中已大量采用无缝线路结构，钢轨接头联结零件数量大大减少，但在无缝线路的缓冲区、轨道电路的绝缘区、有道岔的线路区段中，接头联结零件还是不能少的。

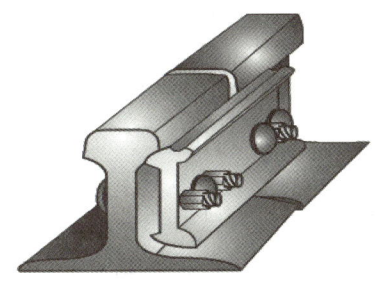

图 3-3-7　接头联结零件

（二）中间联结零件

中间联结零件亦称钢轨扣件，其作用是将钢轨紧扣在轨枕之上，以确保钢轨位置稳定，防止钢轨相对于轨枕做纵、横向移动。

中间联结零件分为木枕用扣件和钢筋混凝土枕用扣件两类，如图 3-3-8 所示。木枕用扣件，主要包括道钉和垫板。在钢轨和木枕面之间置有垫板，其目的在于增加木枕与轨底的接触面积，使木枕经久耐用。钢筋混凝土枕用扣件有扣板式、拱形弹片式和弹条式 3 种。目前常用的是弹条式扣件，其具有结构简单、弹性好、扣压力大等优点，因此在高速铁路和城市轨道交通线路中得到广泛应用。

图 3-3-8　扣件（木枕和钢筋混凝土枕）

国内为适应高速铁路的发展需要，对扣件类型进行了实验研究，研制出了无螺栓式弹条Ⅲ型扣件，经过反复的性能试验和试铺，作为我国高速铁路有砟轨道的建议使用扣件。这种无螺栓无挡肩扣件是世界各国轨枕扣件的发展趋势。其扣压力大、弹性好，取消挡肩，避免了轨距扩大，减小了养护工作量，非常适用铁路高速化后的大型养路机械作业。另外，取消了螺栓联结的方式，无须进行涂油作业，减小了扣件的养护工作量，装卸简便，在性能上满足高速铁路的要求。

四、道床（即道砟层）

道床介于轨枕与路基之间，是铺设在路基面上的石砟垫层。道床的主要作用是：① 支承轨枕，均布分散传递压力；② 保持轨枕位置，阻止轨枕纵向或横向移动；③ 排水；④ 保证足够的弹性，缓和冲击。

道床主要包括碎石道床、沥青道床、混凝土整体道床（用于隧道内）3类。碎石道床通常由具有一定粒径、级配和强度的硬质碎石堆集而成。碎石道床除了传递压力外，还可以排除轨道中的脏水、阻止轨枕移动钢轨、缓和车轮对钢轨的冲击，使钢轨具有足够的弹性。沥青道床使用沥青材料使散粒体道砟道床固结或用沥青混凝土、沥青胶砂等代替散粒体道砟，使道床稳定。沥青道床灌注施工时不影响行车，简便易行，适用于既有线改造。混凝土整体道床又称无砟道床，就是用碎石加水泥浆，或用混凝土、钢筋加混凝土直接在路基面上筑成坚固的轨道基础，用以代替通常的碎石道床。整体道床按无砟轨道与基床的连接形式主要分为整体灌注式、轨枕式、支撑块等。整体灌注式是指就地连续灌注混凝土基床或纵向承轨台。轨枕式是指把预制好的混凝土枕与混凝土道床浇筑成一个整体。支撑块式是指把预制好的混凝土支撑块与混凝土道床浇筑成一个整体。整体道床强度高、维修工作量小，适用于列车高速运行。

城市轨道交通线路多采用无砟的整体道床结构，这是一种刚性轨下基础，平顺稳定、坚固耐久，线路的强度高、维修工作少。高速铁路有砟轨道对道砟材质的要求十分严格，要求具有良好的抗磨、抗冲击、抗压碎性能，同时对道砟颗粒的形状和清洁度也有较高的标准。高速铁路道床的失效主要是震动造成的道砟磨损和粉化，减小宽级配道砟中的小颗粉成分，有利于延缓道床粉末的积聚，延长道床的使用寿命，尽可能减少养护工作量。因此，法国、德国和西班牙等国采用欧洲标准中的 A 级级配，我国客运专线则采用特级道砟。

我国高速铁路无砟轨道有板式无砟轨道、双块式无砟轨道和长枕埋入式无砟轨道 3 种类型。目前，板式无砟轨道已成为国内外高速铁路运用较成熟的一种轨道结构形式，我国常用的板式无砟轨道类型有 CRTSⅠ型和 CRTSⅡ型两种，京津城际铁路应用的是 CRTSⅡ型板式无砟轨道，如图 3-3-9 所示；常用的双块式无砟轨道有 CRTSⅠ型和 CRTSⅡ型两种，我国武广客运专线使用的是 CRTSⅠ型双块式无砟轨道，如图 3-3-10 所示。

图 3-3-9　板式无砟轨道

图 3-3-10　双块式无砟轨道

五、轨道安全设备及附属设备

（一）防爬设备

列车运行时，常常产生纵向力带动钢轨做纵向移动，有时甚至带动轨枕一起移动，这种纵向移动叫作爬行。轨道爬行经常出现在单线铁路的重车方向（运量大的方向）、双线铁路的行车方向、长达下坡道上及进站前的制动距离内。

轨道爬行往往引起轨缝不匀、轨枕歪斜等线路病害，对轨道的破坏性极大，严重时还会危及行车安全。因此，必须采取有效措施加以防止。常见的防爬设备包括防爬器和防爬撑。

我国铁路广泛采用穿销式防爬器，如图 3-3-11 所示。它由带挡板的轨卡和穿销组成。安装时，将轨卡的一边紧紧地卡住轨底，另一边用楔形穿销楔紧，使整个防爬器牢固地卡在轨底上。在轨枕间安装防爬撑，将若干根轨枕联系起来，有助于充分发挥防爬器的防爬能力。

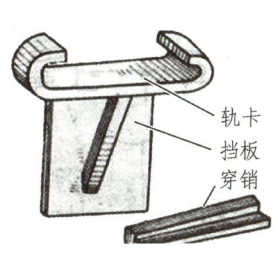 

图 3-3-11　防爬器和防爬撑

（二）防脱护轨或护轮矮墙

为防止列车脱轨翻到桥下，高架桥线路的下列地段或全桥范围应采取防脱护轨（设置在钢轨内侧）或护轮矮墙等措施：

（1）半径不大于 500 m 曲线地段的缓圆（圆缓）点两侧，其缓和曲线部分不小于缓和曲线长的一半并不小于 20 m、圆曲线部分 20 m 范围内，曲线下股钢轨旁。

（2）高架桥跨越城市干道、铁路及通航航道等重要地段，以及受列车意外撞击时易产生结构性破坏的高架桥地段及其以外各 20 m 范围内，外靠近双线高架桥中线侧的钢轨旁。

（3）竖曲线与缓和曲线重叠处，竖曲线范围内两根钢轨旁。护轮矮墙装置如图 3-3-12 所示。

图 3-3-12　护轮矮墙

（三）车　挡

为了有效地消耗列车未能及时按规定位置停车时列车的动能，迫使列车停车，保障人身和地铁车辆的安全，在轨道尽端应设置车挡。

六、道　岔

道岔是一种使机车车辆能从一股道转入或越过另一股道的线路连接设备，大量铺设在车站内，以满足各种作业需要。道岔包括普通单开道

道　岔

岔、单式对称道岔（双开道岔）、三开道岔、交分道岔等，其中最常见的是普通单开道岔，如图 3-3-13、图 3-3-14 所示。

图 3-3-13　对称道岔

图 3-3-14　三开道岔

（一）普通单开道岔

普通单开道岔由转辙器、辙叉及护轨、连接部分组成，如图 3-3-15 所示。

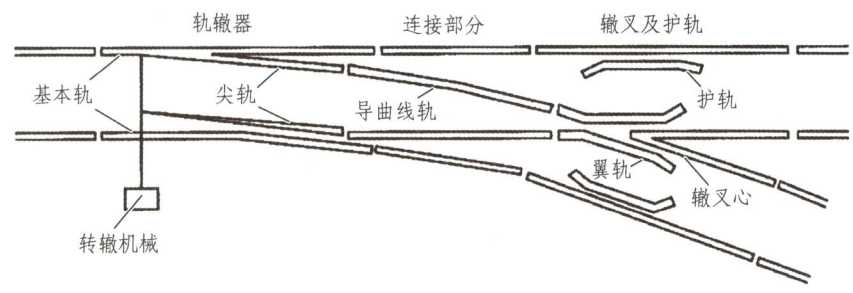

图 3-3-15　普通单开道岔

（1）转辙器：引导机车车辆转线，由转辙机械、两个尖轨（决定道岔方向）、两个基本轨组成。尖轨是转辙器的主要部件，通过连接杆与转折机械相连，所以操纵转辙机械可以改变尖轨的位置，以确定道岔的开通方向。

（2）连接部分：连接转辙器和辙叉部分，包括两个直轨和两个导曲线轨。

（3）辙叉及护轨部分：保证车轮安全通过互相交叉的两根钢轨，包括辙叉心、两根翼轨和两根护轮轨。两翼轨间的最小距离处，称为辙叉咽喉。从两翼轨最窄处到辙叉心实际尖端之间，存在着一段轨线中断的空隙，叫作辙叉的有害空间。当机车车辆通过辙叉有害空间时，轮缘有走错辙叉槽而引起脱轨的可能，因此，必须设置护轨，对车轮的运行方向实行强制性的引导。

（二）道岔号数及道岔定、反位

1. 道岔号数

道岔因其辙叉角的大小不同，有不同的道岔号（N），道岔号数表明了道岔各部分的主要尺寸。道岔号数是用辙叉角（α）的余切值来表示，如图 3-3-16 所示，其计算公式为：$N=\cot\alpha= AC/BC$。

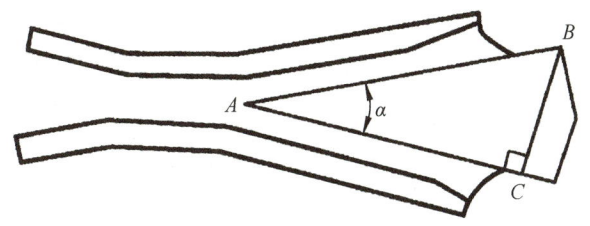

图 3-3-16　辙叉号数示意图

由此可见，辙叉角越小，N 值就越大，导曲线半径也越大，机车车辆侧线通过道岔时就越平稳，允许的侧线过岔速度越高。所以，采用大号码道岔对于列车运行是有利的。然而，道岔号数越大，道岔全长就越长，铺设时占地就越多。因此，采用几号道岔来连接线路，要根据线路的用途来决定。

2. 道岔定、反位

每组道岔有定位和反位两个位置。道岔定位是指道岔经常开通的位置，而反位则是排列进路、道岔维修及道岔清扫时临时改变的位置。

（三）其他类型道岔

除了普通单开道岔以外，按照构造上的特点及所连接的线路数目，还有对称双开道岔、对称三开道岔、复式交分道岔和菱形交叉等，如图 3-3-17 所示。

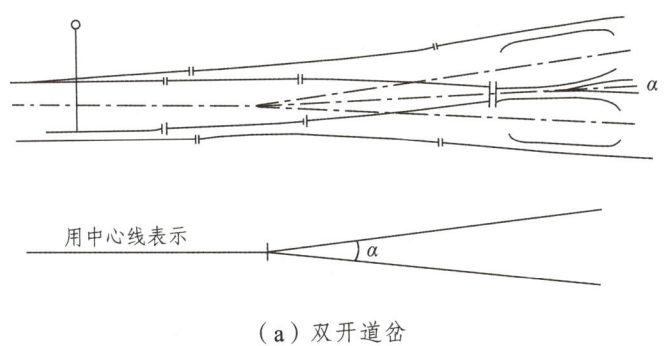

（a）双开道岔

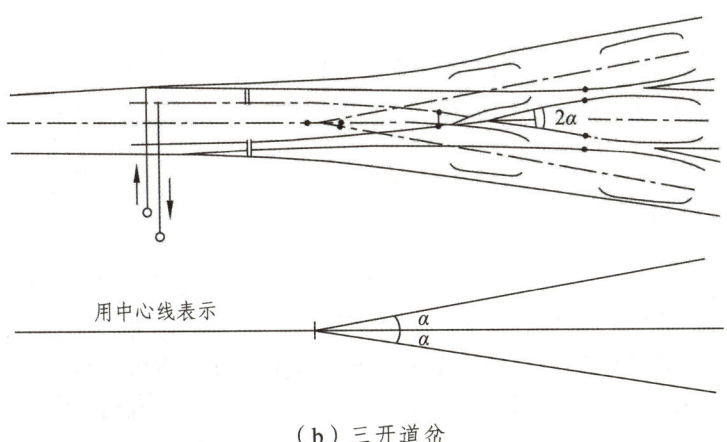

（b）三开道岔

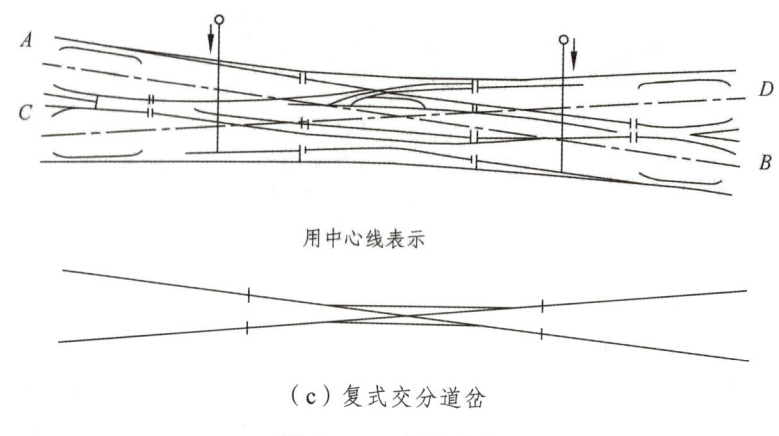

(c) 复式交分道岔

图 3-3-17 常见道岔

对称双开道岔由主线向两侧分为两条线路。在构造上，道岔对称于线路的中线，道岔连接部分有 4 条导曲线轨而无直轨，所以无直向及侧向之分。对称三开道岔衔接三条线路，有两对尖轨，每对由一组转辙机控制，决定尖轨的位置。连接部分有两根直轨、两对导曲线轨，辙叉及护轨部分有 3 副辙叉、4 根护轨。复式交分道岔相当于 4 组单开道岔和 1 副菱形交叉设备的结合体，但它需要占用的地面却小得多。为了简明起见，在作图时，通常用道岔所衔接的中心线来表示道岔。

菱形交叉由两组锐角辙叉和两组钝角辙叉组成。菱形交叉没有转辙器部分，机车车辆通过交叉设备时，只能沿着原来线路继续运行而不能转线，如图 3-3-18 所示。

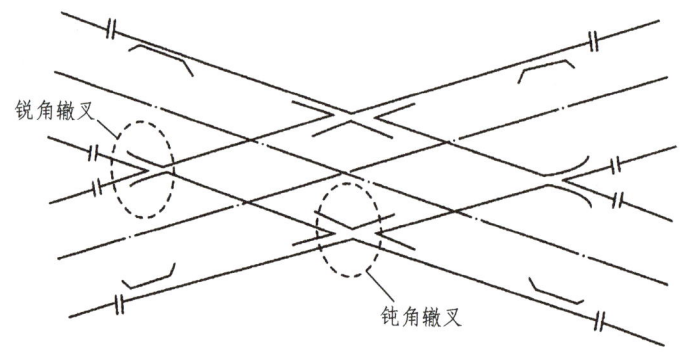

图 3-3-18 菱形交叉

如果将 4 副单开道岔和 1 副菱形交叉设备组合在一起时，则称为交叉渡线。交叉渡线不仅可以开较多的方向，而且可以节省用地，是车站内使用最多的一种连接设备，如图 3-3-19 所示。

（四）城轨交通和高铁道岔

城市轨道交通中间站通常不设配线，很少有道岔存在。有渡线和折返线的车站设有道岔，用于车辆的专线。在车辆段（停车场）内，设有较多道岔，通过道岔将停车线、检车线等与走行线连接。高速铁路上使用的道岔仍以单开道岔为主，高速道岔按高速通过道岔的股道方向还可分为直向高速道岔和大号码高速道岔两类。直向高速道岔适用于直向高速行车，对于在改造客货混流的既有线以提高客车运行速度时，多半保留原有车站的平面布置以避免较大的工程改造量，道岔长度和辙叉角没有较大的改动。为了保证列车直向通过道岔的速度与区间线路一致，从局部上改善道岔的几何形状、强化结构的强度、增强稳定性及延长使用寿命等。直向和侧向都允许高速度通过的大号码高速道岔适用于新建高速客运专线，满足高速列车侧向通过时对运行安全性和舒适性的要求。

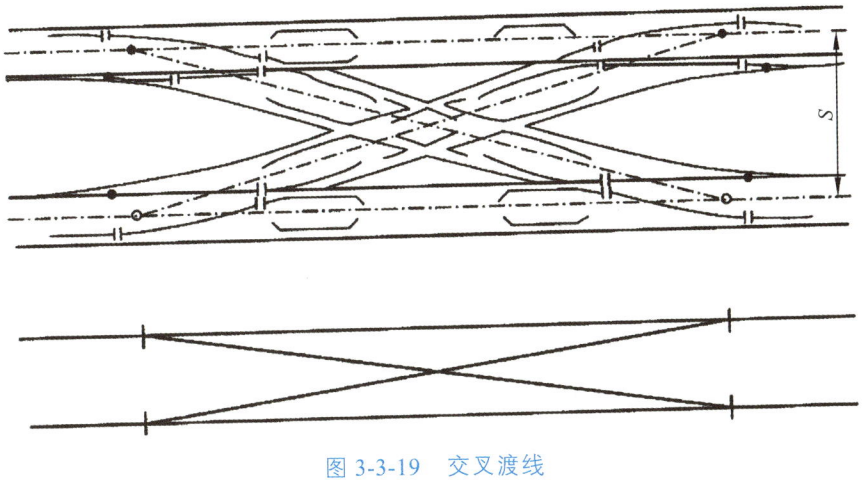

图 3-3-19　交叉渡线

第四节　限界及工务工作

一、铁路限界

为了确保机车车辆在铁路线路上运行的安全，防止机车车辆撞击邻近线路的建筑物和设备，而对机车车辆和接近线路的建筑物、设备所规定的不允许超越的轮廓尺寸线，称为限界。铁路基本限界可分为机车车辆限界和建筑限界。规定限界可以保证线路上运行的机车车辆与沿线建筑设备不发生接触，确保行车安全。其种类有以下 3 种：

（一）机车车辆限界

机车车辆限界为限制机车车辆横断面的最大容许尺寸的轮廓，如图 3-4-1 所示为悬挂列车尾部侧灯允许两侧各加宽 100 mm。货物装车后，任何部位超出这个尺寸即为超限货物。

（二）建筑限界

建筑限界为邻近线路的建筑物和设备不得侵入的轨面上方横断面的最小尺寸，如图 3-4-2 所示。

（三）安全空间

安全空间为建筑接近限界与机车车辆限界之间的空隙。

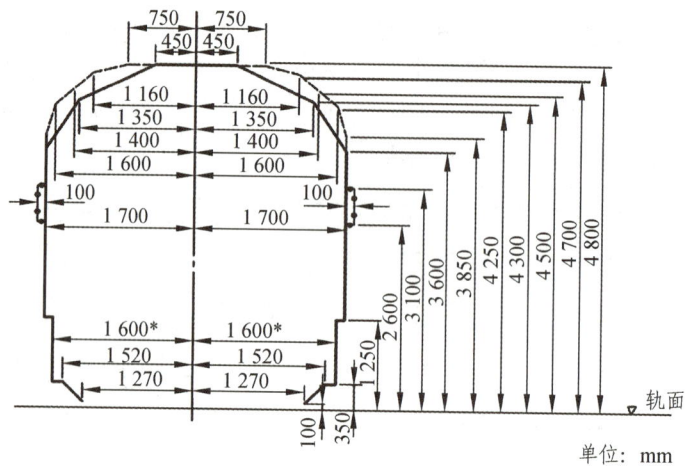

———— 机车车辆限界基本轮廓
-------- 电气化铁路干线上运用的电力机车
●—●—● 列车信号装置衔接轮廓
* 电力机车在距轨面高350~1 250 mm范围内为1 675 mm

图 3-4-1　机车车辆限界

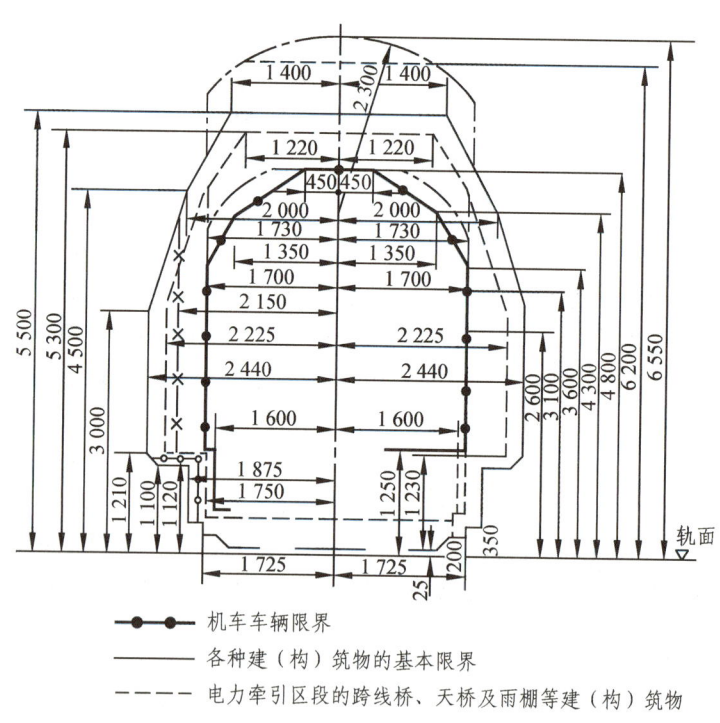

●—●—● 机车车辆限界
———— 各种建（构）筑物的基本限界
-------- 电力牵引区段的跨线桥、天桥及雨棚等建（构）筑物

图 3-4-2　建筑限界

二、工务工作（线路业务）

由于列车不间断地运行及自然界和人为的作用，轨道在机车车辆动力作用下，在风、沙、雨、雪和温度等自然条件的侵袭下，逐渐会产生各种变形或损坏，以致发生病害，如钢轨磨

损,轨枕腐朽、损坏,道床脏污、下沉、翻浆,轨道爬行以及轨距等发生变化,从而削弱了轨道的强度和稳定性,影响列车高速、平稳运行,甚至威胁行车安全。因此,为了确保列车能按规定的最高速度安全、平稳、不间断地运行,延长线路的使用寿命,必须加强线路的养护与维修,保证线路设施经常处于完好状态,这就是铁路工务部门的基本任务。

工务部门的基层生产单位——工务段,负责领导线路维修工作。下设若干领工区,每个领工区再设4~5个工区或机械化维修大队。

线路的维修养护工作主要包括线路的经常维修和线路的中大修。

(一)线路经常维修

基本任务是防治和整治线路的各种病害,经常保持线路状态的完好,使列车能以规定速度安全、平稳和不间断地运行,并尽量延长设备使用寿命,包括计划维修(综合维修)、紧急补修、重点病害整治和巡道工作。

1. 综合维修

对线路进行的周期性检修。综合维修是按周期对线路进行综合性修理,以改善轨道弹性,调整轨道几何尺寸,整修和更换设备零部件,恢复线路完好的技术状态。

综合维修的基本作业包括起道、拨道、改道、调整轨缝、捣固、清筛道砟等。

2. 紧急补修

紧急补修是指在计划维修之外的个别地点,由于出现超过容许误差的线路质量问题而必须立即进行的紧急修理工作。

3. 重点病害整治

重点病害整治是指彻底消除线路上较长时期存在的、工作量大的某些病害。

4. 巡道工作

巡道工作是指由巡道工人在工区管辖范围内负责巡视钢轨、道岔以及联结零件等的状态,查看路基是否有沉陷、塌方、水害、雪害等情况,以及信号及线路标志是否完好等。

(二)线路中修

两次大修之间的延长全面整修的重要手段。中修的主要内容是加强道床,解决道床不洁及厚度不足问题,同时更换失效轨枕、整修钢轨,使线路质量基本上恢复到或接近于原来的标准。

(三)线路大修

当磨损或变形达到相当程度时,单靠经常维修就难以整治了,因此有必要进行线路大修。

(四)线路机械化维修

线路养护维修作业过去是一项既费时费工又极为繁重的体力劳动,它需要占用大量的人力、物力和财力。为了提高维修质量、工作效率,节省劳动力和维修成本,世界各国都在努力研制各种养路器具。目前养路机械包括大型起道、捣固联合作业机，清筛机，线路大修列车等，如图 3-4-3 所示。

图 3-4-3　铁路维修自动化设备

（五）高速铁路维护

高速铁路的运用特点是行车密度高、可供养护维修使用的线路占用时间短，因而快速准确的状态检测和高效的养护维修管理成为确保高速铁路运用安全的关键。随着综合检测技术的发展，高速铁路确立了"综合检测列车为主，营业列车和人工巡检为辅"的安全检测模式。为了确保安全，高速铁路的维修管理工作应坚持"预防为主"的原则，对轨道的不平顺发展初期进行监管控制，不可等到平顺性恶化到危及行车安全才进行补修。在整个运营过程中，必须安排时间足够的夜间大天窗和白天小天窗，确保高质量地进行高速线路的养护作业。

随着技术的发展，综合检测车的检测内容越来越丰富，工务道床、轨枕、钢轨、扣件、轨道集合限界、隧道限界、线路环境等，都有相应的检测技术。激光和摄像检测技术获得了广泛的应用，提高了检测速度、精度和可靠性。

学习工作任务单

工单编号	3	工单名称	轨道交通线路
工单类型	基础型工单	面向专业	轨道交通行业相关岗位
工单大类	学习型工单	能力面向	专业能力
职业岗位	机车乘务员、车辆乘务员、动车组司机、电客车司机等轨道交通行业从业人员			
考核点	轨道交通线路			
工单简介	本工单主要了解轨道交通各种线路,掌握轨道交通各种限界及要求,能对比分析轨道交通各种线路,能看懂线路平面图和纵断面图。对轨道交通线路有整体的认知,为以后的工作学习打下坚实基础。 加强学生爱党爱国、热爱轨道交通行业的精神,以及民族自豪感。			
设备环境	多媒体教室			
用途说明	在常规课程中可引导学生获取信息的能力和总结归纳的能力			

实施人员信息(学生填写)

姓名		班级		学号		电话	

任务目标	笔记栏
实施该工单的任务目标如下: 1. 掌握线路平面组成; 2. 掌握线路纵断面组成; 3. 掌握线路标志的分类和含义; 4. 能读懂线路平面图和纵断面图; 5. 掌握普速、高速铁路隧道的组成差异; 6. 了解设置铁路限界的意义。	

任务介绍

1. 任务描述

本任务以"雪原上的铁路检修员"的事迹为引入,介绍铁路线路组成、特点等基础知识,弘扬艰苦奋斗的中华民族传统美德和优良的铁路工匠精神。

2. 任务要求

(1)说明轨道交通线路平面的基本组成。
(2)说明轨道交通线路纵断面的基本组成。
(3)说明普速、高速线路的差异。

任务资讯

(10分)1. 简述轨道交通平面组成?

(10分)2. 轨道交通纵断面组成?

(10分)3. 轨道交通线路路基组成?

笔记栏

任务实施

任务实施要求如下：

（**3分**）1. 轨道交通线路平面组成。

（**3分**）2. 轨道交通线路纵断面组成。

（**3分**）3. 道岔的基本作用是什么？

（**3分**）4. 轨道交通线路标志有哪些？

（**3分**）5. 坡道坡度大小的表示方法

任务扩展

任务扩展要求如下：

请根据现代运输现况和轨道交通行业的现况并结合我国国情，展望未来轨道交通线路设计的发展趋势并结合专业对未来职业做出展望。

（10分） 1. 简述未来轨道交通运输线路设计的基本原则？

（15分） 2. 结合本专业谈谈你对交通线路设计重要性的理解。

笔记栏

| 工作日志 | 笔记栏 |

(5分)实施工单过程中填写如下日志:

工作日志表

日期	工作内容	问题及解决方式

工作总结

(15分)请编写完成本任务的工作总结:

质量监控单（教师完成）

工单实施栏目评分表

评分项	分值	作答要求	评审规定	得分
任务资讯	25	问题回答清晰准确，能够紧扣主题，没有明显错误项。	对照标准答案错误一项扣2分，扣完为止。	
任务实施	30	近期展望贴合实际，结合所学专业能有基本准确的定位。	回答前后逻辑合理，不合理处扣2分。	
任务扩展	25	各种类型表述清楚，特点描述准确。	分类少些一项扣2分，对照标准答案错误一项扣5分，扣完为止。	
其他	20	日志和问题项目填写详细、能够反映实际工作过程。	没有填或者太过简单每项扣5分。	
合计得分				

职业能力评分表

评分项	等级	作答要求	等级
知识评价	A|B|C	A：能够完整准确地作答任务资讯的所有问题，准确率在90%以上。 C：对基础知识掌握得不牢固，任务资讯和答辩的准确率在50%以下。	
能力评价	A|B|C	A：熟悉各个环节的实施步骤，完全独立完成任务，有能力辅助其他学生完成规定的工作任务，实施快速，准确率高（任务规划和任务实施正确率在85%以上）。 C：未完成任务或只完成了部分任务，有问题没有积极向其他同学请教，工作实施拖拉，不积极，各个部分的准确率在50%以下。	
态度素养评价	A|B|C	A：不迟到、不早退，对待他人有礼貌，善于帮助他人，积极主动完成规定工作任务，工作台完整整洁，回答老师提问科学。 C：未完成任务或只完成了部分任务，有问题没有积极向其他同学请教，工作实施拖拉不积极，不能准确回答老师提出的问题，各个部分的准确率在50%以下。	
思政素养	A|B	A：树立正确爱党爱国精神、不畏艰难、勇于创新的开拓精神，深入实践、严谨细致的科学精神，能深刻理解"詹天佑"工匠精神。 B：对"铁路"工匠精神理解不够全面。	

PART FOUR

第四章

轨道交通车站

学习目标

知识目标

1. 了解轨道交通车站定义
2. 掌握轨道交通车站的类型
3. 了解城市轨道交通车辆基地

能力目标

1. 对比分析各种轨道交通车站的作业分类
2. 分析各种车站布置图的特点

素质目标

1. 培养学生民族自豪感
2. 培养学生爱国、爱路的情怀

轨道交通车站既是办理客、货运输的基地，又是轨道交通系统的一个基层生产单位。在车站上，除办理旅客和货物运输的各项作业之外，还办理与列车运行有关的各项工作，如列车的接发、会让、越行，列车的解体与编组，铁路车站还承担机车的换挂与车辆的检修等。由于车站作业相对复杂，车站也是容易发生事故的地方，这就需要车站的工作人员，按章办事，一丝不苟，杜绝各种事故。

第一节 概 述

一、车站的定义

为了保证行车安全和必要的线路通过能力，以满足人们对运

轨道交通车站总体认知

输的需要，轨道交通线路上每隔一段距离就需要设置一个车站。两相邻车站间的线路称为区间。而车站就成为相邻区间之间的分界点，因此，区间和分界点就是组成铁路线路的两个基本环节。如图 4-1-1 所示，甲、乙、丙、A、B、C、D、E、F、G、H 车站都是分界点。

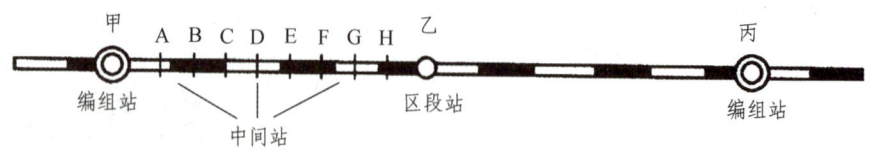

图 4-1-1　铁路线路车站

二、车站的作用

车站是轨道交通运输的基层生产单位，它也是运输过程的主要作业环节。

在铁路运输中，它参与了旅客乘降、售票，行包的托运交付、保管；货物的承运、装卸、交付和保管；列车的通过、接发、会让和越行；车列的解体和编组；机车换挂、检修和整备，机车和列车乘务组更换；车辆检修等，这些都必须在车站办理。

在城市轨道交通中，城市轨道交通设置车站的主要目的是：将一条几十千米的地铁线划分为若干个区段，以方便乘客就近进入城市轨道交通系统乘车出行，便于公交、地铁和轻轨乘客的相互换乘；便于城市轨道交通系统的技术管理（如提高线路通过能力等）。车站还是城市轨道交通系统有关的车务、工务、电务、供电等部门协调进行生产活动的场所，并拥有线路、站台、通信、信号等技术设备和行车、站务、机电等方面的工作人员。车站主要是乘客乘降的场所，与城市轨道交通系统各专业如通信、信号、车辆、供电、消防、环控及公安各工种联劳协作进行运输生产的基地。

车站的运营生产活动主要由行车组织和客运组织两部分组成。车站行车组织工作包括接发列车和列车折返作业等。车站客运组织工作包括售检票、组织乘客乘降和换乘以及文化、生活方面的服务等。

在运送乘客过程中，车站起着极其重要的作用。就运营企业外部而言，车站是乘客乘坐城市轨道交通列车的起始终到及换乘的地点，客流集散的场所，是运营企业与服务对象的主要联系环节。就运营企业内部而言，车站是线路上供列车到发、通过的分界点，具有保证行车安全和必要的运行调整功能，某些车站还要提供列车转线、折返、临时停留备用及出入库等功能。

车站工作的组织管理水平在很大程度上影响运营工作的数量、质量和效率。因此，车站作业的科学管理是提高城市轨道交通系统运营质量的重要环节。

车站是城市轨道交通系统运营的基层生产单位，它在贯彻党的方针政策、执行相关的规章制度，合理利用现有的技术设备，不断改进工作方法，保证乘客运输安全，提高运输效率，完成和超额完成城市轨道交通系统的运输生产任务等方面均有重要作用。

车站集中了与运输有关的各项技术设备，如客货运业务设备、运转设备，机务、车辆检修设备和信号、通信设备等。车站对提高铁路运输效率和保证运输安全起着决定性的作用。

三、车站的类型

根据轨道列车的不同类型，车站大致可以分为铁路车站和城市轨道交通车站。

（一）铁路车站的分类

1. 按业务性质分类

铁路车站按业务性质可分为客运站、货运站、客货运站和不办理客货运业务的车站。

客运站是专门办理售票、行李与包裹运送、旅客乘降等客运业务，同时也办理旅客列车的始发、终到，技术检查等行车工作以及客车整备等作业的车站。

货运站是专门办理货物承运、交付、中转、装卸和货物列车到发、车辆取送以及货物联运、换装等作业的车站。

客货运站是既办理客运业务又办理货运业务的车站。我国铁路绝大多数车站都属于客货运站。此外，路网上还有一部分不办理客运业务也不办理货运业务，专为列车交会和越行而设立的车站，称为会让站（单线铁路）和越行站（双线铁路）。

2. 按技术作业性质分类

铁路车站按技术作业性质可分为中间站、区段站和编组站。

中间站主要办理列车的接发、会让与越行，摘挂列车的调车作业以及客货运业务。有些中间站还办理市郊列车的折返和列车的始发和终到作业。

区段站设在机车牵引区段的分界处，它的主要工作是办理货物列车的中转作业、进行机车的更换或机车乘务组的换班以及解体、编组区段列车和摘挂列车。

编组站主要工作是改编车流，即解体和编组各种货物列车以及机车换挂、整备，乘务组换班，列车的技术检查，车辆检修等。

3. 按客货运量和技术作业量大小分类

按照所担负的任务量及在国家政治、经济中的地位，铁路车站共分为特等站和一、二、三、四、五等站6个等级。车站等级是车站设置相应机构和配备定员的依据。

（二）城市轨道交通车站分类

1. 按运营特点分类

（1）中间站：仅供乘客上、下车之用，功能单一，是城市轨道交通路网中数量最多的基本站型。

（2）区域站：又称为折返站，设在线路中间可供列车折返、开行区间列车的车站。站内有折返线和设备，区域站兼有中间站的功能。

（3）换乘站：两条或两条以上城市轨道交通线交叉点上设置的车站。它除了具有中间站的功能外，更主要的是它还可以从一条线上的车站通过换乘设施转换到另一条线路上的车站。

（4）枢纽站：位于城市轨道交通线路分岔的地方，其中有一条是正线，可以在两个方向上接车和发车、接送两条线路上的乘客。

（5）联运站：车站内设有两种不同性质的列车线路进行联运及客流换乘，联运站具有中间站和换乘站双重功能。

（6）终点站：线路两端端点车站，除了供乘客上、下车外，还用于列车折返及停留，因此终点站一般设有多股停车线。如果线路需要延长时，则终点站即变成中间站或区域站。

各种车站分类如图 4-1-2 所示。

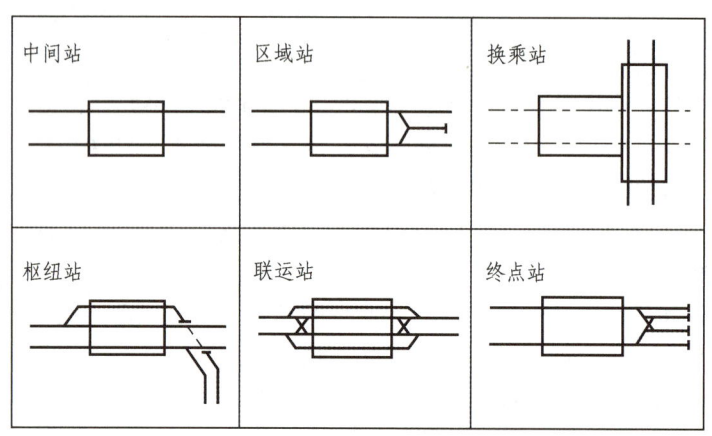

图 4-1-2　城市轨道交通车站分类

2. 按规模分类

城轨车站按规模一般分成三个等级，即一、二、三等。一等站是指高峰小时进出站总人数在 3 万人次以上的车站；二等站是指高峰小时进出站总人数在 2 万~3 万人次的车站；三等站是指高峰小时进出站总人数在 2 万人次以下的车站。

3. 按位置分类

城轨车站按位置可分为地面车站、地下车站、高架车站。

4. 按是否具有站控功能分类

城轨车站按是否具有站控功能可分为集中站、非集中站。集中站通常为有道岔的车站，具有站控功能，集中站行车值班员根据调度命令，可监控集中站管辖线路上的列车运行，执行扣车与接发车等列车运行调整措施；非集中站通常为无道岔车站。

四、车站线路的分类

轨道交通线路分为铁路车站线路和城市轨道交通车站线路，城市轨道交通线路沿袭铁路的制式，但由于其自身的特点，与干线铁路不同。

（一）铁路车站线路的分类

铁路车站线路按照用途和归属分为正线、站线、段管线、岔线及特别用途线，铁路车站线路图如图 4-1-3 所示。

1. 正　线

正线是指连接车站并贯穿或直股伸入车站的线路，正线可分为区间正线及站内正线，连接车站的部分为区间正线，贯穿或直股伸入车站的部分为站内正线。

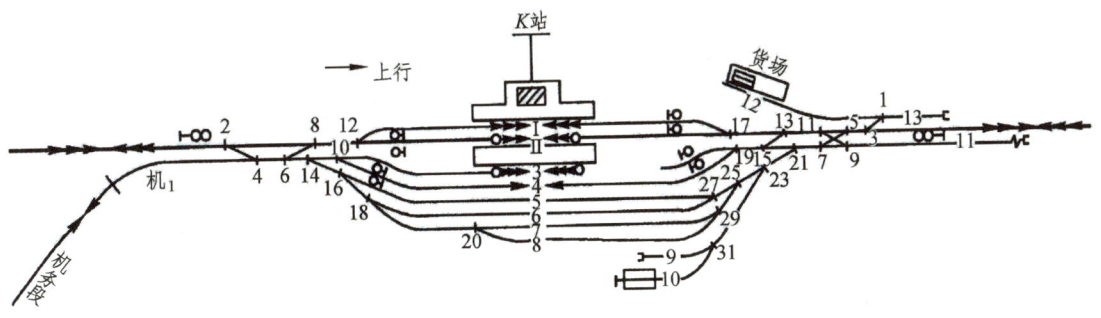

图 4-1-3 车站线路

2. 站线

站线主要包括以下几类：

到发线：供接发旅客列车或货物列车使用的线路。

调车线：供解体或编组货物列车使用的线路。

牵出线：供调车机车牵出车列进行解体、编组等调车作业的线路。

货物线：专门办理装卸作业的线路。

其他线路：办理其他各种作业的线路，如机走线、存车线、检修线等。

站内正线及站线由车站负责管理，机车车辆由区间、段管线、岔线等地点进入站内正线或站线时，都应经车站允许。

3. 段管线

段管线是指机务段、车辆段、工务段、电务段、供电段等段专用并由其管理的线路，如机务段内机车整备线、三角线，车辆段内车辆检修作业用的线路以及工务、电务段内停留轨道车及其他车辆的线路。

4. 岔线

岔线是指在区间或站内接轨，通向路内外单位的专用线路。

5. 特别用途线

特别用途线是指为保证行车安全而设置的安全线和避难线。岔线、段管线与正线、到发线接轨时，均应铺设安全线。为防止在长大下坡道上失去控制的列车发生冲突或颠覆，应根据线路情况，计算确定在区间或站内设置避难线。

（二）城市轨道交通车站线路的分类和特点

城市轨道交通大多数车站仅有列车到达、停靠、上下乘客、列车出发等作业，没有调车作业，因而，在车站线路设置方面也比较简单，仅需两条运行线，无须配备其他线路。但在部分需要折返作业的车站（如终点站、区间站等），或许进行其他调车作业的车站（如配置出入车辆基地线路的车站、联络线出岔处车站，设有渡线可供转线的车站等），以及在车辆基地，材料厂等需要调车作业的部门则设有较多的线路。车站线路的长度应按远期列车长度加 30 m 设计。考虑到轨道交通线路的行车特点，同时为了降低工程成本投资，车站配线除非特别需要,一般不设置。折返线及存车线在线路的终点站及部分中间站上设置,折返线的布置应尽可能地保证线路最大通过能力的实现。

地下车站的线路通常按凸形断面设计,列车在进站前上坡缓行,出站后下坡加速。这种设计对行车安全、节约能耗、减少加减速时间和降低乘客出入站升降高度都是有利的,并且由于车站线路采用高标位,车站距地面的埋深浅,对降低造价和缩短工期也是有利的。

为了保证列车能够克服起动阻力,正常起动;同时也为了防止列车在制动失效的情况下发生溜逸事故,车站线路的坡度一般不大于3‰。

五、股道和道岔的编号

为了作业和维修管理上的方便,站内线路和道岔应有统一的编号。同一车站或车场内的线路和道岔不得有相同的编号。

(一)铁路车站线路和道岔编号

1. 股道编号规则

站内正线规定用罗马数字编号(Ⅰ、Ⅱ、Ⅲ…),站线用阿拉伯数字编号(1、2、3…)。
(1)单线铁路车站股道的编号规则。
单线车站内的线路,由靠近站房的线路起向站房对侧依次顺序编号;位于站房左、右或后方的线路,在站房前的线路编完后,再由正线方向起,向远离正线顺序编号,如图4-1-4所示。

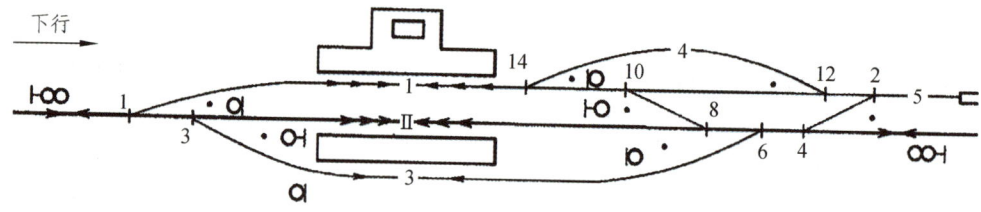

图4-1-4 单线铁路车站线路、道岔编号

(2)双线铁路车站股道的编号规则。
双线铁路车站内的线路,从正线起按列车运行方向分别向外顺序编号,上行编双数,下行编单数,如图4-1-5所示。

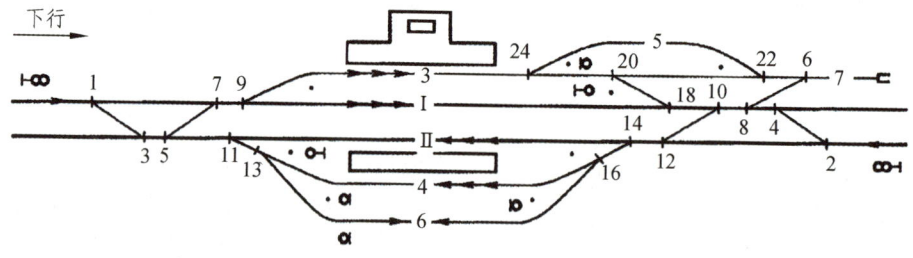

图4-1-5 双线铁路车站线路、道岔编号

(3)尽端式车站股道的编号规则。
尽端式车站站房位于线路一侧时,从靠近站房的线路起,向远离站房方向顺序编号,如

图 4-1-6（a）所示；站房位于线路终端时，面向终点方向由左侧线路起顺序向右编号，如图 4-1-6（b）所示。

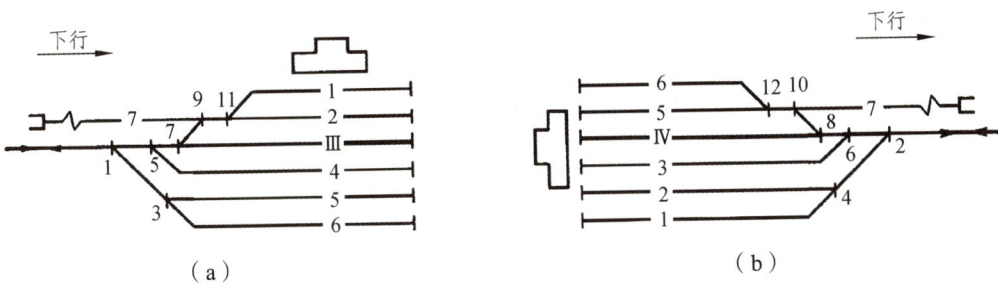

图 4-1-6　尽端式铁路车站线路、道岔编号

（4）大型车站股道的编号规则。

大型车站当有数个车场时，应分别对车场编号。车场靠站房时，从靠近站房线路起，向站房对侧顺序编号；车场远离站房时，顺公里标前进方向从左向右顺序编号；且在线路编号前冠以罗马数字表示车场。

2. 道岔编号方法

（1）用阿拉伯数字从车站两端由外向内依次编号，上行列车到达端用双数，下行列车到达端用单数。

（2）站内道岔，一般以车站站房中心线作为划分单数号和双数号的分界线。

（3）每一道岔均应编为单独的号码，对于渡线、梯线、交分道岔等处的联动道岔，则应编为连续的单数或双数。

（4）当车站有几个车场时，每一车场的道岔必须单独编号，此时道岔号码应使用三位数字，百位数字表示车场号码，个位和十位数字表示道岔号码。应当避免在同一车站内有相同的道岔号码。

（二）城市轨道交通车站线路和道岔编号

1. 道岔编号

一般从车站两端用阿拉伯数字由外向内依次编号。上行列车到达端编为双数，下行列车到达端编为单数，同一渡线或梯线上的道岔应编连续单号或双号，如图 4-1-7 所示。

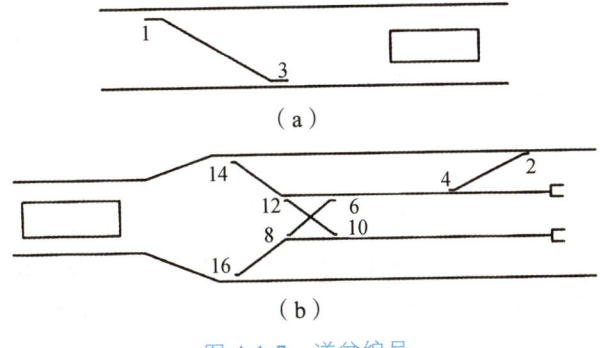

图 4-1-7　道岔编号

2. 线路编号

线路编号一般正线用罗马数字，其他线用阿拉伯数字。其中，上行正线一侧用双数，下行正线一侧用单数。

股道编号，单线区段内的车站，从靠近站舍的线路起，向远离站舍方向顺序编号；双线区段内的车站，从正线起顺序编号；尽头式车站，向终点方向由左侧开始编号，如站舍位于线路一侧时，从靠近站舍的线路起，向远离站舍方向顺序编号。

第二节　中间站与编组站

一、中间站的分类

（一）无货场的中间站

该类中间站一般只办理列车的通过、会让和越行以及少量的客货运作业，不办理摘挂列车和甩挂车组的作业。该类中间站包括会让站和越行站。

铁路车站中间站、区段站、编组站

（二）有货场的中间站

该类中间站除了办理与无货场的中间站同样的作业外，另设有货场，办理摘挂列车、甩挂车组的作业。

二、会让站和越行站

（一）会让站

会让站设在单线铁路上，主要办理列车的到发和会让，也办理少量的客货运业务。因此，会让站应铺设到发线、旅客乘降设备，并设置信号及通信设备、技术办公用房，但没有专门的货运设备。在会让站上，既可以实现会车，也可以实现越行。如图 4-2-1 所示为会让站布置图。

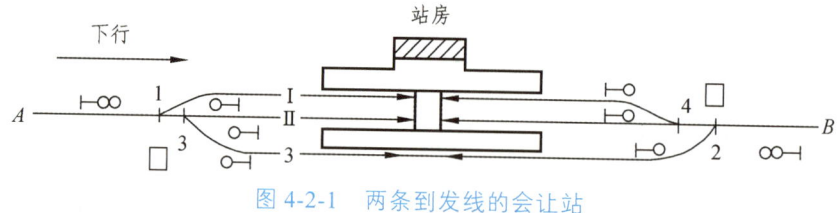

图 4-2-1　两条到发线的会让站

（二）越行站

越行站设在双线铁路上，主要办理同方向列车的越行业务，必要时办理反方向列车的转线，也办理少量的客、货运业务。因此越行站应有到发线、旅客乘降设备、信号及通信设备、技术办公房屋等。图 4-2-2 所示为越行站。

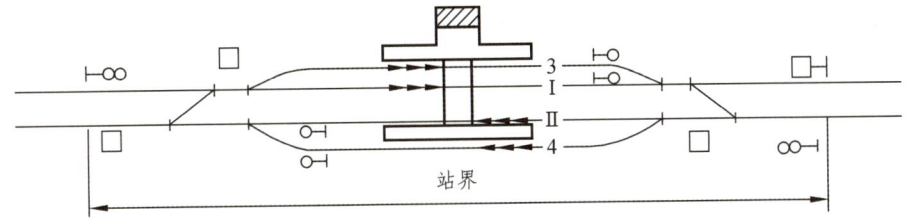

图 4-2-2　两条到发线的横列式越行站

在正常情况下,双线铁路的每一条正线规定只开行某一方向的列车。车站上的到发线是按方向分别设置的。相对方向运行的列车,在区间内或车站上都可以交会。每一方向等待越行的列车可停在到发线上(如图 4-2-2 中的 3 或 4 道),不用跨越正线。车站两端设有渡线,在必要时作为调整列车运行方向或车站实行反方向接发列车之用。

三、中间站的主要作业和设备

(一) 中间站的主要作业

(1) 列车的到发、通过、会让和越行,这是中间站的主要行车工作。
(2) 旅客的乘降、行李以及包裹的承运、保管与交付。
(3) 货物的承运、装卸、保管与交付。
(4) 摘挂列车的车辆摘挂以及向货物线、专用线取送车辆的调车作业。

有的中间站如有工业企业线接轨或加力牵引起终点以及机车折返时,尚需办理去专用线取送车、补机的摘挂和机车整备等作业。

另外,在客、货运量较大的个别中间站,还应有始发、终到旅客列车及编组始发货物列车的作业等。

(二) 中间站的主要设备

为了完成上述作业,中间站应根据作业的性质和工作量大小而设置以下设备:
(1) 客运设备,主要包括旅客站舍(售票房、候车室、行包房)、旅客站台、雨棚和跨越设备(天桥、地道、平过道)等。
(2) 货运设备,主要包括货物仓库、货物站台和货运室、装卸机械等。
(3) 站内线路,主要包括到发线、牵出线和货物线等,它们分别用于接发列车、进行调车和货物装卸作业等。
(4) 信号及通信设备,主要包括信号机、信号表示器、站内电话、广播及扩音设施等。

四、中间站布置图

中间站布置图按到发线的相互位置,主要分为横列式和纵列式两种。

(一) 横列式中间站布置图

横列式中间站布置的特点是到发线沿正线横向排列。这种布置图具有站坪长度短、工程投资省、设备布置紧凑、便于管理、到发线使用灵活等优点。因此在中间站上广泛采用此种布置图。横列式中间站布置图如图 4-2-3 所示。

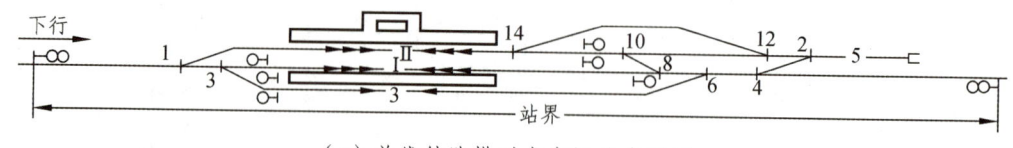

（a）单线铁路横列式中间站布置图

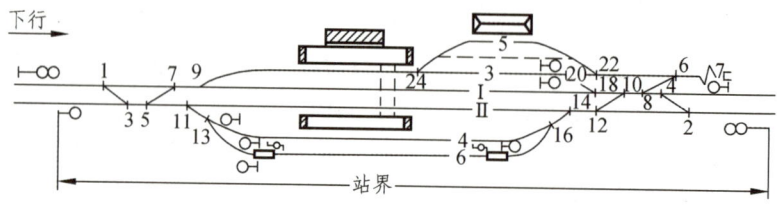

（b）双线铁路横列式中间站布置

图 4-2-3　横列车中间站布置图

（二）纵列式中间站布置图

纵列式中间站布置图的特点是：到发线沿正线纵向排列，通常逆运转方向错移一个货物列车到发线的有效长度。纵列式中间站布置图有利于组织列车不停车会车，提高区间通过能力；适应重载列车到发的需要；便于车站值班员与司机交接行车凭证。但这种布置图站坪长度长、工程投资大，且增加了中间咽喉，车站定员多，管理也不方便；车站值班员瞭望信号确认进路也不方便，车长与值班员联系工作走行距离长。因此这种布置图利少弊多，一般只在山区因地势陡窄或需组织不停车会让才采用，如图 4-2-4 所示。

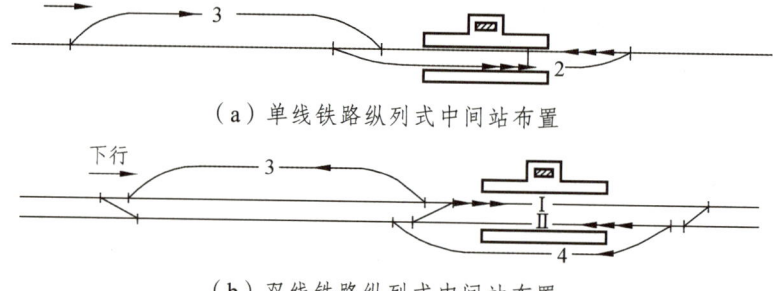

（a）单线铁路纵列式中间站布置

（b）双线铁路纵列式中间站布置

图 4-2-4　纵列式中间站布置

五、区段站

区段站多设在铁路网上牵引区段（机车交路）的起点或终点。区段站的主要任务是为邻接的铁路区段供应或整备机车以及更换机车乘务组，并为无改编中转货物列车办理规定的技术作业；此外，还办理一定数量的列车解编作业及客货运业务。在设备条件具备时，还进行机车、车辆的检修业务。

无改编中转货物列车：货物列车到达本站不解体，只作技术检查和机车换挂等作业，然后继续运行的列车。

有改编中转货物列车：货物列车到达本站后，要将车列解体。

解体：把车列中不同去向的车辆分别送入调车场的指定线路上。

编组：把停留在调车线上同一去向的车辆，按有关规定与要求连挂起来，编成一个新的车列。编组应按货物列车编组计划进行，对于重车来说，大多是对到达某一范围内车流的一种界定，对于空车而言，是指定其编组的车种。

（一）区段站的主要作业与设备

区段站的作业和设备尽管在数量和规模上都不是最大的，但是作业和设备的种类是比较齐全的。

1. 区段站的主要作业

（1）客运业务：区段站与中间站办理的客运业务大致相同，只是数量较大。

（2）货运业务：区段站与中间站办理的货运业务大致相同，但一般作业量更大。

（3）运转作业：① 与旅客列车有关的运转作业。区段站主要办理通过旅客列车的接发作业及机车更换、技术检查等。有的车站还办理局管内或市郊旅客列车的始发、终到作业及个别车辆的甩挂作业。② 与货物列车有关的运转作业。区段站主要办理无改编中转列车的接发及有关作业。对区段列车和摘挂列车，要进行解体和编组作业；同时还办理向货场、工业企业线取送作业车等。某些区段站还担当少量的始发直达列车的编组任务、机车业务。区段站办理换挂机车和更换乘务组，对机车进行整备、修理和检查等。

（4）车辆业务：区段站还可以办理列车的技术检查和车辆的检修任务。在少数设有车辆段的区段站上，还办理车辆的段修业务。

由此可知，区段站所办理的作业，无论从数量上还是从种类上，都远较中间站繁多。而在所办理的解、编及中转列车中，又以无改编中转列车所占的比重为大，成为区段站行车组织的重要环节。

（二）区段站的主要设备

客运业务设备：主要有旅客站房、站台、雨棚及跨越线路设备等。

货运业务设备：主要有货场及其有关设备，如装卸线、货物站台、仓库及装卸机械等。

运转设备：主要有旅客列车到发线，货物列车到发线、调车线、牵出线（有时设简易驼峰），机车走行线等。

机务设备：区段站的主要机务设备是指机务段或机务折返段。机务段所在的区段站上，如采用循环运转制时，在到发场应设有机车整备设备。采用长交路轮乘制时可设置机车运用段或换乘点。

车辆设备：主要包括车辆段、列车检修所和站修所等。

除上述设备外，还有信号、通信、照明、办公房舍等设备。

（三）区段站布置图

区段站中的客运、货运、运转、机务和车辆这 5 项设备需要合理布置，由于地形、城市规划、运量及运输性质、正线数目等因素的影响，可以形成多种多样的布置图形。区段站图形的选择是一项重要而复杂的工作。图形选择应讲求经济效益，满足运输需要，节省工程投资，便于管理，有利于铁路、城市和工农业生产等的发展。

区段站常见的布置图有横列式、纵列式及客货纵列式3类。

1. 横列式区段站布置图

当上、下行到发线（场）平行布置在正线一侧，调车场在到发场的一侧时，称为横列式区段站布置图，如图4-2-5所示。

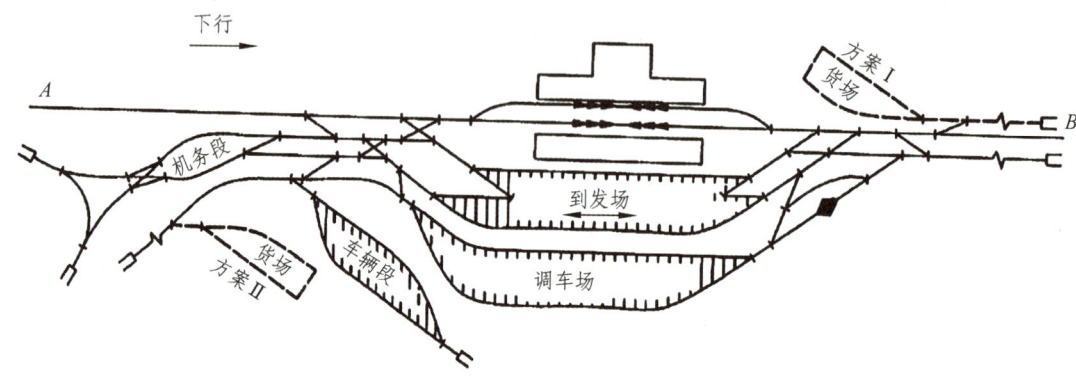

图 4-2-5　单线铁路横列式区段站布置

这种布置图的主要优点是：布置紧凑，站坪长度短，占地少，设备集中，管理方便，作业灵活性大，对各种不同地形的适应性强。它的缺点是：一个方向的列车机车出入段走行距离长，对站房同侧的货物取送车和正线有交叉干扰。

2. 纵列式区段站布置图

在双线铁路上，当运量较大时，为了减少站内两端咽喉区上下行客、货列车进路的交叉干扰，区段站可采用纵列式布置图。

在区段站上，当上、下行到发场分设在正线两侧，并逆运行方向全部错移，在其中一个到发场一侧，设一个双方向共用的调车场时，称为纵列式区段站布置图，如图4-2-6所示。

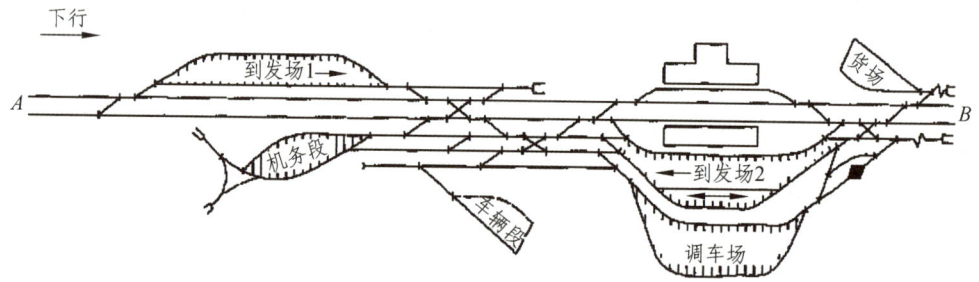

图 4-2-6　双线铁路纵列式区段站布置

纵列式区段站的优点是：作业上的交叉干扰较横列式少；机车出入段走行距离短，当机车采用循环运转制时，到发线上的整备设备比较集中；对站舍同侧的支线或工业企业线的接轨也比较方便。它的缺点是：站坪长度长，占地多；设备分散，投资大；定员较多，管理不便；一个方向货物列车的机车出入段要横切正线。

3. 客货纵列式区段站布置图

这种区段站是客运运转设备（主要指旅客列车到发场）与货运运转设备（主要指货物列

车到发场）纵向配列布置，如图 4-2-7 所示。

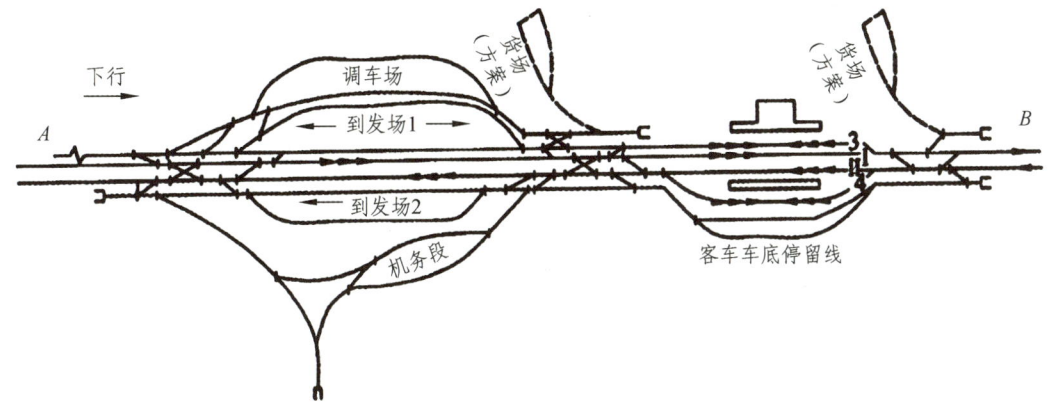

图 4-2-7 客货纵列式区段站布置

这种布置图形往往是改建时逐步形成的，故客、货运转设备和机务设备相互位置的配置形式很多。其优缺点与纵列式图形大致相同。

六、编组站

编组站是指在铁路网上办理大量货物列车解体和编组作业，并为此设有比较完善的调车设备的车站。它是铁路运输的主要基本生产单位，在完成铁路货物运输任务中，起着十分重要的作用。

编组站和区段站统称为技术站。它们办理的技术作业种类大致相同，都办理列车的接发、解编、机车乘务组的更换、机车整备及车辆检修等作业，但二者又有区别。区段站以办理无中转列车为主，改编列车较少，办理少量区段列车和摘挂列车的改编作业；而编组站按照编组计划要求，除办理通过列车外，主要是解体和编组直达、直通、区段、摘挂及小运转等各种货物列车，以办理改编列车为主，所以编组站又叫"货物列车制造工厂"。

编组站通常设在几条主要干线的会合处，也可以设在有大量装卸作业地点的大城市、港口或大工矿企业附近。

（一）编组站的分类

1. 路网性编组站

路网性编组站位于几条铁路干线的会合点，编组两个及以上远程技术直达列车，年度日均改编车数一般在 6 000 辆以上。设有单向或双向纵列式抑或混合式编组站，其驼峰设有自动或半自动控制设备。

2. 区域性编组站

区域性编组站分布在铁路干线交会的重要地点，是路网重要支点。主要编组相邻编组站间的直通列车，年度日均改编车数在 4 000 辆以上，具有半自动或机械调车设备。

我国现有编组站 40 处，其类别及名称如表 4-2-1 所示。

表 4-2-1 编组站的类别及名称

性质	数量	名称
路网性	14	哈尔滨南、沈阳西、丰台西、郑州北、江岸西、新丰镇、济南西、南京东、阜阳北、徐州北、向塘西、株洲北、成都北、兰州北
区域性	26	三间房、通辽、山海关、四平、沈阳南、南仓、石家庄、大同、包头西、襄樊北、武昌南、安康东、宝鸡东、芜湖东、南翔、乔司、鹰潭、江村、衡阳北、怀化南、柳州南、兴隆场、贵阳南、昆明东、迎水桥、乌鲁木齐西

若在一个铁路枢纽内设有两个及以上的编组站，则根据作业分工和作业量，将其分为以下两类：

（1）主要编组站：主要承担路网上中转车流的改编任务，以解编直达、直通列车为主。

（2）辅助编组站：协助主要编组站作业，以解编地区小运转车流为主，个别情况也编组少量直达列车。

3. 地方性编组站

地方性编组站一般是位于铁路干支线交会、铁路枢纽地区或大宗车流集散的港口、工业区，承担中转、地方车流改编作业的中小型编组站。它一般编组 2 个及以上去向的直通和技术直达列车；日均有调车达 2 500 辆；设有单向混合式、横列式布置的站场，其驼峰设有半自动或其他控制设备。

（二）编组站的主要作业

编组站的主要工作是进行列车的解编作业，而列车的到达、解体、编组和出发等一系列作业过程又是在编组站的各个车场上完成的。因此，到达场、编组场（又名调车场）、出发场就成为列车改编作业的主要场地。编组站的主要作业有以下几种。

（1）改编货物列车作业：是编组站的主要作业，包括解体列车的到达作业、解体作业、编组作业及出发作业。这几项作业的数量多而且又复杂，是分别在相应不同地点和车场办理的。

（2）无调中转列车作业：作业比较简单，其主要办理换挂机车和列车的技术检查，时间短，办理地点只限于到发场（或专门的通过车场）。

（3）货物作业车作业：货物作业车是指到达本站及工业企业线或段管线内进行货物装卸或倒装的车辆，其作业过程比改编中转列车增加了送车、装卸及取车 3 项作业。

（4）机车整备和检修作业：作业与区段站相同。

（5）车辆检修作业：包括在到发线上进行的车列技术检查及不摘车维修；在列检或调车过程中发现车辆损坏，需摘车倒装后送往车辆段或站修所进行修理（即站修）；根据任务扣车送段维修（即段修）。

（6）其他少量作业：编组站除了上述作业外，根据具体情况，有时还需办理客运作业（包括旅客乘降或换乘）、货运作业（包括货物装卸、换装等）、军用列车供应作业。

为了减少对编组站解编作业的干扰，确保主要任务的完成，应尽量不在编组站上办理或少办理客、货运业务。

(三)编组站的主要设备

1. 调车设备

调车工作是铁路运输的重要组成部分,也是编组站日常运输生产的主要活动。

调车设备是编组站的核心设备,包括调车驼峰、调车场、牵出线、辅助调车场等几部分,用以办理列车的解体和编组作业。

1)驼峰的分类

驼峰按每昼夜解体能力和技术装备可分为以下 3 类:

(1)大能力驼峰:每昼夜解体能力在 4 000 辆以上,调车线不少于 30 条,设 2 条溜放线,并设有车辆溜放速度、溜放进路自动控制系统及驼峰机车遥控系统。

(2)中能力驼峰:每昼夜解体能力为 2 000~4 000 辆,调车线 17~29 条,设 2 条溜放线,并设有溜放进路自动控制系统,宜设置机车推峰速度自动控制系统,钩车溜放速度自动或半自动控制系统及推峰机车遥控系统。

(3)小能力驼峰:每昼夜解体能力在 2 000 辆以下,调车线 16 条及以下,设 1 条溜放线,宜设置溜放进路自动控制系统、驼峰机车信号设备或机车遥控系统,也可用简易的现代化调速设备。

2)驼峰的组成

驼峰的范围是指峰前到达场(不设峰前到达场时为牵出线)与调车场头部之间的部分线段,包括推送部分、溜放部分和峰顶平台,如图 4-2-8 所示。

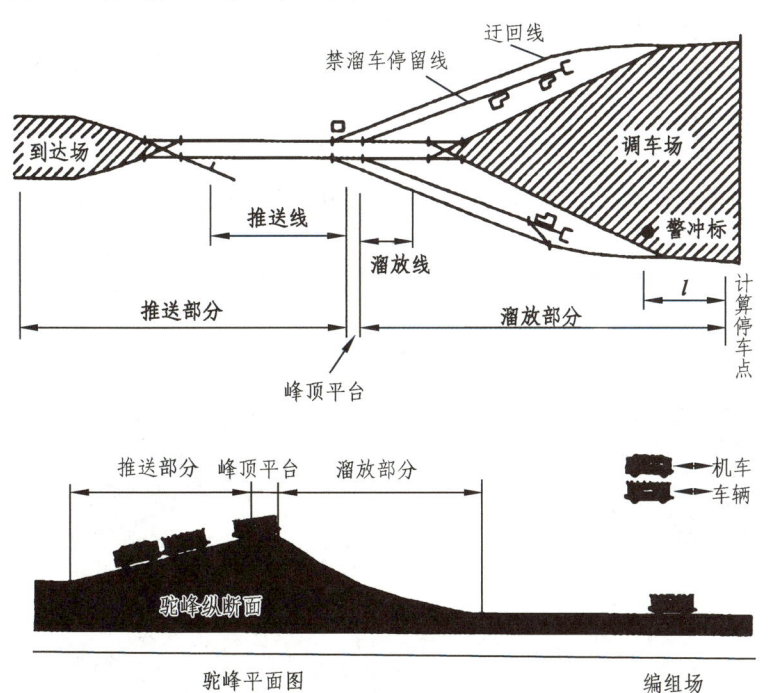

图 4-2-8 驼峰各组成部分

(1)推送部分:经由驼峰解体的车列,其第一钩位于峰顶平台始端时,车列全长所在的线路范围。其中,由到达场出口咽喉的最外警冲标到峰顶平台始端的线段叫推送线。设置这一部分的目的是使车辆得到必要的高度,并使车钩压紧,以便摘钩。

(2)溜放部分:从峰顶至计算点的线路范围。由峰顶到计算点的线路长度称为驼峰的计算长度。其中由峰顶至第一分路道岔始端的这段线路称为溜放线。

计算点是指确定驼峰高度时,保证难行车在溜车不利的条件下溜到调车场难行线某处停车或具有一定速度的地点。驼峰调车场的调速制式不同,计算点的位置也不同。

(3)峰顶平台:驼峰推送部分与溜放部分的连接部分,设有的一段平坡地段。峰顶平台包括压钩坡和加速坡两条竖曲线的切线长,不包括竖曲线的切线长时叫净平台。

3)驼峰调速工具

调速工具用来调控溜放车辆的速度,按其在驼峰调车中的作用可分为间隔制动、目的制动和调速制动。

间隔制动是保证前后溜放钩车间有必要的间隔距离。该距离能确保道岔来得及转换,使减速器能及时转换制动或缓解的状态,以便车辆顺利通过溜放部分进入调车线。目的制动是为调车场内的停车制动创造条件,使车辆能停在调车线内的预定地点,不与停留车辆发生冲撞或相距太远而造成过大的"天窗"。调速制动是用以调整溜放钩车速度,使车辆溜入道岔和减速器时不超过容许速度。驼峰调车场调速工具是为了提高驼峰的改编能力、保证作业安全所必需的设备。目前,我国铁路上常用的调速工具有人力制动机、制动铁鞋和车辆减速器、减速顶等。

在机械化驼峰上,除调车场内使用铁鞋制动外,在驼峰溜放部分均采用车辆减速器。而在自动化驼峰上,根据车辆的走行性能、重量、预定的停车地点以及溜放速度等条件,由自动化装置控制减速器的制动能力。

(1)铁鞋。铁鞋对溜放车辆的制动原理,是使溜放车辆的车轮压上铁鞋,迫使铁鞋在钢轨上滑行产生制动力。

(2)车辆减速器。目前,我国铁路采用的减速器主要有以下两种:

① 非重力式减速器:利用压缩空气作为动力,由钢轨两侧的制动夹板挤压车轮进行制动,其构造及工作原理简图如图4-2-9所示。当需要对车辆进行制动时,操纵制动按钮,使压缩空气进入气缸,活塞杆5和杠杆4的末端就被压向下方,而缸体6连同杠杆3的末端则上升。这样,由于两杠杆末端分开,使夹板1挤压车轮实现制动。

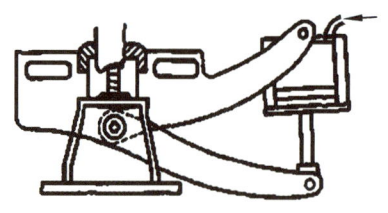
(a)缓解位

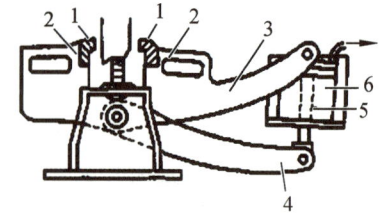
(b)制动位

1—夹板;2—制动梁;3,4—杠杆;5—活塞杆;6—缸体。

图4-2-9 压力式钳形减速器工作原理

② 重力式减速器:主要借助于车辆自身的重量使制动夹板产生对车轮的压力而进行制动。这种减速器类型很多,我国铁路采用比较普遍的一种叫双轨条油压重力式减速器。

重力式减速器与非重力式减速器相比,其优点主要在于制动力的大小可由被制动车辆的自重大小而自动调节，不需再设置测重设备，也不需要空压和储风设备，成本较低。

（3）减速顶。减速顶由吸能帽和壳体（外壳、活塞组合件、密封组合件和止冲装置）等部分组成。减速顶安装在钢轨一侧，吸能帽斜对轮缘部分，如图4-2-10所示。

减速顶是一种不需要外部能源的、可以自动控制车辆溜放速度的调速工具。当车辆的走行速度低于减速顶的临界速度（事先设定的速度）时，减速顶不起减速作用；当车辆走行速度高于减速顶的临界速度时，则减速顶对车辆产生减速作用。减速顶的优点在于灵敏度高、性能良好、维修简便，是一种较好的调速工具。目前我国铁路已在众多编组站上采用。

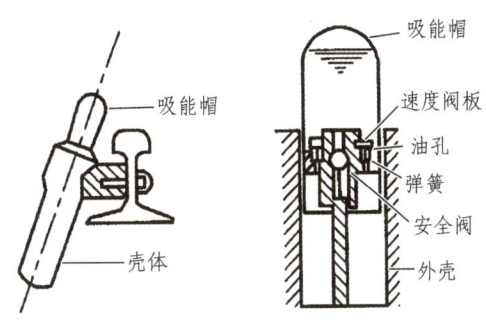

图 4-2-10　减速顶

2. 行车设备

行车设备即接发货物列车的到发线，用以办理货物列车的到达和出发作业。根据其作业量的大小和不同的作业性质，可设置到发场、出发场（包括通过车场）。

3. 机务设备

机务设备主要是指机务段。编组站的机务段规模比较大，供本务机车和调车机车办理检修和整备作业。

4. 车辆设备

车辆设备主要包括列检所、站修所和车辆段。

5. 客运设备

编组站客运业务很少，一般利用正线接发旅客列车。当客车对数较多时，也可设置1~2条到发线和1~2个旅客站台。

6. 货运设备

编组站一般不设专门的货运设备，按照具体情况可设零担中转换装站台、冷藏车加冰设备以及牲畜车、鱼苗车的上水换水设备。

7. 其他设备

编组站除上述设备外，还设有信号、联锁、闭塞、通信和照明等设备。

（四）编组站布置图

调车设备是编组站的核心设备。调车设备的数量与规模以及各车场的相互位置就构成了编组站不同形式的布置图。

1. 编组站布置图的分类

我国编组站布置图的基本类型归纳起来共有 6 类，其他类型都是在这个基础上派生的，并且数量很少。为了更清楚地表述编组站布置图的基本排列特征和车场个数，在我国铁路设计单位及现场对编组站布置图形有所谓"几级几场"的称呼。

"级"为车站中轴线上车场排列形式，即车场处于纵向不同的"台级"，因而横列式又称为一级式，混合式又称为二级式，纵列式又称为三级式。

"场"是指车场个数。同样是双向纵列式，根据车场数量的不同，又可产生双向三级六场、双向三级八场等各种形式的布置图形。

1）按照调车设备的套数及调车驼峰方向分类

（1）单向编组站：只有一个调车场，上、下行合用一套调车设备（包括驼峰、调车场、牵出线），其驼峰溜车方向一般朝向主要改编车流运行方向（也称顺向）。

（2）双向编组站：有两个调车场，上、下行各有一套调车设备。两系统的调车驼峰应朝向各自的上行和下行调车方向。

2）按照每一套系统内车场的相互位置和数目分类

横列式编组站：上、下行到发场与调车场为并列配置。

纵列式编组站：到达场、调车场、出发场等主要车场顺序为纵向排列。

混合式编组站：主要车场为纵列、另一部分车场为横列。

我国编组站的典型布置形式如表 4-2-2 所示。

表 4-2-2 编组站的典型布置形式

类型		横列式	混合式	纵列式
单向编组站	典型布置形式	单向横列式一级三场	单向混合式二级四场、单向混合式二级五场	单向纵列式三级三场
双向编组站	典型布置形式	—	双向混合式二级四场、双向混合式二级五场	双向纵列式三级六场、双向纵列式三级八场

2. 典型编组站布置图及作业流程分析

以双向三级六场编组站为例进行说明，图 4-2-11 和图 4-2-12 所示为典型的双向三级六场编组站的基本布置和基本流程。由图中可以看出，其特点是上、下行方向各有一套到达场、调车场、出发场，每套 3 个车场均依次纵列布置，并组成两个相应并列的独立系统。双向均为"流水式"作业，避免了一级三场一个方向解体转线折返走行距离长的缺点，使车站具有较大的改编能力和通过能力。该图形由于车场多、线路容量大，对于调整运行秩序和适应运量波动有较大的潜力和机动性。采用机械化驼峰，其日均解编能力可达 12 000~14 000 辆；若采用自动化驼峰，其日均解编能力最大可达 20 000 辆。

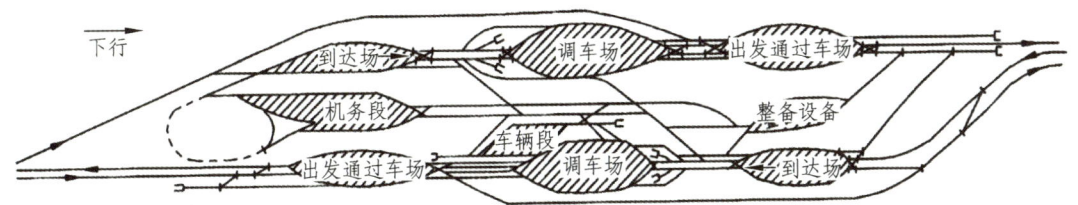

图 4-2-11 双向三级六场编组站布置

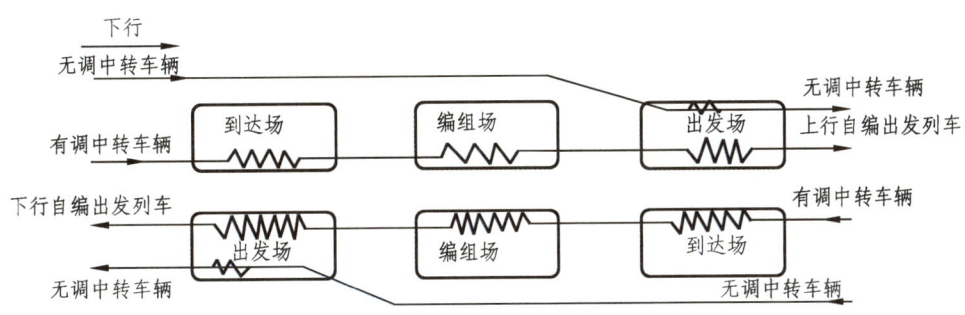

图 4-2-12 双向三级六场编组站作业流程

但是，对位于 3 个以上衔接方向的编组站来说，产生了折角改编车辆的重复解体和转场作业，因而造成多余的走行和作业干扰，这是其运营上最突出的缺点。一般在两套调车系统间设置场间联络线处理交换车流。此外，由于这种编组站车场分散、股道数量多、工程费用和占地面积都很大，因此，只有当解编作业量很大时才考虑采用。

（五）编组站综合自动化

驼峰自动化是强化铁路编组站最有效的措施之一，也是编组站现代化的主要内容和重要标志。驼峰调车作业的自动化，不仅能提高驼峰作业效率和编组站的改编能力，而且能保证作业安全，改善劳动条件和减轻劳动强度。

驼峰自动化主要包括：车辆溜放速度的自动调节和自动控制；车辆溜放进路的自动选排和自动控制；驼峰机车推送速度的自动调节和自动控制；摘解制动软管和提钩作业的自动化等。其中，最关键的是车辆溜放速度的自动控制，它是驼峰自动化的核心内容。

随着电子计算机在铁路上的广泛应用，我国在几个主要的编组站上也采用电子计算机进行信息处理和控制，如丰台西、郑州北等。目前，在郑州北站初步实现了货物列车解体作业自动化（溜放速度控制、溜放进路控制和推峰机车遥控）、编组作业自动化（编组场尾部采用道岔、信号计算机集中）以及信息处理自动化（调车作业计划的编制、编组站现在车管理、列车确报的收集、转发以及统计报表和分析等）。

从国内外铁路运营的实践来看，编组站作业的综合自动化，能使编组站的工作条件、作业效率、作业安全和工作质量得到很大的改善，这对加强编组站的生产能力、全面提高编组站的运营管理水平均有显著的效果。通过信息传输网将其与全路电子计算中心连接起来，将为实现整个铁路运输管理自动化创造条件。

第三节　城市轨道交通车站

城市轨道交通车站的总体布局应符合城市规划、城市综合交通规划、环境保护和城市景观的要求，并应处理好与地面建筑、城市道路、地下管线、地下构筑物及施工时交通组织之间的关系。

车站设计应满足客流需求，并应保证乘降安全、疏导迅速、布置紧凑、便于管理，同时应具有良好的通风、照明、卫生和防灾等设施。

认识城市轨道交通车站和车辆基地

一、车站建筑的组成

车站一般包括主体结构、出入口及通道、通风道及风亭（地下）和其他附属建筑物。

（一）主体结构

车站主体结构是列车的停车点，主要供乘客上下车、集散、候车，以及办理运营业务和运营设备设置的场所。

1. 站厅、通道、升降设备和站台门

（1）站厅：乘客进出站的场所，用于售票、检票、布置部分服务与控制设备的场所，其规模大小与集散客流量匹配，其位置选择应便利乘客进出站。

（2）通道：把站台、站厅、出入口连接起来。

（3）升降设备：车站出入口、站台至站厅应设上、下行自动扶梯。

（4）站台门：安装在车站站台边缘，将行车的轨道区与站台候车区隔开，设有与列车门相对应、可多级控制开启与关闭滑动门的连续屏障。站台门分为高站台门（也称屏蔽门）和低站台门（也称安全门）。站台门不应侵入车辆限界，直线车站时，站台门与车体最宽处的间隙不应大于 50 mm。

2. 站　台

1）站台的基本形式

站台分为岛式、侧式或岛侧混合式等形式，如图 4-3-1 所示。岛式站台车站是指轨道设置在两旁，站台被夹在中间的车站；侧式站台车站是指轨道设置在中央，而站台在左右两侧的车站。

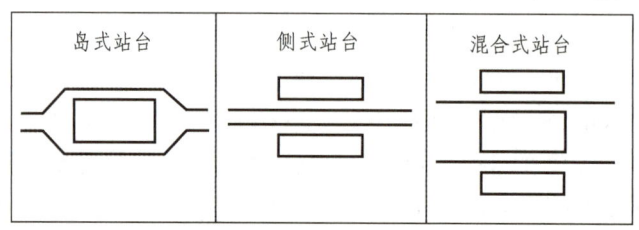

图 4-3-1　站台基本形式

岛式站台的站台总宽度要小，车站和站台相关设备（如升降梯、电动扶梯）可实现共享使用，投资运营成本较低，站台容易监控。侧式站台面积不受轨道限制，若周边环境许可，不需要变动既有轨道就可实现站台的扩建升级等。

2）站台的设计

长度：站台计算长度应采用列车最大编组数的有效长度与停车误差之和，有效长度和停车误差应符合：有效长度在无站台门的站台应为列车首末两节车辆司机室外侧之间的长度；有站台门的站台应为列车首末两节车辆尽端客室门外侧之间的长度；停车误差当无站台门时应取 1～2 m；有站台门时应取±0.3 m 之内。

宽度：站台宽度应满足高峰时段客流候车和集散的需要，其由站台乘降区计算宽度、柱宽、楼梯宽度及自动扶梯宽度组成。

高度：站台高度是指线路走行轨顶面至站台地面的高度，与车型有关。站台的平面与车厢内地板尽量保持同一水平面。站台面可低于车辆地板面，但高差不得大于 50 mm。

站台边缘安全间隙：站台边缘与静止车辆车门处的安全间隙，在直线段宜为 70 mm（内藏门或外挂门）或 100 mm（塞拉门），在曲线段应在直线段规定值的基础上加不大于 80 mm 的放宽值，实际尺寸应满足限界安装公差要求。

（二）出入口及通道

出入口及通道是供乘客进出车站的建筑设施。

车站出入口的数量，应根据吸引与疏散客流的要求设置。每个公共区直通地面的出入口数量不得少于两个。每个出入口宽度应按远期或客流控制期分向设计客流量乘以不均匀系数 1.1～1.25 计算确定。

车站出入口布置应与主客流的方向相一致，且宜与过街天桥、过街地道、地下街、邻近公共建筑物相结合或连通，宜统一规划，可同步或分期实施，并应采取地铁夜间停运时的隔断措施。当出入口兼有过街功能时，其通道宽度及其站厅相应部位设计应计入过街客流量。

（三）通风道及风亭（地下）

通风道及风亭的作用是保证地下车站具有一个良好的空气质量。

地下车站应按通风、空调工艺要求设置进风亭、排风亭和活塞风亭。在满足功能的前提下，根据地面建筑的现状或规划要求，风亭可集中或分散布置，风亭宜与地面建筑结合设置，但被结合建筑应满足地铁风亭的技术要求。

（四）车站环境设计

车站建筑设计应简洁、明快、大方、易于识别、装修适度，还应充分体现结构美，以及现代交通建筑的特点。地面、高架车站设计应因地制宜，且减小体量使其具有良好的空透性。

为了方便乘客乘坐地铁，保证车站正常运营秩序，车站内应设置导向和服务乘客的标志；同时，车站内应设置事故疏散标志，其是在灾害情况下保证乘客安全疏散的必要设施。

二、换乘站规划

根据乘客换乘的客流组织方式,可将车站换乘方式分为站台换乘、站厅换乘、通道换乘、站外换乘等。

(一)站台换乘

站台换乘是指两条不同线路的站线分设在同一个站台的两侧,乘客可在同一站台由甲线换乘到乙线,即同站台换乘。站台换乘使乘客在同一站台即可实现转线换乘,乘客只要走到站台的另一边就可换乘另一条线路的列车。站台换乘具有换乘距离小的特点,但是车站工程投资相对较大,应尽量选用在建设期相近或同步建设的两条线上规划换乘站。

(二)站厅换乘

站厅换乘是指乘客由一个车站的站台通过楼梯或自动扶梯到达另一个车站的站厅或两站共用的站厅,再由这一站厅通到另一个车站的站台的换乘方式。与站台换乘相比,站厅换乘的乘客换乘路线通常要先上(或下)、再下(或上),换乘总高度大。若是站台与站厅之间是自动扶梯连接,可改善换乘条件。

(三)通道换乘

两个车站之间设置单独的换乘通道供乘客换乘使用,称为通道换乘。在两线交叉处的车站结构完全分开,车站站台相距有些距离或受地形条件限制不能直接设计通过站厅进行换乘时,可以考虑在两个车站之间设置单独的换乘通道来为乘客提供换乘途径。通道换乘规划要注意上下楼的客流组织,应避免双方向换乘客流的交叉紊乱。

(四)站外换乘

站外换乘是乘客在车站付费区以外进行换乘,实际上是没有专用换乘设施的换乘方式。换乘车站应根据地铁线网规划、线路敷设方式、地上及地下周边环境、换乘量的大小等因素,可选取同车站平行换乘、同站台平面换乘、站台上下平行换乘、站台间的"十"形、"T"形、"L"形、"H"形等换乘及通道换乘形式。

第四节 城市轨道交通车辆基地

城市轨道交通车辆保有量较多,运行时间长,技术要求高,安全可靠性指标高,对车辆的运用、维护保养、检修均有很高的要求,需设置专门的机构完成,即车辆基地。车辆基地是包括车辆段(停车场)、综合维修中心、物资总库、培训中心和其他生产、生活、办公等配套设施的综合体。本节主要介绍车辆段(停车场)及综合维修中心。

一、车辆段(停车场)

(一)组　成

车辆段是停放车辆,以及承担车辆的运用管理、整备保养、检查工作和承担定修或架修车辆检修任务的基本生产单位。停车场是停放配属车辆,以及承担车辆的运用管理、整备保养、检查工作的基本生产单位。

一般每条城市轨道交通线设一个车辆段,若线路较长则增设一个停车场。

车辆段与正线车站的联系线路布置可以分为尽端式车辆段和通过车辆段两种不同方式,如图 4-4-1 所示。

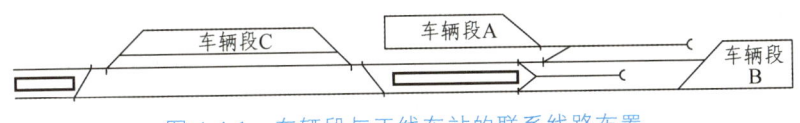

图 4-4-1　车辆段与正线车站的联系线路布置

图中 A 和 B 为尽端式车辆段布置方案,C 为通过式车辆段布置方案。车辆段由停车库、检修库、运用管理部门和管理与服务部门组成。

1. 停车库

停车库一般设在地面或建在高架结构,主要用于夜间收车后停车作业,以及停放备用车辆,可以进行简单维护保养作业。

1)设计规模

保证所有车辆停放的需求(可以考虑在线路上设有停车线的车站上停放部分列车,减少车库停车线数量),设计依据为线路车辆保有量,即线路运营所需的车辆总数。

2)停车库线路

(1)检车线:停车库出入门布置的临时停车线,股道有效长为列车长度 8 m,配有调车信号机,可以做简单的维护保养作业。

(2)停车线:停车库内专门用于停车的线路。停车线需配置雨棚、站台,便于简单维护保养,降低车辆的自然破损(常用封闭式车库),设有出入库调车信号机。

(3)洗车线:设置于停车库与运行线路之间,专门用于车辆清洗的线路,设有洗车设备、污水处理设施、调车信号设备。

(4)列检线:专门用于一般检查的停车线。

洗车线与列检线构成检车区,完成清洗、日常保养检修作业。

3)调度室和信号所

停车库与正线车站之间列车进出频繁(由于有高峰、低谷、平峰不同时段不同数量用车且列车按规定每天需进行一次日常维护保养),因此,需设置专门的调度室协调调度正线车站与车库之间的调车作业。由信号所负责维护检修,与列车出入库作业相关的信号设备,保障作业安全与高效,包括车库与检修库之间的各种基地内部调车作业。

2. 检修库

检修库是专门用于车辆检修作业的车库,配有检修设备。

1）检修库种类

（1）列检库：完成列车列检作业，可以在停车库列检线完成。

（2）双月检库：完成列车双月检作业。

（3）定修库：完成列车定修作业。

（4）架修库：完成列车架修作业。

（5）大修库：完成列车大修作业。

按车辆检修修程、检修内容、车辆数，设计建设上述各检修库的线路、完成设备容量、人员配备等。

2）线路种类

（1）车体整修线：完成分解车体，喷丸除锈，结构整修，车体组装等作业的线路。

（2）试车线：完成定修、架修、大修等修程的车辆进行试车检测的线路，为达到必要的运行速度，试车线需有一定长度标准和平纵断面特点。

（3）锥轮线：当轮对磨耗不对称时（圆度、斜面不等），进行锥轮作业的线路。

（4）检修线：设在各检修库内的线路。

（5）其他线路：调车用牵出线，与铁路的联络线、内燃机车线、材料线等。

3. 运用管理部门

运用管理部门对车辆的运用实施调度、管理、组织工作。

4. 管理与服务部门

管理与服务部门负责经营管理、生活服务、物资供应等业务，通常包括：

（1）加工区，如各种加工设备、厂房。

（2）生活区，如宿舍、食堂、浴室等。

（3）行政管理区。

（二）车场线设计

1. 车场线的线路平面及纵断面

（1）出入线及国铁专用线应符合下列要求：小曲线半径，A 型车不应小于 250 m，B 型车不应小于 200 m；困难时不应小于 150 m；最大坡度为 35‰；竖曲线半径为 2 000 m。

（2）试车线应为平直线路，困难时，在满足试车速度要求条件下可设适当曲线。

（3）车场其他线路应符合下列要求：最小曲线半径不应小于 150 m，其中使用调机作业的牵出线最小曲线半径不宜小于 300 m；曲线间夹直线最小长度可为 3 m；线路宜设于平道上，困难时库外线路的坡度可按不大于 5‰设计。

2. 车场线轨道

（1）钢轨及道岔：出入线采用 60 kg/m 钢轨、9 号道岔；车场线采用 50 kg/m 钢轨、7 号系列道岔；当试车速度大于 80 km/h 时，试车线应采用 60 kg/m 钢轨、9 号道岔。

（2）短钢轨：道岔轨型应与连接线路轨型一致，两组道岔间插入短钢轨不应小于 4.5 m，困难时可为 3 m。

（3）道床：出入线及试车线道床，地面线宜采用混凝土枕有砟道床；地下线、高架线宜用无砟道床；无砟道床与有砟道床衔接处设道床过渡段；库内线路应采用无砟道床；库外线路可用混凝土枕有砟道床。

（4）扣件：无砟道床应采用弹性分开式扣件；混凝土枕有砟道床宜采用铁路定型的弹条扣件。

（5）轨枕铺设及数量：车辆段与停车场线路宜铺设钢筋混凝土轨枕；必要时，道岔区可采用Ⅱ类油浸防腐蚀木枕；轨枕数量，出入线每千米铺设 1 680 根；其他车场线每千米铺设 1 440 根；采用架空线路或设立柱式检查坑线路，应根据结构计算确定。

（6）车挡设置及轨道附属设备：库内宜采用简易车挡；试车线应采用缓冲滑动式车挡；其他库外线路可采用固定式车挡。

二、综合维修中心

综合维修中心是车辆基地组成部分，是确保地铁系统正常运营的重要设施。综合维修中心应满足全线线路、路基、轨道、桥梁、涵洞、隧道、房屋建筑和道路等设施的维修、保养以及供电、通信、信号、机电设备、自动化设备的维修和检修工作的需要。

综合维修中心根据其规模和工作范围可分为维修中心、维修工区和维修组 3 个等级。维修中心宜设于车辆段级的基地内，可分别在相关的停车场设维修工区或维修组。维修工区和维修组应按隶属于维修中心管理设计。

维修中心宜根据各专业的性质分设工务与建筑、供电、通信与信号、机电和自动化等车间。维修中心应根据各专业的作业内容配备必要的设备和轨道检测车、接触网检修车、磨轨车、轨道车及平板车等工程车辆，并应配备相应的线路和工程车库。轨道检测车、接触网检修车、磨轨车和轨道车等大型工程车辆，应按资源共享原则配备，避免重复设置。

学习工作任务单			
工单编号	4	工单名称	轨道交通车站
工单类型	基础型工单	面向专业	轨道交通行业相关岗位
工单大类	学习型工单	能力面向	专业能力
职业岗位	机车乘务员、车辆乘务员、动车组司机、电客车司机等轨道交通行业从业人员		
考核点	轨道交通车站		
工单简介	本工单主要了解轨道交通各种线路，掌握轨道交通各种限界及要求，能对比分析轨道交通各种线路，能看懂线路平面图和纵断面图。对轨道交通线路有整体的认知，为以后的工作学习打下坚实基础。 加强学生爱党爱国、热爱轨道交通行业的精神，以及民族自豪感。		
设备环境	多媒体教室		
用途说明	在常规课程中可引导学生获取信息的能力和总结归纳的能力		

实施人员信息（学生填写）

姓名		班级		学号		电话	

任务目标	笔记栏
实施该工单的任务目标如下： 1. 了解铁路车站的重要性，培养铁路员工的安全意识。 2. 掌握铁路车站的设置和分类，熟悉各类车站的作业流程。 3. 掌握铁路车站的各种线路的作用。	

任务介绍

1. 任务描述

如果您经常乘坐火车,可能就会有一些疑问,比如,为什么车站内有那么多线路?列车在运行过程中如何保证安全?为什么有的车站没有客运业务?通过对本任务的学习,就能解答您心中的疑问。

本任务的目的是让从业者了解车站的不同分类,能准确识读常见车站布置图,熟悉车站各类线路的特点及作用,掌握股道、道岔编号的规律;通过对线间距的学习,加强从业者的安全意识;了解铁路枢纽的含义及分类。

2. 任务要求

(1)能准确识读常见车站布置图。
(2)熟悉车站各类线路的特点及作用。
(3)能对股道、道岔进行编号。
(4)分析各种车站布置的特点。
(5)具备团结协作、安全意识。

任务资讯

(10分)1. 为什么车站内有那么多线路?

(10分)2. 列车在运行过程中如何保证安全?

(10分)3. 为什么有的车站没有客运业务?

任务实施

任务实施要求如下：

（5分）1. 车站有哪些分类，其分类标准是什么？

（5分）2. 车站线路的种类有哪些？简述车站股道、道岔的编号方法。

（5分）3. 什么是铁路枢纽？铁路枢纽有哪些类型？

（5分）4. 编组站的分类有哪些？其主要作业是什么？

（5分）5. 常见的编组站布置图有哪些？其主要作业流程是什么？

（5分）6. 常见的调车设备有哪些？

笔记栏

任务扩展

任务扩展要求如下：

请根据铁路车站、车站线路设置分布现况并结合我国国情，展望未来铁路车站的发展趋势。

（**10分**）1. 简述未来铁路车站的发展方向？

（**10分**）2. 随着高铁列车的发展，展望未来，铁路枢纽会发生什么变化？

工作日志

（5分）实施工单过程中填写如下日志：

工作日志表

日期	工作内容	问题及解决方式

工作总结

（15分）请编写完成本任务的工作总结：

笔记栏

质量监控单（教师完成）

工单实施栏目评分表

评分项	分值	作答要求	评审规定	得分
任务资讯	30	问题回答清晰准确，能够紧扣主题，没有明显错误项。	对照标准答案错误一项扣2分，扣完为止。	
任务实施	30	近期展望贴合实际，结合所学专业能有基本准确的定位。	回答前后逻辑合理，不合理处扣2分。	
任务扩展	20	各种类型表述清楚，特点描述准确。	分类少些一项扣2分，对照标准答案错误一项扣5分，扣完为止。	
其他	20	日志和问题项目填写详细、能够反映实际工作过程。	没有填或者太过简单每项扣5分。	
合计得分				

职业能力评分表

评分项	等级	作答要求	等级
知识评价	A|B|C	A：能够完整准确地作答任务资讯的所有问题，准确率在90%以上。 C：对基础知识掌握得不牢固，任务资讯和答辩的准确率在50%以下。	
能力评价	A|B|C	A：熟悉各个环节的实施步骤，完全独立完成任务，有能力辅助其他学生完成规定的工作任务，实施快速，准确率高（任务规划和任务实施正确率在85%以上）。 C：未完成任务或只完成了部分任务，有问题没有积极向其他同学请教，工作实施拖拉，不积极，各个部分的准确率在50%以下。	
态度素养评价	A|B|C	A：不迟到、不早退，对待他人有礼貌，善于帮助他人，积极主动完成规定工作任务，工作台完整整洁，回答老师提问科学。 C：未完成任务或只完成了部分任务，有问题没有积极向其他同学请教，工作实施拖拉不积极，不能准确回答老师提出的问题，各个部分的准确率在50%以下。	
思政素养	A|B	A：树立正确爱党爱国精神，树立不畏艰难、勇于创新的开拓精神，深入实践、严谨细致的科学精神，能深刻理解"詹天佑"工匠精神。 B：对"铁路"工匠精神理解不够全面。	

PART FIVE

第五章

轨道交通机车及车辆

学习目标

知识目标
1. 了解轨道交通车辆的分类和标记
2. 掌握各种轨道交通车辆的结构

能力目标
1. 能认识各种轨道交通车辆
2. 能分析轨道交通车辆各组成部分的作用

素质目标
1. 培养学生民族自豪感
2. 培养学生爱国、爱路的情怀

在铁路、公路、航空、水路和管道这 5 种交通运输方式中，铁路运输具有消耗能源少、运输成本低，对环境的污染小以及运送旅客或货物多等诸多优点，尤其高速铁路可实现更迅速、更安全、更舒适的交通运输，因而铁路是我国交通运输体系的骨干，担负着我国的较大部分的运输任务，在国民经济中发挥着极其重要的作用。

铁道车辆是铁道运输的运载工具。广义地说，所谓铁道车辆，是指必须沿着专设的轨道运行的车辆，它应具备以下 4 个特点。

（1）自行导向：除铁道机车车辆之外的各种运输工具几乎全有操纵运行方向的机构，唯铁道车辆通过其特殊的轮轨结构，车轮即能沿轨道运行而无须专人掌握运行的方向。

（2）成列运行：可以编组、连挂组成列车。为了适应成列运行的特点，车与车之间需设连接、缓冲装置；且由于列车的惯性很大，每辆车均需设制动装置。

（3）低运行阻力：除坡道、弯道及空气对车辆的阻力之外，运行阻力主要来自走行机构中的轴与轴承以及车轮与轨面的摩擦阻力。铁道车辆的车轮及钢轨都是含碳量偏高的钢材，轮轨接触处的变形较小，而且铁道线路的结构状态也尽量使其运行阻力减小，故铁道车辆运行中的摩擦阻力较小。

（4）严格的外形尺寸限制：铁道车辆只能在规定的线路上行驶，无法像其他车辆那样主动避让靠近它的物体，为此要制订限界，严格限制车辆的外形尺寸以确保运行安全。

铁道车辆在国民经济和社会生活中得到了广泛的应用。除在铁路干线上及在厂矿、林区运行的铁道车辆外，城市中的地铁、轻轨车辆、有轨电车、建筑工地及矿井中运送土石等的翻斗小车、某些工厂车间内运送物料的有轨车辆、旅游设施中的缆车、悬挂式单轨车以及磁悬浮车等均可列入有轨车辆的范畴。

第一节　铁路车辆分类及标记

一、铁道车辆的分类

铁道车辆按用途可分为货车和客车两大类。

（一）货车车辆的类型

货车是供运送货物的车辆，原则上编组在货物列车中使用。货车类型很多，按其用途可分为通用货车、专用货车和特种货车。

了解铁路车辆的种类及配属

1. 通用货车

通用货车可装载多种货物，有下列 3 种：

（1）敞车：如图 5-1-1 所示，敞车车体两侧及端部均设有 0.8 m 以上的固定墙板，无车顶，主要用于装运散粒货物，如煤、焦炭等；可装运木材、集装箱等无须严格防止湿损的货物；也可加盖篷布，运输怕湿损的货物。

图 5-1-1　敞车

（2）棚车：如图 5-1-2 所示，棚车车体设有车顶、侧墙、端墙和门窗，主要用于装运各种需防止湿损、日晒或散失的货物。除运货外，大部分棚车还可以临时代替客车运送旅客。

图 5-1-2　棚车

（3）平车：如图 5-1-3 所示，平车底架承载面为一平面，通常两侧设有柱插，主要用于装运钢材、机械设备、集装箱、汽车等。

图 5-1-3　平车

2. 专用货车

专用货车专供运送某些种类的货物，主要有 7 种：

（1）罐车：如图 5-1-4 所示，罐车设有圆筒形罐体，专用于装载液体、液化气体或粉状货物的车辆，按货物品种可分为食油罐车、化工品罐车、机油罐车、沥青罐车、液化气罐车、黏油罐车等。

图 5-1-4　罐车

（2）保温车：如图 5-1-5 所示，保温车车体设有隔热材料，车内设有降温和加温设备，用于装运易腐货物，如鱼、肉、水果等；也可装运对温度有特殊要求的货物。根据保温设备的不同，保温车可分为加冰冷藏车、机械冷藏车和冷藏加温车等。

图 5-1-5　保温车

（3）矿石车：如图 5-1-6 所示，矿石车车体有固定的侧、端墙和卸货用的特殊车门，车体比容积小于 1 m³/t，主要用于运送各种矿石、矿粉。有的整个车体能借液压或空气压力的作用向任一侧倾斜，并自动开启侧门，把货物倾泻出来。

图 5-1-6　矿石车

（4）长大货物车：如图 5-1-7 所示，该车车体长度在 19 m 以上，无墙板，载重 70 t 以上，用于装运重量特大或长度特长的货物。有的车体中部凹下或设有落下孔，便于装载高大货物；有的将车辆分为两节，运货时将货物夹持和悬挂在两节之间或通过专门支架跨装于两节车上，称为钳夹车或双联平车，用于装运体积特别庞大的货物。

图 5-1-7　长大货物车

（5）家畜车：如图 5-1-8 所示，家畜车车体与棚车相似，设有通风设备、给水设备、押运人员乘坐空间及饲料堆放间，有的还装有饲料槽，用于运送牛、马、猪家禽等活家畜。

143

图 5-1-8　家畜车

（6）集装箱车：如图 5-1-9 所示，集装箱车车体上设有固定集装箱的设备，用于装运集装箱的车辆。

图 5-1-9　集装箱车

（7）毒品车：如图 5-1-10 所示，毒品车专供运送有毒物品的车辆，如运输农药等。

图 5-1-10　毒品车

3. 特种用途车

特种用途车是具有特殊用途的车辆，有下列 4 种：救援车、除雪车、发电车、检衡车等，如图 5-1-11 所示。

（a）救援车　　　　　　　　　　　（b）除雪车

（c）发电车　　　　　　　　　　　（d）检衡车

图 5-1-11　特种用途车

（二）客车车辆的类型

铁路客车是指载运旅客的车辆、为旅客提供服务的车辆以及挂运在旅客列车中的其他用途的车辆。铁路客车分为旅客运送、旅客服务和特殊用途等3种车辆。

1. 运送旅客用的车辆

该型车辆包括硬座车（YZ）、软座车（RZ）、硬卧车（YW）、软卧车（RW），如图 5-1-12 所示。

（a）硬座车　　　　　　　　　　　（b）软座车

145

（c）硬卧车　　　　　　　　　　　　（d）软卧车

图 5-1-12　运送旅客用的车辆

2. 为旅客服务的车辆

该型车辆包括餐车（CA）、行李车（XL），如图 5-1-13 所示。

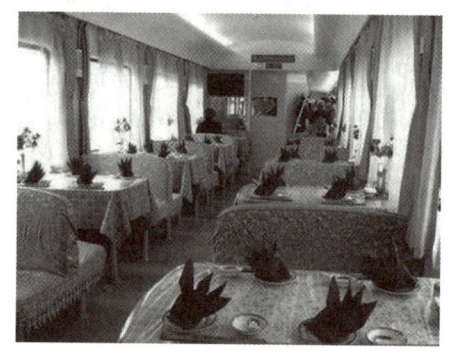

（a）餐车　　　　　　　　　　　　（b）行李车

图 5-1-13　为旅客服务的车辆

3. 特种用途的车辆

该型车辆包括邮政车（UZ）、公务车（GW）、卫生车（WS）、医疗车（YL）、实验车（SY）、维修车（WX）、文教车（WJ）等。

二、铁道车辆的标记

为便于对客、货车辆的运用和管理，在车辆指定部位涂打的用于标明车辆配属、车种、车型、用途、编号、主要参数、方向、位置等的文字、数字和符号称为车辆标记。为便于识别并合理使用车辆，凡是国铁集团所属车辆涂刷的标记，称为共同标记；因车辆设有特殊设备或有注意事项而涂刷的标记称为特殊标记。厂矿专用车的标记可由厂矿自定，其中有部分标记与铁路标记不同。

（一）产权标记

1. 国　徽

凡是参加国际联运的客车，车体两外侧中部须装有国徽，如图 5-1-14 所示。

图 5-1-14　铁路车辆国徽

2. 路　徽

凡是属于国铁集团的车辆，都应按规定涂刷表示"人民铁路"的路徽，如图 5-1-15 所示。在货车侧梁的端部还应装产权牌（路徽标志牌）以区别厂矿自备车。

（a）货车路徽及产权标记

（b）客车路徽

图 5-1-15　铁路车辆路徽

3. 自备车辆的产权标记

这种标记主要是指路外厂矿企业自备车辆的产权标记，标记：××企业自备车，并注明企业所在地的特殊到站，如图 5-1-16 所示。

图 5-1-16　自备车辆产权标记

（二）配属标记

配属标记是指表示车辆配属关系的标记。中国铁路规定，所有客车和部分货车分别配属给各铁路局及其所属车辆段负责管理、使用和维修，并在车上涂打所配属的铁路局、段的简称。如"西局西段"表示西安铁路局西安客车车辆段，如图 5-1-17 所示。客车配属标记涂在车体两端墙外侧左下角，货车一般涂在侧墙外侧。

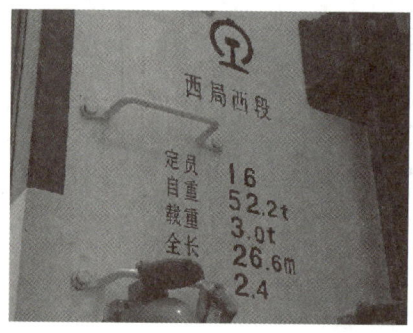

图 5-1-17　客车配属标记

（三）制造标记

新造客车、货车应安装金属的制造厂铭牌，其铭牌上包括制造厂厂名、制造年份、出厂日期、出厂序号以及出厂型号等内容，式样由各车辆制造单位自己确定，如图 5-1-18 所示。

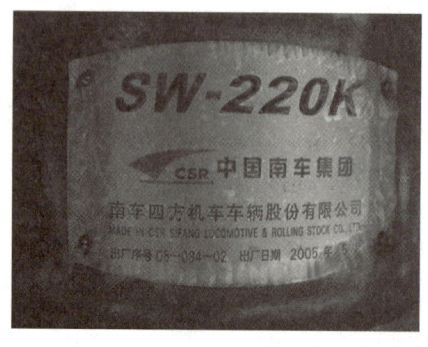 

图 5-1-18　车辆制造标记

(四) 车辆检修标记

车辆检修标记是车辆根据运用年月或走行公里所进行的周期性检修的标记。车辆进行检修时，须在规定的位置涂打检修单位的简称和本次及下次检修的日期，以便明确其检修责任。

1. 厂、段修标记

厂、段修标记如图 5-1-19 所示，标记中，第一栏为段修标记，第二栏为厂修标记；左侧为下次检修年月，右侧为本次检修年月及检修单位简称。

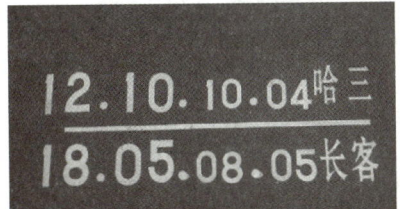 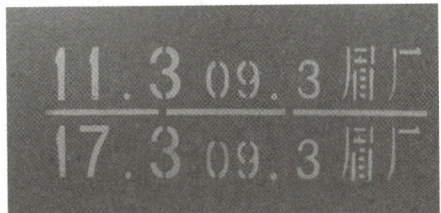

图 5-1-19　客车、货车厂、段修标记

2. 辅修标记

货车辅修标记涂打在厂、段修标记的下方或者右侧，并涂打"辅修"字样，且以表格的形式涂打，如图 5-1-20 所示。右上格及中间一格为本次检修月日以及承担该次检修的车辆段和列检所的简称；左上格为预定下次检修的月日，下面 3 格留待下次检修时填写。

图 5-1-20　辅修标记

3. 摘车临修标记

货车发生临时故障需要从列车中摘下送到修车线上修理，应在车里的端墙上涂打摘车临修标记。例如：空车摘车修标记为 K08.4.18 济，重车摘车修标记为 Z08.5.18 济，表示摘车修的年、月、日及站修所。

(五) 车辆运用标记

1. 车辆性能标记

车辆性能标记是表示客货车辆性能和构造尺寸的标记，如图 5-1-21 所示。

货车的性能标记包括自重、载重、全长、换长等，通常货车标在车体两侧；客车的性能标记包括自重、载重、全长、换长、定员、容积（用在行李车、邮政车）等，客车涂打在车体两端。

（a）货车性能标记

（b）客车性能标记

图 5-1-21 车辆性能标记

（1）车辆载重：该车允许的最大载质量（t），又称标记载质量。

（2）车辆自重：车辆本身的全部质量（t）。

（3）车辆容积：车辆可装货物的体积，以 m^3 为单位，并在括号内注明"内长×内宽×内高"的尺寸，以 m 为单位。

（4）车辆定员：客车应在客室两内端墙上部和车体外端墙上，按客车设备标明可容纳的额定人数。

（5）车辆全长：是在无纵向外力作用的情况下，车辆两端车钩在闭锁位置时测量的两钩舌连接线间的水平距离，以 m 为单位。

（6）车辆换长：车辆长度除以标准长度所得之值，为车辆长度的换算标记。标准长度规定为 11 m，当初是以 30 t 棚车的平均长度为计算标准规定的。标明换算标记是为了便于计算列车的总长度。

2. 车辆定位标记

车辆定位标记是表示车辆前后端位置并用以命名同名零部件的标记，便于对有关零部件的安装与检修等。

（1）车辆方向的确定：车辆的方位一般是以制动缸活塞杆推出的方向为第一位，或者 1 位端，相反方向为第二位，图 5-1-22 所示为车辆方位示意图。对于有多个制动缸的车辆，则按照手制动机的位置确定，即手制动机所在一端为车辆的第一位。

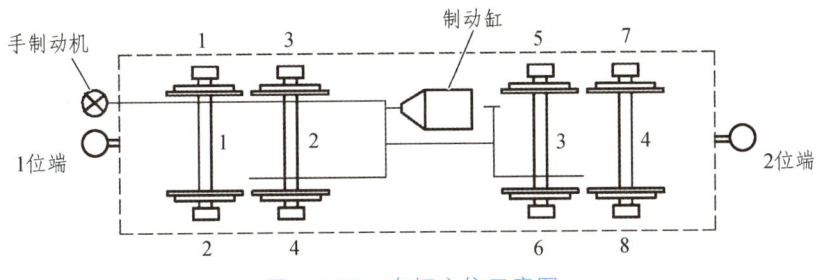

图 5-1-22　车辆方位示意图

（2）零部件位置的确定：车辆的车轴、车轮、轴箱、车钩、转向架和其他零件的位置，都是由第一位车端数起，顺次数到第二位车端；或者人站立在车辆的一位端，面向二位端，从一位端数起到二位端，左手端为 1、3、5、7 等奇数，右手端为 2、4、6、8 等偶数。

3. 货车特殊标记

货车的特殊标记是指表示车辆的设备、用途及结构特点的各种标记，如表 5-1-1 所示。

表 5-1-1　货车特殊标记

标记名称	标记符号	说　　明
人字标记	人	该棚车设有床托、烟囱口、车窗、便器等。必要时，该车可以代替客车运送人员
环形标记	⚲	车内设有拴马环或拦马杆座的敞车或棚车
国际联运标记	MC	车辆各部分符合国际联运的技术要求，可以参加国际联运
禁止通过机械化驼峰的标记	⌒	该车辆下部尺寸与机械化驼峰的减速器尺寸相抵触；或受车内设备的限制等，禁止通过装有车辆减速器的驼峰
关字标记	关	部分有活动墙板的车辆，活动墙板放下时超过机车车辆限界，装卸货物后，必须关好活动墙板
卷字标记	卷	车辆（部分敞车、矿石车等）两侧梁端部设有挂卷扬机钢丝绳的挂钩（牵引钩），以便进行卷扬倒车（利用卷扬机钢丝绳牵引车辆移动位置）
集中载质量标记		标记载质量>60 t 的平车、长大货物车等，应在车底架两侧涂刷集中载重标记，标明车辆中部一定尺寸范围内的允许载重
特字标记	特	可以装运坦克及其他质量较大的特殊货物的车辆
救援列车标记		在车辆两侧中央涂刷 200 mm 宽的白色色带，表示救援列车

（六）车辆车型、车号标记

车辆的车型、车号标记简称车号，主要由基本型号、辅助型号和车辆制造顺序号码3部分构成。也就是说，一辆车有固定的一个车号。

1. 基本型号

车辆基本型号用车辆种类的一个或者两个大写拼音字母表示，如表5-1-2所示。

表5-1-2 车辆种类代号

货车			客车		
序号	车种	代号	序号	车种	代号
1	敞车	C	1	硬座车	YZ
2	棚车	P	2	软座车	RZ
3	平车	N	3	硬卧车	YW
4	集装箱平车	X	4	软卧车	RW
5	平车—集装箱共用车	NX	5	双层硬座	SYZ
6	罐车	G	6	双层软座	SRZ
7	矿石车	K	7	软硬座车	RYZ
8	毒品车	W	8	行李邮政车	XU
9	粮食车	L	9	硬卧行李邮政车	YWXU
10	水泥车	U	10	简易座	DP
11	小汽车双层平车	SQ	11	代用座车	ZD
12	特种车	T	12	餐车	CA
13	长大货物车	D	13	行李车	XL
14	保温车	B	14	邮政车	UZ
15	家畜车	J	15	公务车	GW
16	守车	S	16	卫生车	WS
17	自翻车	KF	19	维修车	WX
18	煤车	M	21	发电车	KD

2. 辅助型号

辅助型号表示同一车种的车辆，在构造及设备方面的不同特点，用一位或者两位数字及汉语拼音字母表示，并标在基本型号的右下角。例如，C62B表示敞车的载重量和B类材质；YZ25G表示硬座车的车长系列和与同类车的结构区别。例子中的62B和25G为辅助型号。

3. 车辆制造顺序号码

车辆制造顺序号码表示按预先规定的规则而编排的某一车种的顺序号码（见表5-1-3），用以区分同一类型的不同车辆，用阿拉伯数字表示，记在基本型号和辅助型号的右侧。

表 5-1-3　车辆制造顺序号码

货车顺序号码表				
顺号	车种	车号容量	车号范围	预留号
1	棚车	500 000	3000000～3499999	3500000～3999999
2	敞车	900 000	4000000～4899999	4900000～4999999
3	平车	100 000	5000000～5099999	5100000～5199999
4	集装箱车	50 000	5200000～5249999	5250000～5499999
5	矿石车	32 000	5500000～5531999	5532000～5599999
6	长大货物车	100 000	5600000～5699999	5700000～5999999
7	罐车	310 000	6000000～6309999	6310000～6999999
8	冷藏车	232 000	7000000～7231999	7232000～7999999
9	毒品车	10 000	8000000～8009999	
10	家畜车	40 000	8010000～8039999	
11	水泥车	20 000	8040000～8059999	
12	粮食车	5 000	8060000～8064999	
13	特种车	10 000	8065000～8074999	8075000～8999999
14	守车	50 000	9000000～9049999	9050000～9099999
15	海南车	100 000	9100000～9199999	
16	自备车	999 999	0000001～0999999	
	备用	2 000 000	1000000～2999999	

客车顺序号码表			
顺号	车种	车号范围	车号容量
1	合造车	100000～109999	10 000
2	行李车	200000～299999	100 000
3	邮政车	7000～9999	3 000
4	软座车	110000～199999	90 000
5	硬座车	300000～499999	200 000
6	软卧车	500000～599999	100 000
7	硬卧车	600000～799999	200 000
8	餐车	800000～899999	100 000
9	其他车	900000～999999	100 000

例如：车号为C64T4871235和YZ25G484790的两辆车，各车号中的字母和数字表示如下。

153

① C64T4871235：C 表示基本型号为敞车，64T 表示辅助型号为载质量 61 t、装有提速转向架的货车，4871235 表示货车制造顺序号码。

② YZ25G484790：YZ 表示基本型号为硬座车，25G 表示辅助型号为集中供电空调车，484790 表示客车制造顺序号码。

三、铁道车辆配属制度

中国铁路对客车和一部分货车实行固定配属制度。所谓配属制度，就是国铁集团根据运输任务的需要和运输设备条件等因素将车辆配属给各铁路局使用和保管的制度。各铁路局又将车辆配属给所属的车辆段，以完成运输生产任务。

实行固定配属的货车包括：机械冷藏车，标记载质量 90 t 和 90 t 以上的长大货车，固定装卸地点循环使用的专列罐车、矿石车或煤车以及少数专用货车。这些车辆由配属车辆段负责保管和检修。对旅客列车还实行包乘包修负责制。每次列车均由配属车辆段派出检车乘务员和车电乘务员随车值乘进行乘检，即对运行中的客车施行技术检查和日常保养，排除一般故障，以确保列车运行安全和车内设备状态良好。机械冷藏车组和有些固定地点循环使用的货物列车也实行包乘制。有检车乘务员的货物列车除沿途列车检修所按规定进行检修外，行车调度员根据列车运行情况和检车乘务员的要求安排途中检修。其他货车不实行配属制度，由各车辆段按区段负责对运行中以及在调车和装卸作业中发生的车辆故障进行检查和修理。

第二节　铁路机车分类及型号

一、铁道机车的分类

（一）按用途分类

1. 客运机车

客运机车是牵引客车车列的机车，需要有较高的运行速度和起动加速度，并能做长距离的运行，但牵引力不一定要很大。

认知铁道机车的分类及型号

2. 货运机车

货运机车是牵引货车车列的机车，须有相当大的牵引力，能做长距离的运行，但运行速度不必很高。

3. 客货通用机车（或通用机车）

客货通用机车的性能介于客运机车和货运机车之间。

4. 调车机车

调车机车是指车站内或编组站（场）用于车列的解体和编组，如牵出、转线和车辆的取送等作业的机车。这种机车的起动和停车频繁，正向和反向行驶频繁，所以应有足够的黏着重量、牵引力、起动加速度，必要的功率和良好的换向性能，运行速度可更低些。

5. 工矿机车

工矿机车是担任采掘、冶金、石油、化工、森林等企业内部运输和工厂内部运输的机车。其功率一般比铁路干线用的机车小，速度要求也不高，但必须有足够的牵引力。在某些特殊工厂运输用的机车还必须有防火、防爆等设施。

（二）按动力装置分类

1. 热力机车

热力机车所装的原动机属于热机，如蒸汽机车、内燃机车等。这类机车都携带燃料，是自带能源的机车，能独立地行驶。

蒸汽机车是通过蒸汽机把自带燃料的热能转换成机械能，用来牵引列车的一种机车，蒸汽机车的热效率太低，一般只有9%左右，而且煤、水消耗量很大，且对环境有较大的污染，因此在现代铁路运输中，蒸汽机车已逐渐被其他新型机车所取代。

内燃机车是由柴油机、燃气轮机通过传动装置驱动的机车，也是自带能源的机车，是我国铁路机车的主要类型。目前，国产内燃机车的主要车型为东风系列（DF）内燃机车，如图5-2-1所示。

图 5-2-1　东风（DF_{11}）型内燃机车

2. 电力机车

电力机车是以电能作为牵引动力的一种现代化交通运输工具。由于它的牵引动力是电能，所以又称电力牵引。它与蒸汽牵引和内燃牵引不同的地方，是电力机车本身不带能源，必须由外部供给电能。专门给电力机车供给电能的装置叫作牵引供电系统。电力机车就是通过车顶上装的受电弓从牵引供电系统获得电能，由电动机通过传动装置驱动运行。

电力机车是我国铁路机车的重要类型，它具有功率大、短时过载能力强、运行速度高、加速快、牵引力大、没有排烟排气污染环境等优点，是未来机车发展的主要方向。我国电力机车的主要车型是和谐（HX）系列电力机车，如图5-2-2所示。

图 5-2-2 和谐（HX）型电力机车

（三）按走行装置形式分类

机车按走行部形式分为车架式机车和转向架式机车两种。

车架式机车采用连杆或万向轴成组驱动轮对，这种走行部具有结构简单、造价低等优点，但由于曲线通过的限制，动轴数一般限于 3 根，所以这种走行部仅用于小机车和调车机车。

转向架式机车的走行部与车辆走行部相似，使用最为普遍。单节机车的转向架数一般为 2 台，也有 3 台甚至 4 台的，每台转向架的轴数为 2~4 根。其固定轴距短，容易通过曲线，弹簧减振系统完善，利于高速运行且有检修方便等优点。

此外，世界各国铁路在旅客运输，特别是在大城市郊区的旅客运输中，均大力发展动车组。动车组分为内燃和电动车组两种形式，可以采用两端动力车，中间为拖车；也可以是多辆动力车在动车组中分散布置。由于动车组起动加速快、最高运行速度高，故头部需要较好地流线化，车辆连接采用密接式车钩。

二、机车的型号与轴列式

（一）机车的型号表示

一般用汉字表示机车的类型，例如用"东风"表示电传动内燃机车，用"东方红"表示液力传动内燃机车；也可用汉语拼音字母表示，如 DF 即为"东风"。进口内燃机车类型用汉语拼音字母"ND"和"NY"表示，其中 N 表示内燃机车，D 表示电传动，Y 表示液力传动。在汉字或拼音字母右下角的数字，则表示该型机车投入运用的序号。

用汉字"韶山"表示国产电力机车，也可用汉语拼音字母表示，SS 即为"韶山"。在汉字或拼音字母右下角的数字，则表示该型机车投入运用的序号，如 SS_1、SS_4 等。

和谐型电力机车（HXD）是引进国外技术在中国设计制造的交流传动重载货运电力机车。HXD 后面的数字代表该型机车的制造公司，数字不同表示制造公司不同，如 HXD1 为南车株洲电力机车公司制造，HXD2 为北车大同机车公司制造。

和谐型内燃机车（HXN）也是引进国外技术在中国设计制造的交流传动重载货运内燃机车。HXN 后面的数字代表该型机车的制造公司，数字不同表示制造公司不同，如 HXN3 为北车大连车辆公司制造，HXN5 为南车戚墅堰机车公司制造。

和谐号高速动车组用 CRH（中国铁路高速的英语缩写）表示，CRH 右下角的数字代表该型动车组的制造公司，数字不同表示制造公司不同，如 CRH$_2$ 为中车四方机车车辆公司制造的动车组，CRH$_3$ 为中车唐山机车车辆公司制造的动车组，CRH$_5$ 为中车长春客车车辆公司制造的动车组。

（二）机车的轴列式

轴列式用数字或字母表示机车走行部结构特点的一种简单方式。

转向架式机车的轴列式表示规则为：以英文字母表示每台转向架的动轴数，如 A 即 1、B 即 2、C 即 3、D 即 4 等；注脚"0"表示每一动轴为单独驱动，无注脚表示动轴为成组驱动，之间的"-"表示转向架之间无直接机械连接。如果三轴转向架内中间轴为非动轴，两端轴为动轴，则该转向架的轴列式为 A1A，该机车的轴列式为 A1A-A1A，其中字母 A 表示一根动轴，数字 1 表示一根非动轴。例如 DF$_{11}$ 型电传动内燃机车的轴列式为 C$_0$-C$_0$，表示该机车有两台三轴转向架，单独驱动。

第三节　铁道车辆

了解铁道车辆的结构

铁道车辆的类型多样，构造各不相同，但从基本结构来看，都是由车体、转向架、车钩缓冲装置、制动装置及车内设备组成的。例如，图 5-3-1 所示为铁路敞车的构造示意图。

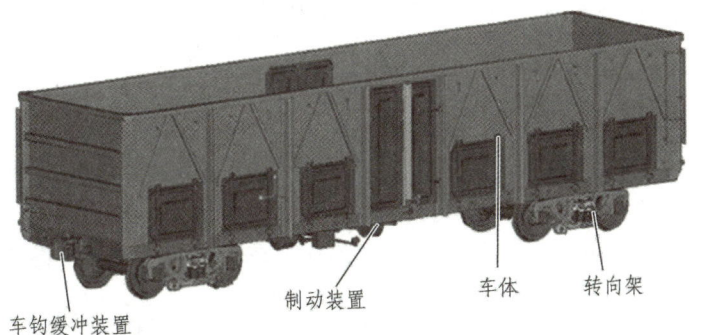

图 5-3-1　敞车的构造

一、车　体

车体是车辆上供装载货物或乘客的部分，也是安装、连接车辆其他组成部分的基础。近代的车体以钢结构或轻金属结构为主。

车体主要组成部分包括底架、侧墙、端墙、车顶等。车体的钢结构由许多纵向梁和横向梁（柱）组成，车体底架通过心盘或旁承支承在转向架上。车体钢结构承担自重、载重、整备重量及由于轮轨冲击和簧上振动而产生的垂直动载荷、纵向载荷和侧向载荷。

（一）底　架

底架一般由中梁、侧梁、枕梁、横梁、端梁及地板横梁等组成，如图 5-3-2 所示。

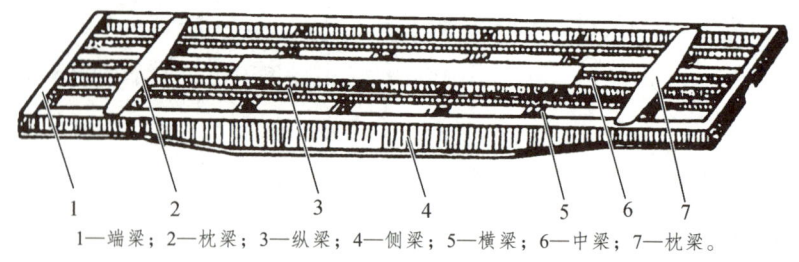

1—端梁；2—枕梁；3—纵梁；4—侧梁；5—横梁；6—中梁；7—枕梁。

（a）货车底架的组成

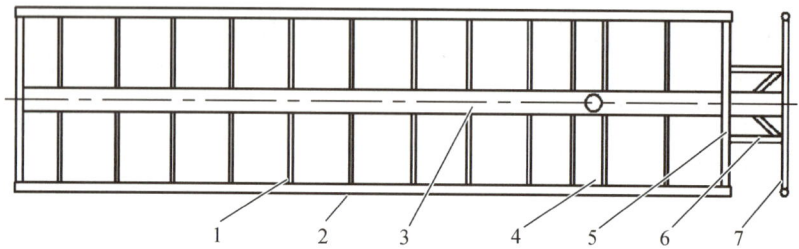

1—横梁；2—侧梁；3—中梁；4—枕梁；5—端梁；6—通过台侧梁；7—通过台端梁。

（b）客车底架的组成

图 5-3-2　车底架的组成

（1）中梁：在底架中部贯通全车，它是底架的主梁和其他各梁的支承，因此，它是底架各梁中最主要的受力构件。

（2）侧梁：又称边梁，位于底架两侧，与枕梁及各横梁连接。

（3）枕梁：承受垂直载荷，它将车底架承受的载荷通过心盘传给转向架的横向梁。

（4）端梁：为车底架两端的横向梁，它与中梁、侧梁连接，其上安装端墙。

（二）侧墙、端墙、车顶

侧墙、端墙、车顶等的结构如图 5-3-3 所示，侧墙为板柱式结构，由侧板、侧柱、门柱、上侧梁等组焊而成；端墙为板柱式结构，由端板、端柱、角柱、上端梁等组焊而成；车顶由车顶板、车顶弯梁、车顶侧梁、端弯梁等组焊而成，车顶弯梁为圆弧形结构。

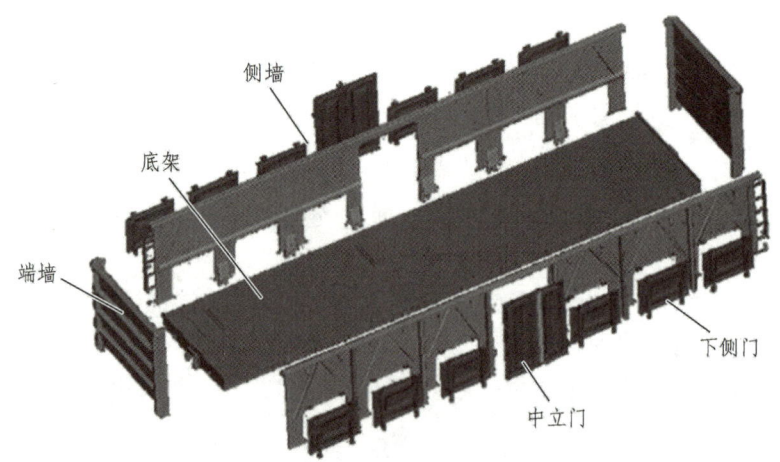

（a）敞车侧墙、端墙等的结构

（b）棚车车顶

图 5-3-3　侧墙、端墙、车顶的结构

二、转向架

转向架是机车车辆走行部的零部件和装置组装而成的独立部件，起支承车体、转向和制动的作用，并保证机车车辆在轨道上安全平稳地运行。车辆转向架主要由轮对轴箱装置、构架或者侧架、弹性减振装置、基础制动装置及车体支撑装置所构成。货车转向架和客车转向架的结构差距很大。

我国常见的货车转向架有转 8、转 8A、转 8G、转 6、转 9 等，主要用于时速 100 km 以下的货物列车；常见的客车转向架包括 202 型、206 型、209T 型、209TK 型、209PK 型等，主要用于时速 120～160 km 的普通客车。近年来，为了满足提速的要求，我国又使用了一些新型转向架，包括主要用于时速 120 km 以上货物列车的转 K2、转 K3、转 K4、转 K5 和转 K6 型等货车转向架，以及主要用于时速 200 km 以上的高速客车的 PW-200 型、CW-200 型、SW-220K 型等客车转向架。图 5-3-4（a）所示为货车转 K6 型转向架结构图，图 5-3-4（b）所示为客车 SW-200K 转向架结构图。

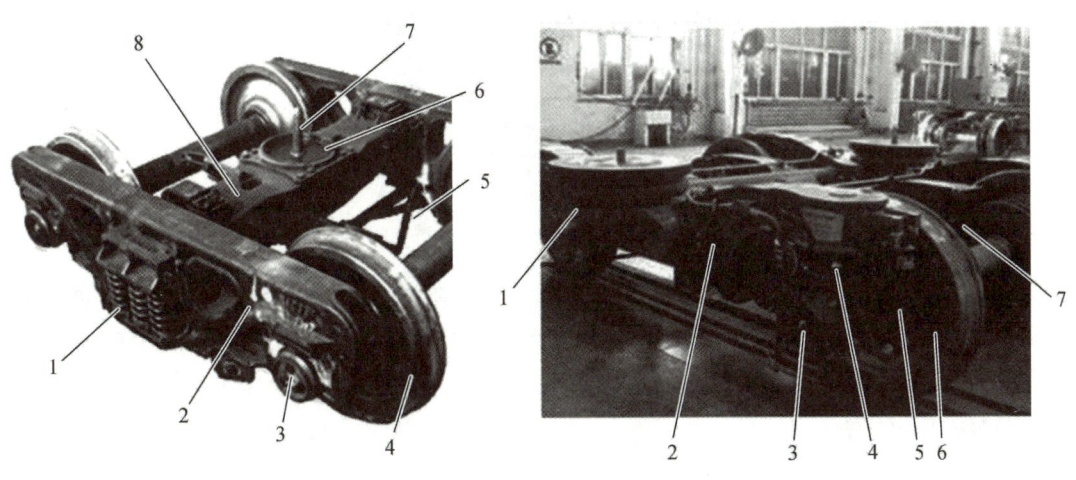

1—摇枕弹簧；2—侧架；3—轴箱；4—轮对；5—基础制动装置；
6—下心盘；7—中心销；8—摇枕。

1—空气弹簧；2—构架；3—轴箱；4—轴箱弹簧；
5—油压减震器；6—轮对；7—基础制动装置。

（a）转 K6 型转向架的组成　　　　　（b）SW-220K 型转向架的组成

图 5-3-4　转向架的组成

（一）轮　对

轮对是由两个车轮紧密地压装在一根车轴上组合而成的，其作用是承受车辆的全部重量，以较高的速度引导车辆在钢轨上行驶，并与钢轨相互作用产生各种作用力。客车轮对和货车轮对如图 5-3-5 所示，要求两车轮内侧面之间的距离必须保证在（1 353±3）mm 的范围以内。

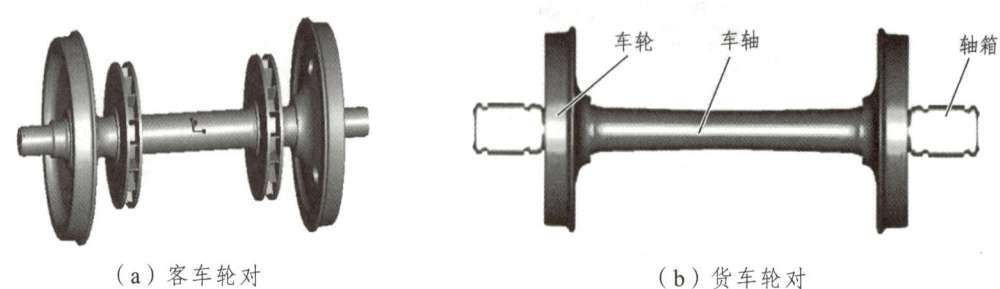

（a）客车轮对　　　　　　　　　　　（b）货车轮对

图 5-3-5　轮对的外形及组成

1. 车　轮

目前，我国车辆上使用的车轮绝大部分是整体碾钢轮，它包括踏面、轮缘、轮辋、腹板和轮毂等部分，如图 5-3-6 所示。车轮与钢轨的接触部分称为踏面。轮缘是一个突出的圆弧部分，是保持车辆沿着钢轨运行、防止脱轨的重要部分。轮辋是车轮上踏面下最外的一圈。轮毂是轮与轴之间相互配合的部分。

图 5-3-6　整体辗钢车轮

我国客车车轮的标准直径为 915 mm，货车车轮的标准直径为 840 mm。车轮踏面是和钢轨轨面接触的部分，具有一定的坡度，可以使车辆顺利通过曲线，减少车轮在钢轨上的滑动，同时在直线上运行时自动纠正两车轮的位置，使车轮容易恢复到线路中央位置。踏面按形状可分为锥型和磨耗型。

2. 车　轴

按使用轴承的不同，车轴分为滑动轴承车轴和滚动轴承车轴。目前我国铁路车辆大部分采用滚动轴承车轴。滚动轴承车轴的结构如图 5-3-7 所示。轴颈用来安装轴承，轮座用来安装车轮。防尘板座为车轴与防尘板配合的部位，直径比轴颈直径大、比轮座直径小。轴身是两轮座的连接部分。轴端螺栓孔是滚动轴承车轴安装轴端压板的孔。

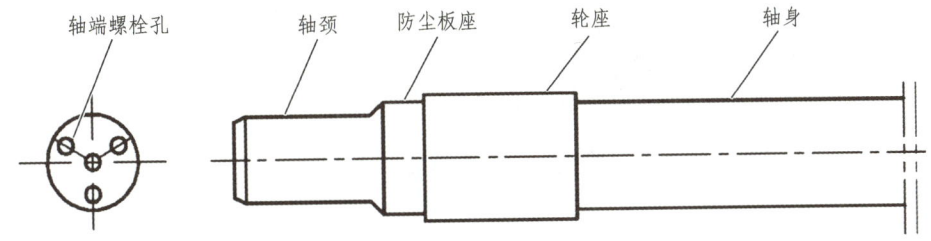

图 5-3-7 滚动轴承车轴的结构

（二）轴箱装置

轴箱装置是铁路车辆的重要组成部分，它的作用是：①将轮对和侧架（构架）连接在一起；②承受车辆的重量，传递各方向的作用力；③保护轴颈，使轴承与轴颈间得到润滑，减少摩擦，防止在高速运行条件下发生热轴事故；④防止尘土、雨水等物质侵入轴承及轴颈等部分，保证车轮行车安全。图 5-3-8 所示为轴箱装置。

（a）圆柱滚动轴承轴箱装置实物图　　（b）353130A 型滚动轴承结构组装图

图 5-3-8　轴箱装置

（三）侧架（构架）、摇枕及弹簧减振装置

1. 侧架（构架）和摇枕

侧架（构架）是转向架的基础，它把转向架各零部件组成一个整体。侧架（构架）既要承受和传递各种作用力及载荷，又要保证其结构形状满足制动装置、弹簧减振装置和轴箱定位装置等的安装要求。

摇枕的作用是将车体作用在下心盘上的力传递给支承在它两端的枕簧上，还起到将转向架左右两侧架连接成一个整体的作用。图 5-3-9 所示为货车侧架、摇枕和客车构架三维图。

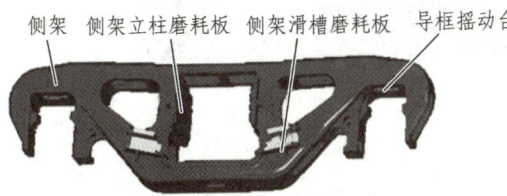
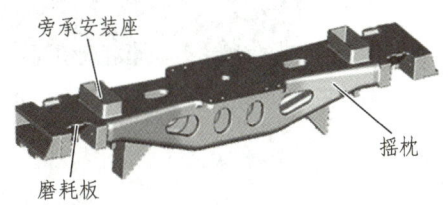

（a）货车侧架　　　　　　　　　　（b）货车摇枕

161

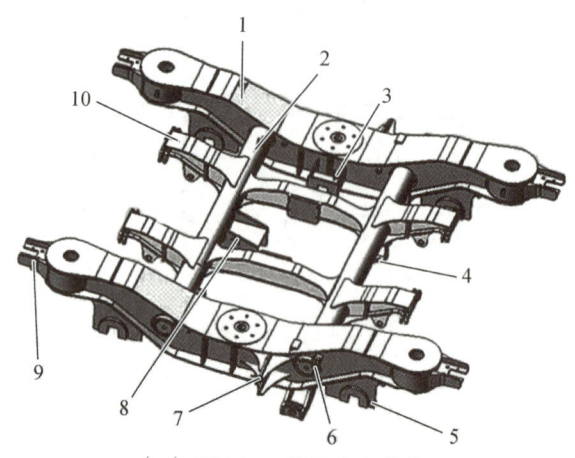

（c）CW-200型转向架构架

1—侧梁；2—横梁；3—横向减振器座；4—扭杆座；5—定位座；6—高度阀杆座；7—防过充座；
8—牵引拉杆座；9—垂向减振器座；10—制动吊座。

图 5-3-9　货车侧架、摇枕和客车构架三维图

2. 弹簧减振装置

弹簧减振装置是为了减少有害的车辆冲动，提高车辆运行的平稳性，在车辆转向架上安装的缓和冲击和衰减振动的装置。弹簧主要起缓和作用，减振器起减小振动的作用。

车辆上使用的弹簧按照材质可分为 3 类，即钢质弹簧、橡胶弹簧和空气弹簧。图 5-3-10 所示为客车 PW-200 型转向架的弹簧减振装置。

（1）一系弹簧悬挂：从车体至轮对之间只经过一次弹簧减振装置实施减振。

（2）二系弹簧悬挂：从车体至车轮之间经过两次弹簧减振装置实施减振。

图 5-3-10　客车 PW-200 型转向架的弹簧减振装置

（四）基础制动装置

基础制动装置是指从制动缸活塞推杆到闸瓦之间所使用的一系列杠杆、拉杆、制动梁、吊杆等各种零部件所组成的机械装置。它的作用是把制动缸活塞上的压缩空气推力增大适当

倍数以后，平均地传递给各块闸瓦，使其变为压紧车轮的机械力，阻止车轮转动而产生制动作用。

基础制动装置的形式，按照设置在每个车轮上的闸瓦数及作用方式，可分为单侧闸瓦式、双侧闸瓦式、多闸瓦式和盘形制动基础制动装置等。其中多闸瓦式制动应用较少。

1. 单侧闸瓦式

单侧闸瓦式基础制动装置是只在车轮一侧设有闸瓦的制动方式，我国目前绝大部分货车采用这种形式，简称单式闸瓦或单侧制动，如图5-3-11（a）所示。单侧闸瓦式制动装置一般由组合式制动梁、中拉杆、固定杠杆、游动杠杆、新型高摩合成闸瓦、固定支点、移动杠杆组成，如图5-3-11（b）所示。

单侧闸瓦式基础制动装置的结构简单，材料节省，便于检查和修理。但制动时，车轮只受一侧的闸瓦压力作用，易使轴箱或滚动轴承的附属配件承载鞍偏斜，形成偏磨，引起热轴现象的产生。此外，由于制动力受闸瓦面积和闸瓦承受压力的限制，制动力的提高也受到限制。若闸瓦单位面积承受的压力过大，会导致轮瓦摩擦系数下降，影响制动效果，这不仅会加剧闸瓦的磨耗，而且还会磨耗闸瓦托，进一步使制动力衰减，影响行车安全。

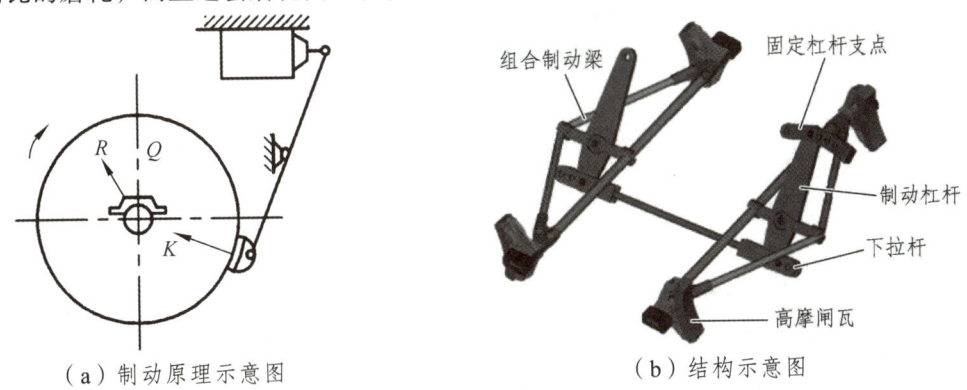

（a）制动原理示意图　　　　　（b）结构示意图

图5-3-11　单侧闸瓦式制动装置

2. 双侧闸瓦式

双侧闸瓦式基础制动装置是在车轮两侧均有闸瓦的制动方式，如图5-3-12所示。

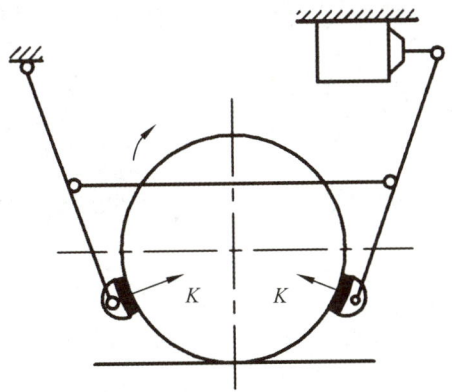

图5-3-12　双侧闸瓦式基础制动装置

一般客车和特种货车的基础制动装置大多采用这种形式。由于双侧制动装置在车轮两侧都装有闸瓦，所以闸瓦的摩擦面积比单侧闸瓦式制动增加了一倍。闸瓦单位面积承受的压力较小，这不但能提高闸瓦的摩擦系数，而且散热面积大，可降低闸瓦与车轮踏面的温度，延长车轮的使用寿命，减少闸瓦的磨耗量。

3. 盘形制动

盘形制动装置是指制动时闸瓦压紧制动盘而产生制动作用的制动方式。如图 5-3-13 所示，盘形制动装置有两种类型：① 轴盘式制动，是制动盘安装在车轴上的制动形式；② 轮盘式制动，是制动盘安装在车轮上的制动形式。

目前我国的快速客车（速度 120 km/h 以上）大都采用盘形制动装置。

图 5-3-13　盘形制动装置实物

三、车钩缓冲装置

车钩缓冲装置是用来连接列车中各车辆并使彼此保持一定距离的装置。它能传递和缓和列车在运行中或在调车时所产生的纵向力和冲击力，即起到连挂、牵引、缓和冲击的作用。图 5-3-14 所示为车钩连挂实物图。

图 5-3-14　车钩连挂实物

车钩缓冲装置由车钩和缓冲装置两部分组成，通过钩尾框、钩尾销与车体相连成一个整体。图 5-3-15 所示为车钩缓冲装置。

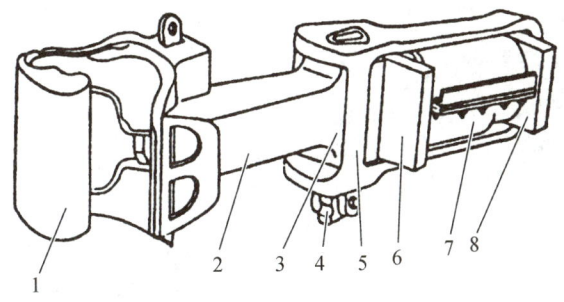

1—钩舌；2—钩身；3—钩尾；4—钩尾销；5—钩尾框；6、8—从板；7—缓冲器。

图 5-3-15　车钩缓冲装置

（一）车　钩

1. 车钩的分类和组成

车钩是用来实现机车和车辆或车辆和车辆之间的连挂，传递牵引力及冲击力，并使车辆之间保持一定距离的车辆部件。

1）车钩的分类

车钩按开启方式分为上作用式和下作用式两种。上作用式车钩装置，其车钩提杆位于钩头上方；下作用式车钩装置，其车钩提杆位于钩头下方。车钩按其结构类型分为自动车钩、密接式自动车钩等。所谓自动车钩，就是先将一个车钩的提杆提起后，再用机车拉开车辆或与另一车辆车钩碰撞时，能自动完成摘钩或挂钩动作的车钩。密接式自动车钩多为高速铁路车辆所用。

> **资料袋**
>
> **密接式车钩**
>
> 动车组车辆之间的连接装置通常包括车钩及电气与风管连接器，车钩是其中最基本也是最重要的部件之一。由于动车组运行速度高，制动力大，调速频繁，动车组的车钩必须为密接式车钩，且应具有空气管路和电气通路的自动连接功能。密接式车钩属于刚性车钩，它要求两钩连接后，其间没有上下和左右的移动，而且纵向间隙也限制在很小的范围内。

我国货车采用的主型车钩有 13 号，包括 13A 型和 13B 型车钩。为了满足大秦线运煤万吨列车的特殊要求，我国还研制了 16 号、17 号车钩，16 号车钩为转动车钩，一般装在车辆的一位端，17 号车钩为固定车钩，一般装载车辆的二位端，两个车钩搭配使用。从 2005 年起，我国新制造的 70 t 及以上货车全部采用 17 号车钩。图 5-3-16 所示为 17 号车钩缓冲装置组成三维图。

我国铁路客车采用的主型车钩为 15 号车钩，其中 25T 型客车上用的车钩为密接式车钩。

165

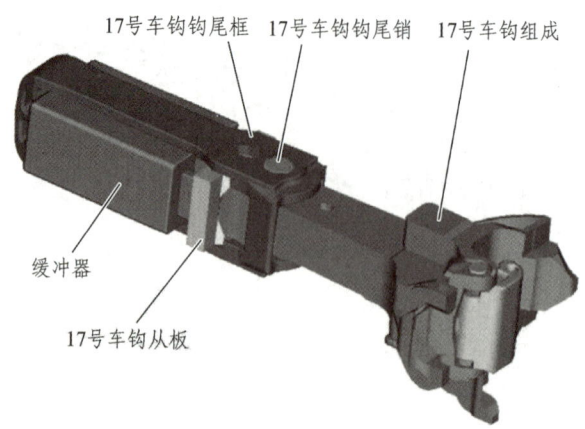

图 5-3-16　17 号车钩缓冲装置组成三维图

2）车钩的组成

车钩由钩头、钩身、钩尾 3 个部分组成。车钩前端粗大的部分称为钩头，在钩头内装有钩舌、钩舌销、钩提销、钩舌推铁和钩锁铁，如图 5-3-17 所示。车钩后部称为钩尾，在钩尾上开有垂直扁锁孔，以便与钩尾框连接。

钩头与钩舌通过钩舌销相连接，钩舌可绕钩舌销转动，钩头内部装有钩锁销、钩舌推铁、钩推销等零部件。钩头是车辆摘挂的重要部分；钩身是传递牵引力和冲击力的部位；钩尾是用来安装钩尾框的，钩舌的开闭可连挂和摘解车辆，并起传递牵引力的作用。

图 5-3-17　车钩实物

2. 车钩的三态作用

车钩组成零件在处于不同的作用位置时起着不同的作用，有闭锁、开锁、全开 3 种作用，称为车钩三态作用。

（1）锁闭位置：两个车钩处于互相连挂的位置。如图 5-3-18（a）所示，钩锁铁 1 挡住钩舌 2 的尾部，使钩舌不能绕钩舌销 3 向外自由转动，这时钩锁铁的臀部 A 坐在钩舌推铁 4 的端部，称为锁闭位置。车钩处于锁闭状态时，连挂中的车辆不会自动分离。

（2）开锁位置：即钩锁铁 1 已被提起，钩舌 2 可以向外转开的位置，如图 5-3-18（b）所示。车钩处于开锁状态时,连挂的车辆即可分离。

（3）全开位置：即钩舌 2 已经完全向外转开的位置。如图 5-3-18（c）所示,当钩锁铁 1 处于开锁位置后,继续提升钩锁销,钩舌推铁将钩舌推至全开的位置。车钩处于全开状态时,相邻车辆即可连挂。

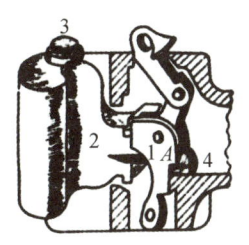  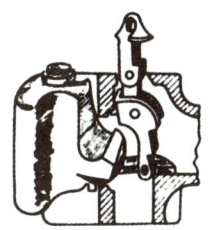

（a）闭锁位置　　　　　　（b）开锁位置　　　　　　（c）全开位置

图 5-3-18　车辆的三态作用

（二）缓冲器

1. 缓冲器的作用

缓冲器用来缓和列车在运行中由于机车牵引力的变化或起动、制动以及调车作业时车辆相互碰撞而引起的纵向冲击和振动。其工作原理是：借助压缩弹性元件来缓和冲击作用力,同时在弹性元件变形过程中利用摩擦和阻尼吸收冲击能量。

2. 缓冲器的分类

目前,我国铁路货车车辆上主要采用的缓冲器有：

（1）摩擦式缓冲器,包括 2 号缓冲器、MT-2 型缓冲器（见图 5-3-19）、MT-3 型缓冲器（见图 5-3-20）、ST 型缓冲器（见图 5-3-21）。

（2）摩擦橡胶式缓冲器,包括 MX-1 型摩擦橡胶式缓冲器（见图 5-3-22）、MX-2 型摩擦橡胶式缓冲器、HM-1 型摩擦胶泥组合式缓冲器（见图 5-3-23）、HM-2 型摩擦弹性（橡胶）组合式缓冲器。

我国铁路客车使用 G1 型缓冲器、弹性胶泥缓冲器、橡胶缓冲器。其中 G1 型缓冲器如图 5-3-24 所示,新造车上使用 G1 型缓冲器,25T 提速客车上全部使用弹性胶泥缓冲器,如图 5-3-25 所示。

 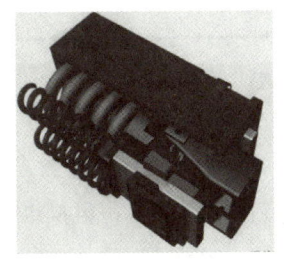 

图 5-3-19　MT-2 型缓冲器　　　图 5-3-20　MT-3 型缓冲器　　　图 5-3-21　ST 型缓冲器

图 5-3-22　MX-1 型橡胶缓冲器　　图 5-3-23　HM-1 型缓冲器　　图 5-3-24　G1 型缓冲器　　图 5-3-25　KC15 型弹性胶泥缓冲器

四、车辆制动装置

列车上能够实现制动作用和缓解作用的装置称为列车制动装置，包括机车制动装置和车辆制动装置。车辆制动装置是列车制动装置的基本单元，能够实现车辆的制动作用和缓解作用。车辆制动装置包括空气制动机（快速旅客列车配装电空制动机）、手制动机、基础制动装置 3 部分。

（一）空气制动机

空气制动机是指车辆制动装置中利用压缩空气作为制动力来源，以制动主管的空气压力变化来控制分配阀（控制阀）产生动作，实现制动和缓解作用的装置。

1. 空气制动机的组成

空气制动机的部件，一部分装在机车上，另一部分装在车辆上，如图 5-3-26 所示。

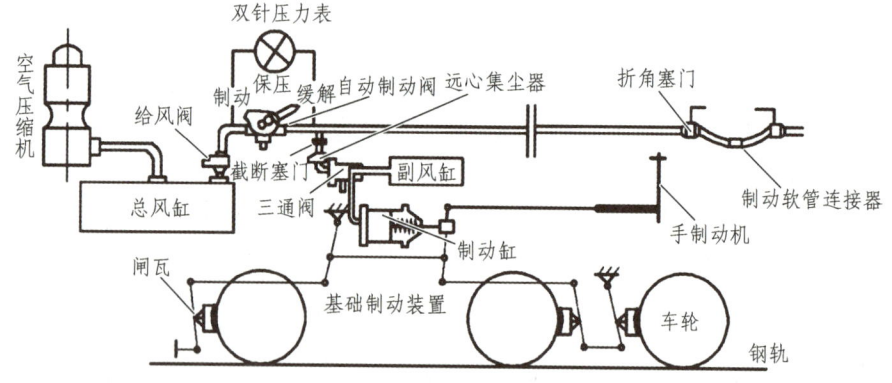

图 5-3-26　列车空气制动系统的组成

1）机车上的设备

机车上的设备包括空气压缩机、总风缸、制动阀等。空气压缩机产生的压缩空气贮存在总风缸内。列车中车辆的制动与缓解作用由机车司机操纵制动阀来实现。

2）车辆上的设备

（1）制动管。制动管包括制动主管、制动支管和制动软管。

制动主管安装在车底架下面，它贯通全车，是传递压缩空气的管路。司机通过机车上的自动制动阀（大阀）来操纵此管中的空气压力变化，从而控制全列车各制动机产生应有的动作。它的两端装有折角塞门，塞门上装有制动软管，并用软管连接器与邻车的软管相连，如图 5-3-27 所示。制动软管能在列车通过曲线或各车辆间距变化时保证压缩空气的畅通。制动支管用 T 形接头连接于制动主管。

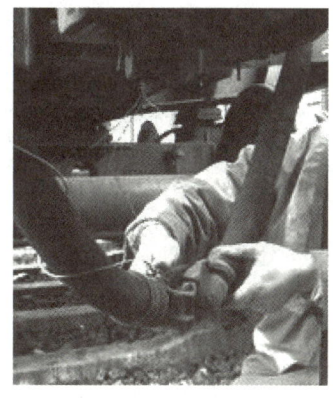

图 5-3-27　制动软管实物

资料袋：

制动软管的使用注意事项

（1）制动软管分解时，制动软管总成应完全分解，否则在车辆强行拉扯下，会损伤制动软管骨架层，最后会产生爆破。

（2）列车头部和列车尾部软管不允许大于等于 90° 折弯和自然垂直使用，必须对连接器端进行固定，否则会使软管发生脱层、内胶磨损或骨架层发生疲劳断裂。

（2）折角塞门。折角塞门安装在制动主管的两端，用以开通或关闭主管与软管之间的通路，便于关闭空气通路和安全摘挂机车、车辆。折角塞门如图 5-3-28 所示。

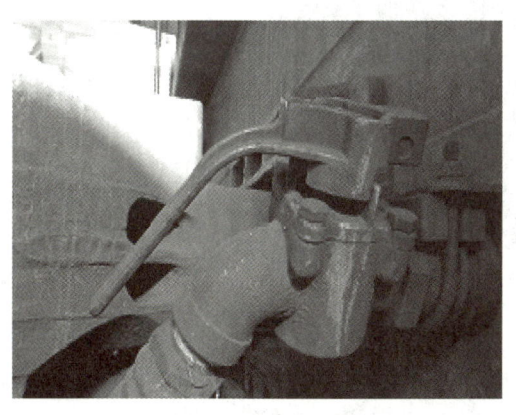
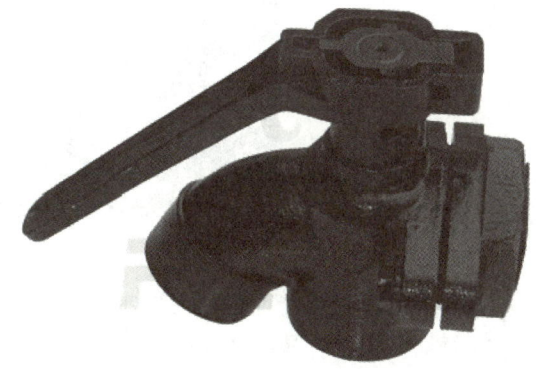

图 5-3-28　折角塞门

（3）截断塞门。截断塞门安装在制动支管上远心集尘器的前方，当列车中的车辆因装载货物的特殊情况或者列车检修作业需要停止该车辆制动机的作用时，关闭该车的截断塞门，切断车辆制动机与制动主管的压缩空气通路，同时排出副风缸和制动缸的压缩空气，使制动机缓解，以便于检修人员的安全操作。截断塞门如图 5-3-29 所示。

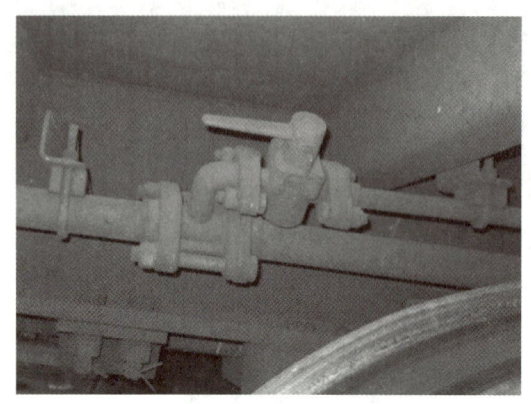 

图 5-3-29　截断塞门

（4）远心集尘器。远心集尘器安装在制动支管上的截断塞门与三通阀之间，用于清除制动主管压缩空气带来的沙土、水分、锈垢等不洁物质，保证压缩空气的清洁。

（5）三通阀（分配阀或控制阀）。三通阀是车辆制动机中最重要的部件。它连接自动支管、副风缸和制动缸，用来控制压缩空气的通路，使制动机起制动或缓解的作用。

（6）副风缸。副风缸用于缓解位储存压力空气，作为制动时制动缸的动力源。

（7）制动缸。制动缸是将压缩空气的压力转化为机械部件的推力，通过分配阀或三通阀的作用，制动缸接受副风缸送来的压缩空气，将制动缸活塞向外推出，变空气压力为机械推力，从而使基础制动装置动作，最后使闸瓦压紧车轮或制动盘，产生制动作用。制动缸如图 5-3-30 所示。

图 5-3-30　制动缸

（8）空重车调整装置。在大型车辆上，如果不论空重状态都施加同样大小的制动力，对空车来说就太大，容易损坏车辆。用空重车调整装置来控制降压风缸与制动缸的通路，可以达到调整制动力的目的。空重车调整装置包括空重车转换手把和空重车转换塞门。

2. 空气制动机的工作原理

空气制动机的工作原理如图 5-3-31 所示。

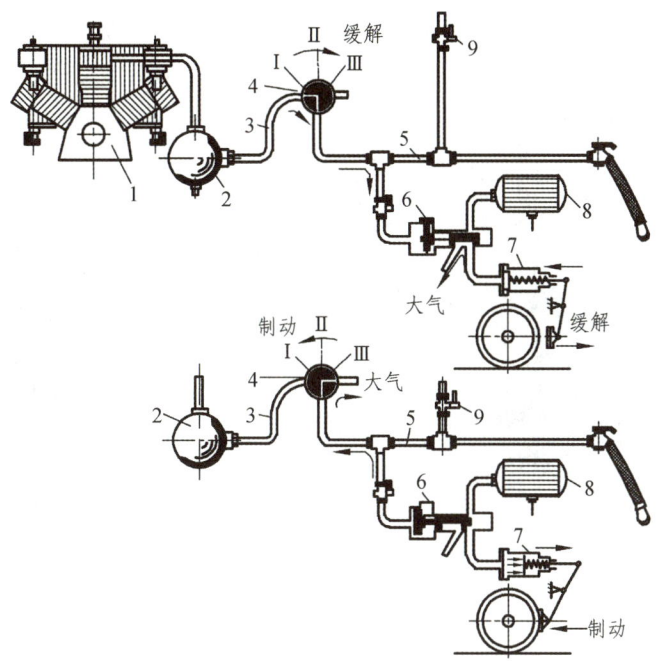

1—空气压缩机；2—总风缸；3—总风缸管；4—制动阀；5—列车管；
6—三通阀；7—制动缸；8—副风缸；9—紧急制动阀。

图 5-3-31　空气制动机的制动原理

1）增压（充气）缓解作用

当制动阀手柄置于缓解位Ⅲ时，总风缸的风经制动阀进入列车管（充风增压），并进入三通阀，将其中的（主）活塞推至右极端（缓解位）并经三通阀活塞套上部的"充气沟"进入副风缸，此时，制动缸经三通阀（缓解槽和排气孔）通入大气，如制动缸原来在制动状态则可得到缓解。

2）（减压）制动作用

当制动阀手柄置于制动位Ⅰ时，列车管经制动阀通入大气（排风减压），副风缸的风压将三通阀（主）活塞推向左极端（制动位），从而打开了三通阀上通往制动缸的孔路，使副风缸的风可通往制动缸，产生制动作用。

3. 电空制动机

电空制动机是电控空气制动的简称，是在空气制动机的基础上加装电磁阀等电气控制部件而形成的。其特点是制动作用的操纵由"电"来控制，其制动作用原动力还是压缩空气。而且，在制动机的电控因故失灵时，它仍可实行"气控"（压缩空气控制），临时变成空气制动机。

（二）手制动机

在每节车辆的一位端，都装有一套手制动机，可以用人力来使单节车辆或车组减速或停车。手制动机应具有以下功能：① 调车作业时，用于调速；② 列车在途中运行产生坡停时，用以制动；③ 当车辆停在站线上时，防止溜逸。

我国铁路货车的手制动机大多是固定链条式手制动机。新型货车人力制动机主要有 FSW 型手制动机、NSW 型手制动机（见图 5-3-32）和脚踏式制动机（见图 5-3-33）。客车手制动机主要有螺旋拉杆式和蜗轮蜗杆式两种。

图 5-3-32　NSW 型手制动机

图 5-3-33　脚踏式制动机

（三）基础制动装置

基础制动装置设在转向架上，是利用杠杆原理，将空气制动机或手制动机产生的力量扩大适当倍数，再均衡地向各个闸瓦传力的装置。客车多为双瓦式，货车多为单瓦式。

五、车内设备

车辆内部设备是一些能良好地为运输对象服务而设于车体内的固定附属装置，如客车上的席座、卧铺、照明、给水、取暖、通风、空调、行李架等。货车由于类型不同，内部设备也千差万别，一般来说比客车简单。

第四节　车辆运用与检修

一、车辆运用

（一）车辆运用管理工作

车辆运用管理工作是铁路运输组织的重要组成部分。加强车辆运用管理，对提高车辆检修质量，降低运营成本，加速车辆周转，保证行车安全，优质、高效地完成铁路运输任务具有重要意义。

了解铁道车辆的运用与检修

车辆运用维修工作实行"国铁集团—集团公司—车辆段"大三级和"车辆段—运用车间—班组（作业场）"小三级管理。

（二）车辆主要运用技术指标

1. 现在货车

现在货车是指每日 18:00 管内现有的全部货车。

运用货车：参加铁路运输生产的一切空、重货车，统称为运用货车。

非运用货车：不参加铁路运输生产的非生产性货车和企业自备车、租用的空货车，统称为非运用货车。

2. 现在客车

现在客车是指每日 18:00 管内现有的全部客车。

运用客车：凡是办理旅客营运的客车，统称为运用客车。

非运用客车：凡是不办理旅客营运的客车，以及技术状态不良、不能编挂于列车中运行的客车，均为非运用客车。

3. 车辆保有量

货车保有量：每个铁路局都需要保持一定数量的运用货车，才能完成所承担的运输任务。因此，国铁集团在每月编制运输计划时，分配给各铁路局一定的运用货车保有量。同样，各铁路局也分配给所属各车站一定的运用货车保有量。

客车保有量：由国铁集团分别配属给各铁路局的客车数量，称为客车保有量。

二、车辆检修

目前我国铁道车辆的检修制度是以计划预防修为主、状态修为辅的检修制度，即在计划预防修的前提下，逐步扩大实施状态修、换件修和主要零部件的专业化集中修。

计划预防性检修制度分为定期检修和日常维修两大类。

（一）车辆定期检修

1. 普通客货车定期检修

我国客车的定期检修修程分为厂修、段修和辅修三级修程，货车现采用的定期检修修程分为厂修、段修、辅修和轴检四级修程。

（1）厂修。厂修一般在车辆工厂内施行。按规定应对车辆的各部分装置进行全面的分解检查、彻底修理，并进行必要的技术改造工作。经过厂修，车辆各部分装置得到全面恢复，使之与新造车基本上接近。修完后涂打厂修标记。

（2）段修。段修在车辆段施行。段修的主要任务是分解检查车辆的转向架、车钩缓冲装置及制动装置等部件，检查并修理车辆（包括车体及其附属装置）的故障。修完后涂打段修标记。

（3）辅修。辅修主要是对制动装置和轴箱油润部分施行检修，并对其他部分做辅助性修理，做到螺栓紧固、配件齐全、作用良好。修完后涂打辅修标记。

2. 快速客车定期检修

从 2002 年 1 月 1 日开始，速度为 160 km/h 的 25K 型及其他速度为 160 km/h 的客车按走行公里检修，修程分为四级：A1、A2、A3、A4。

（1）A1——安全检修：周期为运行20万km（2万km）或运行不足20万km，但距上次A1级以上修程时间超过1年者。

（2）A2——40万km段修：周期为运行40万km（10万km）或运行不足40万km，但距上次A2级以上各修程时间超过2年者。

（3）A3——80万km段修：周期为运行80万km（10万km）或运行不足80万km，但已做过一次A2修，距上次A2级修程超过2年者。

（4）A4——大修：运行超过240万km（40万km），但距新造或上次A4级修程超过10年者。

（二）车辆日常维修

日常维修又称运用维修（日常保养），其基本任务是保证在运用中的车辆具有良好的技术状态，及时发现和处理车辆中发生的一切故障，保证行车安全。

1. 货车日常维修

货车日常维修，包括技术检查和故障修理两个方面。技术检查是对货车的技术状态进行检查，以便发现故障。根据作业场地和列车性质的不同，列车技术检查又可分为到达检查、始发检查和直通中转检查。对所发现的故障，应及时进行摘车修理或不摘车修理。

货车的日常维修在铁路沿线的列车检修所（简称列检所）和站修所进行。

2. 客车日常维修

由客车整备所（简称库列检）或客车技术检查站（简称客技站）、乘务检车员和客车列检所（简称客列检）3部分共同完成。

（1）客车整备所。客车整备所（库列检）负责对返回客车整备所的车列进行技术检查、日常维修和定期检修，进行清扫、消毒、整备（上煤、上水）等作业，使之保持良好的技术状态，达到出库质量要求标准，然后交给乘务检车员。

（2）乘务检车员。乘务检车员实行固定人员、固定车组的包乘制，任务是随车巡视，并对规定的检修范围实行包检、保修，保证旅客列车安全运行到终点站。如中途遇到不能完成的不摘车修故障时，应预报前方客车列检所。

（3）客车列检所。客车列检所的任务是对旅客列车进行技术检查，并配合乘务检车员进行检修，保证列车安全、正点运行到下一个客车整备所。

三、铁路货车管理信息化和5T安全防范系统

我国铁路部门积极推进货车信息化建设，开发出了运用货车技术管理信息系统（HMIS）。从货车制造源头开始，到检修、运用的全过程，全面纳入信息化管理，并通过货车车号自动识别系统（AEI），实现全程实时追踪，形成了货车技术信息"网络传输、全面覆盖、信息共享、全程跟踪"的现代化管理体系，为货车管理现代化搭建了新的技术平台，同时为运输指挥现代化提供了技术支持，使我国成为世界上少数几个能够利用信息技术组织运输和货车管理的国家。

在铁路货车安全防范手段创新方面，我国自主研发了货车"5T"安全防范系统，即红外线轴温探测系统（THDS）、货车运行状态地面安全监测系统（TPDS）、货车运行故障动态检测系统（TFDS）、货车滚动轴承早期故障轨边声学诊断系统（TADS）和客车运行安全监控系统（TCDS）。近年来，又按照"分散检测、集中报警、网络监控、信息共享"的基本要求，整合"5T"系统监测信息，依靠红外线、声呐、摄像、传感等先进技术，对货车进行全天候不停车检查，实现了运行货车技术状态动态监测，全面提高了铁路运输安全保障的能力。

（一）"5T"检测系统

"5T"检测系统利用计算机、数字摄像、声学、光学等先进的技术设备，使检车员从传统的室外体力检车劳作转为在室内观察检测系统计算机显示的车辆各部位技术状态，不仅免除了车辆检车员的体力劳作，更重要的是列车一旦停车，一切检测结果就会出来，大大提高了检车效率，并且无人为的因素，准确率高。

1. 红外线轴温探测系统（THDS）

利用轨边红外线探头，对通过车辆的每个轴承温度实时检测，并将检测信息实时上传到铁路局车辆安全监控中心，通过配套故障智能跟踪装置，实现车次、车号跟踪及热轴货车车号的精确预报，对热轴车辆进行跟踪报警，重点防范热切轴事故。THDS实现了联网运行，每个探测站对过往车辆和轴温探测信息能直观显示，实现跟踪报警。

2. 货车运行故障动态检测系统（TFDS）

利用轨边高速摄像头，对运行货车进行动态检测，及时发现货车运行故障，重点检测货车走行部、制动梁、悬吊件、枕簧、大部件、钩缓等关键部位，重点防范制动梁脱落事故，防范摇枕、侧架、钩缓大部件裂损、折断以及枕簧丢失和窜出等危及行车安全的隐患。

3. 货车运行状态地面安全监测系统（TPDS）

利用轨道测试平台，对车辆安全指标进行动态检测，重点检测货车运行安全指标——脱轨系数、轮重减载率，并检测是否存在车轮踏面擦伤、剥离以及货物超载、偏载等危及行车安全的情况。重点防范货车脱轨事故，防范车轮踏面擦伤、剥离，防范货物超载、偏载等安全隐患。TPDS加大了货车运行安全监控力度，实现了货车运行安全质量互控。

4. 货车滚动轴承早期故障轨边声学诊断系统（TADS）

采用声学技术及计算机技术，利用轨边噪声采集阵列，实时采集运行货车滚动轴承噪声，通过数据分析，及早发现轴承早期故障；重点检测货车滚动轴承内外圈滚道、滚子等故障；安全防范关口前移；在发生热轴故障之前，对轴承故障进行早期预报，与红外线轴温探测系统互补，防止切轴事故发生，确保行车安全。

5. 客车运行安全监控系统（TCDS）

通过车载系统对客车运行关键部件进行实时监测和诊断，通过无线、有线网络，将监控信息向地面传输、汇总，形成实时的客车安全监控运行图，使各级车辆管理部门及时掌控客车运行及安全情况，重点检测速度160 km/h及以上客车的轴温及制动系统、转向架的安全指标，火灾报警系统、客车供电系统、电器及空调系统的运行安全状况，防范客车热轴事故，防范火灾事故，防范走行部、制动部、供电、电器及空调故障。

随着"5T"检测系统的大面积推广使用，只要每 500 km 左右建立一个大型的车辆检修基地，每 250 km 左右建立一个"5T"车辆运行安全监控站，从减少检车人员、提高检测准确率、缩短检测时间等方面来看，均大大有利于加速车辆周转时间、提高铁路运输能力，进而提高铁路运输经济效益。

第五节　认知内燃机车和电力机车

一、内燃机车基础知识

（一）内燃机车的特点

1. 热效率高、能耗低

内燃机车的热效率可以达到 30%～35.5%，它可以经济地利用石油资源。

认知内燃机车

2. 水的消耗少

内燃机车用的冷却水是循环使用的，消耗很少。

3. 投资少

电力牵引必须组建牵引供电系统，这使得电力牵引比内燃牵引总投资高出 1.45～2.55 倍。

此外，内燃机车还具有乘务条件好、牵引性能好、起动加速快、具有可靠的电气制动等优点。

（二）内燃机车的基本工作原理

内燃机车的原始动力来源于柴油机，燃料在气缸内燃烧，所产生的高温高压气体在气缸内膨胀，推动活塞往复运动，连杆带动曲轴旋转对外做功，使燃料的热能转化为机械能。柴油机发出的动力传输给传动装置，通过对柴油机、传动装置的控制和调节，将适应机车运行工况的输出转速和转矩送到每个车轴齿轮箱去驱动动轮，动轮产生的轮周牵引力传递到车架，由车架端部的车钩变为挽钩牵引力来拖动或推送车辆。

（三）内燃机车的基本构造

内燃机车一般由柴油机、传动装置、车体、转向架、辅助装置等组成。

1. 柴油机

柴油机是内燃机车的动力装置，又称压燃式内燃机。柴油机是将气缸内的柴油燃烧产生的热能转变为由柴油机曲轴输出的机械能的动力机械。柴油机的每一次工作循环，即一次能量转换过程，是由进气、压缩、燃烧膨胀、排气 4 个过程组成的。

2. 传动装置

传动装置为了使柴油机的功率传到动轴上能符合机车牵引要求而在两者之间设置的装置。柴油机的扭矩-转速特性和机车的牵引力-速度特性完全不同,不能用柴油机来直接驱动机车动轮,因此,内燃机车必须加装传动装置来满足机车的牵引要求。

常用的传动方式有机械传动、液力传动和电力传动。

1)机械传动

在柴油机与轮对之间设置离合器、变速箱,利用变速箱改变柴油机曲轴与轮对间的传动比来调节机车牵引力和运行速度。因其功率受到限制,目前在铁路内燃机车中不再采用该方式。

2)液力传动

液力传动装置主要由液力传动箱、车轴齿轮箱、万向轴等组成。液力变扭器(又称变矩器)是液力传动机车最重要的传动元件,由泵轮、涡轮、导向轮组成。泵轮和柴油机曲轴相连,泵轮叶片带动工作液体使其获得能量,获得能量的工作液体在涡轮叶片流道内的流动中将能量传给涡轮叶片,由涡轮轴输出机械能做功,通过万向轴、车轴齿轮箱将柴油机功率传给机车动轮;工作液体从涡轮叶片流出后,经导向轮叶片的引导,又重新返回泵轮。液力传动方式操纵简单、可靠,特别适用于多风沙和多雨的地带。内燃机车的液力传动装置如图5-5-1所示。

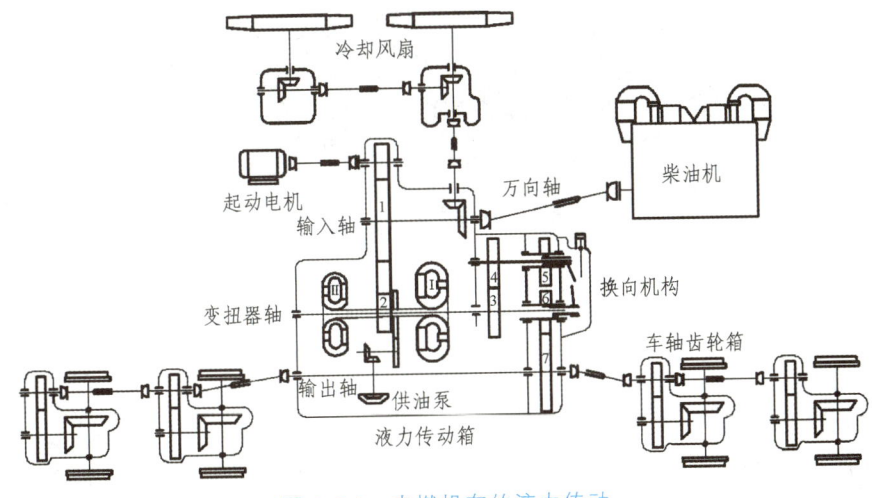

图 5-5-1 内燃机车的液力传动

3)电力传动

电力传动即柴油机带动发电机发电,再供给牵引电动机驱动轮对运转。电力传动可以分为3种:

(1)直-直电力传动:牵引发电机和电动机均为直流电机,柴油机带动直流牵引发电机,将直流电直接供给各牵引直流电动机去驱动机车动轮。

(2)交-直电力传动:柴油机带动三相交流同步发电机,发出的三相交流电经过大功率半导体整流装置变为直流电,供给直流牵引电动机去驱动机车动轮。

(3)交-交电力传动:可以分为交-直-交电力传动和交-交电力传动两种形式。

① 交-直-交电力传动:发动机带动三相同步交流牵引发电机,发出的交流电通过整流器到达直流中间回路,直流中间回路中恒定的直流电压通过逆变器调节其振幅和频率,再将直

流电逆变成三相变频调压交流电压,供给交流牵引电动机去驱动机车动轮。目前电力传动机车此种形式的应用最为广泛。

② 交-交电力传动:发动机带动三相同步交流牵引发电机,发出的交流电送给变频装置直接变为三相变频交流电,供给交流牵引电动机去驱动机车动轮。

3. 车　体

车体是车架上部的外壳,是内燃机车的骨架,是安装柴油机及其辅助设备的基础,起到保护机车上的人员和机器设备不受风、沙、雨雪的侵袭和防寒的作用。另外,车体还是传力的重要部件。对于高速内燃机车,某车体头部还需设计成流线化外形。

车体按其承受的载荷情况,分为整体承载式和非整体承式车体。现代大功率机车往往把车体侧壁、司机室、底架等组焊在一起,成为一个整体承载的结构。

4. 机车转向架

图 5-5-2 所示为内燃机车转向架的实物图。

图 5-5-2　内燃机车转向架

1) 机车转向架的作用

(1) 承受、传递各方向的作用力,包括垂向力、纵向力、横向作用力。

(2) 保证机车顺利通过曲线。

(3) 缓冲:缓和线路不平顺对机车的冲击,减少运行中的动作用力及危害。

(4) 产生牵引力:把牵引电动机力矩变为牵引力,通过车钩牵引列车运行。

2) 机车转向架的基本组成

(1) 构架:转向架的骨架,承受和传递垂向力及水平力。

(2) 弹簧装置:用来保证一定的轴重分配,缓和线路不平顺对机车的冲击并保证机车的运行平稳性。位于转向架构架与轴箱之间的弹簧悬挂装置称为一系弹簧悬挂装置。随着机车速度的提高,一系弹簧悬挂装置已经不能满足机车高速运行的要求,所以在转向架构架与车体之间又设置了二系弹簧悬挂装置。

(3) 车体与转向架间的连接装置:用以连接车体与转向架间的垂向力及水平力(包括纵向力如牵引力或制动力,横向力如通过曲线时的横向作用力等),使转向架在机车通过曲线时能相对于车体回转。

(4) 轮对和轴箱:轮对直接向钢轨传递机车重量;轴箱是联系构架和轮对的活动关节,

它除了保证轮对进行回转运动外,还能使轮对适应线路等条件,相对于构架上下、左右和前后活动。

(5) 驱动机构:将机车动力装置的功率最后传递给轮对。电力传动机车的驱动机构由减速齿轮箱等组成;液力传动内燃机车的驱动机构由万向轴、车轴齿轮箱等组成。

(6) 基础制动装置:由制动缸传来的力,经杠杆系统增大若干倍后传给闸瓦或闸片,使其紧压车轮或制动盘,对机车进行制动。

图 5-5-3 所示为 DF₄ 内燃机车转向架的结构示意图。

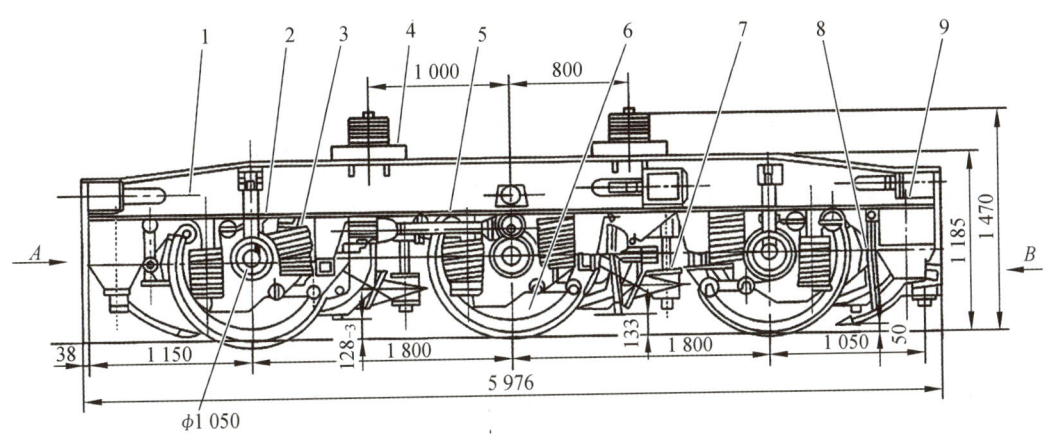

1—构架;2—轴箱;3—弹簧装置;4—旁承;5—牵引杆装置;6—轮对;7—电动机悬挂装置;8—基础制动;9—砂箱。

图 5-5-3　DF₄ 内燃机车转向架的结构

5. 辅助装置

内燃机车辅助装置的作用是:保证机车柴油机、传动装置、走行部与电气控制设备等的正常工作和可靠运行,以及保证乘务人员的正常工作条件。辅助装置主要包括:冷却系统、机油系统、燃油系统、压缩空气系统、通风装置、空气滤清系统、预热系统、辅助驱动装置、撒砂装置以及改善乘务员工作条件的各种设备。

1) 燃油系统

根据柴油机的运转工况,适时、定量地向气缸供给具有一定压力、清洁的柴油,并使柴油在气缸内良好地雾化,能够充分燃烧,保证柴油机的正常工作。

燃油系统一般包括低压输油系统和高压供油喷射系统。低压输油系统包括:燃油箱、燃油粗滤器、燃油输送泵(燃油泵)、燃油精滤器、燃油预热器、低压输油管及回油管等。高压供油喷射系统包括喷油泵、喷油器、高压油管等。

2) 冷却系统

柴油机工作时,与燃气直接接触的气缸、活塞等零部件受热强烈,如不适当冷却,会造成柴油机过热,使零部件强度降低、机油的物理化学性质改变、润滑条件恶化、摩擦和磨损加剧。所以,机车柴油机通常采用强制循环冷却水系统,以保证柴油机主要零部件在适当的温度状态下工作,并保持较高的新鲜空气密度和机油的黏度与品质,保证柴油机能够高效持久地工作。

冷却水系统分为高温水系统和低温水系统,由水泵、散热器、冷却风扇和膨胀水箱等组成。

3）机油系统

柴油机工作时，曲轴相对于轴瓦、活塞及活塞环相对于汽缸壁等都要产生相对运动，在其相互接触的表面会产生摩擦。由于摩擦力的存在，不仅增加了柴油机的功率消耗和机件的磨损，而且摩擦时产生的高温也会导致机件摩擦表面烧损，配合间隙破坏，甚至咬死，严重时可造成机破事故。机油系统的任务是把清洁且具有一定压力和适当温度的机油输送到各运动零件的摩擦表面，并使之具有良好的润滑条件，以提高柴油机的使用可靠性和耐久性。

4）预热系统

内燃机车柴油机启动或停机时，对柴油机的机油、燃油及冷却水的温度都有一定的要求。润滑油、冷却水温度过低，不仅使柴油机启动困难，而且运动零件磨损严重，燃油雾化不良，影响燃烧质量。在严寒季节机车停留时，预热系统可在启动柴油机前对柴油机油、水进行预热，保证柴油机能在规定的油、水温度下启动，或者停机时间较长时保持一定的油、水温度。预热系统由预热锅炉及预热水泵、相关管路等组成。

5）制动机及空气系统

制动机及空气系统对机车或列车实施制动，以实现停车或减速。装在机车上的制动机，除了与车辆制动机一样具有列车管、分配阀、基础制动装置等一系列属于制动、缓解指令接收、执行装置外，还具有制造、贮存压力空气的空气压缩机、总风缸以及发出、传递制动、缓解等指令的制动阀等部件。

6）辅助传动装置

内燃机车上除了安装柴油机-发电机机组外，还安装有许多其他设备，以保证机车正常的工作，这些设备统称为辅助设备。这些辅助设备通常设有专门的传动装置，称为内燃机车辅助传动装置。

二、电力机车

（一）电力机车的特点

电力机车是从接触网获取电能，通过变压器降压，用牵引电动机驱动的机车。

电力机车的特点有以下几点：

认知电力机车

1. 可广泛利用多种一次能源

电力机车的能源可以由热力、水力、天然气甚至于地热、原子能、太阳能等转换而来，只要有相应的发电站，便可以利用相应的能量。

2. 功率大

由于在电力机车上没有产生能量的装置，也没有燃料储备，因而在同样的机车质量下，其功率要比自给式机车大。机车按单位质量所具有的功率称为机车的比功率，这是衡量机车技术水平的一个标志。目前电力机车的比功率一般达到 40~60 kW/t。

3. 速度快

由于电力机车功率大，因而可以获得较高的速度。目前，一般客运电力机车的运行速度已达到 160～200 km/h，货运电力机车也达到 120～140 km/h。随着新型机车的不断出现，目前电力牵引的高速动车运行速度已达到 300～400 km/h。

4. 效率高

电力机车本身的效率为 80%～85%。但考虑到整个电力牵引系统，其平均效率则不是固定的，它与供电系统的电能来源有关，在由水力发电站供电的情况下，电力牵引的效率可达到 60%～70%。

5. 过载能力强

机车在起动、牵引重载列车和通过困难区段时，具有一定的过载能力是十分重要的。对于能量非自给的电力机车，其能量是来自于强大的供电系统，因此机车的过载能力仅受牵引电机的限制，而牵引电机的过载能力是较高的。

6. 运输成本低

电力机车检修工作量小，维修周期长，每两次大修之间的运行公里数为蒸汽机车和内燃机车的 2 倍。由于电力机车运输能力的增加足以补偿电气化的初期投资，所以铁道电气化的长远经济效益好。

7. 司机劳动条件好，无烟气排放污染

电力机车不冒烟，不排废气，通过长大隧道时，乘务人员和旅客可免受烟气之苦，从而也为广大旅客创造了清洁的旅行条件。此外，电力机车可以将接触网电能再供给列车使用而不影响牵引功率，不用装设车下柴油发电机组，也不用发电车，提高了列车的舒适度和经济性。

8. 不受外界条件限制

在山区和高寒地区，电力机车的功率发挥得更好。

电力机车的缺点是：对通信干扰较大，且必须组建牵引供电系统，因此初期修建费用较高；此外，电力机车本身没有动力源，电能来自外部的电缆，如遇自然灾害、战争等不可抗力状况引发断电就无法运行，甚至可能引发事故。

（二）电力机车的总体组成

电力机车由机械部分、电气部分和空气管路系统 3 部分组成。

1. 机械部分

机械部分包括以下装置：

（1）车体：用来安放各种设备，同时也是乘务人员的工作场所，它由底架、司机室、台架、侧墙和车顶等部分组成。

（2）转向架：是承受车辆自重和载重、在钢轨上行走的部件，由构架、弹簧悬挂装置、基础制动装置、轮对和轴箱、齿轮传动装置和牵引电动机悬挂装置组成。

（3）车体与转向架连接装置：既是车体与转向架之间的连接装置，又是活动关节，同时

又承担各个方向力的传递作用。

（4）车钩缓冲装置：其作用和结构与车辆的车钩缓冲装置相同。

2. 电气部分

电气部分是指机车上的各种电气设备及其连接导线，包括主电路、辅助电路、控制电路以及它们的保护系统。

（1）主电路：是电力机车最重要的组成部分，它决定机车的基本性能，由牵引电动机以及与之相连接的电气设备和导线共同组成。在主电路中流过全部的牵引负载电流，其电压为牵引电动机的工作电压或者接触网的电压，所以主电路是电力机车上的高电压大电流的动力回路。它将接触网上的电能转变成列车牵引所需的牵引动力。

（2）控制电路：是由司机控制器和控制电器的传动线圈及联锁触头等组成的低压小功率电路。控制电路的作用是使机车主电路和辅助电路中的各种电器按照一定的程序动作。

（3）辅助电路：是供电给电力机车上的各种辅助电机的电气回路。辅助电机驱动多种辅助机械设备，如冷却牵引电动机和制动电阻用的通风机，给各种气动器械提供所需压缩空气的压缩机等。

3. 空气管路系统

空气管路系统也称风力系统，按照功能可以划分为4大部分：

（1）风源系统。负责生产、储备、调控压缩空气，提供洁净、干燥、稳定的压缩空气。

（2）制动机管路系统。供给机车和车辆制动所需压缩空气。

（3）控制管路系统。供给机车电气设备（主断路器、受电弓等）所需压缩空气。

（4）辅助管路系统。供给机车撒砂装置、风喇叭和刮雨器等辅助装置所需压缩空气。

（三）电力机车的工作原理及种类

电力机车从接触网上获取电能，经机车相关电路供给机车牵引电动机，从而使牵引电动机产生转矩，将电能转变为机械能，经过齿轮的传递，驱动机车动轮转动。

接触网供给电力机车的电流有直流和交流两种。由于电流制式不同，所用的牵引电动机也不一样，基本上可以分为直-直流电力机车、交-直流电力机车、交-直-交流电力机车3类。

1. 直-直流电力机车

直-直流电力机车采用直流制供电，牵引变电所内设有整流装置，它将三相交流电变成直流电后再送到接触网上。因此，电力机车可直接从接触网上取得直流电供给直流串励牵引电动机使用，简化了机车上的设备。

2. 交-直流电力机车

交-直流电力机车采用交流制供电，目前世界上大多数国家都采用工频（50 Hz）交流制或25 Hz 低频交流制。在这种供电制式下，牵引变电所将三相交流电改变成 25 kV 工业频率单相交流电后送到接触网上。电力机车在运行过程中，经受电弓将接触导线供给的单相工频交流电引入机车内部，经过主断路器再进入主变压器降压，交流电从主变压器的牵引绕组经过硅机组整流后转换为直流电，然后向直流（脉流）牵引电动机供应直流电。由于接触网电压比直流制时提高了很多，接触网导线的直径可以相对减小，从而减少了有色金属的消耗和建设投资。因此，工频交流制得到了广泛采用，世界上绝大多数电力机车采用的是交-直流电力机车。

3. 交-直-交流电力机车

交-直-交流电力机车采用交流无整流子牵引电动机（即三相异步电动机），受电弓将交流网压引入机车变压器一次侧绕组，经变压器二次侧绕组降压后整流，将交流电转换为直流电，再通过逆变器将直流电变为电压和频率可调的三相交流电，供给三相异步牵引电动机实现牵引运行。这种电动机在制造、性能、功能、体积、重量、成本、维护及可靠性等方面远比整流子电机优越得多。这种机车具有优良的牵引能力，是电力机车发展的趋势。

（四）电力机车电气部分的主要器件

1. 受电弓

SS_8 型电力机车在机车车顶外部安装有两台单臂受电弓。受电弓的弓头升起后与接触网导线接触，从接触网上受取电流，并将电流通过车顶母线传送到车内供电机使用。受电弓弓头与接触网导线接触受流的部分，其上装有粉末冶金滑板。机车运行时，弓头能随接触导线的高度和弛度变化而做前后、上下的动作，以便改善受流质量。受电弓的升降受控制机构及传动风缸中的压缩空气的控制。机车运行时，一般正常运行只升后弓，另一只受电弓备用。图 5-5-4 所示为受电弓实物图。

图 5-5-4　DSA350 型受电弓

2. 主断路器

主断路器是电力机车的一个重要器件（见图 5-5-5），它担负着断开和接通接触网、接入机车 25 kV 电路的任务，并且对主电路的短路、过流、接地等故障状态起着最后一级保护作用。SS_8 型电力机车采用 TDZIA-10/25 型空气断路器，它是一种带外隔离开关的断路器。分断时，主触头先行分开将电流切断，经过一段延时后，隔离开关再分开形成电路隔离，之后主触头自行恢复闭合状态；闭合时，只需将隔离开关的闸刀合上即可。另外，这种空气断路器是利用压缩空气来灭弧并且利用压缩空气作为操作能源的电器。

图 5-5-5　主断路器

3. 主变压器

主变压器是交-直流电力机车上的一个重要部件,如图 5-5-6 所示。它的任务是:将从接触网上取得的高压交流电转换为低压交流电。SS_8 型电力机车上的主变压器中有 5 种线圈:高压网侧线圈、牵引线圈、辅助线圈、励磁线圈和列车供电线圈。

图 5-5-6　主变压器

高压线圈通过受电弓接入 25 kV 高压电路。低压线圈中的牵引线圈用来向牵引电动机供电。辅助线圈用来给辅助电机等设备供电。励磁线圈在电阻制动时给电动机提供励磁电流。列车供电线圈向列车提供电源。

4. 牵引电动机

SS_8 型电力机车共有 4 台直流串励牵引电动机,分别安装在前后 2 台转向架上,通过驱动齿轮与轮对车轴相连。它与电力传动内燃机车一样,机车在牵引状态时,牵引电动机将电能转换为机械能,驱动机车运行;当机车在电阻制动状态时,牵引电动机将列车的机械能转换为电能,产生列车的制动力。牵引电动机如图 5-5-7 所示。

5. 变流装置

变流装置是 SS₈ 型电力机车的主要部件之一，它主要由大功率整流管、晶闸管和其他附件组成，如图 5-5-8 所示。

图 5-5-7　牵引电动机

图 5-5-8　变流装置

6. 平波电抗器

经变流装置整流后的输出电压是脉动电压，由于脉动电压在牵引电动机电路中产生脉动电流，脉动电流会影响牵引电动机的换向，而牵引电动机自身的电感很小，不足以将电流滤平到允许的脉动范围内，所以要求在牵引电动机电路中串接平波电抗器。SS₈ 型电力机车在牵引电动机的 4 条支路中分别串有 1 个平波电抗器，用以抑制该支路中的谐波电流分量，改善牵引电动机的换向。

7. 司机控制器

司机控制器是司机用来操纵机车运行的控制电器。司机利用它来控制电路中的低压电器，从而控制主电路中的电气设备。SS₈ 型电力机车每端司机室都装有一台主司机控制器、一台调车控制器（又称辅助司机控制器）和一台电空制动控制器。

第六节　机车发展与运用

一、内燃机车新技术

轴式为 C_0-C_0 的 HXN3 型和 HXN5 型内燃机车都是重载货运机车，最高运行速度提高至 120 km/h，牵引发电机的输出功率为 4 410 kW（6 000 马力），牵引性能优越，黏着利用率高，起动加速度好，可靠性高。它们的柴油机节能好、排放低，是世界最大功率等级的经济、环保型机车柴油机。

和谐型内燃机车采用大功率交-直-交传动方式，其牵引电动机为交流异步电机，具有功率大、重量轻、结构简单、可靠性高、维护工作量小等特点；牵引变流器采用先进的大功率 IGBT 器件，控制性能优良，可靠性高；控制部分采用先进的计算机网络控制系统，数据传输量大，牵引及制动控制性能优良，设备状态监测与系统自诊断功能完善；其车体、转向架、车钩与缓冲器、轮对驱动系统，以及制动系统均能充分满足牵引重载列车的需要。HXN5型内燃机车的整体技术已达到世界先进水平。

图5-6-1所示为HXN5型内燃机车各部件的布置示意图。

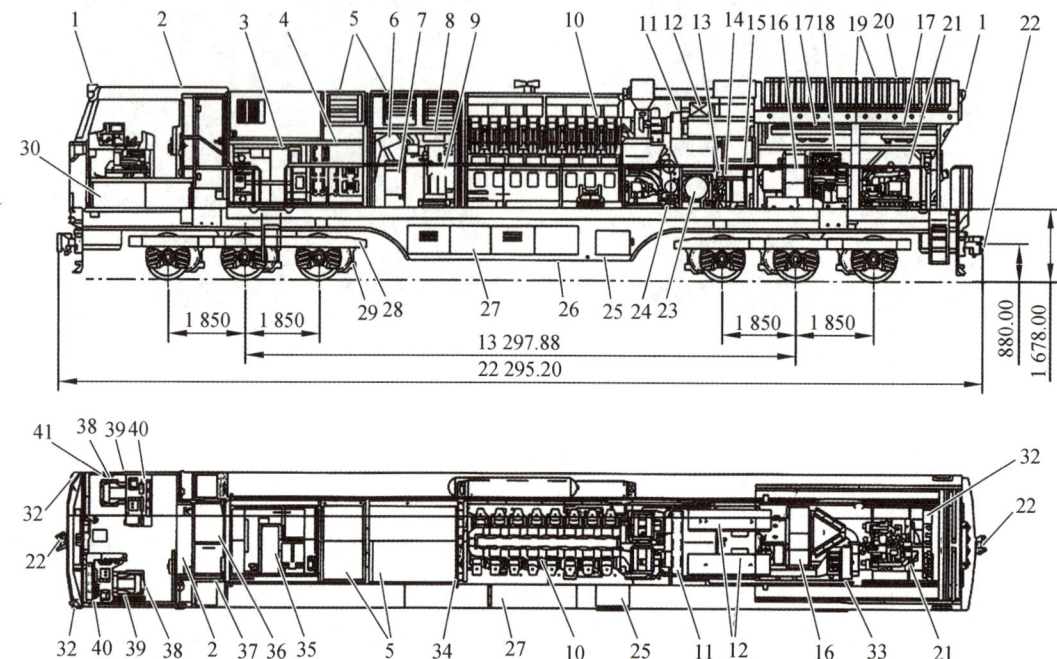

1—头灯；2—控制设备柜；3—牵引逆变器；4—功率装置柜；5—电阻制动装置；6—发电机组通风道；7—辅助发电机；8—CTS起机转换开关；9—牵引发电机；10—柴油机；11—空气滤清器箱；12—膨胀水箱；13—低压燃油泵；14—预润滑机油泵；15—润滑油冷却器；16—牵引电动机通风机；17—冷却风扇；18—通风滤清器箱装配；19—散热器百叶窗；20—散热器；21—空气压缩机组；22—车钩；23—润滑油滤清器；24—燃油滤清器；25—污油箱；26—燃油箱；27—蓄电池箱；28—转向架；29—牵引电动机；30—空调；31—标志灯；32—砂箱；33—排尘风机；34—总风缸；35—逆变/发电机组通风机；36—卫生间；37—行车安全设备柜；38—座椅；39—取暖器；40—操作台；41—制动柜。

图5-6-1　HXN5型内燃机车的总体布置

从图5-6-1中可看出，机车上面部分为相对独立的5个室：司机室、辅助室、发电机室、柴油机室和冷却室。司机室为机车前端，冷却室为机车后端。车体左右两侧在辅助室前端部位和冷却室后端部位均设有扶梯，供司乘人员上下用。司机室后端墙左右两侧设有通往机车外部走廊的门。

车架下面中部为承载式燃油箱，燃油箱右侧设有两个总风缸，两个总风缸之间装有高压安全阀；总风缸前端设有空气干燥器、辅助用风精滤器；后端设有制动用风精滤器；燃油箱左侧设有蓄电池箱。机车控制区是机车上的封闭区域，其中安放了由电子控制和电功率调节系统组成的若干设备。

HXN5型内燃机车的结构特点如下：

① 车架采用双箱形梁结构，整体式燃油箱。燃油箱与车架做成一体，参与承载。这是我国内燃机车首次采用参与承载的整体式燃油箱，增加了车架的强度，减轻了机车的重量。

② 转向架构架为钢板焊接的箱形结构。由中心销传递牵引力，焊装在车体底架的中心销插入安装在转向架构架上的牵引座，由牵引座向中心销传递纵向力。利用橡胶堆支承的横向变形，车体相对转向架可以弹性横动，这是速度达到 120 km/h 的转向架必备的功能。

③ 机车采用整体碾钢车轮、闸瓦制动、牵引电动机滚动抱轴承悬挂。

④ 设有 2 个独立的通风冷却系统：牵引电动机通风冷却系统和辅助室、逆变器、发电机组通风冷却系统。

⑤ 轴箱轴承为整体密封的圆锥滚子滚动轴承，轴箱用导框定位，三轴转向架中间轴 ±15 mm 的自由横动量由轴箱与导框的横向间隙提供。

二、电力机车新技术

认知机车检修

HXD1 型和 HXD2 型电力机车是八轴机车，轴式 2（B_0-B_0），轴功率 1 200 kW，现已在运煤专线大秦线运行，单机牵引 1×10^4 t、双机牵引 2×10^4 t 重载列车。和谐型电力机车 HXD3 是轴功率 1 200 kW 的六轴机车，轴式为 C_0-C_0，可在繁忙干线单机牵引 5 000 t 重载列车。

以上 3 种电力机车均为重载货运机车，最高运行速度为 120 km/h。机车采用交-直-交传动方式，牵引电机为异步电机，具有功率大、重量轻、结构简单等一系列优点；采用先进的车载计算机网络控制系统，牵引及制动控制性能优良，设备状态监测与系统自诊断功能完善；采用再生制动，节能效果显著。随着和谐型大功率交流传动电力机车的批量生产并投入运行，将逐步取代 SS_4 型电力机车在重载牵引中的地位。

在设计制造 HXD1、HXD2、HXD3 型电力机车的基础上，2008—2009 年，我国又进一步研制成功了轴功率为 1 600 kW 的 HXD1B 型和 HXD3B 型电力机车。这两种电力机车都是六轴机车，轴式 C_0-C_0，轴重 25 t，单节机车功率达 9 600 kW，是当今世界上单节功率最大的电力机车。HXD3 型电力机车的主要设备布置如图 5-6-2 所示。

HXD3 型电力机车采用 IGBT 型水冷变流器，交流电机矢量控制，采用牵引电机轴控方式，机车采用网络控制技术，满足环境温度 -40 ~ +40 ℃、海拔高度在 2 500 m 以下的条件。考虑到不同的线路情况，可以 3 台机车重联控制运行。

HXD3 型交流传动电力机车装有 2 台结构相同的三轴转向架，机车全长约 21 m，机车轮周功率 7 200 kW，最大起动牵引力 570 kW，最高运行速度 120 km/h。机车的主要特点如下：

① 机车总体设计采用高度集成化、模块化的设计思路。采用中间走廊，电气屏柜和各种辅助机组分功能对称布置在中间走廊的两侧；采用了规范化司机室，尽量考虑单司机值乘的要求。

② 机车装有 2 台结构相同的三轴转向架，牵引力传递系统采用中央低位平拉杆推挽式牵引装置，具有黏着利用率高的特点。

③ 机车车体采用整体承载的框架式车体结构，有利于提高车体的强度和刚度，车体整体能够承受 3 400 kN 的静压力和 2 700 kN 的拉力而不产生永久变形。

④ 转向架采用滚动抱轴承半悬挂结构，二系采用高圆螺旋弹簧。

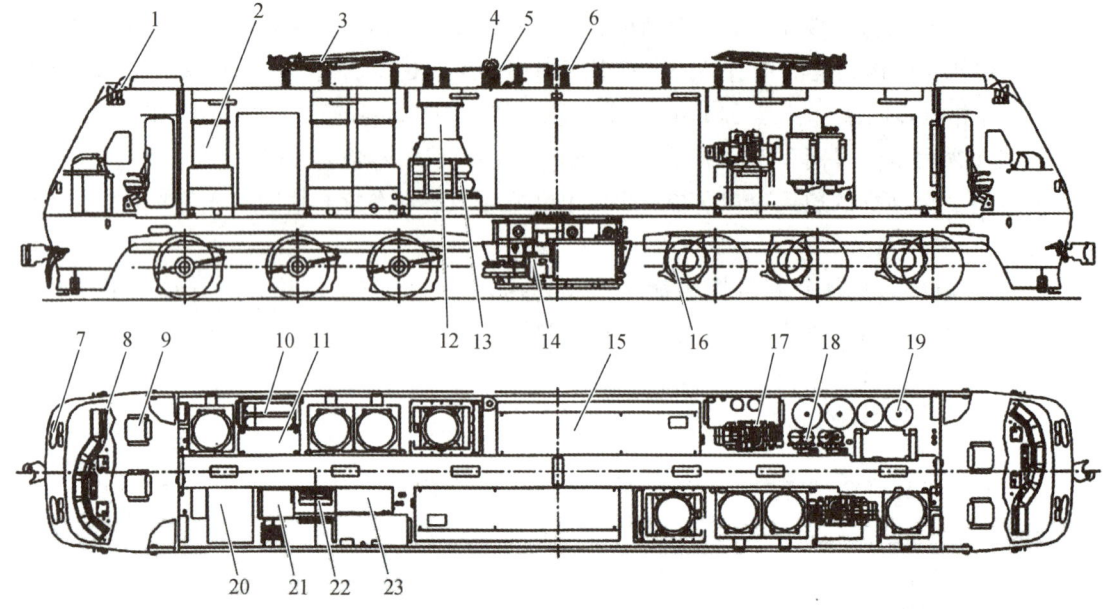

1—前照灯；2—牵引电机通风机组；3—受电弓；4—主断路器；5—高压电压互感器；6—高压隔离开关；7—标志灯；8—操作台；9—司机室座椅；10—滤波柜；11—蓄电池充电器；12—复合冷却器通风机组；13—复合冷却器；14—牵引变压器；15—变流器；16—牵引电机；17—空气压缩机；18—空气干燥器；19—总风缸；20—卫生间；21—综合通信柜；22—微机及监控柜；23—控制电器柜。

图 5-6-2　HXD3 型电力机车的主要设备布置

⑤采用独立通风冷却技术。牵引电机采用由顶盖百叶窗进风的独立通风冷却方式；牵引变流器冷水和牵引变压器油冷采用水、油复合式铝板冷却器，由车顶直接进风冷却；辅助变流器采用车外进风冷却的方式；另外还考虑了司机室的换气和机械间的微正压通风。

⑥采用计算机控制集成化气路的空气制动系统，机械制动采用轮盘制动。

⑦采用了新型双塔空气干燥器，有利于压缩空气的干燥，减少了制动系统阀杆的故障率。

三、机车的检修

轨道交通通信概况

机务段是铁路沿线负责机车检修和运用工作的基层生产单位，一般设在编组站或区段站上。此外，为便于机车的整备和乘务员的换乘，在机车交路的折返点，还应设有机务折返段。所谓机车整备，是指机车在出段牵引列车或担任调车工作以前，需要供应机车必需的物资和做好各项准备工作。机务段和机务折返段设置的基本原则是满足牵引列车的最大需要，并能充分发挥各项设备的能力和机车运用效率。机务段之间距离的长短，应考虑机车乘务员的连续工作时间和机车类型，并结合编组站、区段站的位置，尽可能长距离地设置。

（一）机务段的工作和设备

根据各机务段所承担任务的大小，国铁集团所有机车都分别配属于各个机务段，并由机务段来组织和计划本段所属机车的运用和检修工作，同时机务段也负责组织机车乘务人员的工作。

配属给机务段的机车,一般分配在若干个牵引区段里往返牵引列车或固定在某个车站上担任调车工作。机车类型不同,整备作业的内容也不一样。内燃机车和电力机车的整备作业项目如表 5-6-1 所示。

表 5-6-1　内燃机车、电力机车的整备作业

需要供应的物资			需要做的准备工作		
项目	内燃机车	电力机车	项目	内燃机车	电力机车
燃料	√	—	机车转向	一般 — 单向 √	—
水	√	—	机车擦拭	√	√
砂	√	√	检查	√	√
润滑油	√	√	给油	√	√
擦拭材料	√	√	机车乘务组交接班	√	√

为了完成以上整备作业,机务段内必须修建相应的整备设备,如机车整备线、加油站、上水管、上砂管以及存储与发放油脂、化验、排水、照明设备等。

整备设备的布置,应保证各项整备作业能平行或流水线式地进行,并应具备足够的能力,以压缩整备作业时间,提高机车的运用效率。

(二) 机车检修的周期和内容

机车经过一定时期的运用后,各部件都会发生磨耗、变形或损坏。为了保证机车的正常运行,延长使用期限,除了机车乘务员的日常检查和保养外,还必须进行各种定期检修工作。

除大修在机车工厂进行外,其余的机车定期检修一般都在机务段内进行。因此机务段必须具有机车的整备及检修设备,如各种检修库及辅助车间等。

机车类型不同,它们的检修周期和检修内容也各不一样,内燃机车和电力机车的检修周期一般根据机车的走行公里数确定,如表 5-6-2 所示。

表 5-6-2　内燃机车、电力机车的检修周期表

修程	检修周期			
	内燃机车	电力机车	调车、小运转机车	
			内燃	电力
大修	(80±10) 万 km	(160~200) 万 km	8~10 年	不少于 15 年
中修	(23~30) 万 km	(40~50) 万 km	2.5~3 年	不少于 3 年
小修	(4~6) 万 km	(8~10) 万 km	4~6 个月	不少于 6 个月
辅修	不少于 2 万 km	(1~3) 万 km	不少于 2 个月	不少于 2 个月

各种修程所包括的内容在有关的规程中都有具体的规定。大修是机车全面恢复性修理,大修后的机车基本上须达到新车的水平。中修的主要目的是修理走行部。小修主要是为了对有关设备进行测试和维修等。辅修是属于临时性的维修和养护。

为了进一步提高修理质量与效率,吸取国外经验,积极进行修制改革,目前,我国机车检测同车辆检测一样,也在逐渐推广计划预防修理制度,并且在计划预防修的前提下,逐步实行状态修、换件修和主要零部件的集中修。建立和逐步完善现代化的机车运用和维修制度是我国未来一段时期深化机务改革的重点工作。

四、机车运用

机车运用上的一个特点是,机车只要离开机务段,就要受车站有关人员的调度和指挥。所以机务部门和行车部门关系特别密切,必须协调配合才能安全、优质地完成运输任务。

(一)机车交路

机车交路是机车固定担当运输任务的周转区段,也称机车牵引区段。机车交路按用途不同分为客运机车交路和货运机车交路;按区段长度不同分为一般机车交路和长交路;按机车运转制分为循环运转制、半循环运转制、肩回运转制和环形小运转制交路。图 5-6-3 所示为机车交路图例。

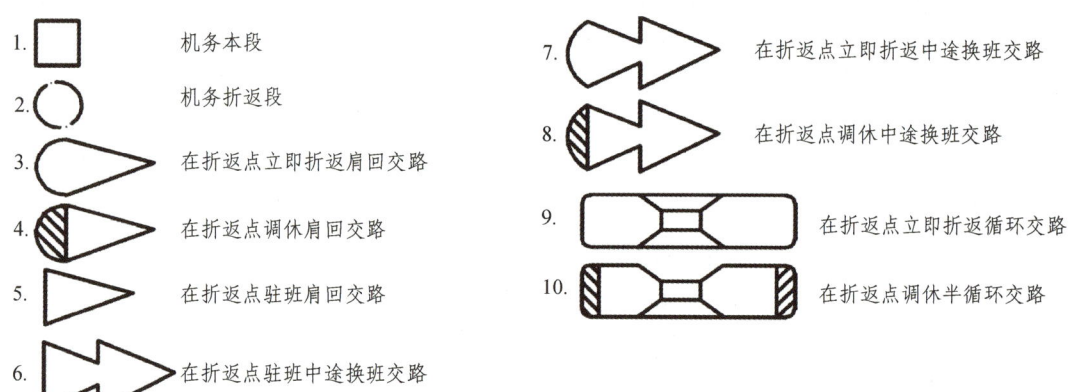

图 5-6-3 机车交路图例

(二)机车运转制度

机车运转制是指机车在交路上从事列车作业的方式。目前,我国铁路上采用的机车运转制主要有肩回运转制、循环运转制和半循环运转制。

机车牵引列车在一个交路区段内往返一次后即进入本段的运转方式,称为肩回运转制,在我国铁路区段上,担当牵引任务的机车多采用肩回运转制。肩回运转制又可分为单肩回、双肩回、多肩回等几种。图 5-6-4(a)所示为双肩回运转制示意图。机车的长短交路均可采用这种运转方式。

机车牵引列车在相邻两个交路区段内做往返连续运行,直到需要进行中检或定期检修时才进入本段的运转方式,称为循环运转制。图 5-6-4(b)所示为循环运转制示意图。

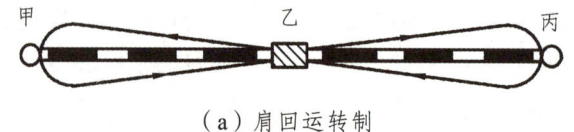

(a)肩回运转制

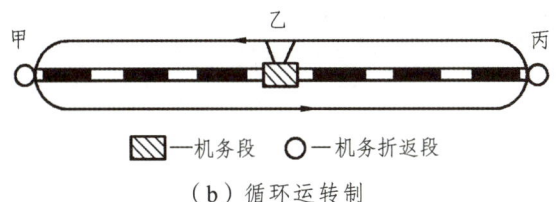

（b）循环运转制

图 5-6-4 肩回运转制和循环运转制

机车牵引列车在相邻两个交路区段内往返运行一次后即进入本段的运转方式，称为半循环运转制。

此外，还有一种是环形运转制，是指机车牵引列车在一个交路区段内连续运行几个往返后才进入本段进行整备作业。这种运转制适用于小运转列车、市郊列车或运量较大的短交路区段列车等。

（三）机车乘务制度

机车乘务制度是指机车乘务员使用机车的制度，分包乘制、轮乘制和轮包结合制。

包乘制一般采用四班制，4个乘务组固定使用一台机车，轮流值乘，由一名较优秀的司机担任司机长，每5~7台机车设指导司机1名，指导司机对分管的各机车乘务机班进行技术指导和工作监督与检查。

轮乘制机车没有固定的乘务组，各乘务组轮流上车值乘，按一定的顺序轮流值乘不同的机车。一般每15~20个乘务组设1名指导司机，机车的日常保养与检查维修由地勤车间或地勤组承担。轮乘制提高了机车的利用率和乘务员的劳动效率，也提高了铁路运输效率；但机车的保养及检修条件较差，因此对机车本身的质量要求较高。

轮包结合制适用于机车长交路。机车由几个固定的乘务组包管，当机车出机务段或回机务段（出、入库）时，由该固定乘务组值乘，在交路上运行时由各乘务组按一定的顺序轮流上车值乘。该乘务制度是包乘与轮乘相结合的一种方式，既提高了机车的利用率和乘务员的劳动效率，也加强了机车的保养工作。

学习工作任务单			
工单编号	5	工单名称	轨道交通机车及车辆
工单类型	基础型工单	面向专业	轨道交通行业相关岗位
工单大类	学习型工单	能力面向	专业能力
职业岗位	机车乘务员、车辆乘务员、动车组司机、电客车司机等轨道交通行业从业人员		
考核点	轨道交通车站		
工单简介	本工单主要了解轨道交通车辆的分类和标记各种线路，掌握轨道交通车辆的结构，能对比分析轨道交通车辆各组成部分的作用。对轨道交通车辆有整体的认知，为以后的工作学习打下坚实基础。 加强学生爱党爱国、热爱轨道交通行业的精神，以及民族自豪感。		
设备环境	多媒体教室、铁路机车车辆停车场		
用途说明	在常规课程中可引导学生获取信息的能力和总结归纳的能力		
实施人员信息（学生填写）			
姓名		班级	
学号		电话	

任务目标	笔记栏
实施该工单的任务目标如下： 1. 掌握铁道车辆分类； 2. 掌握铁道车辆的作用； 3. 掌握铁道车辆标记的含义； 4. 了解铁道车辆方位判断； 5. 了解铁道机车的轴列式； 6. 掌握铁道机车车辆结构。	

任务介绍

1. 任务描述

本任务以"感动中国 2010 年度人物特别奖——铁道部 K165 次列车乘务组"的事迹为引入，介绍铁路机车和车辆基础知识，掌握轨道交通车辆的结构，弘扬临危不惧的铁路职业精神。

2. 任务要求

（1）说明铁路车辆分类。
（2）说明铁路车辆作用。
（3）说明轨铁路车辆标记含义。

任务资讯

（10分）1. 简述铁道车辆分类和车辆标记？

（10分）2. 说明不同类型车辆的作用？

（10分）3. 说明铁道机车的分类。

笔记栏

任务实施

任务实施要求如下：

（5分）1. 铁路车辆分类及作用。

（5分）2. 铁路货车、客车分类及作用。

（5分）3. 铁道机车轴列式的意义？

（5分）4. 说明铁道机车的工作原理。

（5分）5. 列举5种铁路车辆标记的作用。

笔记栏

任务扩展

任务扩展要求如下：

请根据现代运输现况和轨道交通行业的现况并结合我国国情，展望未来轨道交通车辆的发展趋势并结合专业对未来职业做出展望。

（**10 分**）1. 简述未来铁道机车车辆的发展方向？

（**15 分**）2. 结合本专业谈谈你对铁道机车车辆重要性的理解。

笔记栏

工作日志

（5分）实施工单过程中填写如下日志：

工作日志表

日期	工作内容	问题及解决方式

工作总结

（15分）请编写完成本任务的工作总结：

笔记栏

质量监控单（教师完成）

工单实施栏目评分表

评分项	分值	作答要求	评审规定	得分
任务资讯	30	问题回答清晰准确，能够紧扣主题，没有明显错误项。	对照标准答案错误一项扣2分，扣完为止。	
任务实施	25	近期展望贴合实际，结合所学专业能有基本准确的定位。	回答前后逻辑合理，不合理处扣2分。	
任务扩展	25	各种类型表述清楚，特点描述准确。	分类少些一项扣2分，对照标准答案错误一项扣5分，扣完为止。	
其他	20	日志和问题项目填写详细、能够反映实际工作过程。	没有填或者太过简单每项扣5分。	
合计得分				

职业能力评分表

评分项	等级	作答要求	等级
知识评价	A|B|C	A：能够完整准确地作答任务资讯的所有问题，准确率在90%以上。 C：对基础知识掌握得不牢固，任务资讯和答辩的准确率在50%以下。	
能力评价	A|B|C	A：熟悉各个环节的实施步骤，完全独立完成任务，有能力辅助其他学生完成规定的工作任务，实施快速，准确率高（任务规划和任务实施正确率在85%以上）。 C：未完成任务或只完成了部分任务，有问题没有积极向其他同学请教，工作实施拖拉，不积极，各个部分的准确率在50%以下。	
态度素养评价	A|B|C	A：不迟到、不早退，对待他人有礼貌，善于帮助他人，积极主动完成规定工作任务，工作台完整整洁，回答老师提问科学。 C：未完成任务或只完成了部分任务，有问题没有积极向其他同学请教，工作实施拖拉不积极，不能准确回答老师提出的问题，各个部分的准确率在50%以下。	
思政素养	A|B	A：树立正确爱党爱国精神，树立不畏艰难、勇于创新的开拓精神，深入实践、严谨细致的科学精神，能深刻理解"詹天佑"工匠精神。 B：对"铁路"工匠精神理解不够全面。	

PART SIX

第六章

轨道交通通信、信号

学习目标

知识目标

1. 了解轨道交通通信分类和特点
2. 掌握轨道交通通信设备
3. 了解轨道交通行车信号

能力目标

1. 对比分析各种轨道交通通信设备
2. 分析各种轨道交通适用的通信方式

素质目标

1. 培养学生民族自豪感
2. 培养学生爱国、爱路的情怀

轨道交通车辆都是在固定轨道上运行的，轨道交通通信可以说是轨道交通运输的神经。在我国轨道交通通信与信号维护工作中，有很多人默默地为轨道交通运输安全高效地运行付出着汗水和青春。

他 1982 年出生，2002 年入路，获得全国技术能手、全路技术能手、火车头奖章、辽宁省劳动模范、"铁路工匠"等荣誉。他就是刘博，中国铁路沈阳局集团有限公司锦州电务段锦州车载车间的一名信号工。他换装车载数据 1 500 余次，核对灌装两亿条设备代码"零差错"。精湛的技术是学出来、干出来的，更是在破解难题中练出来的。2009 年，锦州电务段的列车运行监控记录装置因过了质保期，频繁发生单机运行故障，甚至导致途中停车，只能频频返厂维修。为了保安全、降成本，刘博调取 2 300 多个机车运行文件，对比分析 190 多万条数据，3 个多月后终于找到病灶，彻底消除故障。"刘博铁路信号工技能大师工作室"成立后，他带领青工学技术、攻难关，培养出 8 名局集团公司技术状元、2 名国铁集团技术能手，研制信号故障模拟实验平台等 20 多项技术成果，成为享受国务院政府特殊津贴的高技能人才。如图 6-0-1 所示，铁路工匠刘博。

图 6-0-1　铁路工匠刘博

第一节　概　述

轨道交通运输作业分散在各车站、车场上，为了实现轨道车辆行车各部门间的统一调度和指挥，组织运输生产和铁路建设，保证行车安全和效率，必须有一个迅速可靠、四通八达、综合性的专用通信系统。轨道交通通信设备是指挥轨道车辆运行、组织铁路运输生产和运输业务联络而迅速、准确地传输各种信息的通信系统的总称。轨道交通通信是专门为轨道的运输生产、经营管理、生活服务等建立的一整套通信系统，主要由传输网、电话网和专用通信网组成。

一、轨道交通通信特点

由于轨道运输的特殊性，轨道交通通信具有以下特点：

（一）轨道交通通信应具有高可靠性，以保证轨道车辆的高速安全运行

轨道交通通信是以轨道运输为重点的通信，最主要任务之一是实现轨道车辆运行的统一调度和指挥，保证行车的安全和效率。因此，在轨道交通通信业务中，要确保调度电话和站间行车设备畅通，一旦轨道交通通信发生故障，首先应抢通调度电话和站间行车电话。

（二）轨道交通通信是一种有线电与无线电相结合的通信

轨道运输生产是通过轨道车辆的运行来实现的，为了便于运行中的车辆同行车指挥机构及时联系，轨道交通通信应发展成为一个以有线通信为主，而又广泛应用无线通信两者相互结合的通信系统。

（三）轨道交通通信是设备分散、线路分歧点多、组网难度较大的一种专用通信

轨道交通通信的架空明线、电缆、光缆线路等均沿轨道线路设置。通信用的终端设备除了安装在管理机构处，还安装在轨道沿线的各站段，以及沿线各车站、车场和工区。此外，

轨道沿线每隔1~2 km，还设置从通信线路分歧引出的区间电话，以满足行车事故应急通信和轨道沿线维护用通信的需要。

（四）多种通信方式结合形成统一的轨道交通通信网

轨道交通通信的各种业务种类繁多，设备多样化，且要求准确、迅速，分秒不断，轨道交通通信网是一种业务综合、方式多样性的通信网。

二、轨道交通通信的分类

（一）按照传输业务分类

轨道交通通信按照传输业务可分为语音业务、数据业务和图像业务。

（1）语音业务主要是工作人员之间的联系、调度及运营等各种命令的下达，以及情况的汇报等。

（2）数据业务是各类通信应用系统及信息系统组网提供数据传输通道的业务，包括运输组织信息、经营管理信息、电报、调度命令、进路预告信息、车次号校核信息、防护报警信息等。

（3）图像业务有电话电视会议召开时传输的静止和动态的图像信息，用于轨道运输关键作业区域、车辆运行和机房等进行监视的图像信息，以及发生行车事故或自然灾害等紧急情况下启用应急通信时传输的图像信息。

（二）按传输方式分类

铁路通信按照传输方式可分为铁路有线通信和铁路无线通信两大类。铁路有线通信主要用来解决铁路沿线长途干线以及中短途地区间信息的传输，传输介质主要有架空明线、通信电缆和通信光缆。铁路无线通信主要是完成行进列车上的乘务人员、旅客与地面工作人员保持通信联系，同时完成传递地面和列车之间各种控制、监视和显示信息。

（三）按通达地区和范围分类

轨道交通通信按通达地区和范围可分为长途通信、地区通信、区段通信和站内通信等。长途通信是经过长途传输设备连接的电话、电报和数据通信。地区通信为同一地区系统用户间的通信，主要采用电话通信，通过长途交换设备可接长途通信网，设置市话中继线可接入市话系统。区段通信为轨道沿线各部门用于指挥、调度、行车、管理等公务的专用通信系统，包括调度电话、站间行车电话、基层业务电话、区间电话和列车预报、确报电报等。站内通信用于站场各种作业指挥和生产联系，采用站场有线电话、站场无线电话、站内电报和电视，以及站场扩音和信息控制。

（四）按通信的业务性质分类

轨道交通通信按通信的业务性质可分为公用通信和专用通信。

公用通信主要包括供员工办公和相互联系用的电话和数据业务，电话通信网和数据通信网在内部均为一个独立的网络，外部与公共电话网络或 Internet 网络相连。专用通信是专用于组织及指挥铁路运输及生产的专用通信，包括传输、调度、电话电视会议、视频监控、电报、广播、应急等铁路专用业务，它不与公共网络相连，是一个覆盖全国的独立网络。

轨道交通通信网是轨道运输行业信息自动化、调度指挥智能化、列车控制和实现先进管理方式的重要保障，是一种传输语音、数据、图像等各种信息的综合业务通信网。轨道交通通信网由承载网、业网、支撑网以及连接它们的通信线路组成。

三、轨道交通通信线路

通信线路是构成轨道交通通信网的重要组成部分，为传输各种信息提供安全畅通、稳定可靠传输通路，其质量的好坏直接影响轨道交通通信系统的传输性能。

通信线路分为有线线路和无线线路。有线线路主要有架空明线、通信电缆和通信光缆 3 种类型；无线线路主要有无线电波、微波、红外线等。

（一）有线线路

1. 架空明线

架空明线是在电杆上架设的裸导线通信线路，简称明线。明线是对称式双线传输回路，构成回路的条导线必须具有相同的材料和直径，可以传输从直流到频率高达几百千赫兹的交流信号，目前部分铁路既有线使用这类通信线路。

架空明线的每个音频回线可以开通 1 路音频电话和 1 路回路电报。每个有色金属回线在连接 3 路载波电话机和 12 路载波电话机后，可开通 1+3+12 路电话。架空明线的双线回路电磁场是开放式的，当杆面上有两个或更多的双线回路时，会因回路间存在着电磁耦合而互相产生串音干扰，采用回线交叉可以把串音降低到允许标准以内。

2. 通信电缆

通信电缆是由多根互相绝缘的导线或导体构成缆芯，外部具有密封护套的通信线路。有的在护套外面还装有外护层。现在常用的通信电缆有全塑通信电缆、双绞线、同轴电缆等。

全塑通信电缆是用于较小范围的区域电话连接的对称通信电缆，其主要特点为对数多（最多可达数千对，一般为数百或数十对），如图 6-1-1 所示，全塑通信电缆。全塑通信电缆的缆芯主要由芯线、芯线绝缘、缆心绝缘、缆心扎带、包带层等组成。芯线由纯电解铜制成，一般为软铜线，标称线径有 0.32 mm、0.4 mm、0.5 mm、0.6 mm 和 0.8 mm 等 5 种。全塑通信电缆的芯线绝缘主要采用高密度的聚乙烯、聚丙烯或乙烯-丙烯共聚物等高分子聚合物，称为聚烯烃塑料。全塑通信电缆主要用于铁路用户线，传送 300~3 400 Hz 的语音信号。

双绞线（Twisted Pair）是由两条相互绝缘的导线按照一定的规格互相缠绕（一般为逆时针缠绕）在一起而制成的一种通用配线，如图 6-1-2 所示。扭绞越密，抗电磁波干扰和近端串扰越强。根据有无屏蔽层，双绞线分为屏蔽双绞线（Shielded Twisted Pair，STP）与非屏蔽双绞线（Unshielded Twisted Pair，UTP）。

图 6-1-1　全塑通信电缆　　　　　　　图 6-1-2　双绞线

同轴电缆属于不对称通信电缆，即构成通信回路两根导线的对地分布参数不同，如图 6-1-4。同轴电缆能够传输比全塑通信电缆及双绞线电缆更宽频率范围（100 kHz～500 MHz）的信号。同轴电缆由铜芯导体、绝缘层、金属屏蔽层、外部保护层组成，铜芯导体和外屏蔽层共用同一轴心，如图 6-1-3 所示。金属屏蔽层将磁场反射回铜芯导体，同时也使铜芯导体免受外界干扰，故同轴电缆比双绞线具有更高的带宽和更好的噪声抑制特性。同轴电缆广泛应用于传输与接入、交换系统的连接线，以及无线信号发射机和天线间的馈线等场合。在铁路隧道中，无线电磁波传播效果不佳，常采用在屏蔽层外导体上周期性开槽孔的漏泄同轴电缆来替换天线，实现无线信号的覆盖。

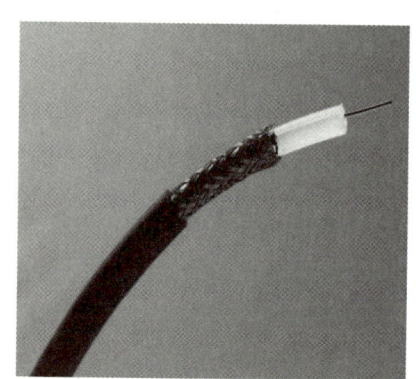

图 6-1-3　同轴电缆

3. 通信光缆

通信光缆主要是由缆芯、加强构件和护层等部分组成，如图 6-1-4 所示。光纤具有频带宽、损耗低、抗电磁干扰能力强、原材料资源丰富等特点，是目前最主要的传输介质之一。光纤的结构一般分为纤芯、包层、涂覆层。纤芯位于光纤的中心部位，用于传输光信号。包层位于纤芯周围，折射率比纤芯折射率略高。涂覆层主要保护光纤不受水汽的侵蚀和机械的擦伤，同时又增加了光纤的柔韧性，起着延长光纤寿命的作用。涂覆层常按照标准色谱着不同的颜色，以区分光纤。在某个角度范围内入射到光纤端面的光可以在纤芯中形成全反射现象，从而使光波向光纤的另一端传播。

通信电缆和通信光缆的敷设方式有直埋、管道、架空和水底等敷设方式。普速铁路干线、地区及站场的光、电缆宜敷设在预埋管道或预制电缆槽内；调度所、通信枢纽、车站、区间信号中继站、通信基站、牵引变电所等重要业务站点宜采用不同物理路由的光缆引入。高速铁路干线光、电缆应敷设在铁路两侧的预制电缆槽或预埋管道内，地区及站场光、电缆宜敷设在预制电缆槽或预埋管道内；调度所、通信枢纽、车站、区间信号中继站、通信基站、牵引变电所等重要业务站点应采用不同物理路由的光缆引入。

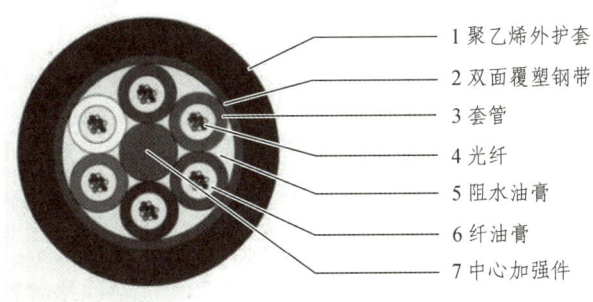

1 聚乙烯外护套
2 双面覆塑钢带
3 套管
4 光纤
5 阻水油膏
6 纤油膏
7 中心加强件

图 6-1-4　通信光缆

(二) 无线线路

无线传输是指可以在自由空间利用电磁波发送和接收信号进行通信。地球上的大气层为大部分无线传输提供了物理通道，就是常说的无线传输介质。无线传输所使用的频段很广，人们现在已经利用了好几个波段进行通信。紫外线和更高的波段目前还不能用于通信。无线通信的方法有无线电波、微波和红外线。

无线电波是指在自由空间（包括空气和真空）传播的射频频段的电磁波。无线电波的波长越短、频率越高，相同时间内传输的信息就越多。电磁波包含很多种类，按照频率从低到高的顺序排列为：无线电波、红外线、可见光、紫外线、X 射线及 γ 射线。无线电波分布在 10 kHz 到 3 000 GHz 的频率范围之间。无线电波是指在自由空间（包括空气和真空）传播的射频频段（频率小于 300 GHz）的电磁波。无线电技术的原理在于导体中电流强弱的改变会产生无线电波。利用这一现象，通过调制可将信息加载于无线电波之上。当电波通过空间传播到达收信端，电波引起的电磁场变化又会在导体中产生电流。通过解调将信息从电流变化中提取出来，就达到了信息传递的目的。

微波是指频率为 300 MHz～300 GHz 的电磁波，是无线电波中一个有限频带的简称，即波长在 1 m（不含 1 m）到 1 mm 之间的电磁波，是分米波、厘米波、毫米波的统称。微波频率比一般的无线电波频率高，通常也称为"超高频电磁波"。列车和地面之间的通信主要采用这类无线电波传输。

红外线（Infrared, IR）是频率介于微波与可见光之间的电磁波，波长在 760 nm（纳米）～1 mm（毫米）之间。它是频率比红光低的不可见光。高于绝对零度（即-273.15 ℃）的物质都可以产生红外线。红外线通信有两个最突出的优点：① 不易被人发现和截获，保密性强；② 几乎不会受到电气、天气、人为干扰，抗干扰性强。此外，红外线通信机体积小，质量轻，结构简单，价格低廉。但是它必须在直视距离内通信，且传播受天气的影响。在不能架设有线线路，而使用无线电波又怕暴露自己的情况下，常使用红外线通信。

第二节　轨道交通通信设备

轨道通信系统是轨道交通运输的"神经"，轨道交通通信系统直接为轨道交通运营、管理服务，主要任务是及时传递轨道交通运营各系统、各部门和线路控制中心、运营网络指挥中心间及其相互间的信息。因此，轨道交通通信系统应适应运输效率、保证行车安全、提高现代化管理水平和传递语音、数据、图像等各种信息的需要，并应做到系统可靠、功能合理、设备成熟、技术先进、经济实用。

通信技术、计算机技术、控制技术的发展互相融合，使得人们在广域范围内随时随地获取及交换信息成为可能，也为现代铁路信息技术发展提供了机遇。通信系统的基本任务就是确保发信源的信息，如语音、数据、图像等，能迅速、准确、安全、可靠地传递到收信者。随着通信技术的发展及用户需求的日益多样化，轨道现代通信网络类型及所提供的业务种类不断增加和更新，形成了复杂的通信系统网络体系。从功能上来讲，其可分为应用层、业务层及传送层。基于用户接入网络的实际网络连接，可划分为用户驻地网、接入网及核心网；也可分为局域网、城域网及广域网。

在现代通信系统中，应用层处于分层结构的最高层，其业务是直接面向用户的，主要有模拟与数字视音频业务（如普通电话业务、智能网业务及IP电话业务等）、数据通信业务（如网络商务）、多媒体通信业务（如分配型业务和交互型业务等）。

业务层主要提供基本的语音、数据、多媒体业务，可采用不同交换技术的节点、交换设备形成不同类型的业务网。

传送层是指在不同地点的各点之间完成信息传递功能的网络，是为业务网提供各种手段的基础设施。根据不同的需求，有不同的实现方式。具体实现技术包括有线传输及无线传输，如光纤属于有线通信，是以光波为载体，以光纤为传输媒质的通信方式。

车载无线通信设备通过铁路专用移动通信网络，实现机车与车站、调度之间的车机联控以及行车信息的准确传输。车载无线通信设备作为"铁路移动"网络通信的终端设备，被称为列车司机的眼睛和耳朵，是确保列车安全运行的核心设备。中国铁路太原局集团有限公司太原通信段湖东移动通信车间通信工丁巧仁，就是维护"铁路移动"设备的技术能手。如图6-2-1所示。

丁巧仁的工作是诸多铁路工种中的一种。在外人看来，周而复始地分析数据、试验设备是枯燥乏味的，但丁巧仁却凭着

图6-2-1　铁路工匠丁巧仁

自己对铁路通信事业的执着，在这种枯燥乏味中锤炼出一种特有的认真态度。工作中，丁巧仁不允许自己有任何不专业的操作。面对工作，他总是兢兢业业、追求创新。丁巧仁也因此在不断积累的工作经验中充实着自己，收获了一份精益求精态度下锻造出来的专业自信。

始终钟情于自己从事的机车车载无线通信设备的维护和测试工作的丁巧仁，从个人兴趣发展为对这份职业的热爱，在热爱中肩负起"科技保安全"的使命。在他的身上，我们看到了一线技术工作者对铁路事业的强烈自豪感，看到了铁路人为实现交通强国、铁路先行而忘我工作的新形象。

一、铁路专用通信系统

　　调度电话是铁路各级业务指挥系统使用的专用电话，均为封闭式的专用电话系统。调度中心至各铁路局间设干线调度电话；铁路局至局管内各站段设局线调度电话。这两种调度电话分别利用干、局线通信通道组成调度通信网，所用的设备和行车调度电话设备相似。调度电话有以下几种：

（一）列车调度电话

　　列车调度电话供列车调度员与其管辖区段内所有的分机进行有关列车运行通话之用，属于有线电话。在列车调度回线上，只允许接入与列车运行直接有关的车站值班员、车站调度员、机务段值班员、车务段值班员及电力牵引变电所值班员等的电话。列车调度电话应能使调度员迅速方便地呼叫区段内的任何一个车站（单呼）、一批车站（组呼）或区段内的全部车站（全呼），并与他们互相通话；任何车站也可以方便地对列车调度员呼叫并进行通话。列车调度电话如图 6-2-2。

图 6-2-2　列车调度电话

（二）电力调度电话

　　电力调度电话主要供铁路电气化区段管理接触网供电用。电力调度电话区段的划分，必须与电力调度员管辖区一致。电力调度电话设备与行车调度电话设备相同，二者仅使用场合与用途不同而已。电力调度电话总机设在调度所，分机设在牵引变电所值班员室、开闭所、接触网工区、分区亭、AT 所、机务段及折返段的值班员室、供电段调度室、无接触网工区的中间站车站值班员室。

　　电气化铁路的牵引电源均由电业部门供电，因此铁路供电设备的运用、停电、检修等业务，应与有关电业部门的电力调度所联系。由于供电直接影响列车运行，需要及时迅速联系，所以电力调度台与有关电力调度所间应设直通电话或专用电话。

(三) 货运调度电话

货运调度电话供调度货运车辆以及指挥各主要车站装卸货物作业用。货运调度电话区段的划分，应与货运调度员管辖区一致，调度电话设备和行车调度电话相同。货运调度电话总机设在调度所，分机设在中间站货运员及区段站、编组站、货运站的货运调度员处。

由于铁路调度电话均为指挥各种业务作业而用，具有相当重要性，应保证通信迅速不中断，且具有准确性。所以调度电话，尤其是干线调度、局线调度、列车调度电话应有备用通信手段。各种调度电话都为封闭系统，且在通常情况下，不考虑各分机间的通话要求。

(四) 无线调度电话

列车无线调度电话。这种以铁路运输调度为目的，利用无线电波的传输，完成移动体与固定体之间或移动体之间信息通信的系统，称为列车无线调度通信系统，简称无线列调。这是一种专用的移动通信系统，在铁路上得到广泛地应用和普及，成为调度通信系统的重要组成部分。无线调度电话示意图如图 6-2-3 所示。

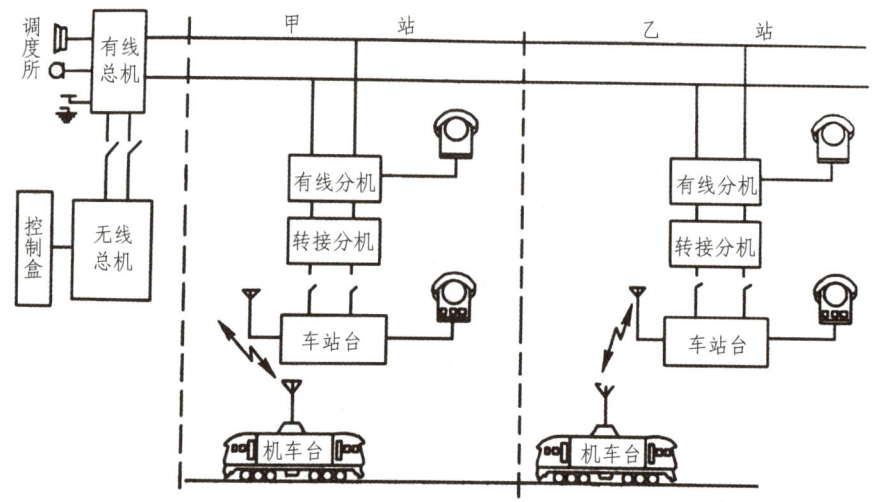

图 6-2-3 无线调度电话示意图

列车有线电话，仅供列车调度员和车站值班员直接进行通信联系，而列车无线调度电话，可供列车调度员、机车调度员、车站值班员等调度指挥人员和列车司机相互通话。这对于提高运输效率，缩短运行时间，及时掌握和调整列车运行都有重大作用。同时列车在运行过程中发生临时故障或区间线路桥梁出现不正常现象时，司机可以及时报告调度员或邻近的车站值班员，也可直接通知邻近区域的司机，以便及时采取措施更好地确保行车安全。列车无线调度电话如图 6-2-4 所示。

图 6-2-4 列车无线调度电话

当车站值班员和司机通话时，车站值班员的话音电流经车站固定电台调制后的高频能量，通过天线转变为电磁波能量向周围区间辐射，于是在此区间内被机车上的电台接收，就能通话联络。铁路局调度员呼叫司机时，要通过车站的有线、无线转接设备把调度控制台和车站天线连接起来，发出电磁波，进行通话。车站值班员可以通过车站电台与机车司机、运转车长进行通话，这种通话有时称为小三角通信，而把调度员、车站值班员和司机之间的通信称为大三角通信。

司机呼叫铁路局调度员，一种方式是自动抓接，另一种方式是征得车站值班员的同意，由车站值班员按下专门的按钮，将车站的固定电台与调度所的通信线路接通，然后司机才能和调度员谈话。需要注意的是机车电台只能在某区间内呼出邻近车站电台，若机车在第二站与第三站间运行，只能与第二站和第三站的车站电台通话，而不能和其他车站或调度所直接通话。

（五）无线铁路移动通信系统

2006年7月1日，随着青藏铁路的全线通车，我国铁路所使用的一种世界上领先的铁路数字移动通信系统也在青藏线上正式投入使用，这就是铁路移动通信系统。铁路移动通信系统（Global System for Mobile Communications-Railway）是专门为铁路通信设计的综合专用移动通信系统，简称GSM-R。GSM-R技术是基于成熟、通用的公共移动无线通信系统GSM平台之上，专门为满足铁路应用而开发的数字式移动无线通信技术。在铁路通信中，它能够提供定制的附加功能，如优先级和强插功能、话音组呼及广播功能、位置寻址及功能寻址和安全数据通信等，是一种经济高效的综合数字移动通信系统。GSM-R是一种数字式的集群系统，能提供无线列调、编组调车值信、应急通信、养护维修组通信等语音通信功能。GSM-R可作为信号及列控系统的良好传输平台，GSM-R能满足列车运行速度为0～500 km/h的无线通信要求，安全好。GSM-R的工作频段为上行885～889 MHz，下行方向为930～934 MHz。GSM-R网络结构如图6-2-5所示。

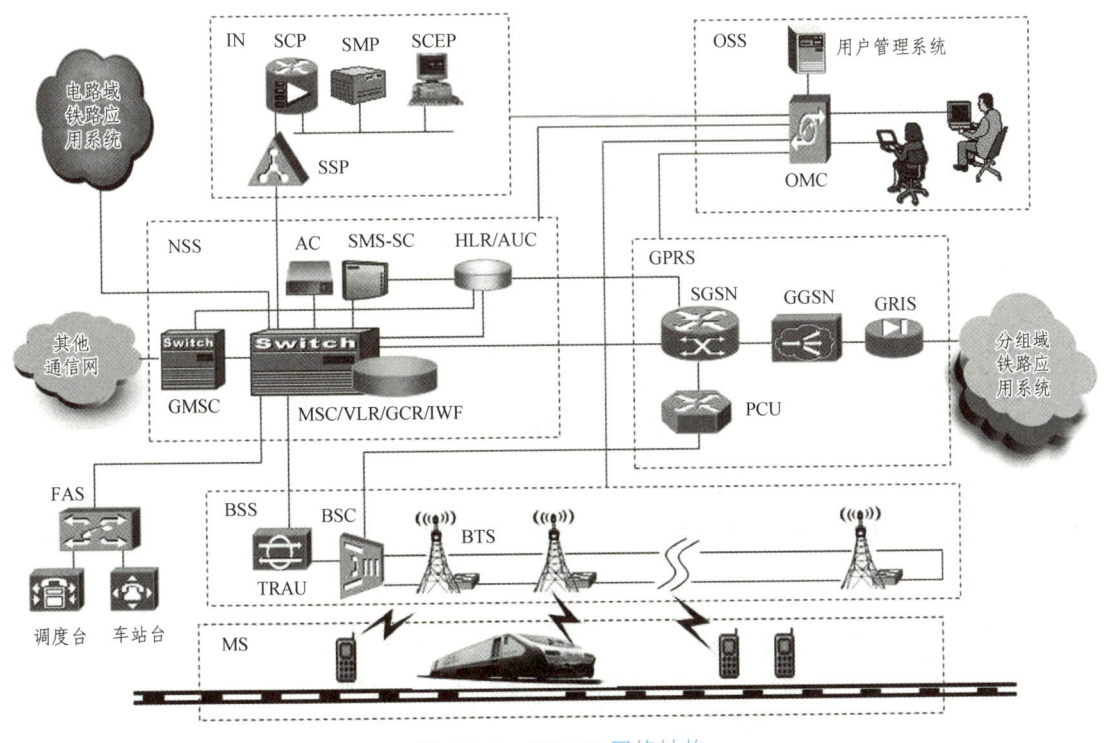

图6-2-5　GSM-R网络结构

GSM-R 系统由网络子系统、基站子系统、运行及业务支撑子系统和终端设备 4 个子系统组成。其中网络子系统包括移动交换子系统、移动智能网子系统和通用分组无线业务（GPRS）子系统。GSM-R 通过交换子系统中的网关移动交换中心（GMSC）实现与其他通信网络的电路域业务的互联互通，通过通用分组无线业务系统（GPRS）中的网关 GPRS 业务支持节点（GGSN）实现与其他数据信息网络的分组域业务的互联互通。GSM-R 系统业务如图 6-2-6 所示。

图 6-2-6　GSM-R 系统业务

GSM-R 系统主要可以实现以下功能：

1. 调度通信功能

调度通信系统业务包括有：列车调度通信、货运调度通信、牵引变电调度通信、其他调度及专用通信、站场通信、应急通信、施工养护通信和道口通信。

2. 车次号传输与列车停稳信息的传送功能

车次号传输与列车停稳信息对铁路运输管理和行车安全具有重要的意义，它可通过基于 GSM-R 电路交换技术的数据采集传输应用系统来实现数据传输，也可以采用 GPRS 方式来实现。

3. 调度命令传送功能

铁路调度命令是调度所里的调度员向司机下达的书面命令，它是列车行车安全的重要保障。采用 GSM-R 系统传输通道传输调度命令无疑将加速调度命令的传递过程，提高工作效率。

4. 列车尾部装置信息传送功能

将尾部风压数据反馈传输通道纳入 GSM-R 通信系统，可以方便地解决尾部风压数据传输问题。

5. 调车机车信号和监控信息系统传输功能

提供调车机车信号和监控信息传输通道，实现地面设备和多台车载设备间的数据传输，并能够存储进入和退出调车模式的有关信息。

6. 列车控制数据传输功能

采用 GSM-R 通信系统实现车地间双向无线数据传输，提供车地之间双向安全数据传输通道。

7. 区间移动公务通信

在区间作业的水电、工务、信号、通信、供电、桥梁守护等部门内部的通信，均可以使用 GSM-R 作业手持台，作业人员在需要时可与车站值班员、各部门调度员或自动电话用户联系。紧急情况下，作业人员还可以呼叫司机，与司机建立通话联络。

8. 应急指挥通信话音和数据业务

应急通信系统是当发生自然灾害或突发事件等影响铁路运输的紧急情况时，在突发事件现场与救援中心之间，以及现场内部采用 GSM-R 通信系统，建立语音、图像、数据通信系统。

二、城轨交通通信设备

城市轨道交通通信一般由传输系统、无线通信系统、公务电话系统、专用电话系统、监视系统、广播系统、时钟系统、电源及接地系统等子系统组成。城市轨道交通无线通信系统为城市轨道交通控制中心调度员、车辆基地调度员、车站值班员等固定用户与列车司机、防灾、维修等移动用户之间提供通信手段，包括控制中心交换设备、控制中心网络管理终端、调度台、基站、移动设备（便携式手持台、车载电台、车站用固定台）、传输设备等。

城市轨道交通无线通信系统宜采用数字集群移动通信系统，其采用的工作频段及频点应由当地无线电管理部门批准。集群系统的可用信道可为系统的全部用户服务，具有自动选择信道的功能，它是共享资源、分担费用、共用信道设备及服务的多用途、高效能的无线调度通信系统。其主要业务是调度台的收发信机与一群（组）移动台之间建立一条单工或半双工的无线通信线路，或移动台用户（车载台或手持台）之间建立一条单工或半双工的无线通信线路。在一个多信道调度无线系统中，"集群"是指向正在申请服务的用户自动分配信道。无线通信系统采用双向无线通信，一般采用 4 个频率对，每对频率相差 10 MHz。各个频率相应的工作范围分配如下：

信道 1：列车调度通信，覆盖范围为各车站；

信道 9：治安警务通信，覆盖范围为沿线各站及地面部分；

信道 0：车辆基地通信，覆盖范围为车辆基地；

信道 8：紧急备用信道，覆盖范围为信道 1 和信道 0 的总和。

（一）城市轨道交通无线集群调度系统

城市轨道交通无线集群调度系统在功能组成上一般分为 6 个无线通信子系统，分别为其 6 个不同部门提供服务，既可实现不同通信组的相互独立性，使其各自通信操作互不妨碍，又可以实现系统设备和频率资源的共享。这 6 个无线通信子系统包括行车调度通信子系统、站务通信子系统、车辆段调度通信子系统、维修调度通信子系统、公安调度通信子系统、防灾调度通信子系统。无线通信系统组成图如图 6-2-7 所示。

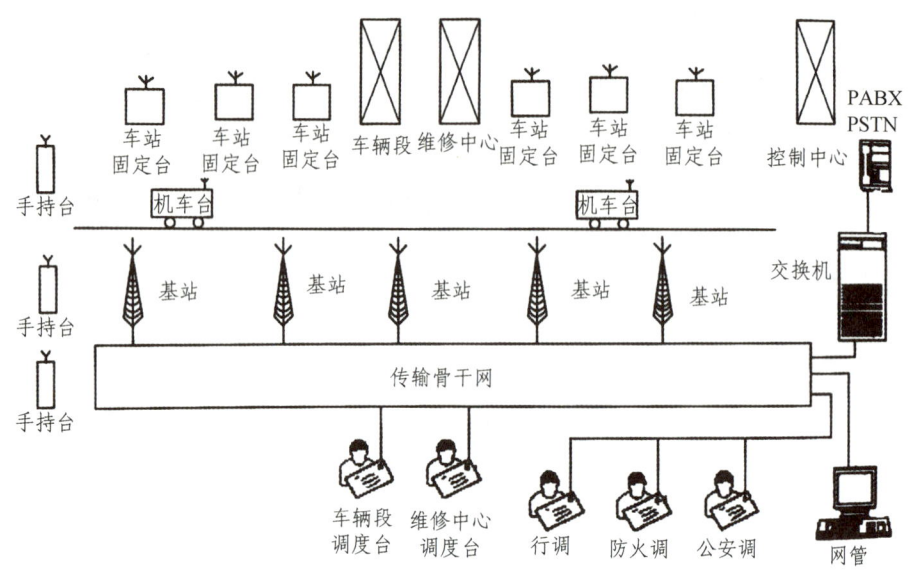

图 6-2-7 无线通信系统组成

1. 行车调度通信子系统

行车调度通信子系统负责完成正线行车调度员与城市轨道交通车辆驾驶员的通信联系，传送行车指挥话音和数据指挥命令。呼叫方式采用选号呼叫，行车调度员通过行车调度台完成对机车驾驶员的一对一个别选呼，并可以发送数据指令和接收列车上传来的信息。

2. 站务通信子系统

站务通信子系统负责完成车站车控室内勤人员与车站外勤人员及本站控制内列车驾驶员间通话。车站人员与驾驶员间通话由调度派接，在本站采取组呼方式进行通话。

3. 车辆段调度通信子系统

车辆段调度通信子系统负责完成段、厂内的行车调度员与城市轨道交通车辆驾驶员的通信联系，传送行车指挥话音和数据指挥命令。

4. 维修调度通信子系统

维修调度通信子系统提供维修调度、各专业调度员及本专业维修人员的无线调度通信，一般采取组呼方式。不同专业各自分组，专业之间如要进行通话，可由维修调度临时派接通话。

5. 公安调度通信子系统、防灾调度通信子系统

公安调度通信子系统、防灾调度通信子系统提供公安、防灾调度员、沿线指挥人员和抢险救灾人员之间的调度通信（采用组呼方式）。此系统在突发事件情况下才启用，由网络调度员通过动态重组功能设置临时通话小组，将应急指挥人员、各专业的抢修人员、车站值班人员等组成一组以适应现场抢险应急需要。

（二）专用电话系统

专用电话系统为控制中心调度员、车站、车辆基地的值班员组织指挥行车、运营管理及确保行车安全而设置的电话系统设备。专用电话系统由中心交换设备、车站（车辆基地）交

换设备、终端设备、录音装置及网管设备等组成。专用电话系统应包括调度电话、站间行车电话、车站、车辆基地专用直通电话及区间电话。

1. 调度电话

调度电话为控制中心调度员与各车站（车辆基地）值班员，以及与办理行车业务直接有关的工作人员提供调度通信，主要包括行车、电力、防灾环控、维修等调度电话组。

控制中心调度台宜设置在控制中心调度大厅内。行车调度电话分机应设置在各车站行车值班员、车辆基地信号楼行车值班员等处所；电力调度电话分机应设置在电力值班人员所在的处所；防灾环控调度电话分机应设置在防灾环控值班人员所在的处所。

调度电话终端可选呼、组呼和全呼分机，任何情况下均不应发生阻塞；调度电话分机对调度值班台应可实现一般呼叫和紧急呼叫；控制中心调度电话终端之间应有台间联络等功能；应具有召集固定成员电话会议和实时召集不同成员的临时会议的能力。

2. 站间行车电话

站间行车电话提供相邻车站值班员间办理有关行车业务联系。站间行车电话终端应设在车站值班员所在的处所。

3. 车站、车辆基地专用直通电话

车站专用直通电话提供行车值班员或站长与本站内运营业务有关人员进行通话联系。站区管辖内的道岔处可设置与车站值班员间的直通电话。车辆基地专用直通电话可根据作业性质设置行车指挥电话、乘务运转电话、段内调度指挥电话、车辆检修电话等。

4. 区间电话

城市轨道交通通信系统可根据运营需求设置区间电话，供司机和区间维修人员与邻站值班员及相关部门联系使用。区间电话在一般区间宜每隔 150～200 m 设置一处。区间电话可纳入公务电话系统。

公务电话系统和专用电话系统可采用合设方式，但应保证调度专用功能。

（三）视频监视系统

视频监视系统具有直观、实时的动态图像监视、记录和跟踪控制功能，具有指挥和管理能力，是通信系统的重要组成部分，是实现自动化调度和管理的必要设备。

视频监视系统应具备监视、控制优先级、循环显示、任意定格与锁闭、图像选择、不间断实时录像、摄像范围控制、字符叠加、远程电源控制等功能。视频监视系统应在售检票大厅、乘客集散厅、上下行站台、自动扶梯、换乘通道等公共场所设置监视摄像设备；在变电设备用房及票务室、售票处等场所也可设置。

视频监视系统由中心控制设备、车站控制设备、图像摄取、图像显示、录像及视频信号传输等设备组成，以实时监视列车的运行情况和乘客的安全。视频监视系统按运营需求分为中心级和车站级两级监视系统。

中心级监视在控制中心行车调度员、电力调度员、防灾环控调度员等处所设置控制、监视装置。各调度员应能任意地选择全线摄像机的图像，并应切换至相应的监视终端上。

车站级监视在车站行车值班员、防灾环控值班员等处所设置控制、监视装置。车站值班员应能任意地选择本车站中任一组或任一个摄像机的图像,并应切换至相应的监视终端。

司机可利用站台或驾驶室内的监视终端监视乘客上下车。

(四)广播系统

广播系统主要用于控制中心调度员和车站值班员向乘客通告列车运行及安全、向导、防灾等服务信息,并向工作人员发布作业命令和通知,发生灾害时可兼作救灾广播。广播系统由正线运营广播系统、车辆基地广播系统和列车广播设备等组成。

1. 正线运营广播系统

正线运营广播系统在控制中心和车站均应设置行车和防灾广播控制台,控制中心广播控制台可对全线选站、选路广播,车站广播控制台可对本站管区内选路广播。

正线运营广播系统行车和防灾广播的区域应统一设置。防灾广播应优先于行车广播。

列车进站时车站可自动广播乘客导乘信息,列车进站信息宜由信号系统提供。正线运营广播系统在车站站台宜设置供客运服务人员随时加入本站广播系统作定向广播的装置。

正线运营广播系统车站负荷区宜按站台层、站厅层、出入口通道、与行车直接有关的办公区域、区间等进行划分。负荷区各点的声场均匀度及混响指标应保证广播声音清晰、稳定。

2. 车辆基地广播系统

车辆基地广播系统应能提供车辆基地内行车调度指挥人员向与行车直接有关的生产人员发布作业命令及有关安全信息等。车辆基地广播系统可接入运营广播系统。

广播系统功放设备总容量应按所有广播负荷区额定功率总和及线路的衰耗确定。功率放大器应按 N+1 的方式备用,系统应有功放自动检测倒换功能。

3. 列车广播设备

列车广播的主要作用是给乘客发布到站信息以及播放一些背景音乐,同时在紧急情况下可向乘客播放信息。列车广播设备应与车辆配套设置。列车广播设备应兼有自动和人工播音方式,同时可接受控制中心调度员通过无线通信系统对运行列车中乘客的语音广播。

列车采用无人驾驶运行模式时,列车车厢内应设有运营控制中心行车调度员对列车内乘客进行广播的功能;列车采用有人驾驶运行模式时,列车车厢内应设有运营控制中心行车调度员及列车驾驶员对列车内乘客进行广播的功能。列车驾驶员对列车乘客广播功能具有最高优先权。

(五)时钟系统

传统的时钟在城市轨道交通企业中需要定期校时,这样操作人员工作量大,容易出现差错,采用时钟系统为运营提供统一的时钟信息,精确度高,系统可自动校时,无须人工操作。

时钟系统是城市轨道交通通信系统的一个基本组成部分,为各线、各车站提供统一的标准时间信息,为其他各系统提供统一的定时同步信号,使整个城市轨道交通执行统一的定时标准,确保通信系统及其他重要控制系统协调一致。

控制中心宜设置一级母钟,一级母钟的设置宜满足多条线路的共享。一级母钟应能接收外部全球卫星定位系统（GPS）基准信号和同步系统提供的标准时间信号，接收的 GPS 基准信号作为主用时钟，接收的同步系统时间信号作为备用时钟。一级母钟定时向二级母钟发送时间编码信号用以校准。

各车站、车辆基地应设置二级母钟。二级母钟一方面可以接收中心母钟经传输系统发送过来的标准时间信号，显示年、月、日、星期、时、分、秒等时间信息，并校正自身精度；另一方面可将标准时间信号发送至所属子钟，使子钟显示标准时间信息，从而达到全线时间统一。

中心调度室、车站综合控制室、牵引变电所值班室、站厅、站台层及其他与行车直接有关的办公室等处所应设置子钟。子钟通过标准接口接收二级母钟发送来的时间信号，将自身的精度校准后，显示统一的时间信息。

子钟可采用数字式和指针式及采用双面或单面显示。在设置乘客信息系统显示终端的站台、站厅等处，宜由乘客信息系统显示终端的时钟代替子钟功能。

三、高速铁路通信系统

近些年来，随着国内武广、京沪、京石等一批高铁的相继建成和运营，我国成为世界上高速铁路发展最快、系统技术最全、集成能力最强的国家。高铁通信技术作为高铁基础的重要组成部分，确保行车安全，实现有效的控制和提高运输效率。高铁通信网络是一个庞大而复杂的系统，作为高铁的神经系统，通信网络是高铁重要的关键技术，是高速发展重要推力。

（一）高速铁路通信系统技术要求

高速铁路列车运行速度高达 300～350 km/h，对通信系统要求如下：
（1）通信系统应具有高可靠性，以保证列车的高速、安全运行。
（2）通信系统应具有高效率，以保证行车调度指挥、运营管理及旅客服务系统高效工作。
（3）通信系统应与信号系统紧密结合，形成高级自动化的通信、指挥、控制及信息系统。
（4）通信系统应与计算机结合，形成现代化的运营、管理、服务系统。
（5）通信系统应完成多种信息的传输和提供多种通信服务。除语音信息的传输之外，高速铁路通信中还有大量非话业务，如数据、图像、监控信号的传输与处理。
（6）移动通信、卫星通信、微波中继通信、室内无线通信等将与光纤通信、程控交换等多种通信方式结合，形成统一的铁路通信网络。

（二）高速铁路信号专用通信系统

高速铁路信号专用通信系统主要包括区段数据通信、区间通信及无线数据通信系统。

1. 区段数据通信

高速铁路设有综合调度中心，在车站信号室内有调度集中分机，在电务、工务、机务、水电维修部门也设有分机或控制终端，他们之间通过主干传输系统提供数字通道互联，形成专用通信。

综合调度系统专用的数据通信加上传统的调度电话业务以及图像业务综合成区段数据通信。其采用现代数据通信技术（如 IP 技术、VPN 技术等）来实现多媒体业务。

2. 区间通信

由于高速铁路站间距可达 20～70 km，区间通信更为必要。区间通信主要包括以下内容：车站信号室之间，车站信号室与区间信号室之间，区间信号室之间列控安全数据传输；区段联锁系统主站与相邻从站或区间渡线控制点之间的安全数据传输；天气、地震、线路安全监测站与站终端的数据传输；列车轴温监测站数据传输；电力遥控终端数据传输；区间工务人员及应急抢险通信；常设线路监视系统及救灾监视用图像传输；通信、信号维护用通信通道等。

3. 高速列车无线数据通信

高速列车无线数据通信用来进行高速列车与地面的无线数据传输，以实现高速铁路的行车安全、运输管理、旅客服务。高速列车无线数据通信具体包括如下内容：文本方式的调度命令；车次号、列车速度、列车位置核查；列车运行时的安全状态；车辆维修信息；旅客服务信息等。

4. GSM-R 系统

由于高速铁路列车运行速度可以到 350 km/h，传统的通信网络已经不能适应高速铁路的发展。GSM-R 系统是高铁通信系统中最核心的部分。GSM-R 是目前解决高速铁路通信问题的最佳的方案，也是我国铁路通信发展的一个主要方向。

第三节　轨道交通信号设备

轨道交通信号设备

轨道交通信号是轨道运输系统中，保证行车安全、提高区间和车站通过能力以及解编能力的手动控制、自动控制和远程控制技术的总称。轨道交通车辆都是在固定轨道上运行的，轨道车辆的信号可以说是轨道车辆运行的眼睛。铁路信号历经一百多年的发展，形成了今天的现代化铁路信号系统。它是计算机技术、现代通信技术和控制技术在铁路运输生产过程中的具体应用，是铁路运输的"中枢神经"，是铁路现代化的重要标志之一。在我国轨道交通通信与信号维护工作中，有很多人默默地为轨道交通运输安全高效的运行付出着汗水和青春。如图 6-3-1，铁路工匠王志国。

图 6-3-1　铁路工匠王志国

轨道信号设备是轨道信号、联锁、闭塞等设备的总称，其主要作用是保证车辆运行与调车作业安全、提高轨道线路通过能力进而提高铁路运输生产的效率、改善相关工作人员的劳动条件。

一、铁路信号设备

铁路信号是由信号设备，如信号机、表示器和标志所发出的信息。

铁路信号基础设备包括信号装置、轨道电路、转辙机、继电器等，它们是构成信号系统的基础。

（一）信号装置

信号装置按照发出信号的机具能否移动分为固定信号装置和移动信号装置。

在固定地点安装的信号设备就是固定信号装置，固定信号装置是铁路信号基础设备的重要组成部分。而临时设置的信号牌、信号灯以及用于手信号的信号旗等则属于移动信号装置。

固定信号装置包括信号机和信号表示器。为了指示列车运行和调车作业，铁路必须根据需要设置各种信号机和信号表示器，它们是各种信号系统中不可缺少的组成部分。信号机用来形成信号显示、防护进路、指示列车和调车车列的运行条件，具有严格的防护意义。信号表示器用来对信号机的显示进行某些补充说明，对行车人员传达行车或调车意图，没有防护意义。

1. 信号机

信号机用来防护站内进路、防护区间、防护危险地点，具有严格的防护意义。

1）信号机的设置及状态

地面固定信号机一般设于线路左侧。如果两线路之间距离不足以装设信号机时，在特殊情况下，如线路左侧没有装设信号机的条件或因曲线、隧道、桥梁等影响，装在右侧比装在左侧显示的距离更远，在保证不会使司机误认的条件下，经铁路局批准，也可设于右侧。任何信号机不得侵入铁路建筑限界。信号机如图6-3-2。

图6-3-2　信号机

信号机有关闭和开放两种状态。将信号机经常保持显示状态作为信号机的定位。信号机定位的确定应考虑保证行车安全、提高运输效率或信号显示自动化等因素。例如，进站、出站信号机对行车安全起着极其重要的作用，规定以显示停车信号——红灯为定位。

2）信号机的分类

（1）按信号机的构造分类。

按照信号机的构造，地面信号机可分为色灯信号机和臂板信号机。目前臂板信号机已淘汰。色灯信号机是用灯光的颜色、数目及亮灯状态表示信号含义的信号机，具有昼夜显示一致、占用空间小等特点，但需要可靠的交流电源。

色灯信号机按构造又分为透镜式、组合式和 LED 式信号机。

透镜式色灯信号机采用透镜组将光源发出的光线聚成平行光束，故称为透镜式。其结构简单、安装方便、控制电路所需电缆芯线少，所以得到广泛采用。透镜式色灯信号机按机构的结构又分为二显示和三显示两种，另外也有单显示的信号机构。

组合式信号机是为了提高在曲线上的显示距离而研制的新型信号机。其灯泡发出的光通过滤色片变成色光，经非球面透镜聚成平行光束，再由偏光镜折射偏散，能保证信号在曲线线段上显示的连续性。其机构采用组合形式，一个灯位为一个独立单元，配一种颜色，使用时根据需要进行组合，故称为组合式信号机。

LED 信号机的机构大小同透镜式色灯信号机，其机构由铝合金材料构成，质量大大减轻，便于施工安装，密封条件好，信号点灯单元由 LED 发光二极管构成，使用寿命长，可以做到免维护。

（2）按信号机的安装方式分类。

按照信号机的安装方式，信号机可分为高柱信号机、矮型信号机、信号托架和信号桥。

高柱信号机的信号机构安装在信号机柱上，一般用于显示距离要求较远的场合。高柱信号机具有显示距离远、观察位置明确等优点。因此，为了保证安全，提高效率，进站、正线出站、接车进路、通过、预告、驼峰等信号机必须采用高柱信号机。

矮型信号机一般设置在位于建筑接近限界下部外侧的线路基础上，一般用于显示距离要求不远的场合。

因受限界限制，不能安装信号机柱时，则以信号托架和信号桥代替。信号托架为托臂形结构建筑物，信号桥为桥形结构建筑物。

（3）按信号机的用途分类。

信号机按用途可分为进站、出站、通过、进路、预告、接近、遮断、驼峰、驼峰辅助、复示、调车信号机。其中进站、出站、进路、通过、驼峰、调车等信号机都能独立构成信号显示。预告和复示信号机不能独立存在，而是附属于主体信号机，所以又叫从属信号机。预告信号机从属于进站信号机、所间区间的通过信号机和遮断信号机。复示信号机从属于进站、进路、出站、驼峰、调车等信号机。另外还有设于铁路平交道口的道口信号机。

2. 信号表示器

信号表示器是对行车人员传达行车或调车意图，或对铁路信号进行补充说明的器具，没有防护意义。信号表示器分为道岔、脱轨、进路、发车、发车线路、调车及车挡表示器。车挡表示器如图 6-3-3。

图 6-3-3 车挡表示器

(二) 轨道状态检查装置

轨道状态检查装置主要用来检测线路是否空闲或是否有车占用,分为轨道电路和计轴轨道检查装置。轨道电路是以铁路线路的两根钢轨作为导体,两端加以机械绝缘(或电气绝缘),接上送电和受电设备所构成的电气回路。它用来监督铁路线路是否有车占用、线路是否完整以及将列车运行与信号显示等联系起来,即通过轨道电路向列车传递行车信息。轨道电路是铁路信号的重要基础设备,它的性能直接影响行车安全和运输效率。计轴轨道检查装置是利用传感器和计算机完成车辆进出区段轮轴数的计算,分析区段是否有车占用的一种技术设备。

1. 轨道电路的组成及基本原理

最简单的轨道电路如图 6-3-4 所示。轨道电路的送电设备设在送电端,由轨道电源和限流电阻 R_x 组成。轨道电路的受电设备设在受电端,一般采用继电器,称为轨道继电器。送、受电设备一般放在轨道旁的变压器箱或电缆盒内,轨道继电器设在信号楼内。送、受电设备由引接线(钢丝绳)直接接向钢轨或通过电缆过轨后由引接线接向钢轨。

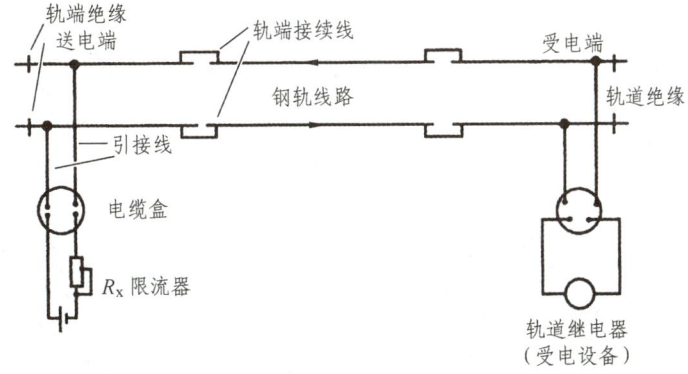

图 6-3-4 轨道电路

当轨道电路内钢轨完整,且没有列车占用时,轨道继电器吸起,表示轨道电路空闲;轨道电路被列车占用时，它被列车轮对分路，由于轮对电阻远小于轨道继电器的线圈电阻，因此流经轨道继电器的电流大大减小，轨道继电器落下，表示轨道电路被占用。

2. 轨道电路的作用

1）监督列车的占用，反映线路空闲状况

利用轨道电路监督列车在区间或列车和调车车列在站内的占用，是最常用的方法。由轨道电路反映该段线路是否空闲，为开放信号、建立进路或构成闭塞提供依据。

2）传递行车信息

移频自动闭塞利用轨道电路传递不同的频率来反映前行列车的位置，决定各信号机的显示，为列车运行提供行车命令。轨道电路传送的行车信息，还为列车运行自动控制系统直接提供了控制列车运行所需要的前行列车位置、运行前方信号机状态和线路条件等有关信息，用来决定列车运行的目标速度，控制列车在当前运行速度下是否停车或减速。

3. 轨道电路的工作状态

1）调整状态

轨道电路的调整状态，是指轨道电路完整和空闲、接收设备（如轨道继电器）正常工作时的状态。在调整状态，对轨道继电器来说，它从钢轨上接收到的电流越大，它的工作就越可靠。

2）分路状态

轨道电路的分路状态，是指轨道电路被列车占用的状态。在分路状态，应使轨道电路的接收设备处于不工作状态。

3）断轨状态

轨道电路的断轨状态，是指轨道电路的钢轨在某处折断时的情况。此时，虽然钢轨已经断开，但轨道电路仍旧可以通过大地而构成回路，轨道电路的接收设备中还会有一定数量的电流流过。为了确保安全，当钢轨折断时，其接收设备应停止工作。

（三）应答器

随着列车运行速度不断提高，仅依靠由轨道电路将闭塞信息送至车载设备的方式，在信息量方面已经不能满足列车安全高速行驶的要求，需要增加应答器设备向车载设备提供大量固定信息和可变信息。

应答器是利用射频原理，用于在特定地点实现地面与车载设备间高速点式数据传输的设备，分为无源（固定）应答器和有源（可变）应答器。

无源应答器用于发送固定不变的数据，用于提供线路固定参数，如线路坡度、线路允许速度、轨道电路参数、链接信息、列控等级切换等。无源应答器与外界没有物理连接，如图6-3-5所示。当列车经过无源应答器上方时，无源应答器接收到车载天线发射的电磁能量后，将其转换成工作电源，启动电子电路工作，把存储在地面应答器中的数据循环发送出去。随着列车离去（即车载天线离去），电能减弱直至电能消失，应答器停止工作。

图 6-3-5　无源应答器

有源应答器通过电缆与室内地面电子单元（LEU）连接，如图 6-3-6 所示。其用于发送来自 LEU 的车站联锁排列进路、临时限速服务器或调度中心下达的临时限速命令等实时变化的信息。

图 6-3-6　有源应答器

当列车经过有源应答器上方时，有源应答器接收到车载天线发射的电磁能量后，将其转换成工作电源，使地面应答器中发射电路工作，将 LEU 传输给有源应答器的数据循环实时发送出去。随着列车离去（即车载天线离去），电能减弱直至电能消失，应答器停止工作。

（四）继电器

继电器，用于闭合或断开控制电路，是一种电控制器件，是当输入量（激励量）的变化达到规定要求时，在电气输出电路中使被控量发生预定的阶跃变化的一种电器。它具有控制系统（又称输入回路）和被控制系统（又称输出回路）之间的互动关系。通常应用于自动化的控制电路中，它实际上是用小电流去控制大电流运作的一种"自动开关"。所以在电路中起着自动调节、安全保护、转换电路等作用。继电器是轨道交通信号控制中必不可少的元件。

继电器类型很多，一般由电磁系统和接点系统两部分组成。其中电磁部分由线圈、固定的铁心、鲍铁以及可动的衔铁组成；接点部分由动接点、静接点构成。

(五)转辙机

转辙机是道岔转辙装置的核心和主体,它与外锁闭装置和各类杆件等其他装置共同完成道岔的转换和锁闭,改变道岔的开通方向,锁闭道岔尖轨(和可动心轨),反映道岔位置。转辙机用以可靠地转换道岔位置,改变道岔开通方向,锁闭道岔尖轨,反映道岔位置的重要的信号基础设备,它可以很好地保证行车安全,提高运输效率,改善行车人员的劳动强度。

1. 转辙机的作用

(1)转换道岔的位置,根据需要转换至定位或反位。

(2)道岔转至所需位置且密贴后,实现锁闭,防止外力转换道岔。

(3)正确地反映道岔的实际位置,道岔的尖轨密贴于基本轨后,给出相应的表示。

(4)道岔被挤或因故处于"四开"(两侧尖轨均不密贴)位置时,及时给出报警及表示。

2. 转辙机的基本要求

(1)动力转辙机应有足够大的转换力,在解锁状态下,能带动道岔尖轨转换位置;当尖轨受阻不能转换到底时,在值班员的操纵下能随时使道岔尖轨回到原位。

(2)当道岔尖轨与基本轨之间没有达到规定的密贴程度时,不应进行锁闭,不锁闭不能使道岔转换过程终了;一旦锁闭,应保证道岔不致因列车通过时的震动而解锁移位。

(3)动力转辙机要能正确地反映道岔的位置,只有当道岔尖轨与基本轨之间达到规定的密贴程度并锁闭道岔后,才能发出道岔相应位置的表示。

(4)道岔被挤后,应有挤岔表示,转辙机不经人工恢复,不能再转换道岔。

3. 转辙机的分类

(1)按动作能源和传动方式来分,转辙机主要有以电动机为动力的电动转辙机,利用压缩空气为动力的电空转辙机及高压液体(油压)为动力的电液转辙机3种。电动转辙机由电动机提供动力,采用机械传动。电动液压转辙机简称电液转辙机,由电动机提供动力,采用液力传动。

(2)按供电电源种类,转辙机可分为直流转辙机和交流转辙机。

直流转辙机采用直流电动机,工作电源是直流电。直流电动机的缺点是,由于存在换向器和电刷,易损坏,故障率较高。交流转辙机采用三相交流电源或单相交流电源,由三相异步电动机或单相异步电动机(现大多采用三相异步电动机)作为动力交流转辙机采用感应式交流电动机,不存在换向器和电刷,因此故障率低,而且单芯电缆控制距离远。

(3)按动作速度分类,转辙机分为普通动作转辙机和快动转辙机。

(4)按锁闭道岔的方式,转辙机可分为内锁闭转辙机和外锁闭转辙机。

内锁闭转辙机依靠转辙机内部的锁闭装置锁闭道岔尖轨,是间接锁闭的方式。内锁闭方式,锁闭可靠程度较差,列车对转辙机的冲击大。外锁闭转辙机虽然内部也有锁闭装置,但主要依靠转辙机外的外锁闭装置锁闭道岔,将密贴尖轨直接锁于基本轨,斥离尖轨锁于固定位置,是直接锁闭的方式。外锁闭方式锁闭可靠,列车对转辙机几乎无冲击。

(5)按是否可挤,转辙机分为可挤型转辙机和不可挤型转辙机。

可挤型转辙机内设挤岔保护(挤切或挤脱)装置,道岔被挤时,动作杆解锁,保护了整机。不可挤型转辙机内不设挤岔保护装置,道岔被挤时,挤坏动作杆与整机连接结构,应整机更换。电动转辙机和电液转辙机都有可挤型和不可挤型。

4. 转辙机结构

1）ZD6 系列转辙机

ZD6 系列电动转辙机主要由电动机、减速器、摩擦连接器、转换锁闭装置、自动开闭器、挤切销和移位接触器等部件组成，由动作杆和表示杆连接道岔尖轨，如图 6-3-7 所示。

1—直流电动机；2—减速器；3—遮断器；4—插接器；5—电机端子；6—自动开闭器；
7—移位接触器；8—挤切销；9—动作杆。

图 6-3-7　电动转辙机

2）S700K 型电动转辙机

S700K 型电动转辙机主要由外壳、动力传动机构、检测和锁闭机构、安全装置、配线接口等五大部分组成，其结构先进，工艺精良，不但解决了长期困扰信号维修人员的电机断线、故障电流变化、接点接触不良、移位接触器跳起和挤切销折断等惯性故障，而且可以做到"少维护，无维修"，符合中国铁路运营的特点和发展方向。S700K 型电动转辙机实物图如图 6-3-8 所示。

图 6-3-8　S700K 型电动转辙机

为了满足列车提速后的行车安全和提高运输效率的要求，道岔转换装置必须做到高安全、高可靠、长寿命、少维护。ZD6 型电动转辙机不能满足这样的要求，它的直向过岔速度只允许为 120 km/h。因此，必须采用 S700K 型电动转辙机、ZYJ7 型电动液压转辙机或 ZD（J）9 型电动转辙机。它们的共同特点是：①采用外锁闭，尖轨及心轨的动态安全由外锁闭保证；②两根尖轨由联动改为分动；③尖轨、心轨均采用两点牵引，可实现全程密贴以及全程夹异物检查，确保了列车运行安全。

二、城市轨道交通信号设备

城市轨道交通系统大部分沿袭铁路的制式，但由于运量大、行车密度大的自身特点，与铁路交通信号系统有所区别，但是交通信号设备比较类似。城市轨道交通信号系统的要求：具有完善的车辆速度监控功能；连锁关系比较简单；车辆段采用独立的连锁设备；自动化水平高；不要求兼容。

城市轨道信号系统应包括列车自动控制系统（简称 ATC 系统）及车辆基地信号系统。ATC 系统包括列车自动监控系统（简称 ATS 系统）、列车自动防护系统（简称 ATP 系统）、列车自动运行系统（简称 ATO 系统）。

ATC 系统是指城市轨道交通信号系统实现列车自动监控、列车自动防护、列车自动运行控制技术的总称。

ATS 系统是指自动实现行车指挥控制、列车运行监视和管理技术的总称。

ATP 系统是指实现列车运行间隔、超速防护、进路安全和车门等监控技术的总称。

ATO 系统是指自动实现列车运行速度、停车和车门等监控技术的总称。

城市轨道交通信号主要设备有信号机、轨道电路、继电器和转辙机，但由于轨道车辆运行环境不一样，对于位置设置和要求有所不同。

（一）信号机

信号机应设于列车运行方向的右侧，在地下一般安装在隧道壁上。遇条件限制必须设于其他位置时，须经运营主管部门批准后方可实施。信号机应根据行车组织需要设置（铁路信号机一般设置在左侧）。

1. 车站设进站和出站信号机

进站信号机是防护车站，指示列车可否由区间进入车站。出站信号机是用来防护区间，作为列车占用区间的凭证，指示列车可否由车站开往区间。当采用列车自动防护系统（ATP）时可不设进站、出站信号机。

2. 区间和站内道岔区设道岔防护信号机或道岔状态表示器

在正线道岔的岔前或岔后适当地点设置防护信号机，指示列车可否越过该信号机。

3. 区间闭塞分区分界处设通过信号机

通过信号机是防护自动闭塞区段的闭塞分区或非自动闭塞区段的所间区间，指示列车能否开进它所防护的闭塞分区或所间区间。当采用列车自动防护系统（ATP）时可不设通过信号机。

4. 车辆段（场）设进段（场）信号机

根据需要可设出段（场）信号机，段（场）内设调车信号机（为调车车列指示运行条件的信号机）。进站、进段（场）信号机及防护道岔的信号机设引导信号。

（二）联锁设备

联锁是轨道交通运输信号保证行车安全的重要技术措施。联锁是指为了保证车站行车和调车作业的安全，在信号机、道岔和进路之间通过技术手段建立的相互制约关系。实现这种关系的设备称联锁设备。联锁设备除了保证作业安全外，还有提高作业效率和降低劳动强度等作用。

1. 联锁与进路

进路是指列车或调车车列在站内及车辆段行驶时所经过的径路。在车站，为列车进站、出站所准备的进路，称为列车进路；为各种调车作业准备的通路称为调车进路。一般每一个列车、调车进路的始端都应设有一架信号机进行防护，以保证作业时的安全（信号机外方即信号机前方，是信号机机构正面所对的方向；信号机内方即信号机后方，是信号机机构背面所对的方向。信号机的内方则为其所防护的进路）。

2. 联锁设备

控制车站的道岔、进路和信号，并实现它们之间联锁关系的设备称为联锁设备。用继电器实现联锁关系的称为继电联锁，用计算机实现联锁关系的称为计算机联锁。城市轨道交通现采用计算机联锁。

继电联锁，又称为电气集中联锁，是用电气的方法集中控制和监督全站、车辆段内的道岔、进路和信号，并实现联锁关系的联锁设备。这种设备的主要特点是室外采用色灯信号机，道岔由转辙机转换，进路上所有区段均设有轨道电路，由继电电路实现对室外设备的控制并实现联锁，操作人员通过在信号楼的控制台集中操纵和监督。

计算机联锁利用计算机实现车站的联锁关系，用继电器电路作为计算机主机与室外信号机、转辙机、轨道电路的接口设备，操作人员通过计算机显示器等设备实现对现场设备的控制和监督。计算机联锁充分发挥了计算机的特点，操作表示功能完善，并方便设计、施工、维修和使用，便于实现信号设备的远程监督、远程控制和自动控制，是车站联锁设备的发展方向。

3. 联锁的基本技术条件

进路空闲时才能开放信号（使信号机显示进行信号），这是联锁最基本的技术条件之一。如果进路上有车占用时，却能开放信号，则会引起列车或调车车列与原停留车冲突。

进路上有关道岔在规定位置且被锁闭时才能开放信号，信号开放（信号机显示行进信号的状态）后，其防护进路上的有关道岔必须被锁闭在规定位置，而不能转换。

敌对信号（按其运行将导致列车或调车车列冲突的信号）未关闭时，防护该进路的信号机不能开放，信号开放后，与其敌对的信号也必须被锁闭在关闭位置。

4. 计算机联锁

计算机联锁利用计算机对车站作业人员的操作命令及现场表示的信息进行逻辑运算，从而实现对信号机及道岔等进行集中控制，使其达到相互制约的车站联锁设备，即微机集中联锁。它是一种由计算机及其他一些电子、电磁器件组成的具有故障-安全性能的实时控制系统。

计算机联锁是最先进的车站联锁设备，具有运作速度快，信息量大，操作方便，安全性高，设备体积小、质量轻，便于调试和维修的特点，提高了自动化程度和作业效率。

目前，城市轨道交通和高速铁路继电联锁已不再使用，普遍采用计算机联锁系统。普速铁路还有一部分在使用继电器联锁。国内的联锁控制经历了机械联锁控制、电气集中（以6502为代表）联锁控制、计算机联锁加继电器执行控制3个大的发展阶段。20世纪70年代基本完成由机械联锁发展到6502电气集中联锁，从80年代后期开始研究计算机联锁加继电器执行的系统，90年代进行试验并逐渐批量上道使用。国内投入使用的计算机联锁系统都是从继电电气集中过渡发展起来的，是一种计算机联锁加继电器执行的系统。

三、高速铁路信号设备

高速铁路信号与控制系统是保障高速列车运行安全，提高运输效率的关键技术装备。高速铁路信号系统主要由列车运行控制子系统、车站联锁子系统和调度集中子系统等组成。还包括一些附属子系统，如诊断与服务子系统、微机监测子系统、灾害信息处理子系统、通信网络子系统、培训子系统等。高速铁路信号系统的设备主要布置在调度中心、车站、区间信号室、线路旁和机车内，可以分成地面设备和车载设备。地面主要设备包含有轨道电路、应答器、转辙机等。

高速铁路信号与控制系统是集计算机技术、通信技术和控制技术的综合为一体的行车指挥、列车运行控制和管理自动化系统。它是现代保障行车安全、提高运输效率的核心，也是标志一个国家轨道交通技术装备现代化水准的重要组成部分。高速铁路信号与控制系统通常被称为基于通信的列车控制系统（Communication Based Train Control System，CBTC）或先进列车控制系统（Advanced Train Control System）。世界各国高速铁路采用的列控系统，主要有欧洲ERTMS/ETCS系统、德国和西班牙高速铁路使用的LZB系统、法国TGV铁路使用的TVM300和TVM430系统，日本新干线ATC，意大利高速铁路的9码列车自动控制系统及瑞典铁路的EBICA900系统。我国的列车运行控制系统将在后续的内容讲解。

第四节　轨道交通行车信号

区间闭塞设备是为了保证区间行车安全、按照一定的方法组织列车在区间运行、提高运输效率的系统。区间闭塞的基本原则是：在同一区间（闭塞分区）只准许一列列车运行，一旦列车占用区间（闭塞分区），则不准许其他列车驶入。

闭塞区间指的是两个车站（或线路所）之间的铁路线。根据区间线路的数目，区间分为单线区间、双线区间和多线区间（如三线区间）。车站向区间发车时，必须确认区间无车，在单线区间还必须防止两站同时向一个区间发车。为此要求按照一定的方法组织列车在区间的运行，一般称为行车闭塞法，简称闭塞。用来完成闭塞作用的设备称为闭塞设备。

空间间隔法用来控制两列运行列车之间保持一定的距离，一个区间（或闭塞分区）同时只允许一列列车运行。列车驶入固定区间的条件是：验证区间空闲，有进入区间的凭证，实行区间闭塞，保证列车安全。

行车闭塞制式大致经历了：电报或电话闭塞、路签或路牌闭塞（人工闭塞）、半自动闭塞到自动闭塞的发展过程。目前我国铁路，双线多采用自动闭塞，单线多为半自动闭塞。

一、半自动闭塞

半自动闭塞是以出站信号机或线路所的通过信号机显示的进行信号作为列车占用区的凭证，发车站的出站信号机或线路所的通过信号机必须经两站同意，办理闭塞手续后才能开放，列车进入区间后自动关闭；在没有检测区间中是否留有车辆的设备时，还必须由接车站值班员确认列车的完全到达，办理解除闭塞手续；而且在列车未到达接车站以前，向该区间发车用的所有信号都不得开放，这就保证了两站间的区间内同时只有一列车运行。这种方法既需要人的操纵，又需要依靠列车的自动动作，所以叫半自动闭塞。

半自动闭塞的基本要求如下：

（1）甲站要求向乙站发车，乙站同意后，甲站出站信号机才能开放。

（2）列车由甲站出发进入区间后，出站信号机自动关闭，实现区间闭塞，两站再不能向区间发车。

（3）列车到达乙站后，方可解除闭塞，闭塞解除前两站出站信号机都不能开放。

（4）设备故障后，不能正常解除闭塞，在确认列车已全部到达车站，经双方同意后方可用故障复原方式解除闭塞。

目前，我国铁路使用最多的半自动闭塞是用于单线的 64D 型继电半自动闭塞，由半自动闭塞机、轨道电路、操纵和表示设备以及闭塞电源、闭塞外线等部分组成。此外，由于车站的出站信号机和进站信号机要配合半自动闭塞设备，它们之间用电路相连，共同完成接发车任务。64D 型继电半自动闭塞原理如图 6-4-1 所示。

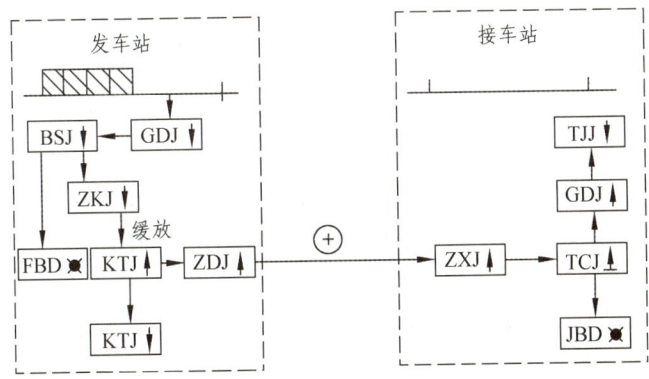

图 6-4-1　64D 型继电半自动闭塞原理

二、站间自动闭塞

在半自动闭塞区段增加区间空闲检查设备，并与继电半自动闭塞设备配套，自动检查区间占用或空闲，实现列车到达后的自动复原，就构成了站间自动闭塞。这是半自动闭塞的现代化方向。站间自动闭塞不同于半自动闭塞，其不必通过人工办理闭塞和到达复原；也不同于自动闭塞，其区间不划分闭塞分区，不设通过信号机。

站间自动闭塞的区间检查设备有两类：计轴器和长轨道电路。采用计轴技术的优越性在于：

（1）能对长区间进行检查。

（2）具有较高的可靠性、安全性及适用性。

（3）在国外铁路应用较为普遍，并积累了很好的运用经验。因此我国铁路目前多采用计轴技术。

在现有 64D 型继电半自动闭塞设备的基础上增加计轴器等核心设备，则构成了计轴自动站间闭塞。当计轴设备发生故障时，仍可以使用半自动闭塞。计轴器如图 6-4-2 所示。

图 6-4-2　计轴器

三、自动闭塞

国内广泛应用的固定自动闭塞系统（Fixed Autoblock System，FAS）是基于轨道电路和固定闭塞分区，通常简称为自动闭塞。

自动闭塞的原理是：将站间铁路线路划分为若干个闭塞分区，在每个闭塞分区入口处设立通过信号机，在整个自动闭塞区段，各闭塞分区都设有轨道电路（或计轴器），通过轨道电路（或计轴器）将列车运行和通过信号机的显示联系起来，根据列车运行自动变换通过信号机的显示，将闭塞分区占用情况自动通知给追踪列车，在列车运行过程中自动完成闭塞作业，无须人工参与，故称为自动闭塞。

（一）自动闭塞的优点

自动闭塞和半自动闭塞相比，有以下优点：

（1）由于两站间的区间允许续行列车追踪运行，就大幅度地提高了行车密度，显著地提高了区间通过能力。

（2）由于不需要办理闭塞手续，简化了办理接发列车的程序，因此既提高了通过能力，又大大减轻了车站值班员的劳动强度。

（3）由于通过信号机的显示能直接反映运行列车所在位置以及线路状态，因而确保了列车在区间运行的安全。

（二）自动闭塞的分类

1. 双向自动闭塞和单向自动闭塞

自动闭塞按行车组织方法可分为单线双向自动闭塞、双线单向自动闭塞和双线双向自动闭塞。

在单线区段，既要运行上行列车又要运行下行列车。为了调整双方向列车的运行，在线路两侧都要装设通过信号机，这种自动闭塞称为单线双向自动闭塞。

在双线区段，以前多采用单方向运行的方式，即一条铁路线只允许上行列车运行，而另一条铁路线只允许下行列车运行。为此，对于每条铁路线仅在一侧设立通过信号机，这样的自动闭塞称为双线单向自动闭塞。

为了充分发挥铁路线路的运输能力，在双线区段的每条线路上都能双方向运行列车，这样的自动闭塞称为双线双向自动闭塞。反方向一般按站间闭塞行车。

双线单向自动闭塞只防护列车的尾部，而单线和双线的双向自动闭塞必须对列车的尾部和头部两个方向进行防护。为了防止两方向的列车正面冲突，平时规定：正方向通过信号机亮灯，反方向通过信号机灭灯。只有在需要改变运行方向而且区间空闲的条件下，由车站值班员办理一定的手续后才能允许反方向的列车运行。所以单线自动闭塞和双线双向自动闭塞必须设置改变运行方向的电。

2. 三显示自动闭塞和四显示自动闭塞

自动闭塞按通过信号机的显示制式可分为三显示自动闭塞和四显示自动闭塞。

三显示自动闭塞区段的通过信号机采用三显示机构，自上而下是黄、绿、红灯，如图6-4-3所示，它能预告列车运行前方两个闭塞分区的状。

图6-4-3 三显示信号机

然而，在列车速度和行车密度不断提高的情况下，在一些繁忙的客货混运区段，各种列车的运行速度和制动距离相差很大，三显示自动闭塞难以满足运营要求，于是出现了四显示自动闭塞。四显示自动闭塞是在三显示自动闭塞的基础上增加绿黄显示，它能预告列车运行前方 3 个闭塞分区的状态，如图 6-4-4 所示，四显示信号机。信号机构仍采用三显示，自上而下依次是绿、红、黄。绿灯和黄灯同时点亮时，表示运行前方有两个闭塞分区空闲；绿灯点亮时，表示运行前方有 3 个及以上闭塞分区空闲；黄灯、红灯的显示意义同三显示。

图 6-4-4　四显示信号机

四、城市轨道交通信号机

城市轨道交通系统的信号机是指设置在线路、车站、车辆基地等处，用于传递运行指挥命令的地面信号机，是一种昼夜均以信号灯的颜色显示信号意义的色灯信号机。

在城市轨道交通中，列车的运行速度不取决于信号的显示，即信号为非速差信号。允许信号的绿灯、黄灯并不表示列车的运行速度，而是代表列车的运行进路是走道岔的直股还是弯股。

（一）信号机的设置

车辆段和各联锁站（带有道岔的车站）安装有地面信号机。站与站之间及非联锁站（没有道岔的车站）不安装地面信号机，终端站和尽头端安装有双灯位信号机。此外，在车站站台上还安装有发车表示器。

地面信号装置根据列车运行准则来决定，如果是右侧行车，则设在线路列车运行方向的右侧或线路中心线上方。

（二）信号显示意义

信号的显示距离由列车制动距离等综合因素确定，如某城市轨道交通列车制动的距离为 200 m，则该系统地面信号机的设置距离不得小于 200 m。

1. 正　线

正线一般采用三灯位四显示信号机。信号显示意义如下：

红灯显示，为禁止信号，表示所有的列车必须在信号机前停车，因为进路没有排列，或进路没有被完全监督。

绿灯显示，为允许信号，表示已确认进路被排列，所有的进路条件和保护距离的条件已满足，此外所有的轨道区段已出清。进路的所有道岔已设于直向位置。

黄灯显示，表示进路空闲，进路中道岔开通侧向。

黄灯+红灯显示，为引导信号，是带进路联锁的最低监视级别。进路上所有的元件均被征用且道岔被锁闭并被监督。

2. 车辆段

车辆段设有出段和入段信号机。

1）入段信号机

入段信号机可采用高柱四显示，或高柱三显示。信号显示意义如下：

黄灯+红灯显示，引导进入车辆段。

月白灯显示，允许进行调车作业。

红灯显示，为禁止信号。

黄灯显示，表示允许列车进入车辆段。

2）出段信号机

出段信号机采用矮柱三显示，信号显示意义如下：

黄灯显示，表示允许列车出车辆段。

红灯显示，为禁止信号。

月白灯显示，表示允许进行调车作业。

3）停车库内及车站联络线（交接线）入口处调车信号机

停车库内及车站联络线（交接线）入口处调车信号机为红色、白色灯光显示，其他调车信号机为蓝色、白色灯光显示，信号显示意义如下：

红色灯显示，表示禁止越过。

蓝色灯显示，表示禁止调车。

白色灯显示，表示允许调车。

4）发车表示器

发车表示器设置在车站站台上列车发车始端位置，向司机表示能否关车门及发车的时机。平时不亮灯，列车停靠后，其灯光显示意义为白色闪光表示离发车还有 5 s，提示司机关车门；白色灯光表示可以发车；无显示表示不能关车门、发车。

五、高速铁路信号设备

传统的行车方式是由司机按照地面信号驾驶列车，正确识别、理解信号并及时正确执行，其行车安全由司机保证。铁路信号已经从传统的方式，即以地面信号显示传递行车命令，机车司机按行车规则操作列车运行的方式，发展到了根据地面发送的信息自动监控列车速度，并由车载列控系统实施运行控制的方式。

铁路沿线设置的闭塞分区长 1.5~2 km，当列车运行速度超过 200 km/h 时，司机每隔约 20 s 就要辨认一次信号显示，频繁的瞭望信号使司机疲劳，识别信号的错误率显著增加。为防止司机失误影响行车安全，需要使车载信号设备把地面传送上来的信号命令直接转变为对列车制动系统的控制。

列车高速行车时，以地面信号为主体信号的闭塞制式已不可行，高速铁路采用了列控系统完成闭塞功能，其特点如下：

（1）以车载信号作为行车凭证。

（2）向司机提供速度命令。

（3）信号直接控制列车制动。

由此可见，列控系统具备了高速铁路行车所需要的以速度信号代替色灯信号，以车载信号作为行车凭证，车载信号设备直接控制列车减速或停车这三大安全要求。

第五节　轨道列车运行控制系统

随着铁路运输的任务越来越重，列车运行速度越来越快，保证运输安全的问题也越来越突出。完全靠人工瞭望、人工驾驶列车已经不能保证行车安全了，即使装备了机车信号和自动停车装置，也只能在一般运行速度条件下保证列车安全，无法实现高速列车的安全保障，因为只靠机车信号和自动停车装置不能完全防止超速行车和冒进信号的现象。

为了适应铁路跨越式的发展战略，实现对列车间隔和速度的自动控制，进一步提高运输效率，保证行车安全，2003年10月，我国制定了《中国列车运行控制系统（简称CTCS）技术规范总则（暂行）》和相应的CTCS技术条件。CTCS示意图如图6-5-1。

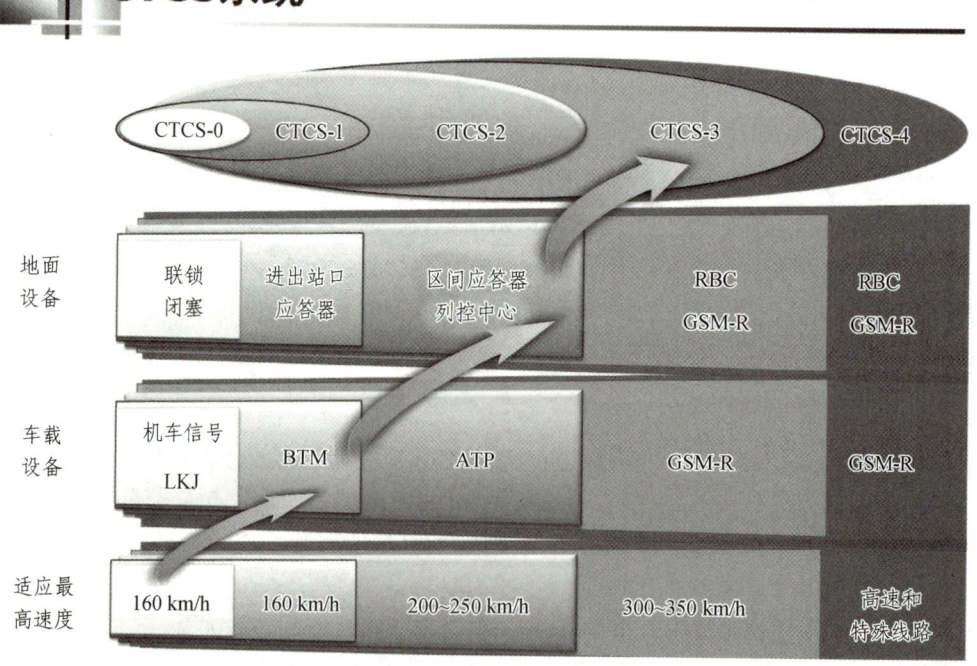

图 6-5-1　CTCS 示意图

列车运行控制系统能自动控制列车运行，即以技术手段对列车运行方向、运行间隔和运行速度进行控制，在保证列车运行安全的前提下，以最佳运行速度驾驶列车。列车运行控制系统的地面设备和车站联锁设备主要实现联锁控制功能，并生成列车控制所需的基础数据，通过车-地信息传输通道将地面控制信息传送给列车，经列车运行控制系统的车载设备进行处理后，生成列车速度控制曲线，监督控制列车安全、高速运行，简称列控系统。

一、CTCS 概述

中国列车运行控制系统简称 CTCS，是 Chinese Train Control System 的缩写。列车运行控制系统用于控制列车运行速度、保证行车安全和提高运输能力，是计算机、通信、控制等信息技术与信号技术高度集成与融合的产物。CTCS 技术规范以分级的形式满足不同线路的运输需求，在不干扰机车乘务员正常驾驶的前提下有效地保证了列车运行的安全。

（一）CTCS 的基本功能

1. 安全防护

安全防护是指在任何情况下防止列车无行车许可运行。

防止列车超速运行；防止列车超过进路允许速度；防止列车超过线路结构规定的速度；防止列车超过机车车辆构造速度；防止列车超过临时限速及紧急限速；防止列车超过铁路有关运行设备的限速；防止列车溜逸。

2. 人-机界面

人-机界面是指以字符、数字及图形等方式显示列车运行速度、允许速度、目标速度和目标距离。实时地给出列车超速、制动、允许缓解等表示以及设备故障状态的报警；具有标准的列车数据输入界面，可以根据运营和安全控制要求对输入数据进行有效性检查。

3. 检测功能

检测功能包括开机自检功能和运行中动态检查功能，能够记录设备的关键数据以及关键动作，并提供监测接口。

（二）CTCS 的应用等级

针对我国铁路的不同线路、不同传输信息方式和闭塞技术，CTCS 划分为 5 个等级，依次为 CTCS-0 级、CTCS-1 级、CTCS-2 级、CTCS-3 级和 CTCS-4 级，以满足不同线路、不同速度的需求。

CTCS-0 级是面向既有线的现状，由目前使用的通用式机车信号和运行监控记录装置构成的列车运行控制系统。

CTCS-1 级是面向 160 km/h 以下的区段，由主体机车信号和加强型运行监控记录装置组成的列车运行控制系统。它需在既有设备的基础上强化改造，达到机车信号主体化的要求，增加点式设备，实现列车运行安全监控。

CTCS-2 级是面向提速干线和高速新线，采用车-地一体化设计、基于轨道电路传输信息的列车运行控制系统。它适用于各种限速区段，地面可不设通过信号机，机车乘务员凭车载信号行。

CTCS-3 级是面向提速干线、高速新线或特殊线路，基于无线传输信息并采用轨道电路等方式检查列车占用的列车运行控制系统。

CTCS-4 级是面向高速新线或特殊线路，完全基于无线传输信息的列车运行控制系统。地面可取消轨道电路，不设通过信号机，由 RBC 和车载验证系统共同完成列车定位和完整性检查，实现虚拟闭塞或移动闭塞。

二、CTCS-0 级和 CTCS-1 级列车运行控制系统

160 km/h 以下线路可采用 CTCS-0 级或 CTCS-1 级列控系统。我国铁路大部分既有线路为 160 km/h 以下线路，均以地面信号机作为指挥列车的行车凭证，利用联锁和自动闭塞设备，配合车载"机车信号+监控装置"构成 CTCS-0 级列控系统，加上司机的人工介入，CTCS-0 级列控系统可以满足当前的使用要求。通过增加应答器替代司机人工介入的操作，基本形成 CTCS-1 级列控系统的框架模式："主体机车信号+监控装置+应答器"。

（一）机车信号

机车信号自 20 世纪 80 年代开始在我国铁路迅速普及，对行车安全起到了显著作用。机车信号的技术水平也不断得到提高，并出现了高可靠的通用机车信号和主体化机车信号。机车信号如图 6-5-2 所示。

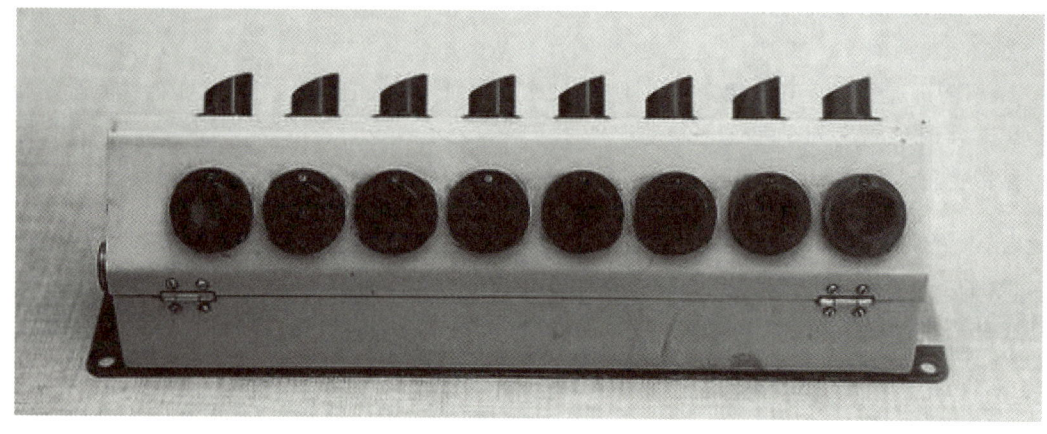

图 6-5-2　机车信号

1. 机车信号概述

机车信号又称机车自动信号，是用设在机车司机室的机车信号机自动反映运行条件，指示司机运行的信号显示。机车上应安装机车信号机，在地面线路上也应安装相关装置，使机车上能接收到反映地面信号的信息。

机车信号能复示地面信号机的显示，改善司机的瞭望条件。由于气候条件不良或地形条件不良时，司机往往不能在规定距离内确认信号显示，存在冒进信号的危险。采用机车信号后，大大提高了司机接收信号的可靠性，其效果十分显著。目前，随着机车信号可靠性的提高，机车信号已开始从辅助信号转为主体信号。

2. 通用机车信号

通用机车信号是指利用计算机和数字信号处理技术自动识别和接收各种自动闭塞信息，

译码后使机车信号机显示，并提供给列车自动停车装置和列车运行超速防护系统的信息。由于通用机车信号可靠性不高，未按主体化进行设计，故不能作为主体信号使用。目前已开发了 JZ-C 系列机车信号，其车载设备按主体化信号设计，符合故障-安全要求。

（二）LKJ2000 型列车运行监控记录装置

LKJ2000 型列车运行监控记录装置主要由主机箱、显示器、速度传感器、压力传感器等组成。列车行车命令通过轨道传送给机车，地面线路数据存储在监控主机中。LKJ2000 型列车运行监控记录装置如图 6-5-3 所示。

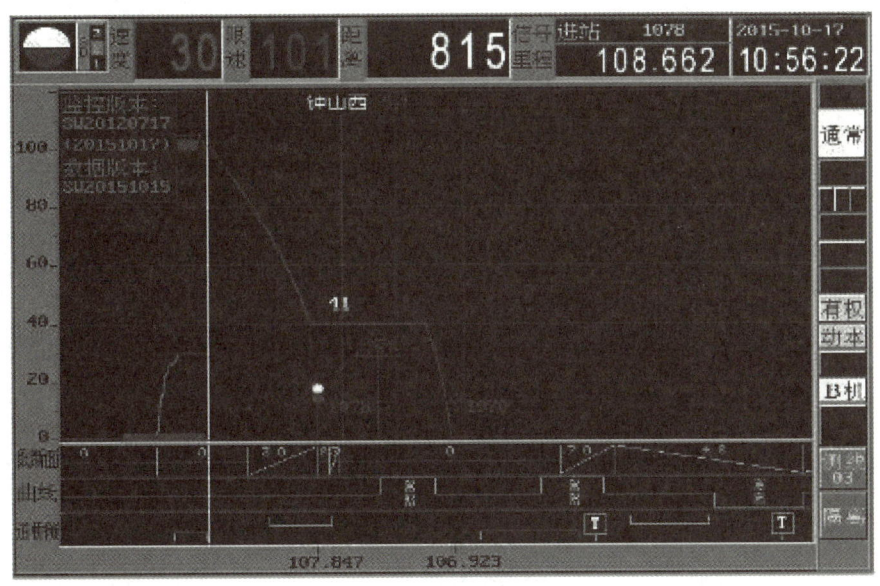

图 6-5-3　LKJ2000 型列车运行监控记录装置

LKJ2000 型列车运行监控装置的主要功能如下：

（1）速度控制功能。主要是防止列车越过关闭的地面信号机，防止列车以高于道岔允许的最高运行速度通过岔区，防止列车以高于运行区段线路允许的最高速度运行，防止机车以高于规定的限制速度进行调车作业；在列车停车的情况下，防止列车溜逸；可按列车运行提示要求控制列车不超过临时限速等。

（2）显示和警告提示功能。显示运行前方地面信号机的种类和编号、显示列车距前方地面信号机的距离、显示控制速度值和列车实际运行速度值、显示运行线路状况、显示机车优化操纵曲线以及其他运行参数和设备状态的显示等。当实际运行速度接近控制速度、机车信号显示状态变化、列车运行前方有分相绝缘、接近联控呼唤地点时，进行语音提示。

（3）运行记录功能。包括日期、时间、机车型号、车次、列车编组、运行公里标、运行实际速度、模式控制速度、列车管压力、机车信号显示状态等。

（4）地面分析处理功能。将车载记录的运行数据经过翻译、整理，以直观的全程记录、运行曲线、各种报表等形式再现列车运行全过程，为机务的现代化管理及事故分析提供强有力的工具。

LKJ2000型列车运行监控记录装置的硬、软件达不到故障-安全要求，所需地面数据不是由地面实时传递，而是储存在机车上，按列车坐标提取，一旦发生差错将危及行车安全，所以它只能作为一种过渡设备使用。

三、CTCS-2级列车运行控制系统

在我国既有线第六次大提速中，主要采用了CTCS-2级列控系统。目前我国铁路的动车组列车上都装备了CTCS-2级列控车载设备，在200~250 km/h的客运专线上也采用了CTCS-2级列控系统。CTCS-2系统框图如图6-5-4。

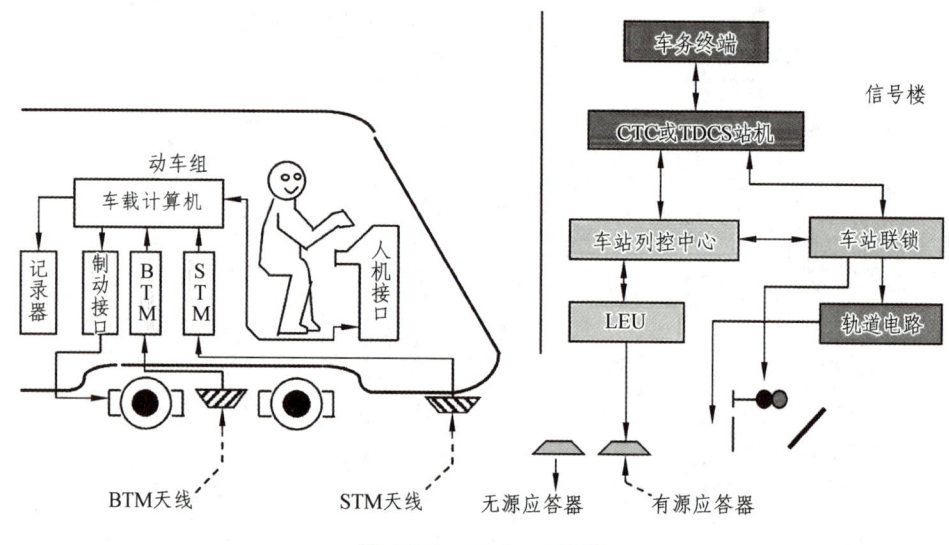

图6-5-4　CTCS-2系统

CTCS-2级列控系统是基于轨道电路和点式信息设备传输列车运行许可信息，并采用目标距离模式监控列车安全运行的列车运行控制系统，它由地面系统与车载设备组成。

在CTCS-2级列控系统中，轨道电路实现列车占用检查及完整性检查，并连续向车载设备传送空闲闭塞分区数量等信息。应答器向车载设备传输定位信息、线路参数、进路参数、临时限速和停车等信息。列控中心具有轨道电路编码、应答器报文储存和调用、区间信号机点灯控制、站间安全信息（区间轨道电路状态、中继站临时限速信息、区间闭塞和方向条件等信息）传输等功能，根据轨道电路、进路状态及临时限速等信息产生行车许可，通过轨道电路及有源应答器将行车许可传给列控车载设备。

（一）车载设备

车载设备根据地面设备提供的信号动态信息、线路参数、临时限速等信息和动车组参数，按照目标-距离模式生成控制速度，监控列车安全运行。

车载设备的主要功能是：列控数据采集，静态列车速度曲线的计算，动态列车速度曲线的计算，缓解速度的计算，列车定位、速度的计算和表示，运行权限和限速在DMI上的表示；运行权限和限速的监控；在任何情况下防止列车无行车许可运行，防止列车超速运行，防止

列车溜逸；列车超速时，车载设备的超速防护具备声光报警、切除牵引力、动力制动、空气常用制动、紧急制动等措施；车载设备发生故障时，及时报警提醒机车乘务员并对故障设备进行必要的隔离；司机行为的监控、反向运行防护、CTCS-2 信息的记录。

轨道电路、应答器、列控中心与车载设备在 CTCS-2 中各有其功能，它们之间相互配合，构成了车-地信息传输的完整过程。具体见下：

轨道电路：实现列车的区间占用检查；提供列车运行前方空闲闭塞分区数量；提供连续的行车许可（Movement Authority，MA）。

应答器：有源应答器提供临时限速和进路状态信息；无源应答器提供线路允许速度和闭塞分区长度等信息。

车载设备：根据轨道电路和应答器提供的信息，结合列车自身参数，自动生成连续速度控制模式曲线，实时监控列车安全运行。

列控中心：实现轨道电路编码、对应答器的实时报文编制和发送、列车运行方向控制等。

四、CTCS-3 级列车运行控制系统

CTCS-3 级列控系统是基于无线传输信息并采用传统方式检查列车占用的列车运行控制系统。它面向提速干线、高速新线或特殊线路，基于无线通信的自动闭塞或虚拟自动闭塞，它可以叠加在既有干线信号系统上。CTCS-3 级列控系统适用于各种限速区段，地面可不设通过信号机，司机凭车载信号行车，可满足客运专线和高速运输的需求；采取目标距离控制模式和准移动闭塞方式，同时具有 CTCS-2 级列控系统的功能。

CTCS-3 是基于 GSM-R 无线通信实现车-地信息双向传输，无线闭塞中心（Radio Block Center，RBC）生成行车许可，轨道电路实现列车占用检查，应答器实现列车定位，并采用目标距离连续速度控制模式监控列车安全运行的列控系统。闭塞方式为准移动闭塞。其系统结构主要包括：轨道电路、应答器、列控中心、车载设备、RBC、GSM-R 网络等。CTCS-3 系统如图 6-5-5 所示。

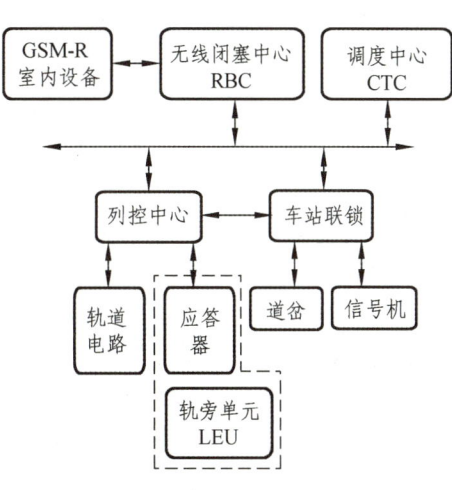

图 6-5-5 CTCS-3 系统

（一）地面设备

地面设备由移动闭塞中心（RBC）、列控中心（TCC）、ZPW-2000（UM）系列轨道电路、应答器（含 LEU）、GSM-R 通信接口设备等组成。

RBC 根据轨道电路、联锁进路等信息生成行车许可，并通过 GSM-R 无线通信系统将行车许可、线路参数、临时限速传输给 CTCS-3 级车载设备，同时通过 GSM-R 无线通信系统接收车载设备发送的位置和列车数据等信息。

TCC 接收轨道电路的信息，并通过联锁系统传送给 RBC；同时，TCC 还具有轨道电路编码、应答器报文储存和调用、站间安全信息传输、临时限速等功能，满足后备系统的需要。

应答器向车载设备传输定位和等级转换信息以及传送线路参数和临时限速等信息，满足后备系统的需要。应答器传输的信息与无线传输的信息的相关内容含义保持一致。

（二）车载设备

车载设备由车载安全计算机（VC）、GSM-R 无线通信单元（RTU）、轨道电路信息接收单元（TCR）、应答器信息接收模块（BTM）、记录单元（JRU/DRU）、人-机界面（DMI）、列车接口单元（TIU）等组成。

车载安全计算机根据地面设备提供的行车许可、线路参数、临时限速等信息和动车组参数，按照目标距离连续速度控制模式生成动态速度曲线，监控列车安全运行。

CTCS-3 与 CTCS-2 类似，RBC、GSM-R 网络、轨道电路、应答器与车载设备等在 CTCS-3 中各有其功能，具体如下：

无线闭塞中心（RBC）：根据从联锁设备获得的进路信息，从车载设备获得的列车位置信息等生成行车许可（MA）；通过 GSM-R 将行车许可、线路参数和临时限速等信息传输给车载设备。

GSM-R 网络：用于实现车载设备与地面设备之间连续、双向、大容量信息传输。

轨道电路：实现列车的区间占用检查；提供列车运行前方空闲闭塞分区数量信息。

应答器：提供定位及列控等级转换信息。

车载设备：根据轨道电路和应答器提供的信息，结合列车自身参数，自动生成连续速度控制模式曲线，实时监控列车安全运行。

（三）CTCS-3 和 CTCS-2 的比较

CTCS-3 与 CTCS-2 比较，不同之处/特点在主要在于：
（1）地面设备增加无线闭塞中心 RBC、GSM-R 无线通信网络。
（2）车载设备增加 GSM-R 无线通信单元及天线。
（3）由 RBC 向列车提供行车许可。
（4）车-地实现连续、双向、大容量信息传输。

具体来讲，CTCS-3 的行车许可由地面设备 RBC 生成，行车命令由 GSM-R 网络传输，轨道电路只实现列车的区间占用检查和发送空闲闭塞分区信息功能，应答器只实现列车定位和列控等级转换的功能。而在 CTCS-2 中，轨道电路还需承担向车载设备发送行车许可的功能，应答器还需承担发送进路信息、临时限速和线路参数的功能。从 CTCS-2 到 CTCS-3，轨道电路和应答器所承载的功能越来越少，取消了轨道电路，其功能将全部交由 RBC 和车载设备等实现，这是未来列控系统发展的趋势。

五、城市轨道交通车辆列控系统

随着计算机技术（Computer）、通信技术（Communication）和控制技术（Control）的飞跃发展，综合利用 3C 技术代替轨道电路构成新型系统已成为列车控制系统的发展方向，其核心是通信技术的应用，出现了"基于通信的列车控制系统"（Communication Based Train Control，CBTC）。按 IEEE 在 1999 年发布的首份标准，CBTC 被定义为：利用（独立于轨道电路的）高精度列车定位、双向大容量车-地数据通信和车载、地面的安全功能处理器实现的一种连续自动列车控制系统。

CBTC 信号系统的主要设备配置和主要功能模块，包括 ATS 子系统、联锁子系统、轨旁 CBTC 设备、车载 CBTC 设备等。CBTC 系统架构如图 6-5-6 所示。

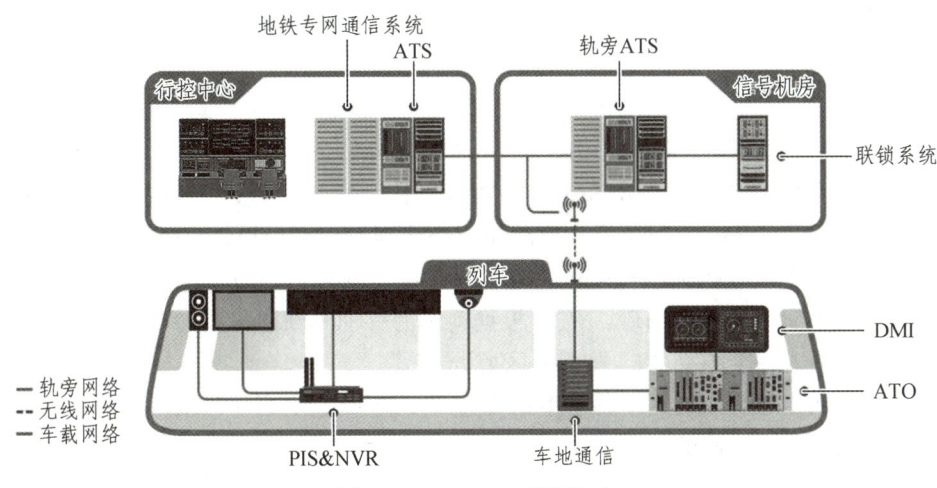

图 6-5-6 CBTC 系统架构

（一）列车自动监控系统 ATS

ATS 系统实现列车运行的集中监控，实现进路自动设置，按时刻表控制列车的运行，提高运营管理水平、服务水平，降低工作人员劳动强度。其主要完成以下功能：列车运行图/时刻表的编制及管理；列车进路的控制；列车运行描述；列车运行的调整；节能运行控制；操作和运营数据记录及统计。

（二）计算机联锁子系统

计算机联锁系统设备是实现道岔、信号机、计轴轨道电路设备间的正确的联锁关系，并实现与区域控制器、ATS 系统的接口的设备。同时可通过列车占用检测设备、转辙机、信号机。

（三）ATS 运行工作模式

ATS 有中央自动控制模式（CA）、中央人工控制模式（CM）、车站控制模式（LC）等 3 种运行模式。

1. 中央自动控制模式（CA）

CA 模式是正常情况下的控制方式，是根据联锁表、计划运行图自动设置列车进路，并根据计划运行图自动控制列车运行时分和停站时分。

2. 中央人工控制模式（CM）

在 CM 模式中，车站的人工控制转到 ATS 系统，当车站工作于该模式，则由 ATS 系统启动控制而不由车站控制计算机启动控制。车站控制计算机继续接收表示，更新显示和采集数据。

3. 车站控制模式（LC）

在 LC 模式下，将车站的人工控制（如进路控制）转到车站控制室的车站控制计算机，当车站工作于此模式时，不能由 ATS 系统启动控制。然而，ATS 系统将继续收到表示，更新显示和采集数据。

（四）ATS 系统基本工作原理

1. 列车监视和追踪（TMT）

列车监视和追踪是控制中心 ATS 系统的功能，其任务是监视受控区域内移动的列车、确定每列车在系统中的位置。列车监视和追踪需要完成列车识别号报告、跟踪。

每列车与一个车次号相关联。列车一旦进入系统，就可以通过人工分配车次号或通过车次号读取器自动分配车次号；随后，ATS 根据列车的移动不断地修改列车的位置数据，直到列车离开系统或进入一个不受 ATS 监督的区域。

从一个区段到相邻区段的列车移动追踪称为"步进"，它是列车号从一个显示区段到下一个与列车移动相应显示区段的前进。

2. 自动进路排列（ARS）

通过列车进路系统，实现了进路的自动排列。其功能是根据列车当前位置，将进路排列指令及时输出到联锁设备中。列车位置指示可以启动该功能。

列车进路系统只是在列车到达某一特定地点时才被启动，该特定地点就称为运行触发点。对每个运行触发点，要对启动列车进路系统的目的地编码予以配置。当到达触发点的列车请求进路时，已配置的数据就确定了进路。为此，为每个带有效目的地码的触发点配置一条进路。

（五）ATS 系统的主要功能

该系统主要实现对列车运行的监督与控制，辅助调度人员对全线列车进行管理。

1. 列车运行情况的集中监视

列车运行的识别由轨道占用信号从"空闲"到"占用"的翻转来识别。通过计算机再现列车的运行，列车运行由轨道空闲和占用信号驱动。列车由车次号识别，ATS 给 MMI、旅客信息显示系统提供列车位置信息。

2. 自动生成时刻表

系统提供时刻表编制数据库，调度员人工设置数据产生计划时刻表，并将其从控制中心传到 ATS 分机。

3. 自动排列进路

控制中心对进路、信号机和道岔实现集中控制，形成控制道岔位置的命令，在适当时间向信号系统发送命令。

4. 列车运行调整

不断对计划时刻表和实际时刻表进行比较,自动调整列车按计划时刻表运行。

(六)列车自动保护系统(以下称为 ATP 系统)

ATP 系统的主要功能是监督及控制列车在安全状态下运行,应满足故障-安全原则。

1. ATP 系统构成及功能

ATP 系统主要由实现控制列车运行的车载设备、产生控制信息的地面设备以及实现车-地信息传输的中间传输通道 3 大部分组成。

ATS 系统负责监督和控制 ATP 系统,联锁系统和轨道空闲检测装置为 ATP 提供基层的安全信息,列车是 ATP 控制的对象。ATP 系统和联锁系统共同负责列车的运行安全。主要功能如下:

(1)列车位置检测。

列车位置检测就是确定列车在路网中的地理位置,也叫列车定位。通常 ATP 系统可采用轨道电路、查询应答器等作列车检测设备,当轨道电路区段空闲,发送轨道电路检测电码,检测结果送往联锁装置,此时轨道电路的功能是检测轨道是否空闲。安装在线路上某些位置的应答器用于列车物理位置的检测,每个应答器发送一个包括识别编号(ID)的应答器报文,由列车接收。在 ATP 车载计算机单元的线路数据库里存有应答器的位置,这样列车就知道它在线路上的确切位置。

(2)速度监督与超速防护。

ATP 轨旁单元从联锁和轨道电路获得驾驶指令,ATP 车载设备通过此数据计算现有位置的列车的允许速度,实际的列车速度和驶过的距离由测速装置测量,ATP 车载设备通过对列车实际速度和允许速度的比较进行速度的控制,从而实现列车自动限速。

(3)停车点防护。

停车点有时就是危险点,危险点在任何情况下都是不能越过的,因为这会导致危险情况。停车点防护示意图如图 6-5-7 所示。

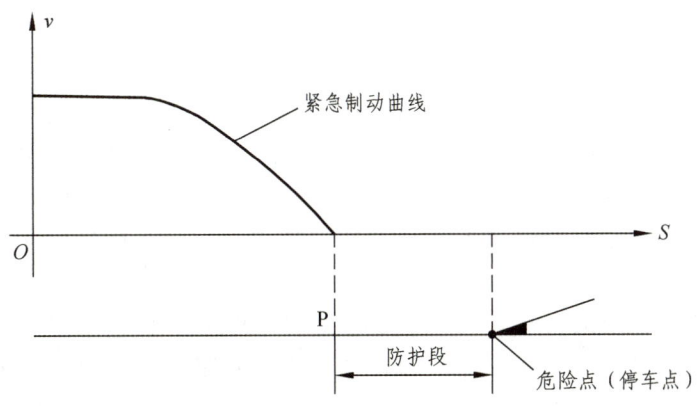

图 6-5-7 停车点防护示意图

（4）列车运行间隔控制。

实施列车运行间隔控制时，轨道电路必须采用多信息音频轨道电路，轨道区段长度通常在 300 m 以下；前行车所占用轨道电路的始点被当作为危险点。列车运行间隔控制如图 6-5-8 所示。

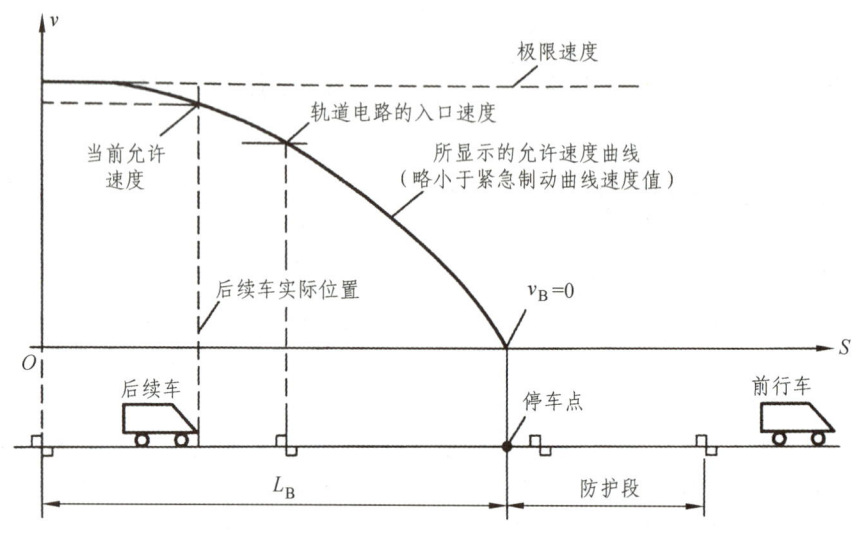

图 6-5-8　列车运行间隔控制

前行车的防护段可以是相邻轨道电路，也可以大于轨道分区的长度，视具体情况而定；目标距离 L_B 是指后续车所在轨道电路的始端到停车点（防护段的始端）的距离；实时计算所得的紧急制动曲线与列车的最大减速度有关；在驾驶室内显示出的最大允许速度略小于制动曲线上的实际最大允许速度，以便留出时间空隙可以进行告警及由司机做出反应。

（5）车门控制。

车门控制功能是保证当显示安全时允许打开车门，在所有的信号模式中可以连续使用此功能。以防止列车在站外打开车门，防止列车在站内时打开非站台侧的车门，防止在车门打开时列车起动等情况发生。

除以上主要功能外，ATP 系统还有站台屏蔽门控制、给出发车命令、列车倒退控制、监控列车停稳等功能。

（七）列车自动运行系统（ATO）

列车自动驾驶系统（Automatic Train Operation，ATO）是地铁车站列车集中控制系统的一个子系统，是列车自动控制系统（ATC）中必不可少的一个重要子系统。它能模拟完成驾驶列车的任务，通过利用地面信息实现对列车牵引、制动、自动折返等运行控制，使列车经常处于最佳运行状态，提高乘客的乘坐舒适度和列车的准点率，节约能源。另外，它还提供定点停车、车门控制和给车站反馈列车定位信息等功能。ATO 使列车运营降低了成本、增加运营弹性，使密集发车成为可能，是城市轨道交通进入自动化时代的可靠技术保障。具体功能如下：自动驾驶和目的制动；ATO 是根据 ATP 的命令自动打开车门；列车由车站发车；加速；巡航；在正线上停车；限速区段运行；通过车站；车辆段向正线发车；从正线向车辆段发车；列车自动折返。

1. ATO 工作原理

ATO 子系统能保证运行时间与定点停车,还能提高运行效率,提高舒适度,减少能耗。但作为 ATC 的一个子系统,它的功能是要依靠 ATC 各子系统协调工作共同完成的,缺少 ATP 与 ATS 子系统,ATO 将无法正常工作。

从运行中所起作用来说,ATO 主要实现驾驶列车的功能,能进行车速的正常调整,给旅客传送信息,进行车门的开关作业,但这只是执行操作命令,不能确保安全,这就需要 ATP 来进行防护。ATP 起监督功能,对不符合安全的情况给予防护,保证列车不超速,车门不误动。由此可见 ATP 系统是列车运行时必不可少的安全保障,ATO 系统则是提高城市轨道交通列车运行水平(准点、平稳、节能)的技术措施。在任何时候,只要 ATP 系统正常的话,就应让其执行防护工作,以确保行车安全。

如图 6-5-9 所示,从 ATP 与 ATO 两子系统计算出来的 3 条制动曲线,可明显地看出:ATP 主要负责"超速防护",起保障安全的作用,ATO 主要负责正常情况下的列车高质量地运行,其中,曲线 1 表示列车的紧急制动曲线,由 ATP 系统计算及监督,曲线 2 表示由 ATP 系统计算,在驾驶室显示出来的最大允许速度,它略低于紧急制动曲线,当列车速度达到曲线 2,应给出告警,曲线 3 是由 ATO 系统动态计算的制动曲线,也即正常运行情况下的停车制动曲线。

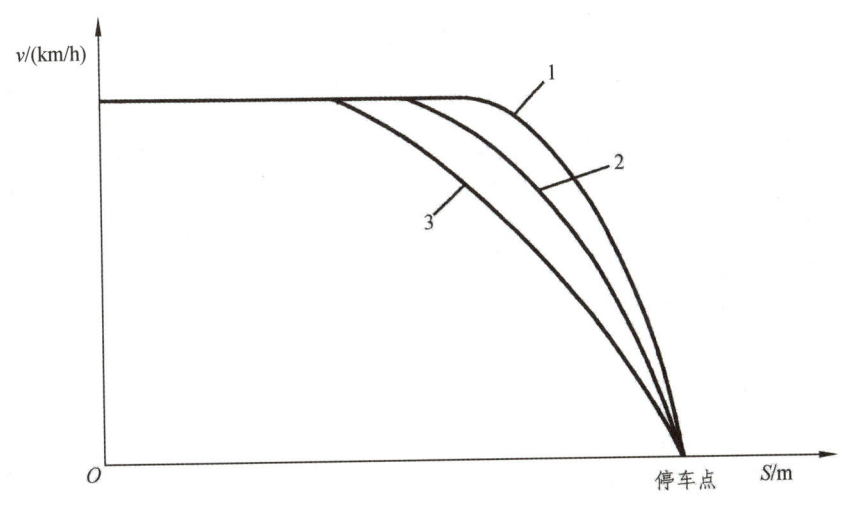

图 6-5-9 ATP 与 ATO 两子系统计算出来的 3 条制动曲线

2. ATO 技术展望

目前,城市交通的理想特征是:在规划上具有科学性、超前性、合理性、可调整性;在法律上具有权威性、连续性;在建设方面具有资金保障,技术先进,时机恰当的特点;在管理上具有现代化、高效率、低成本、应变强的特点。在自动驾驶系统(ATO)上,国内外已研究适用于高密度城市轨道交通的列车驾驶系统,并在城市轨道交通系统中广泛应用。

学习工作任务单

工单编号	6	工单名称	轨道交通通信、信号
工单类型	基础型工单	面向专业	轨道交通行业相关岗位
工单大类	学习型工单	能力面向	专业能力
职业岗位	机车乘务员、车辆乘务员、动车组司机、电客车司机等轨道交通行业从业人员			
考核点	轨道交通车站			
工单简介	本工单主要了解轨道交通通信的分类和特点,掌握常见的轨道交通通信设备,了解轨道交通行车信号,能对比分析各种轨道交通适用的通信方式。对轨道交通通信有整体的认知,为以后的工作学习打下坚实基础。 加强学生爱党爱国、热爱轨道交通行业的精神,以及民族自豪感。			
设备环境	多媒体教室			
用途说明	在常规课程中可引导学生获取信息的能力和总结归纳的能力			

实施人员信息(学生填写)

姓名		班级		学号	

笔记栏

任务目标

实施该工单的任务目标如下:

1. 了解轨道交通通信的特点。
2. 了解轨道交通通信的分类。
3. 能够正确区分常见轨道交通通信线路。
4. 了解轨道交通通信行业。
5. 掌握轨道交通通信系统常用的设备。
6. 掌握无线铁路移动通信系统。
7. 掌握行车闭塞法。

任务介绍	笔记栏

1. 任务描述

本任务从轨道交通通信的作用开始介绍，从"铁路工匠"事迹出发弘扬铁路工匠精神，掌握轨道交通通信相关知识。

2. 任务要求

（1）说明轨道交通通信的特点。

（2）说明轨道交通通信分类。

任务资讯

（10分） 1. 轨道交通通信的特点。

（10分） 2. 说明轨道交通通信的主要分类？

（10分） 3. 说明什么是行车闭塞法？

任务实施

任务实施要求如下:

(10分) 1. 轨道交通通信与一般通信的差异。

(5分) 2. 转辙机的主要作用什么?

(10分) 3. 轨道交通通信的线路。

笔记栏

任务扩展

任务扩展要求如下:

请根据轨道交通通信行业的发展,结合我国现在 5G 通信技术的发展,展望通信技术的进步给轨道交通运输行业带来什么新的变化。

(**10 分**) 1. 简述未来轨道交通通信的发展方向?

(**15 分**) 2. 5G 通信对轨道交通运输行业带来的变化。

工作日志

（5分）实施工单过程中填写如下日志：

工作日志表

日期	工作内容	问题及解决方式

工作总结

（15分）请编写完成本任务的工作总结：

笔记栏

质量监控单（教师完成）

工单实施栏目评分表

评分项	分值	作答要求	评审规定	得分
任务资讯	30	问题回答清晰准确，能够紧扣主题，没有明显错误项。	对照标准答案错误一项扣2分，扣完为止。	
任务实施	25	近期展望贴合实际，结合所学专业能有基本准确的定位。	回答前后逻辑合理，不合理处扣2分。	
任务扩展	25	各种类型表述清楚，特点描述准确。	分类少些一项扣2分，对照标准答案错误一项扣5分，扣完为止。	
其他	20	日志和问题项目填写详细、能够反映实际工作过程。	没有填或者太过简单每项扣5分。	
合计得分				

职业能力评分表

评分项	等级	作答要求	等级
知识评价	A|B|C	A：能够完整准确地作答任务资讯的所有问题，准确率在90%以上。 C：对基础知识掌握得不牢固，任务资讯和答辩的准确率在50%以下。	
能力评价	A|B|C	A：熟悉各个环节的实施步骤，完全独立完成任务，有能力辅助其他学生完成规定的工作任务，实施快速，准确率高（任务规划和任务实施正确率在85%以上）。 C：未完成任务或只完成了部分任务，有问题没有积极向其他同学请教，工作实施拖拉，不积极，各个部分的准确率在50%以下。	
态度素养评价	A|B|C	A：不迟到、不早退，对待他人有礼貌，善于帮助他人，积极主动完成规定工作任务，工作台完整整洁，回答老师提问科学。 C：未完成任务或只完成了部分任务，有问题没有积极向其他同学请教，工作实施拖拉不积极，不能准确回答老师提出的问题，各个部分的准确率在50%以下。	
思政素养	A|B	A：树立正确爱党爱国精神，树立不畏艰难、勇于创新的开拓精神，深入实践、严谨细致的科学精神，能深刻理解"詹天佑"工匠精神。 B：对"铁路"工匠精神理解不够全面。	

PART SEVEN

第七章

轨道交通供电系统

学习目标

知识目标

1. 了解高速铁路供电系统
2. 掌握接触网的结构
3. 了解 SCADA 系统

能力目标

1. 对比分析各种供电方式
2. 能分析接触网的各组成部分及功能

素质目标

1. 培养学生民族自豪感
2. 培养学生爱国、爱路的情怀

目前，我国轨道交通行业主要依靠电力提供能源，供电系统是轨道交通行业的心脏。供电系统主要由输电、变电、接触网和机车（动车组）电力系统 4 部分构成。其中，输电系统主要负责将电能从电源输送至变电站，它是轨道交通供电系统的前期工程。变电系统则负责将输送至变电站的电能进行压变、配变等处理，使其符合接触网的要求，再将处理过的电能通过接触网传送到机车（动车组）电力系统中。供电系统一旦出现问题，使用电力的轨道交通网络可能会引起大面积瘫痪，影响人们出行和国民经济，所以保证在任何情况下供电系统的正常是我们的首要责任。

第一节 概 述

高速列车的基本要求是起动快、速度高、牵引功率大，为满足高速列车的动力要求，世界各国的高速铁路几乎都采用电能为牵引动力。以电能为主要牵引动力的铁路称为电气化铁路,将牵引用电能从电力系统传送给列车的电力装置称为电气化铁路的牵引供电系统。

城市轨道交通的供电系统是负责为其正常运营提供所需电能的重要部门。城市轨道交通列车采用电力牵引,其动力是电能;此外,为运营服务的辅助设施包括照明、通风、空调、排水、通信、信号、防灾报警、自动扶梯等,也都依赖并消耗电能。在运营中,供电一旦中断,不仅会造成地铁运输的瘫痪,而且还会危及乘客生命安全和造成财产的损失。因此高度安全、可靠而又经济合理的供给电力是城市轨道交通正常运营的重要保证和前提。

一、高速铁路供电系统

高速铁路供电系统

高速铁路牵引供电系统主要由牵引变电所和接触网组成。我国高速铁路正线牵引网供电方式一般采用 2×25 kV 自耦变压器(AT)供电方式,牵引变电所将电力系统通过输电线路送来的三相高压电能变换为 2×25 kV 的单项交流电,经馈电线送至接触网;接触网沿铁路上空架设,动车组升弓后便可从其取得电能,牵引列车不间断地、高速地、可靠地和安全地运行。

如图 7-1-1 所示,牵引供电回路是由牵引变电所-馈电线-接触网-动车组-钢轨-回流连接-牵引变电所接地网组成的闭合回路,其中流通的电流称牵引电流。通常将接触网、钢轨回路(包括大地)、馈电线和回流线统称为牵引网。

两相邻牵引变电所之间设有分区所,牵引变电所至分区所之间的牵引网区段被称作供电臂。

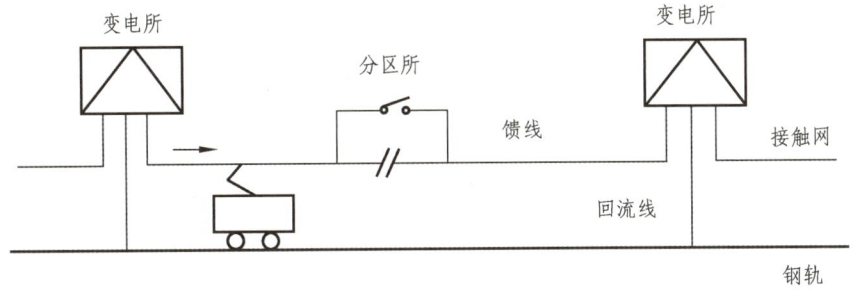

图 7-1-1 牵引供电系统组成

高速铁路牵引变电系统的任务是根据线路输送能力和行车组织方式确定牵引供电方案和牵引供电设施的布局,将来自公共电网电能的电压转变成与所使用的牵引电能相符的标称电压,并将之输送到接触网,确保高速铁路运输牵引供电能力的完全匹配。

(一)供电方式

我国电气化铁路均采用单边供电方式,即牵引变电所向接触网供电时,每一个供电臂的接触网只从一端的牵引变电所获得电能。复线区段可通过分区亭将上下行接触网连接,实现"并联供电",可适当提高末端网压。当牵引变电所发生故障时,相邻变电所通过分区所实现"越区供电",此时供电范围扩大,网压降低,通常应减少列车对数或牵引定数,以维持运行。

1. 直接供电方式

直接供电方式是以牵引变电所直接向牵引网供电,牵引电流只由钢轨和大地流回牵引变电所的供电方式,交流负荷在接触网周围空间产生交变电磁场,从而对附近通信设施和无线电装置产生一定的电磁干扰，一般只在通信线路少的山区采用，如图 7-1-2 所示。

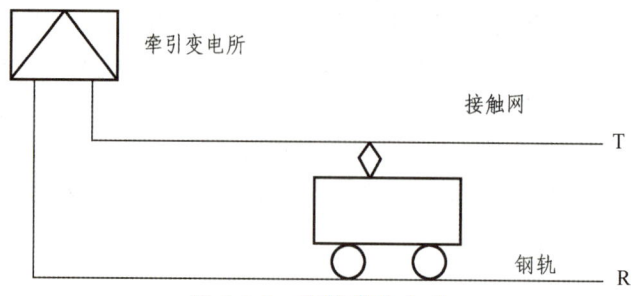

图 7-1-2　直接供电方式

2. 带回流线的直接供电方式

这种供电方式实际上就是增设与钢轨并联的架空回流线的直接供电方式，利用接触网与回流线之间的互感作用，使钢轨中的回流尽可能地由回流线流回牵引变电所，如图 7-1-3 所示。回流线每隔一定距离与钢轨相连，钢轨电位大为降低，对通信线的干扰得到较好抑制，还能降低牵引网阻抗，使供电臂延长 30% 及以上。

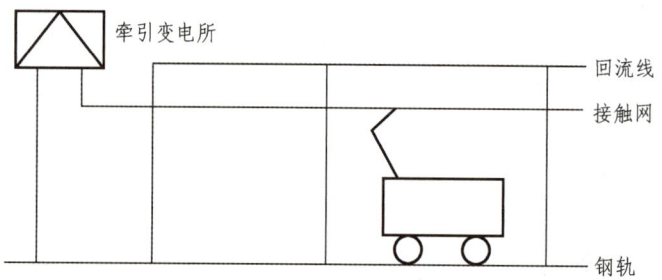

图 7-1-3　带回流线的直接供电方式

由于没有吸流变压器，接触网结构简单可靠，供电设备的可靠性得到了提高，造价也不太高，所以这种供电方式在我国电气化铁路上得到了广泛应用。

3. 吸流变压器供电方式（BT 方式）

这种供电方式，在接触网上每隔一段距离装一台吸流变压器，变比为 1∶1，其原边串入接触网，间隔约 1.5～4 km，次边串入回流线，又称负馈线，架在接触网支柱田野侧，与接触悬挂等高，每两台吸流变压器之间有一根吸上线，将回流线与钢轨连接，其作用是将钢轨中的回流"吸"上去，经回流线返回牵引变电所。BT 方式的钢轨电位低，抑制通信干扰的效果很好，如图 7-1-4 所示。

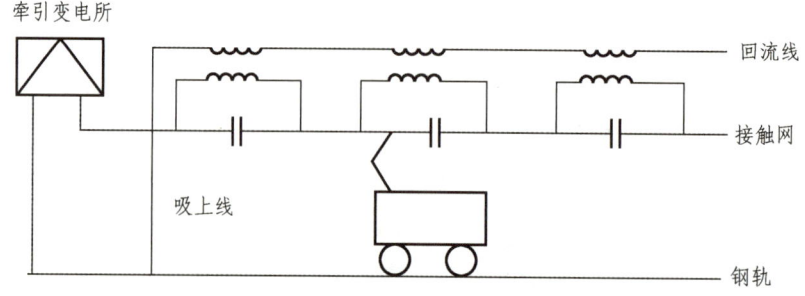

图 7-1-4　吸流变压器供电方式

BT方式牵引网结构复杂，造价较高，牵引网阻抗变大，供电臂长度将减小。BT方式是串联系统，可靠性较低，电力机车过BT时，易产生电弧，不利于高速、重载等大电流的机车运行。

4. 自耦变压器供电方式（AT供电方式）

采用AT供电方式时，牵引变电所主变输出电压为55 kV，经AT向接触网供电，一端接接触网，另一端接正馈线，其中点抽头则与钢轨相连，由于自耦变压器变比为2∶1，因此接触网输送的仍为额定电压。由于AT供电方式牵引变电所馈出电压高，变电所间距可增加一倍，便于牵引变电所选址和电力部门的配合；同时分相点少，并可适当提高末端网压，如图7-1-5所示。但牵引变电所主接线相对较复杂，使其一次投资费用增大，它适用于高速、重载和繁忙的干线电气化铁路，在欧洲一些国家的高速铁路牵引变电所应用较为广泛。我国高速铁路也选用了AT供电方式。

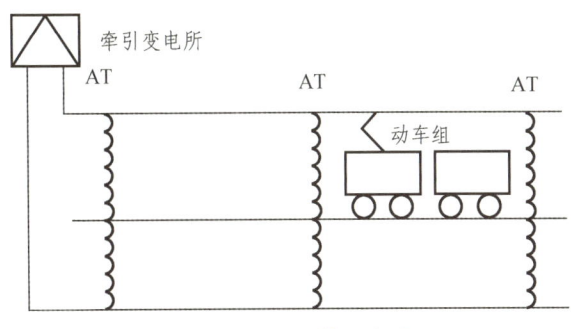

图7-1-5　AT供电方式

（二）牵引变电所一次设备

牵引变电所是牵引供变电系统的重要环节，它完成变压、变相和向牵引网供电等功能，实现公用三相电力系统与单相电力牵引系统的变换。变电所的设备通常分为两类：一类为高压开关、输电线路、母线、避雷器等用于完成电能变换、输送、分配等功能且接触高电压的一次电气设备，如图7-1-6所示；另一类为继电保护装置、监视仪表、操作电路等用于完成对一次设备的控制、监视、保护功能且不接触高电压的二次电气设备。

图7-1-6　武广高铁乌龙泉牵引变电所一次设备

1. 电气主接线

电气主接线又称主电路,是指牵引变电所内一次主设备,即高压、强电流设备的连接方式,也是变电所接受电能、变压和分配电能的通路。它反映了牵引变电所的基本结构和功能。

(1) 电气主接线应满足的基本要求。

① 根据用户负荷性质不同采用不同可靠性的主接线,确保用户供电的可靠性。

② 主接线应保证运行的灵活性,同时给高压设备的检修提供安全保障。

③ 在供电可靠性和运行灵活性的前提下,主接线应尽可能减少投资。

④ 主接线尽量简单明了,减少设备运行过程中的出错。

(2) 电气主接线应满足的技术原则。

① 牵引变电所必须有两回路电源供电,这两回路电源可以从不同发电厂或变电站获得,也可以从同一发电厂或变电站中的不同母线获得。

② 电力系统提供稳定、可靠的供电电源,是确保高速电气化铁路正常供电的基本条件。过去我国牵引供电系统的电源电压等级一直采用 110 kV,均保证了安全、可靠供电。高速电气化铁路由于列车速度高、牵引负荷电流大,波动比较剧烈,单相负荷对电网的负序影响大,如果仍采用 110 kV 供电,就很难满足供电要求,电力网的运行指标也会恶化,在条件许可时应尽可能选用 220 kV 电压等级的电源。

(3) 电气主接线的基本形式。

主接线是根据变电所的容量规模、性能要求、电源条件及配电出线的要求确定的,其基本主接线分为单母线分段接线、双母线接线、桥形接线等形式。

① 单母线分段接线。母线是一种把电能汇聚在一起后进行重新分配的导线,也称汇流排。单母线分段接线是将母线分成两段,两段母线之间通过母线断路器相连,如图 7-1-7 所示。

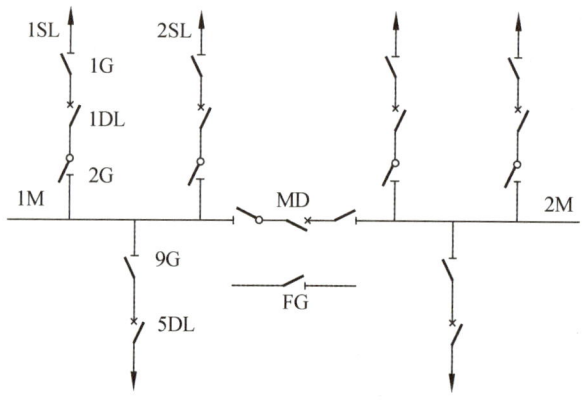

图 7-1-7 单母线分段接线原理

② 双母线接线。这种接线设置了两条主母线,两条母线之间通过母联断路器连接,每条电源进线或用户馈线都通过两台隔离开关和母线相连,正常时母联断路器断开,如图 7-1-8 所示。

③ 桥形接线。桥形接线是简化的单母线接线,当牵引变电所电源只有两条线路和两台变器时,一般采用桥形接线。根据桥的位置,桥形接线又分为内桥和外桥接线,内桥接线的特点是连接桥跨条设置在牵引变压器外侧和断路器内侧,如图 7-1-9 (a) 所示;外桥接线和内桥相反,连接桥跨条设置在高压断路器外侧,如图 7-1-9 (b) 所示。

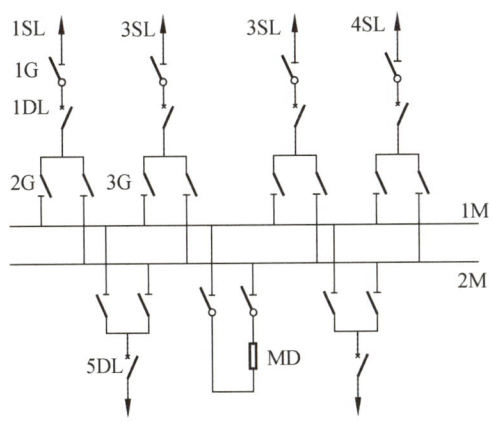

图 7-1-8　双母线接线原理

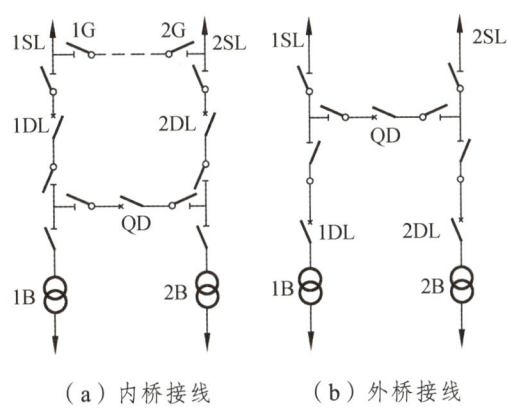

（a）内桥接线　　　（b）外桥接线

图 7-1-9　桥形接线原理

（4）我国高速铁路牵引变电所典型主接线。

我国高速铁路正线一般采用 AT 供电方式，牵引变电所优先采用电力系统两回路独立可靠的 220 kV 电源，牵引变电所设两台 220/2×27.5 kV 单相主变压器，由于电源回路和主变压器都是 100%热备，当工作主变压器或电源回路故障时，备用电源回路-变压器组借助于自投装置，自动转换取代原工作电源回路-主变压器组运行，如图 7-1-10 所示。按需要，高压侧也可在两组主变压器的断路器前面，用横向母线将它们连接起来，以增加运行的灵活性。

2. 牵引变压器

发电厂欲将电能输送到某用电区域，在功率为一定值时，若采用的输送电压愈高，则输电线路中的电流愈小，由此可以减少输电线路上的损耗，节约导电材料，所以远距离输电采用高电压是最为经济的。电能输送到用电区域后，为了适应用电设备的电压要求，还需通过各级变电站，利用变压器将电压降低为各类电路设备所需要的电压值。

电力变压器是一种常见的电气设备，变压器利用电磁感应原理可用来把某种数值的交流电压（电流）变成频率相同的另一种或几种数值不同的电压（电流）的设备。变压器的主要作用是传输电能，因此，额定容量是它的主要参数。图 7-1-11 为武广高铁采用的牵引主变压器。

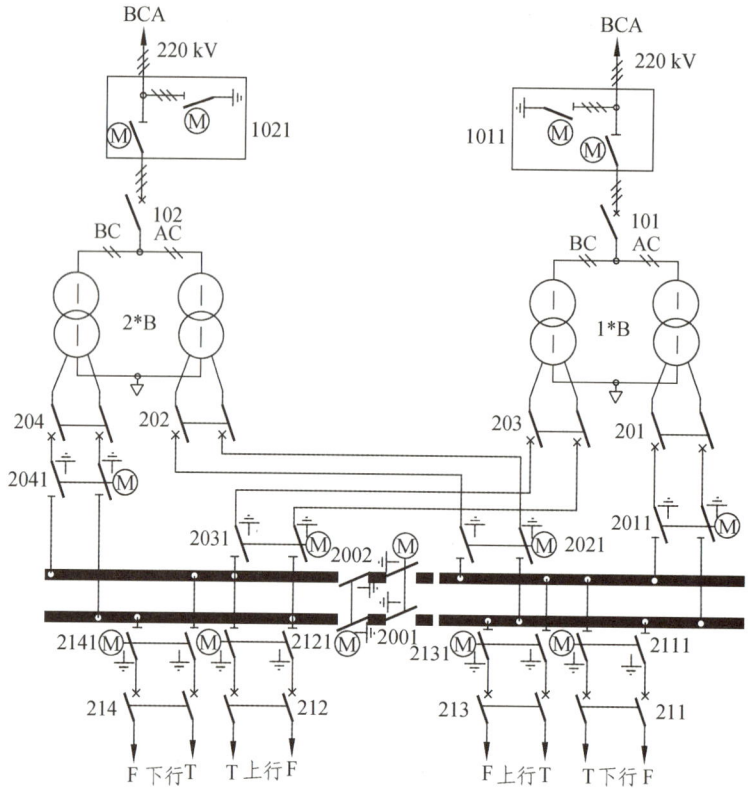

图 7-1-10　武广高铁牵引变电所典型主接线原理

图 7-1-11　武广高铁牵引变压器

AT 供电方式，由于馈线供电电压提高至 2×27.5 kV（牵引网电压仍为 27.5 kV），与 27.5 kV 馈线电压相比，变电所间距离成倍扩大，主变压器容量相应增大。为改善变电所的运行技术指标（电压水平和负序电流等），提高供电质量，AT 牵引变电所多数采用特殊结构的三相-两相平衡变压器为主变压器，增大主变压器容量，实现降压和变相功能，以减小单相不对称牵引负荷对电力系统负序电流的影响。

我国高速电气化铁路牵引变压器优先采用单相接线变压器，其接线形式如图 7-1-12 所示。高压线圈跨接在高压系统的线间，牵引侧线圈一端接在接触网上，另一端与钢轨相连。采用单相接线变压器的优点为：变压器容量利用率高，一次设备简单，有利于动车组再生制动时产生电能的内部平衡消耗；接触网电分相数量较其他形式减少一半，有利于动车组的高速运行。其缺点是：牵引负荷的不对称会给电力系统造成一些不良影响，通常对相邻的牵引变电所采用换相方式接入电力系统。

如图 7-1-13 所示，V/V 接线牵引变电所与单相牵引变电所相似，由两台单相牵引变压器或一台做成一体的 V/V 牵引变压器组成，牵引变压器低压侧的两个线圈分别向两个供电臂供电。

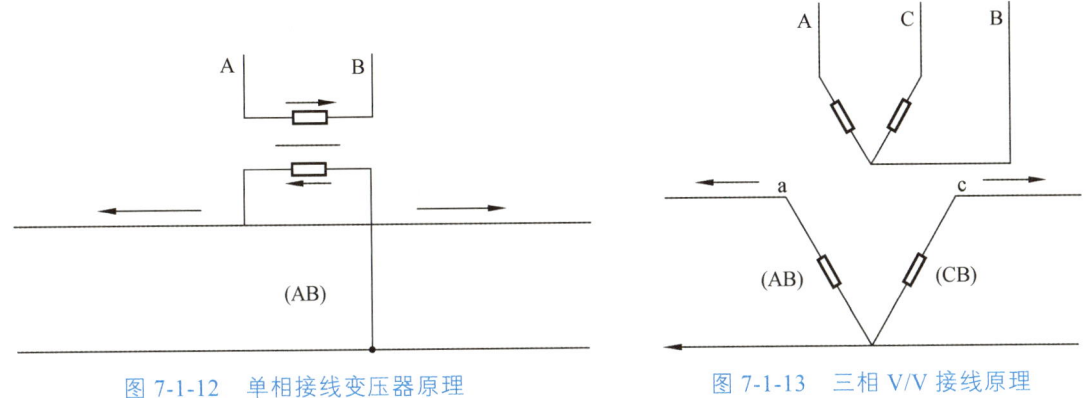

图 7-1-12　单相接线变压器原理　　　　图 7-1-13　三相 V/V 接线原理

超大容量的单相接线变压器（80 MV·A 以上）尚无成熟设备，且二次侧电流较高，断路器、隔离开关及母线等设备选用较为困难。武广高铁牵引变压器采用两台单相变压器在外部接成 V 接线形式。这种接线形式的牵引变压器的容量利用率高，但也会因为牵引负荷的不对称会给电力系统造成一些不良影响，因此仍然需要对相邻牵引变电所进行换相处理。

3. 高压电器与开关设备

在高压系统中，用来对电路进行开合操作，切除和隔离事故区域，对电路运行情况进行监视，保护和测量的设备，通称为高压电器。

高压断路器是一种重要的控制和保护电器，用来在电路正常工作和发生故障时关合和开断电路，一般由触头、灭弧室、绝缘介质、壳体结构、运动机构等组成。

隔离开关只起隔离作用，不能带载分合，也没有短路等保护功能。高压电网中，当断路器断开电路后，由于断路器触头位置的外部指示器缺乏直观，在有些情况下它的指示与触头的位置不相一致。隔离开关的断开，使高压设备与电源隔离得到明显的隔离，保证检修人员的安全，起辅助开关的作用。

熔断器是最简单和最早采用的一种限流元件，与被保护的电气设备串接于电路中，在电路发生过载或短路时，利用其熔件的熔断开断电路，起到保护其他电路设备的作用。

高压负荷开关是在电路正常工作或过载时开/合电路，不能开/合故障电流时，起控制与过载保护的作用。

限制电器是限制电路中电压电流的电器，主要有电抗器、避雷器，其中电抗器用于限制电路中的短路电流，避雷器用于限制电路中出现的过电压。

互感器常用于将电路中的电压电流变小，便于检测和自动控制，同时隔离高低压电路。

(三）分区所、开闭所与自耦变压器（AT）所

分区所一般设于两变电所之间的两供电臂连接处，它把电气化铁道牵引网分成不同供电区段，装有开关设备，根据运行需要可以连接同一供电臂的上、下行牵引网并联供电，改善牵引网供电质量，同时在牵引网发生故障时可缩小停电范围，相邻变电所全所停电时，分区所还可连接相邻供电臂以实现越区供电。

开闭所实际上是开关站，多设于铁路枢纽，一般两路进线、多路馈线，进线和馈线都经过断路器，可灵活地对各分区接触网停、供电，用以实现对站场各股道群的分别供电控制，从而缩小事故停电范围。

自耦变压器（AT）所是 AT 供电系统中除变电所、分区所和开闭所外，在牵引网上放置自耦变压器的场所，工频单相交流电气化铁道每隔 10~15 km 设置一台自耦变压器。

（四）控制和信号系统

牵引变电所控制系统用于对开关进行分闸与合闸的控制以及直流电源调节、交流电源切换、变压器冷却风扇的投入和退出、变压器抽头调节等操作。变电所开关控制一般有当地控制、距离控制和远程控制 3 种方式。变电所的主控制室一般有交流电源屏、直流电源屏、蓄电池屏、计量屏、控制屏、保护屏、远动系统的 RTU 等二次设备。

中央信号系统是操作人员对设备监视的助手，系统由预告信号和事故信号两部分组成，当事故或故障发生时，相应的装置能及时发出灯光及音响信号等事故报警或预告事故信号，事故报警或预告信号来源于继电保护系统，当设备发生各种异常信号（如控制回路断线、PT 断线、变压器油温过高、液压操作机构油压过压或欠压等）时，保护装置在跳闸、动作的同时将有关信息送到中央信号系统。

（五）继电保护及自动化系统

我国高速铁路牵引供电系统的继电保护及监控装置均采用微机型综合自动化系统，为满足无人值守的要求，各所的防灾安全监控系统及交直流自用电系统的操作、监控、直流绝缘监控装置均纳入了本系统。

1. 继电保护

继电保护是反映电力系统中电气元件发生故障或不正常运行状态并动作于断路器跳闸或发出信号或指示的自动装置。当电力系统出现过负荷、频率降低、过电压等不正常工作状态或短路、断路等电气故障。继电保护应迅速指示不正常状态并予以控制或迅速切除故障，使停电范围缩小。

1) 继电保护的设计原则

（1）选择性。首先由故障设备或线路本身的保护切除故障，当故障设备或线路本身的保护或断路器拒动时，才允许由相邻设备保护、线路保护或断路器失灵保护来切除故障，确保该跳闸的断路器跳闸，不该跳闸的不跳，以使停电范围限制在最小的范围内。

（2）速动性。故障后保护装置应尽快切除短路故障，减轻故障设备和线路的损坏程度及缩短对非故障区段的影响时间，其目的是提高系统稳定性，缩小故障波及范围，提高自动重

合闸和备用设备自动投入的效果，但速动性不能影响选择性。

（3）灵敏性。对保护范围内的故障反应灵敏，不拒动，保护装置的灵敏系数通过继电保护的整定值来实现。

（4）可靠性。要求保护装置的元件和接线处于良好状态，该动作时均能正常动作。在正常运行状态时，不该动作时应可靠不动作。

2）继电保护的构成

继电保护的构成原理框图如图7-1-14所示。

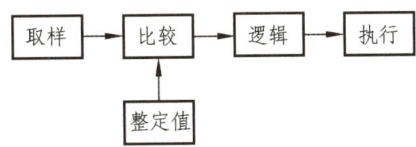

图 7-1-14　继电保护的构成原理

（1）取样单元。它将被保护对象的电流、电压、阻抗、功率方向等物理量经过电气隔离并转换为继电保护装置中比较单元可以接收的信号，由一台或几台传感器如电流、电压互感器组成。

（2）比较单元。将取样单元输入的信号与整定值进行比较，根据比较结果给出具有"0"或"1"性质的一组逻辑信号，从而判断保护是否应该启动。

（3）逻辑单元。接受比较单元来的信号，根据信号的大小、性质、组合方式及出现的先后顺序等逻辑状态确定是否应跳闸或发信号，并将有关命令传给执行元件。

（4）执行单元。根据逻辑单元输出的有关命令，完成保护装置所担负的任务。如故障时断路器的分闸，不正常运行时的声、光信号。

3）牵引网保护

牵引网保护用于切除牵引网短路故障及超出允许范围内的过负荷电流，发生故障时，切除故障馈线，牵引网的主要特点如下。

（1）单相供电，负荷波动性较大，且大小随时变化。

（2）牵引网的阻抗大，在最小运行方式下牵引网末端短路时，短路电流在数值上可能与最大牵引负荷差不多，采用一般保护很难满足灵敏度的要求。

（3）故障率高（其中瞬间故障，即一次重合闸能成功者占70%以上）。

根据上述特点，牵引网仅采用过流保护不能满足要求，通常采用具有平行四边形特性的方向阻抗继电器的距离保护作为主保护，其原理是鉴别故障时的线路阻抗（包括相位角），用于躲过机车运行及空投时的涌流，同时牵引网末端短路时，保护应具有足够的灵敏度。

4）牵引变压器保护

牵引变压器保护用于牵引变压器内部、外部故障及超出允许范围内的过负荷保护，保护动作将使牵引变压器 220 kV 侧和 2×27.5 kV 侧的断路器分闸。牵引变压器是电力牵引供电系统的核心设备，牵引变压器的故障一般分为内部故障和外部故障，前者指的是变压器油箱内所发生的故障，如绕组的相间短路、匝间短路、单相接地、铁心烧损等；后者指的是油箱以外的，如引出线及套管上发生的各种相间短路和接地故障。变压器的不正常工作状态主要是指由于外部短路或过负荷引起的电流、电压不正常和温升超过允许的数值以及油面的降低等。

对于主变压器的各种故障及不正常工作状态，应装设有瓦斯保护、差动保护、过电流保护及过负荷保护、零序电流保护等保护装置。

5）分区所、开闭所保护

分区所、开闭所的保护系统主要由线路失压保护、电流速断保护、自耦变压器保护组成。其保护功能有失压保护、自耦变压器设置瓦斯报警、瓦斯跳闸、油温过热报警、油温过热跳闸、过负荷保护、差动保护及碰壳保护。分区所馈线还设有不少于二段距离保护和过电流、高阻保护。

6）电容器保护

电容器保护对电力电容器及补偿电路中出现的过流、短路、涌流、谐波、过压等故障进行保护。电力电容器作为无功功率补偿装置的主要电器件而得到广泛应用，但由于电容器长期处于运载状态，经常会受到电网中各种非正常因素引起的过电流对电容器的冲击，当系统中电压、电流超越电容器的额定电流值时，将导致电容器内部介质耗损增加，产生过热而加速绝缘老化、降低使用寿命，严重时可能使介质击穿，引发重大事故。

2. 综合自动化

我国高速铁路具有起步晚、起点高的特征，牵引变电所监控都采用牵引变电所综合自动化系统实现。变电所综合自动化是利用先进的计算机技术、现代电力电子技术、通信技术和信号处理技术，将变电站的二次设备（包括仪表、信号系统、继电保护、自动装置和远动装置等）的功能进行组合和优化设计，它连接着不同的智能设备和主控系统，协调这些设备间的数据和命令交换，实现对牵引变电所的主要设备和线路的运行情况进行监视、测量、自动控制和保护。变电所综合自动化系统替代了变电所常规二次设备，简化了变电所二次接线。系统的基本组成如下：

（1）监控子系统：负责完成数据采集、事件顺序记录、操作控制、安全监视以及故障记录、故障录波和测距功能等。

（2）继电保护子系统：负责完成故障记录，统一时钟对时，存储多套整定值以及当地、远方修改整定值功能等。

（3）通信子系统：负责完成所内通信以及调度端通信功能等。

我国高速牵引变电所、开闭所均按无人值班设计，AT所、分区所均按无人值班，无人值守设计。各所的进线电源、牵引变压器、AT变压器设置有自投入装置；各所馈出线设置有自动重合闸装置。此外牵引变电所、分区所、AT所还设置有接触网故障测距装置，分区所、AT所的吸上电流值通过专用通道上传至同一供电臂的牵引变电所，并与其牵引变电所的馈线所测得的电流值通过接触网故障测距装置进行计算得出接触网故障点的距离。

综合自动化系统完成本所就地的运行管理，各所的保护、测量和控制功能均采用综合自动化系统，对牵引变电所的监控也大多通过牵引变电所综合自动化系统来实现。此外综合自动化系统还通过远动通道与调度端设备接口实现远动功能，纳入综合调度系统中的牵引供电调度子系统。

我国高速铁路牵引供电综合自动化系统以供电臂为单元，采用分层、分布式结构，由站级管理层、网络通信层和间隔设备层组成，以实现对设备的集中控制、监视、测量、数据集中管理及远程维护等功能。

(六) 自用电系统

1. 交流自用电系统

牵引变电所、分区所、AT 所的通风、照明，主变压器的冷却，操作机构的加热，直流系统的充电等均来自交流自用电系统，自用电属于一级负荷，各所自用电的交流电源要求有两个来源，其中一路单相自用变压器由 2×27.5 kV 母线供电，另一路自用变压器由 10 kV 非牵引线路供电，两路电源设自动投入装置。交流自用电系统的监测单元纳入本所综合自动化系统，以实现远程监控。

2. 直流自用电系统

变电所的一个重要电源是直流电源系统，以蓄电池作为直流电源系统的后备，牵引变电所、分区所、AT 所采用铅酸免维护智能型直流系统，采用高频开关电源模块对蓄电池组进行强充电、均衡充电、浮充电及供给正常运行负荷。蓄电池容量应能满足全所事故停电 2 h 的放电容量和事故放电末期最大冲击负荷容量的要求。直流输出电压为 110 V。直流自用电系统的监测单元纳入本所综合自动化系统，以实现远程监控。

(七) 防雷与接地

1. 防雷装置

各牵引变电所、分区所、AT 所、开闭所设有独立的避雷针以防止直击雷对全所设备、架构及建筑物的袭击。独立避雷针与配电装置带电部分空气中距离不小于 5 m。在牵引变电所 220 kV 进线侧、主变压器低压侧、馈线负荷侧、分区所、AT 所、AT 所兼开闭所 2×27.5 kV 进线侧、馈线侧设有相应等级的氧化锌避雷器，以限制雷电波的幅值。

2. 接地装置

变压器的底座和外壳、户内外配电装置的金属构架和钢筋混凝土基础以及靠近带电部分的金属围栏和金属门等应进行保护接地。牵引变电所、分区所、AT 所接地网的接地电阻应不大于 0.5 Ω，根据系统短路电流进行校核。当各所的接地电阻实测值达不到要求时，可采用引外接地、加降阻剂或利用挖方和填方将土壤换为所要求的土壤等方法起到降低该所接地电阻值。

二、城市轨道交通供电系统

城市轨道交通是一个重要的供电用户，为一级负荷。一级负荷规定应由两路独立的电源供电，当任何一路电源发生故障中断供电时，另一路应保证城市轨道交通一级重要负荷的全部用电需要。

城市轨道交通供电系统

(一) 供电系统组成

城市轨道交通供电系统一般包括高压供电源系统、牵引供电系统和动力照明供电系统，如图 7-1-15 所示。前者属于外部供电系统，后两者属于城市轨道交通内部供电系统。

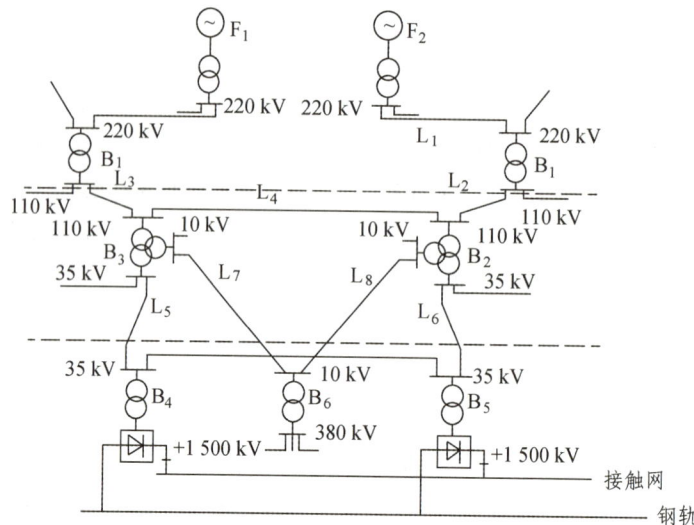

F_1、F_2—发电厂；$L_1 \sim L_9$—传输线路；$B_1 \sim B_3$—主变电所；B_4、B_5—牵引变电所；B_6—降压变电所。

图 7-1-15　供电系统

1. 高压供电源系统

高压供电源系统是城市电网对轨道交通系统内部的变电所的供电方式，有集中供电、分散供电和混合供电 3 种供电方式。采用何种方式的高压供电源一般视各城市的情况而定。

集中式供电方式是设置专用主变电所。主变电所有两路独立的 110 kV 电源，由主变电所变压为内部供电系统所需的电压级，一般为 10 kV 或 35 kV。我国上海、广州及香港地铁即为此种供电方式。

分散式供电是沿城市轨道交通线路沿线直接由城市电网引入多路电源，电源电压等级一般为 10 kV，供给各牵引变电所。分散式供电应保证每座牵引变电所和降压变电所皆能获得双路电源。

混合式供电是集中式和分散式两种供电方式的结合，以集中供电为主，个别地段引入城市电网电源作为集中式供电的补充。北京地铁 1 号线和环线即采用此种供电方式。

2. 牵引供电系统

牵引供电系统供给城市轨道交通电动车辆运行所需的电能，该系统的组成及相关内容在后面做详细介绍。

3. 动力照明供电系统

动力照明供电系统由降压变电所及动力照明组成。

1）降压变电所

降压变电所将三相电源进线电压降为三相 380 V 交流电。一般每个车站均应设降压变电所；地下车站负荷较大，一般设于站台两端；负荷较小时可以几个车站合设一个。可以将降压变电所附设在某个牵引变电所之中，构成牵引与降压混合变电所（例如地下车站一端的降压变电所）。

2）动力照明供电系统及低压配电系统

动力照明供电是给车站空调、自动扶梯、通信信号等设备供电。降压变电所通过配电所（室）将三相 380 V 和单相 220 V 交流电分别供给动力照明设备，各配电所（室）对本车站及其两侧区间动力和照明等设备配电。

（1）照明系统。车站照明系统采用 380 V 三相五线制、220 V 单相三线制方式供电。系统范围为大致包括站台层、站厅层公共区的一般照明、节电照明（包括站名牌标示照明）、事故照明（包括疏散诱导指示照明）、广告照明和设备及管理用房的一般照明、事故照明；出入口的疏散诱导指示照明、一般照明与事故照明；电缆廊道的一般照明及区间隧道的一般照明、事故照明。

根据各场所照明负荷的重要性，照明负荷可分为 3 个等级：节电照明、事故照明、疏散诱导指示照明为一级负荷；一般照明及各类指示牌为二级负荷；广告照明为三级负荷。

（2）照明系统的控制位置及控制方法。车站照明系统可分为就地级控制、照明配电室集中控制和站控室集中控制三级控制：

① 就地级控制。各设备及管理用房进门处设有就地开关箱或盒，可通过开关箱或盒上开关控制相应设备及管理用房的一般照明。区间隧道一般照明可在设于隧道两端入口处的区间隧道一般照明配电箱控制。

② 照明配电室集中控制。照明配电室内设有相应照明场所的照明配电箱，可在室内集中控制相应场所的一般照明、节电照明、事故照明及广告照明。

正常情况下，配电箱所有开关均应全部合上，以便通过就地级控制和站控室集中控制相应场所照明。

③ 站控室集中控制。站控室内设有照明控制柜，通过柜面上转换开关和按钮，可实现站台层、站厅层公共区一般照明、节电照明、广告照明的手动/自动控制（手动控制是指通过照明控制柜上按钮或照明配电室照明配电箱上按钮开/关控制；自动控制是指通过机电设备监控系统 EMCS 实现控制）及区间隧道一般照明手动控制。

在机电设备监控系统 EMCS 上可监控站台层、站厅层公共区一般照明、节电照明、广告照明的工作状态（手动/停/自动）。

（3）低压配电系统。

车站低压配电系统采用 380 V 三相五线制、220 V 单相三线制方式供电，系统范围大致包括站台层、站厅层和设备及管理用房的环控、排水、消防、电梯、自动扶梯、自动售检票及通信、信号、站控室等系统动力设备的供配电和车站环控室所供配电设备的电控控制。

根据用电设备的不同用途和重要性，车站用电负荷分为三级：① 一级负荷包括通信系统、信号系统、火灾报警系统、气体灭火系统、机电设备监控系统、屏蔽门、所用电、消防泵、废水泵、雨水泵、防淹门、站控室、事故风机及其风阀等；② 二级负荷包括非事故风机及风阀、污水泵、集水泵、自动扶梯、工作人员电梯、轮椅牵引机、自动售检票设备、民用通信电源、维修电源及冷水机组油加热器等；③ 三级负荷包括冷水机组、冷冻水泵、冷却水泵、冷却塔风机、电开水器、清扫电源等。

系统所供配电设备可分为由车站低压变电所直接供配电的设备和由环控室供配电的设备。

（4）低压配电系统的控制位置及控制方式。

① 由低压变电所直接供配电的各系统设备，低压配电系统提供电源至各设备附近的配电

箱或电源切换箱，工作人员可在低压所或设备附近的配电箱或电源切换箱上对各设备作电源通断或切换操作控制。

② 由环控室直接供配电的设备，低压配电系统提供电源至各设备附近的配电箱或电源切换箱，工作人员可在环控室或设备附近的配电箱或电源切换箱上对各设备做电源通断或切换操作控制。

③ 对环控室直接控制的环控设备，采用三地控制方式，即就地控制（设备附近）、环控室控制及站控室控制（通过 EMCS 系统控制）。

④ 自动扶梯正常时由现场控制，事故状态下可在站控室内按动应急停机按钮停止所有自动扶梯运行。

（二）牵引供电系统

1. 牵引供电系统的组成

牵引供电系统主要由牵引变电所和牵引网两大部分组成。牵引变电所的主要设备是变压器和整流器，牵引网主要由接触网、馈电线、电分段、轨道和回流线组成。牵引网又分为架空式和接触轨式，图 7-1-16 为架空式牵引网示意图。

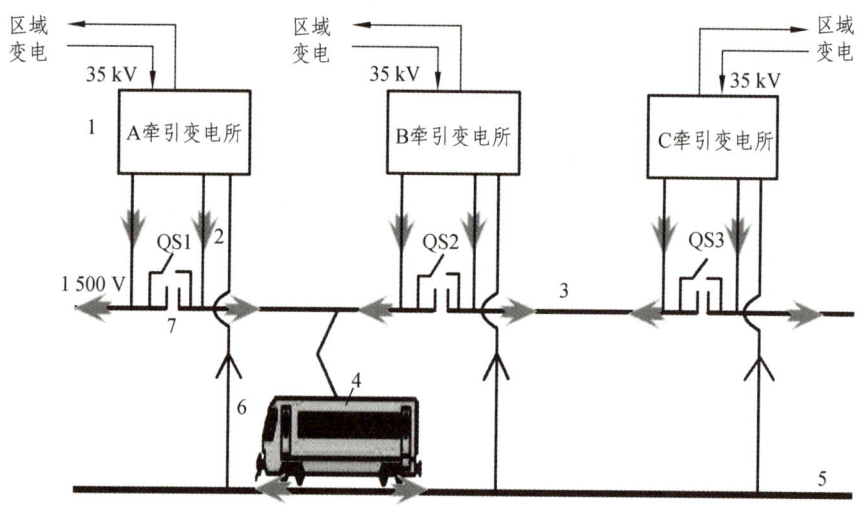

1—牵引变电所；2—馈电线；3—接触网（接触轨）；4—电动列车；5—钢轨；6—回流线；7—电分段。

图 7-1-16 地铁牵引供电系统示意图

区域变电所或主变电所将供电部门送来的三相高压交流电降压为所需电压等级（如 35 kV），通过三相线路送到牵引变电所，再降压并整流为适应于电动车组工作的 1 500 V 或 750 V 直流电，通过电动车组受流装置与接触网或接触轨滑动接触，将直流电引入电动车组，工作后的电流经车体、轮对、轨道经由回流线流回到牵引变电所。

牵引变电所：供给地铁一定区域内牵引电能的变电所。

接触网（或接触轨）：经过电动列车的受电器向电动列车供给电能的导电网。

馈电线：从牵引变电所向接触网输送牵引电能的导线。

回流线：用以供牵引电流返回牵引变电所的导线。

电分段：是将接触网从电气连接上相互分开的装置，为便于检修和缩小事故范围，将接触网分成若干段称为电分段。

轨道：列车行走时，利用走行轨作为牵引电流回流的电路。在采用跨坐式单轨电动车组时，需沿线路专门铺设单独的回流线。

2. 牵引变电所

牵引变电所的任务是将由区域变电所或主变电所获取中压电压等级电能，经降压与整流变换为可供列车牵引用直流电（1 500 V 或 750 V），并以直流电的形式把电能经馈电线送至接触网。

牵引变电所的容量与设置距离根据牵引供电计算结果，并做经济技术分析比较后确定。牵引变电所沿线路布置，每一个牵引变电所有一定供电范围。供电距离过长，会使末端电压过低及电能损耗过大；供电距离过短，又使变电所数目太多而不经济。一般设置在车站和车辆段附近，相邻牵引变电所之间距离在 2～4 km。

3. 牵引变电所的供电方式

牵引变电所向牵引网的供电方式，主要按牵引变电所的分布情况、供电臂的长短、线路状态的供电可靠性而定。通常有单边供电和双边供电两种。

在相邻两个牵引变电所之间的接触网，为了能安全、可靠地供电，通常在其中央处断开，将两牵引变电所之间的接触网分成相互绝缘的两部分。每一部分称为供电分区，在供电分区的末端设置有断路器和隔离开关的分区亭，以便对接触网起到分断与保护作用，同时还可以通过分区亭内的开关设备，将供电分区联结起来，如图 7-1-17 所示。

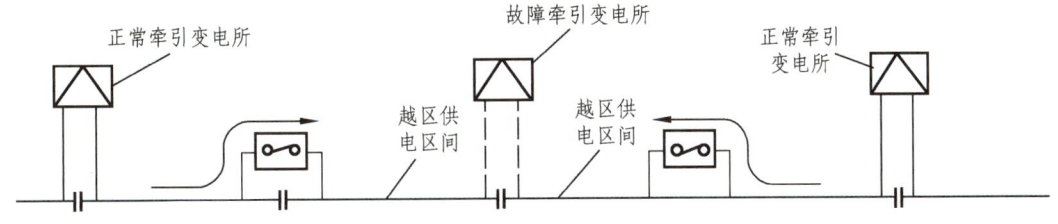

图 7-1-17 牵引变电所供电示意图

每个供电分区的接触网，只从一端的牵引变电所获取电流，这种供电方式为单边供电。如将分区亭开关闭合，则相邻牵引变电所间的两个同相接触网供电分区可同时从两个牵引变电所获取电流，这种供电方式称为双边供电。

单边供电时，一旦接触网发生故障只影响本供电分区，故障范围较小。双边供电时，虽然可提高供电电压水平，但一旦发生故障时，影响范围较大，因此目前较少应用。

当某个牵引变电所发生故障或停电检修时，该变电所承担的供电臂供电任务，通过分区亭开关闭合，由两侧相邻的牵引变电所负责越区供电。在越区供电方式下，供电末端的接触网（或接触轨）的电压较低，电能损耗较大，因此，视情况要适当减少同时处在该供电区段的列车数目，因此，越区供电只是在不得已情况下短时采用的一种运行方式。

第二节　接触网

接触网是电气化轨道交通所特有的、沿路轨架设的、为电力机车、电动车组或电动列车提供电能的特殊供电线路，它是电气化轨道交通牵引供电系统的重要组成部分。接触网分为架空式接触网和第三轨式接触网。第三轨式接触网仅用于地铁与封闭的城市铁路和轻轨，架空式接触网除此外外，还可用于铁路干线、城市地面交通和工矿电力机车的电力牵引线路。

高速铁路接触网

一、高速铁路接触网

接触网沿路轨架设，分布区域广，无法实现备用。无备用性决定了它的脆弱性和重要性；接触网与周边设施之间相互影响，雷电等气象条件对接触网的机电参数作用十分明显，高速接触网除此而外，还必须充分考虑接触网的动态受流特性。

（一）高速铁路接触网的受流特点

1. 弓网波动特性

高速受电弓沿接触导线移动的速度很快，当接触悬挂的波动速度和受电弓的实际运行速度不匹配时，受流过程将不能正常进行，甚至造成弓网解体。

2. 受电弓的动态特性

受电弓的上下振动和左右摆动直接影响到弓网安全和受流质量，对受电弓的这种晃动必须加以充分考虑，为此，在高速接触网的设计与施工中还要考虑受电弓的动态包络线，即列车在最高设计速度运行下，受电弓上下左右所允许达到的极限尺寸。

3. 空气动力和振动对弓网接触压力的影响

在列车高速运行下，受电弓将受到一个在低速时可以忽略的外加的空气动力，轨道任何微小的不平都会造成列车的振动，空气动力和列车振动都会造成弓网动态接触压力的变化，加剧受电弓滑板和接触网的电气磨耗和机械磨耗，受流质量变差。

4. 大牵引电流的影响

高速列车牵引功率高、牵引电流大，牵引电流的加大造成接触线与滑板之间容易过热，动车组多弓受流还要增加阻力、加大噪声，并引起接触网扰动。因此，对受电弓滑板和接触线材质的要求也更高，大电流的存在对接触网的回流线路及接地系统也会有更高的要求。

5. 不对称电回路的影响

电气化铁路属于不对称电回路，高速铁路由于接触网中牵引电流大，不平衡电磁场对周围金属体的阻性耦合和感性耦合影响更大，对人员和设备存在潜在威胁；同时由于牵引功率的加大，接触网中高次谐波电流对通信环境的影响更强。

（二）高速铁路接触网的基本结构

高速铁路采用架空式接触网，主要由支柱与基础、支持装置、定位装置、接触悬挂等部分组成，前3部分带电，与支柱（或其他建筑物）接地体之间用绝缘子隔开，接触网通过与受电弓的直接接触将电能供给动车组。

1. 支柱与基础

支柱与基础是接触网重要机械设备，用以承受接触悬挂、支持和定位装置的全部机械负荷，并传递给大地，同时将接触悬挂固定在规定的位置和高度上。支柱有钢柱和钢筋混凝土柱两种，基础主要是对钢支柱而言的，即钢支柱固定在下面的钢筋混凝土制成的基础上，由基础承受支柱传给的全部负荷，并保证支柱的稳定性。钢筋混凝土柱则直接埋在路基中，支柱与基础须稳定可靠，强度符合安全要求。混凝土支柱与基础不得发生裂纹，钢支柱不得出现弯曲，支柱和基础不得出现倾斜和移位现象。

高速铁路正线路基、桥梁段接触网腕臂柱一般选用热浸镀锌H形截面钢柱，如图7-2-1所示。硬横跨支柱的选择分两种情况：当硬横梁跨度小于18 m时，选用热浸镀锌H形截面钢柱；当硬横梁跨度大于18 m时，选用热浸镀锌格构式钢柱。支柱上还装有接地装置，与钢轨回路接通，起到保护作用。下锚支柱上还装有补偿装置，并设拉线装置。

图7-2-1 武广高铁H形截面钢柱实物

2. 支持装置

支持装置承受定位装置和接触悬挂的全部机械负荷并传递给支柱和基础。其结构随线路情况而变化，支持装置包括腕臂、拉杆、定位装置、悬式绝缘子串、棒式绝缘子、软横跨、硬横跨及其他建筑物的特殊支持设备。

区间主要为腕臂结构，站场则视股道数量、线路情况、支柱所在位置等因素而选用软横跨、硬横跨或腕臂结构，隧道和桥梁等大型建筑物处又要视具体情况而做设计，必要时采用特殊结构。

硬横跨与软横跨相比较，由于各股道上的接触网在机械上和电气上相互独立，接触悬挂在硬横跨上采用吊柱旋转腕臂的支持结构，机械上独立，结构稳定，抗风能力强，寿命长，在受流性能上与区间接触悬挂相同。法、英、日本等国家的高速铁路接触网几乎全部采用硬横跨，我国的高速铁路的接触网也趋向使用刚性硬横跨，如图7-2-2所示。

图 7-2-2 武广高铁接触网硬横跨实物

腕臂支持是接触网应用最多的支持形式，它有柔性支持和刚性支持两类结构。刚性支持装置由水平腕臂和斜腕臂组成的稳定三角形结构，提高了腕臂结构的整体稳定性和抗风能力，具有结构简洁、零件数少、稳定性高、受流特性好的优点，高速铁路接触网采用刚性腕臂支持结构，严格来说，支柱与基础也属于支持装置。

3. 定位装置

如图 7-2-3 所示，定位装置包括定位器和定位管，其功用是固定接触线的位置，保证接触线与取流受电弓的相对位置在规定范围内，确保接触线与受电弓不脱离，并将接触线的水平负荷传给支柱。定位装置的机械特性对弓网运营安全和受流质量有决定性的影响。其结构应简洁、稳定、安全可靠；零件少而轻，便于装配和调整；构造简单、无集中载荷，不形成接触悬挂硬点；材质上一般采用铝合金材料，重量轻、防腐性能好，具有足够的强度；环路电阻小，不形成电损坏；当温度发生变化时，不影响接触网线索沿线路方向的移动。

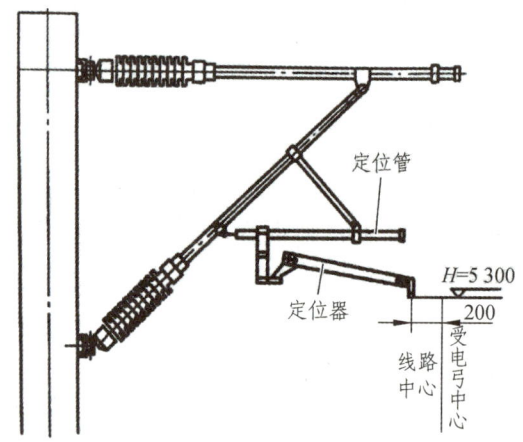

图 7-2-3 定位装置（单位：mm）

4. 接触悬挂

接触悬挂是指安设在接触网支持和定位装置之上、直接参与弓网受流完成电能传输、由接触网线索及其悬挂零部件组成的结构的总称。接触悬挂包括承力索、吊弦、接触线以及连接零件。接触悬挂通过支持装置架设在支柱上，其功用是将从牵引变电所获得的电能传送给电力机车、动车组。

接触悬挂的种类较多，一般根据其结构的不同分成简单接触悬挂和链形接触悬挂两大类。

1）简单接触悬挂

简单接触悬挂系由一根接触线直接固定在支柱支持装置上，一般都采用补偿方式，只在机务段库线、厂矿专用线等少数场合采用。

简单接触悬挂方式结构简单，支柱高度低，支持装置承受的负荷较轻，但是弛度大、弹性不均匀。为改善这一状况，国内外对简单接触悬挂做了不少研究和改进。我国既有铁路采用的带补偿装置的弹性简单接触悬挂系在接触线下锚处装设了张力补偿装置，以调节张力和弛度的变化。在悬挂点上加装 8~20 m 长的弹性吊索，通过弹性吊索悬挂接触线，这就减少了悬挂点处产生的硬点，改善了取流条件。另外跨距适当缩小，增大接触线的张力去改善弛度对取流的影响。由于弹性简单接触悬挂建造费用低，施工方便，维修简单，城市电车或轻轨往往采用这种悬挂方式。地铁为了减少隧道净空，采用以弹性支座或弓形腕臂作支持部件的弹性简单接触悬挂。

2）链形接触悬挂

接触线通过吊弦悬挂到承力索上的悬挂称为链形悬挂。链形悬挂承力索悬挂于支柱的支持装置上，接触线通过吊弦悬挂在承力索上，接触线在不增加支柱的情况下增加了悬挂点，利用调整吊弦长度，可以使整个跨距内接触线对轨面保持一致高度。由于接触线是悬挂在承力索上的，因而基本上消除了悬挂点处的硬点，使悬挂线的弹性在整个跨度内都比较均匀，增加了悬挂重量，提高了稳定性，可以满足动车组高速运行取流的要求。链形悬挂比简单接触悬挂性能好得多，但结构复杂、投资大、施工维修调整较为困难。接触网链形悬挂的类型很多，简单链形悬挂、弹性链形悬挂、复链形悬挂等 3 种悬挂方式在国外高速接触网中均有采用。图 7-2-4 所示为高速接触网的 3 种悬挂类型。

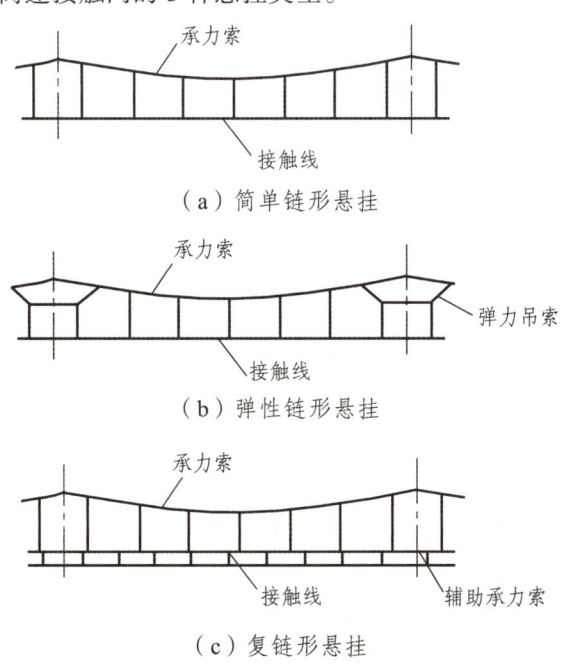

图 7-2-4 高速铁路接触网悬挂类型

（1）简单链形悬挂。简单链形悬挂结构简单，接触线的高度容易控制，安装调试维修方便，能够适应于高速受流简单链形悬挂，唯一不足的就是在定位处及其附近弹性不好，易形成相对硬点，磨耗大。目前我国干线电气化铁路正线大都采用全补偿简单链形悬挂，站线则多为半补偿简单链形悬挂。

（2）弹性链形悬挂。在简单链形悬挂的基础上，定位点处加装装设弹性吊索，改善了定位点处的弹性，使得定位点的弹性与跨中的弹性趋于一致，整个接触网的弹性均匀，受流性能好，但存在弹性吊索调整维修比较复杂，定位点处导线抬升量大，对定位器的安装坡度要求严格等缺点。

（3）复链形悬挂。在结构上，承力索和接触导线之间加了一根辅助承力索，具有接触网的张力大，弹性均匀，安装调整复杂，抗风能力强等特点。高速接触网目前所采用的简单链形悬挂、弹性链形悬挂及复链形悬挂在相同运行速度及线路条件下，综合比较如下：在高速受流质量、波动传播速度、多普勒效应、波状磨耗、离线率方面，简单链形悬挂较差，弹性链形悬挂优于复链形悬挂；在结构复杂程度、工程造价、维修工作量方面，复链形悬挂较差简单，链形悬挂优于弹性链形悬挂；在弹性均匀度、受流稳定性、动态抬升量方面，简单链形悬挂较差，复链形悬挂优于弹性链形悬挂；运行速度为 300～350 km/h 的高速电气化铁路，复链形悬挂、弹性链形悬挂及简单链形悬挂等 3 种类型都不具有排他性，选用时只是考虑的侧重面不同。

我国高速铁路接触网经过多年反复论证，决定采用简单链型悬挂，主要原因是满足弓网受流质量和接触线使用寿命的前提下结构简单，便于施工、运营，且符合我国一贯采用简单链型悬挂的国情。

（三）高速铁路接触网的其他装置

1. 锚段关节

接触悬挂沿线路架设，为了满足机械受力方面的要求而分成一个一个单独的锚段，锚段与锚段的相互过渡结构称为锚段关节，如图 7-2-5 所示。通常有绝缘锚段关节和非绝缘锚段关节之分，前者亦称电分段锚段关节，后者则为机械分段锚段关节。锚段与锚段之间的电气连接用电连接线或隔离开关完成。锚段关节的作用如下。

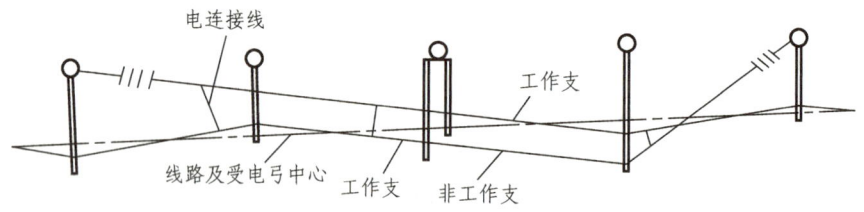

图 7-2-5 四跨非绝缘锚段关节示意图

（1）实现接触网的机械和电气分段，以满足供电和受流需要。
（2）使受电弓高速、平稳、安全地从一个锚段过渡到另一个锚段。
（3）便于在接触网中安装必要的机电设备。

2. 中心锚结

为防止接触悬挂在温度变化或其他因素作用下发生来回窜动或断线，缩小事故范围、减少温度变化引起的线索张力差、增加悬挂弹性均匀性，一般在锚段中部适当位置安设中心锚结，如图7-2-6所示。

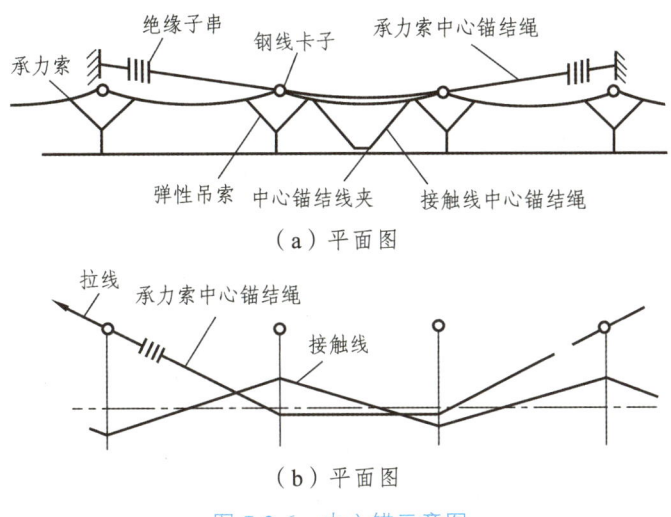

图7-2-6 中心锚示意图

3. 线　岔

线岔是两股道接触网交叉处的装置。它直接影响着高速受电弓的运行安全，是高速接触网设计和安装中需要特别解决好的环节，接触网线岔可分为交叉和无交叉两大类。交叉线岔由于限制管的存在，当列车高速通过正线时，由于接触线抬升量较大，受电弓必然要接触两支接触线，在交叉点附近形成相对硬点是难免的，弓网间将产生较大的冲击，从而加剧线岔处触线的局部磨耗，另外还存在钻弓、打弓的危险，如图7-2-7所示。另外，线岔处正线接触线的高度要求非常严格，施工精度实难保证；当道岔号码较大时，限制管的长度将变得很长，否则两支接触线无法自由伸缩。

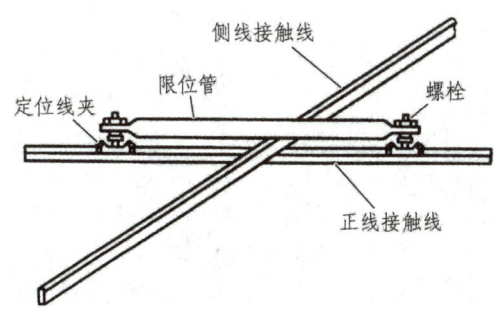

图7-2-7 交叉式线岔原理

我国的高速接触网采用无交叉式线岔，无交叉接触网线岔采用侧线接触线与正线接触线无交叉式的平面布置结构，两支悬挂在空间上是分开的，当动车组从正线通过道岔时，其受电弓在任何情况下都不与侧线的接触线相接触，避免交叉线岔的上述不利因素，可以保证正线高速行车的安全。缺点是侧线行车时受电弓的转换过渡不是很平缓，也就是说侧线允许通过速度不能太高，一般不宜超过 80 km/h，否则弓网间将产生较大的冲击。该种线岔形式适合于与正线相连的车站到发线道岔。

图 7-2-8 为无交叉式线岔原理，A、C 为悬挂点，B 为侧线支接触线始抬点，悬挂点 A 一般位于线间距 500 ~ 600 mm 处，侧线支接触线始抬点 B 一般为悬挂点 A 右侧第 3 吊弦处。

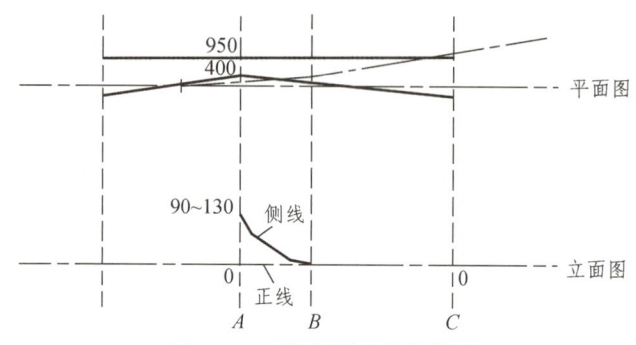

图 7-2-8　无交叉式线岔原理

悬挂点 A 处，正线接触线拉出值为 350 ~ 400 mm，并按正常接触线高度设计，侧线接触线相对于正线线路中心的拉出值一般为 950 ~ 1000 mm，并抬高 90 ~ 130 mm（视道岔号码大小而定），使得 A 点处侧线接触线位于正线上运行的受电弓正常动态抬升量（该值可通过弓网模拟确定）以外。BC 段正线、侧线接触线一般按等高设计，侧线接触线自 B 点开始按抛物线抬高，至悬挂点 A 处时抬高 90 ~ 130 mm，正线在 AC 段始终按正常高度设计。图 7-2-9 为武广高铁接触网中的无交叉式线岔。

图 7-2-9　武广高铁接触网中的无交叉式线岔实物

4. 吊　弦

链形悬挂中，接触线通过吊弦挂在承力索上，以保证接触悬挂的结构高度和接触线距轨面的高度，增加了接触线的悬挂点，提高动车的取流质量。

高速铁路接触网必须具有均匀的弹性，安装的精度越来越高，同时由于载流量的加大，承力索也参与导电，运行的实际表明，用镀锌铁线制作的环节吊弦已不能适应安装精度和横向电流的要求。因此，高速接触网普遍采用截面为 10 mm² 耐腐蚀镁铜合金软绞线制成的整体吊弦，整体吊弦主要由接触线吊弦线夹、承力索吊弦线夹、心形环、压接管、连接线夹、吊弦线及调整螺栓等组成。整体吊弦施工精度高，工艺要求强，必须测量准确，严格控制安装工艺和精度。我国高速铁路接触网采用的整体吊弦结构形式主要有以下两类。

（1）无鸡心环式整体吊弦（见图 7-2-10）。该种吊弦两端均采用压接工艺，虽然具有一定的载流能力，但运营实践表明，压接处容易出现疲劳断裂，目前国内外高速铁路已基本不用此种吊弦结构形式。

（2）带鸡心环式整体吊弦（见图 7-2-11）。该种吊弦克服了无鸡心环式整体吊弦压接处易断裂的缺点，同时载流能力强、吊弦不易被烧损，国内外高速铁路大多采用该种吊弦。

 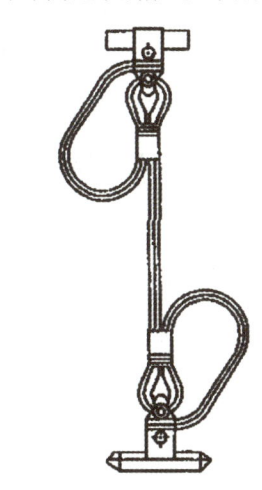

图 7-2-10 无鸡心环式整体吊弦示意图　　图 7-2-11 带鸡心环式整体吊弦示意图

5. 高速接触网的张力补偿装置

张力补偿装置的作用是在环境温度变化时，调整承力索、接触导线张力，使接触线、承力索的张力保持恒定的自动装置，是接触网的关键部件。承力索和接触线下锚方式均采用补偿装置的叫全补偿，仅接触线采用补偿的称半补偿。

对张力补偿装置的要求是传动效率高、安全可靠、耐腐蚀性能好、少维修、寿命长和有断线制动装置。高速铁路接触网一般有滑轮组自动补偿装置（见图 7-2-12）和棘轮补偿装置（见图 7-2-13）。补偿滑轮是滑轮补偿装置的核心设备，一般由铝合金铸造而成，补偿滑轮的传动效率直接影响补偿装置的性能，其传动效率

图 7-2-12 武广高铁滑轮组自动补偿装置实物

应在98%以上。棘轮补偿装置与滑轮组自动补偿装置相比，具有占用空间少、转动灵活、传动效率高、防腐性能好、使用寿命长等优点，但由于棘轮本体形状复杂、轮径大、薄壁部位多，因此对生产制造设备和工艺要求较高，价格偏贵。

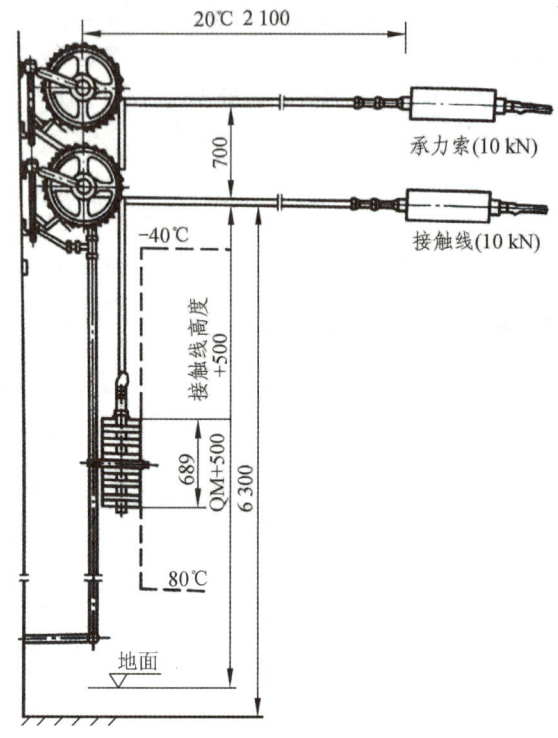

图 7-2-13　棘轮自动张力补偿装置（单位：mm）

目前高速铁路接触网中两种自动张力补偿装置均有使用。

6. 高速接触网的供电分段

为了保证供电安全和运用灵活，接触网在结构上设有供电分段。在牵引变电所和分区所所在地的接触网设置的分相绝缘装置为分相电分段；在同一供电臂内设置的电分段为同相电分段，同相电分段的结构为绝缘锚段关节或分段绝缘器。

1）分段绝缘器

分段绝缘器是接触网电气分段的常用设备，一般装设在电气化铁道区段各车站的装卸线、机车整备线及电力机车库线等地，为了保证工作人员的作业方便及人身安全，将接触网进行电气分段，如图 7-2-14 所示。

分段绝缘器安设在上述独立区段的两端，其结构既能保证供电的分段，又能使受电弓平滑地通过该设备。分段绝缘器大多应配合隔离开关使用，以便使分段绝缘器两端的接触线当开关闭合时都能带电。当隔离开关打开时，独立的区段中则没有电，便于在该独立区段中进行装卸或停电作业。

分相电分段的结构，早期为绝缘锚段关节式，后来引进和研制了绝缘材料制作的器件式电分相，器件式电分相结构简单、重量轻，在速度不高的情况下，基本能够满足弓网关系，大大减少了施工和维护工作量。

目前我国既有 120 km/h 以下的电气化铁道的接触网分相装置均采用分相绝缘器来实现相间隔离，但在高速时，这种形式的分相绝缘器存在明显的缺陷：对受电弓的滑板撞击大，容易造成弓网事故；受电弓离开接触线而与分相绝缘器接触瞬间，在导线和受电弓之间常会产生电弧，烧伤绝缘元件，如果断电不及时或带电通过则会引发异相短路；绝缘棒底部与受电弓摩擦吸附铜粉（受电弓与接触线磨耗），降低绝缘效能。

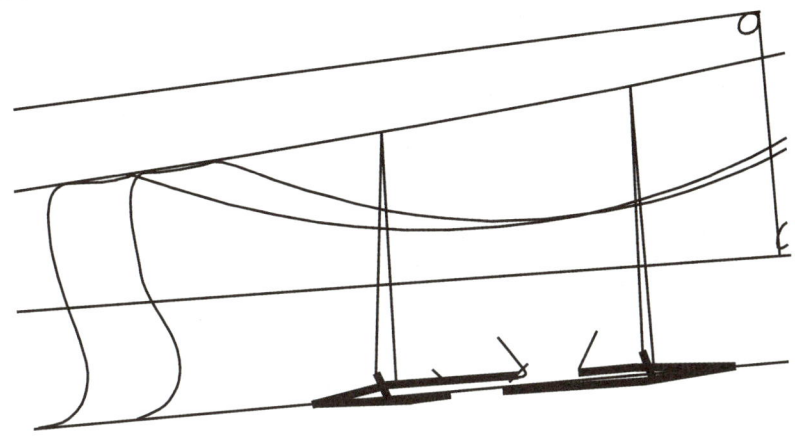

图 7-2-14　接触网进行电气分段

锚段关节式分相结构的弹性好、没有硬点，动车组受电弓能平滑地实现接触线和中性线的过渡，不需降弓运行。同时，由于无电区较长能有效避免高速动车组受电弓通过电分相时拉弧而引发的异相短路。高速铁路接触网又回到了锚段关节式电分相的时代，这种关节式电分相一般由两个绝缘锚段关节组成，锚段关节式电分相两端连接不同相的供电臂，中间为一段无电中性区。

国内的高速和准高速线路上采用的关节式电分相有七跨（陇海线）、八跨（京广线）、九跨（哈大线）、十二跨（秦沈客运专线）等多种形式。

动车组在通过分相绝缘装置时，要"断电"通过，即在通过前将主断路器断开，滑行通过后，再闭合主断路器继续运行，否则会引起强烈电弧，造成相间短路，甚至烧断接触网线索。高速铁路采用全并联 AT 供电方式，供电臂长度 50～60 km，当列车速度达到 300 km/h 及以上时，平均每 5 min 就要经过一个电分相，高速铁路必须采用自动过分相来解决上述问题。目前高速铁路动力组过分相主要有以下几种方式：

（1）地面开关切换方式。当机车受电弓在分相的中性段之前和刚进入中性段时，由一相供电，然后在中性段断电 0.25～0.3 s 后切换到另一相。其优点是列车无操作，停电时间短暂，冲击及失速小，但设备复杂，切换过程容易产生很高的过电压。

（2）地磁感应和射频定位方式。

① 地磁感应方式。地面定位和机车感应信号分别采用斜对称埋设和备份接收，以保证自动过分相的安全和可靠。电力机车自动过分相地面磁感应装置是基于免维护地面定位技术的车载自动过分相控制系统的地面磁性设备，一般为嵌入专用轨枕的耐高温、耐腐蚀、不易损坏的永久磁铁。

② 射频定位方式。射频识别（Radio Frequency Identification，简称 RFID）技术，又称电子标签、无线射频识别，是一种通信技术，可通过无线电信号识别特定目标并读写相关数据，

而无须识别系统与特定目标之间建立机械或光学接触。射频定位卡安装于承力索上，阅读器安装于车顶上，其功能是接收网上射频定位卡信息，阅读器将接收到射频卡定位信息传送给主机。

当机车通过分相中性段时，机车接收来自接触网上射频定位卡或地面感应器的信号，机车通过定位信号确定机车与分相点的相对位置，控制机车主断路器断开，断电不降弓通过中性段；机车通过中性区后，机车又接收到地面或网上信号，控制机车主断路器合闸受电，完成了机车过分相的全过程。

（3）列控系统自动过分相。根据 CTCS-3 级列控系统应答器应用原则，应答器向列控系统发送的分相区信息为分相区断电标志牌起点位置及长度信息。列控系统接收到应答器的地面分相数据后，列控系统根据当前的运行速度，实时计算车头距离分相区距离与时间，自动过分相控制装置根据系统和设备反应时间的要求，适时控制电机电流平稳下降至 0，并发出断"主断"信号给控制电路，控制电路控制断劈相机。动车组通过电分相后，自动过分相控制装置送出合"主断"信号给控制电路，控制电路控制合劈相机、合"主断"，控制电机电流缓慢恢复到过分相前工况。

7. 附加导线

AT 供电区段接触网的附加导线主要包括供电线、正馈线、保护线和架空地线等。

（1）供电线又称馈电线。它是牵引变电所、分区所、开闭所与接触网连接的线路。其作用是将牵引变电所的电能送至接触网上。

（2）正馈线（AF 线）是在 AT 供电方式中起回流作用的导线。AF 的电压与接触线相同，电流方向则与接触线相反，正馈线架在田野侧，与接触悬挂等高，正馈线的作用同 BT 供电方式中的回流线一样，起到防干扰功能，但效果较前者为好。

（3）保护线（PW 线）在正馈线下方。保护线也有几百伏的电位，保护线经跳线与接触网各绝缘子接地端相连，在 AT 所自耦变压器的中点处和钢轨连在一起。当绝缘子发生闪络或击穿时，保护线为短路电流提供一个良好的电气通路，使变电所继电保护装置迅速动作，达到及时反应和排除故障的目的。

（4）架空地线。架空地线在基本站台或中间站台上，为了人身安全，除设置保护线外，还在支柱顶部架设了一段架空地线，架空地线直接固定在支架上，并与钢柱相连。架空地线在站台的两侧下锚，在两端各打一个接地极，如有综合接地系统，则架空地线接入综合接地系统。架空地线的设置可以使站台钢柱上有双重保护，保证了站台上的人的安全。

8. 高速接触网的综合接地装置

高速接触网负荷电流、故障短路电流均比既有铁路大，因此地网中钢轨电位也大大增高，采用传统的接地方式不能满足相关标准要求。如果不能降低轨道回流和轨道大地间的电阻，则轨电位偏高，轻则威胁车站旅客和线路维修人员的人身安全；重则烧毁预应力钢筋，破坏混凝土强度，损伤信号设备的绝缘，威胁行车安全。对于列车密度高、客流量大的客运专线，旅客的安全至关重要，接地系统必须满足相关的安全标准。

因此，需要采取必要措施降低轨电位和漏泄阻抗。为此，在架空接触网区域，电气设备的外壳和导电部件以及桥梁、隧道、变电所和支柱基础的各个接地系统均连接到回流回路上，形成电气化铁路的整体接地系统，以避免运行和短路时产生危险接触电压。综合接地可以简化网上结构，直接接地，可靠性高，并有效降低钢轨电位，同时可避免沿线的各设备相互干扰和故障，提高整体可靠性。

（四）高速接触网的主要结构参数

1. 接触线高度

接触线高度指接触导线距钢轨面的高度，在满足建筑限界的情况下，高速铁路接触线的悬挂高度应尽量低，以减小空气动力对弓网受流质量的影响，车站、区间接触网高度应一致。但接触线最低的悬挂点高度不宜小于 5 300 mm，接触线最低点高度不宜小于 5 150 mm。除锚段关节及道岔定位外，正线各定位点工作支接触线高度应恒定，设计坡度为 0。

适合双层集装箱运输的客运专线（石太、合武、合宁等）接触线悬挂点高度为 6 450 mm，最低点不小于 6 330 mm。

2. 结构高度

结构高度是指定位点处承力索距接触导线的距离。

（1）高速铁路正线接触网结构高度一般为 1.6 m。

（2）区间跨线建筑物受限区段，结构高度可适当降低，但结构高度不宜小于 1.1 m，个别困难点不宜小于 0.8 m。结构高度大小主要取决于允许的最短吊弦长度。速度大于 250 km/h 时，最短吊弦长度不小于 600 mm；速度在 200~250 km/h 区段，最短吊弦长度不宜小于 500 mm。

（3）联络线及其他新建线路结构高度一般为 1.4 m。

3. 跨距及拉出值

跨距及拉出值取决于线路曲线半径、最大风速和经济因素等。我国高速铁路一般在保证跨中导线及定位点在最大风速下均不超过距受电弓中心 300 mm 的条件下，确定跨距长度和拉出值。

正线区段标准跨距取 50~55 m，弹性链形悬挂区段最大跨距 60 m，允许施工误差±1 m；桥上跨距需根据桥梁孔跨的形式进行配合确定，一般为 48 m，困难时局部最大跨距可为 56 m，相邻跨距之差不应大于 10 m；为延长受电弓滑板使用寿命，拉出值不宜过小，且正线直线或曲线段拉出值尽量按正反定位间隔布置成之字值，正线直线拉出值尽量采用 300 mm 设计，曲线不超过 400 mm；为防止水平力过大，对跨距小于 50 m 的直线、关节、道岔区域部分悬挂需减小拉出值至 200 mm。

4. 锚段长度

（1）正线接触网锚段长度一般不超过 2×700 m，个别困难情况下不超过 2×750 m；单边补偿的锚段长度不超过 750 m。

（2）站线最大锚段长度不宜大于 2×800 m，个别困难时不宜大于 2×900 m；单边补偿的锚段长度不超过 850 m。

（3）高速铁路正线道岔处的两支接触悬挂的补偿方向一致，其余道岔处的两支接触悬挂的补偿方向尽量一致。

（4）根据以上锚段长度，验算承力索、接触线的张力差，均不超过额定张力的±5%。

（5）附加导线锚段长度一般不超过 2 000 m，困难时不应超过 3 000 m。

5. 侧面限界

正线接触网支柱侧面限界，一般路基区段应不小于 3.0 m，桥上为 3.0 m。站内正线与站线间立柱时，支柱对正线侧面限界不小于 2.5 m，有条件时，尽量加大至正线侧面限界。

6. 承力索和接触线的张力

根据国外经验，对于最高运行速度为 350 km/h 的高速铁路，承力索、接触线的张力应分别不小于 20 kN 和 25 kN。

7. 接触网线材

接触线是接触网中直接与机车受电弓做摩擦运动传递电能的线材，它对接触网-受电弓系统的受流性能的好坏产生至关重要的作用，受流系统的许多性能指标直接由接触导线决定。承力索是接触网承载接触导线，并传输电流的线材，因此承力索的线胀系数应与接触导线相匹配。

接触线的设计使用寿命按弓架次计算，接触线的设计使用寿命应在 250 万弓架次以上，相当于平均每天 170 对车双弓运行 20 年以上。此外高速铁路牵引网需要的载流量较大（一般为 800～1 200 A），要求接触线及承力索有足够的载流截面。

铜合金线由于耐磨性能好、导电率高在国内外高速电气化铁路中得到了广泛应用。我国高速铁路接触网承力索一般采用 120 mm² 的镁铜合金绞线，接触线一般采用 150 mm² 的铜锡或铜镁合金线。当接触线和承力索总的载流截面不能满足牵引网载流量要求时，还需设置加强线。

目前铜锡合金线已经实现了国产化，铜镁合金线也正在国产化进程之中，但因其制造工艺复杂，国产化难度相对较大。为了适应京沪高速最高运行速度 380 km/h 的要求，国内正在研制高强度（560 MPa 以上）、高导电率（78% IACS 以上）的接触线。

二、城市轨道交通接触网

接触网有架空式和接触轨式两种形式。

城市轨道交通接触网

（一）架空式接触网

架空式接触网是架设在走行轨道上部的接触网。由电动列车（车辆）顶部伸出的受电弓与之接触取得电能。按线路形式可分为地面架空式和隧道架空式；按悬挂方式又可分为柔性（悬挂）接触网和刚性（悬挂）接触网。

1. 地面架空式

地面架空式接触网由以下几部分组成：

（1）接触悬挂：包括承力索、吊弦和接触线。接触悬挂方式很多，图 7-2-15 为弹性链形悬挂。

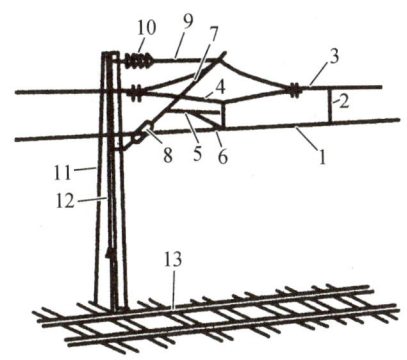

1—接触线；2—吊弦；3—承力索；4—弹性吊弦；5—定位管；6—定位器；7—腕臂；8—棒式绝缘子；9—拉杆；10—悬式绝缘子；11—支柱；12—接地线；13—钢轨。

图 7-2-15 地面架空式接触网

（2）支持装置：包括腕臂、拉杆和绝缘子。其作用是用以支持接触悬挂，将其负荷传给支柱或其他建筑物的结构。

（3）定位装置：包括定位器和定位管。其作用是保证接触线与受电弓的相对位置在规定范围内。

（4）支柱与基础：用以支承接触悬挂和支持装置，并将接触悬挂固定在规定高度。地面架空式接触网属于柔性接触悬挂，其特点是弹性好。

2. 隧道架空式

隧道内的支持与固定装置主要要考虑隧道内的断面尺寸限制。为了减小隧道的净空，在隧道内采用一些特殊的支持与固定装置。常用的有"人"字形、"T"字形以及弹性支架的支持与固定装置等。采用弹性支架的结构如图 7-2-16 所示。

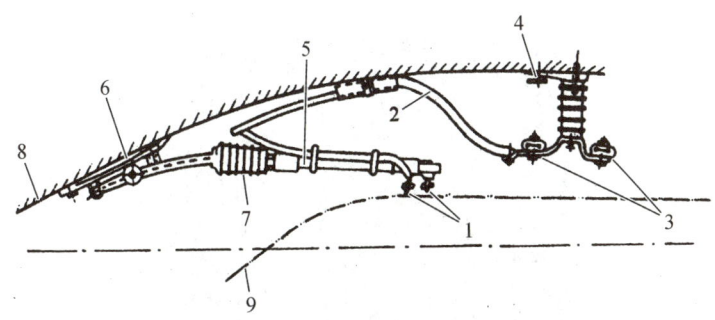

1—接触线；2—连接线；3—馈电线；4—接地线；5—调节臂；6—弹性支架；7—绝缘子；8—隧道洞顶；9—受电弓。

图 7-2-16 隧道架空式接触网

安装在绝缘子上的馈电线通过连接线与接触线连接，使接触网受电。接触线由调节臂固定，调节臂带棒式绝缘子，一端固定安装在隧道洞顶一侧的弹性支架上。调节臂可用来调整接触线与轨面之间的高度，弹性支架通过调节臂使接触线与受电弓之间保持足够的弹性，以保证它们之间的良好接触。

3. 刚性悬挂

刚性接触网是采用绝缘子来悬挂刚体导线，如同把第三轨架到了隧道顶部，省去了柔性悬挂的腕臂或弹性支座，降低了车辆上方的空间。图 7-2-17 是刚性悬挂的示意图。

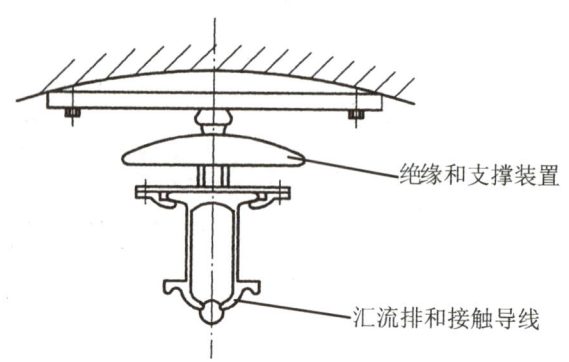

图 7-2-17　刚性悬挂

刚性悬挂所需要的隧道净空小，投资小，而且导电铜线无张力架设，不必设置下锚装置，也不会发生断线事故，零部件少、载流量大、安全可靠且维护量小，大大降低了维护成本，其优越性是柔性悬挂难以比拟的。

（二）接触轨式接触网

接触轨是沿着走行轨道一侧平行铺设的附加第三轨，故又称第三轨式接触网，如图 7-2-18 所示。接触轨电压多采用 IEC 标准，为 DC 600 V、DC 750 V，少数采用 DC 1 500 V。我国的标准电压为 DC 750 V 和 DC 1 500 V 两种。国内大部分第三轨式接触网电压为 DC 750 V，广州地铁 4 号线采用 DC 1 500 V 第三轨式接触网，这种高压第三轨受流作为一种新技术，发展前途很大。

图 7-2-18　第三轨式接触网

采用第三轨式接触网的优点是电动车辆受电靴与第三轨接触面较大且对其磨损极小，故维护简单；另外修建地下线可降低净空，减少开挖土方。

第三轨式接触网，其接触方式有上磨式、下磨式和侧磨式 3 种。

1. 上磨式

上磨式接触轨如图 7-2-19 所示。接触轨装在专用绝缘子上，底朝下。取流时，接触靴自上压向接触轨。上磨式的接触力不由受流器（集电靴）的质量和磨耗情况决定，而只受弹簧支座特性的控制，受流平稳，并能减少在间隙和道岔等处的电流冲击。上磨式接触轨固定方便，但不易加防护罩。

2. 下磨式

下磨式接触轨如图 7-2-20 所示。下磨式的接触轨底朝上，紧固在绝缘子上，并且由固定在轨枕上的弓形肩架予以支持。下磨式的优点是可以加防护罩，对工作人员较为安全。但安装结构较为复杂，费用较高，在经常冰冻和下雪而造成集电困难的地区使用较为普遍。

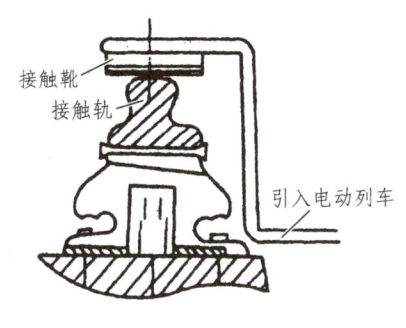

图 7-2-19　上磨式接触轨

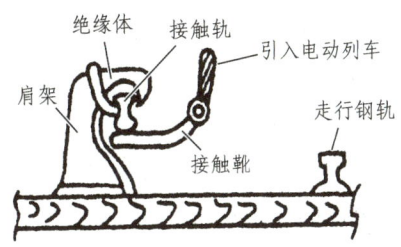

图 7-2-20　下磨式接触轨

3. 侧磨式

侧磨式在工作上与上磨式相似。接触轨为高导电率钢制成的特殊断面的钢轨。接触轨通过的地方要设置工作人员使用的人行道，在其余地点必须考虑设置保护木板或其他合适材料的保护板，以防触电。

在车站，接触轨总是设在远离站台轨道的一边，以免乘客摔落在轨道上触电。在线路露天地段，沿线要用木板保护起来，以免散落物引起电路故障。

第三节　数据采集与监视控制系统

数据采集与监视控制系统（Supervisory Control And Data Acquisition，SCADA），SCADA 系统的应用领域很广，它可以应用于电力系统、给水系统、石油、化工等领域的数据采集与监视控制以及过程控制等诸多领域。在电力系统以及电气化铁道上又称远动系统。牵引供电设备的一体化监控管理由 SCADA 系统完成。同样，为保证城市轨道交通列车安全运行，必须对供电系统的主变电所、牵引变电所、降压变电所的供电设备的运行状态进行监视、控制及数据采集。为此，需要设置电力监控系统。

轨道交通 SCADA 系统

一、高速铁路牵引供电 SCADA 系统

SCADA 系统是以计算机和现代通信技术为基础将操作命令、数据和信息编成电码，再将

电码经过调制，成为适合传输的电信号，通过通道送到终端，经过调解还原成电码，再经过译码去执行或显示。该系统一般由调度端、被控站及信道等组成。

（一）调度端

调度端设在电力调度所内完成远动对象的监控、数据统计及管理功能等，高速铁路中主机均为网络化设备。

（二）被控站

各牵引变电所、亭，受调度端监视的站称为被控站（Remote Terminal Unit，RTU），被控站完成远动系统的数据采集、预处理、发送、接收及输出执行等功能。被控站内的信息和数据包括开关的位置信号、事故信号、预告信号（何种保护动作、动作时间、自动重合闸是否动作等）以及电度表、电压、电流和故障点的测量数据等。高速铁路中被控站的远动系统由综合自动化系统完成，牵引变电所综合自动化系统除具备常规远动终端 RTU 的四遥和事件记录远传等全部功能外，还包括微机保护定时、远方监视、修改、录波、测距数据远传以及其他数据通信功能。接收调度端远动装置发来的查询、遥控命令，经译码确认后执行，将被控站内的数据和信息编码发送给调度端。

（三）信　道

远动信息传输的介质（通路）称为信道，调度端与被控站是通过通道联系起来的。通道形式有有线、无线、光缆等多种。在高速电气化铁路中，信道主要采用光缆，音频信号或电码可直接送到通信站，经调制成光信号传输到执行站附近车站，经光端机解调还原成音频或电码送往执行站。

我国高速铁路 SCADA 系统是集通信、信号、牵引供电、电力远程监控于一体化设计，采用分层分布式系统结构。控制中心采用独立的监控网络及设备，通过网络安全隔离措施与其他系统进行接口。

牵引供电 SCADA 系统通过一个或多个相互连接的通道，将牵引供电系统综合调度系统的主控中心、维修中心、被控站构成一个广域网系统。调度端通过通道与被控站连接成一个 1+N 系统，对远方处于分散状态的牵引变电所、亭进行集中监测、集中控制和集中管理，以实现远程控制、远程信号、远程测量、远程调节等各项功能。

牵引供电系统采用调度所远方控制、所内集中控制、设备本体控制三级控制方式。正常运行时采用调度所远方控制，当设备维修时采用所内集中控制或设备本体控制。3 种控制方式相互闭锁，以达到安全控制的目的。

二、城轨交通 SCADA 系统

（一）电力监控 SCADA 系统

1. 电力监控系统的任务

电力监控系统实现在控制中心（OCC）对供电系统进行集中管理和调度，进行实时控制和数据采集。除利用遥控、遥信、遥测、遥调功能监控供电系统设备的运行情况，及时掌握和处理供电系统的各种事故、报警事件功能外，利用该系统的后台工作站还可以对系统进行数据归档和统计报表功能，以更好地管理供电系统。控制中心电力调度与电力监控大屏幕如图 7-3-1 所示。

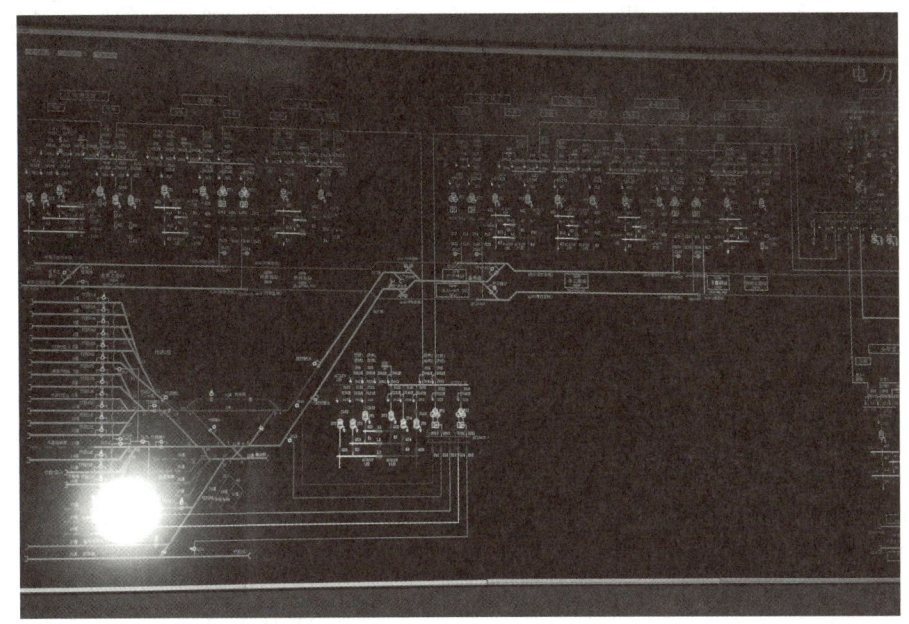

图 7-3-1　电力调度监控大屏幕

城市轨道交通运行的管理和调度是由控制中心来实现的，其中的电力调度是供电系统运行的管理和调度部门；而城市轨道交通供电系统的各类变电所及其他主要设备是沿线路分散设置的。要保证系统运行的安全、可靠及经济性，就必须由电力调度人员对系统进行集中管理和调度，实现系统运行状态的监视和运行方式的控制。早期的集中调度是通过调度电话来实施的，通过值班人员对系统运行方式进行监视和控制，属于一种效率低、可靠性差的间接监控方式。目前，随着远动技术的发展，现代化的集中调度已由电力调度人员通过远动监控设备对各类变电所进行直接的集中监视与控制。

电力监控就是调度所与各被控端之间实现遥控、遥测、遥信和遥调技术的总和，它的主要任务就是集中监视和集中控制。

2. 电力监控系统的组成

SCADA 设备是调度端与各被控制端之间实现遥信、遥测、遥控和遥调功能的设备，这些设备所组成的远动监控系统由 3 部分组成，即设在控制中心的主机、各变电所的远程控制终端以及连接终端与中心的通信网络。城市轨道交通 SCADA 系统的示意图如图 7-3-2 所示。

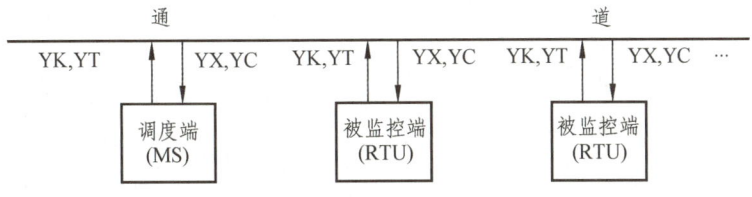

图 7-3-2　城市轨道交通 SCADA 系统示意图

（1）遥控（YK）：是从调度所发出命令以实现远方操作和切换。遥控的内容包括：

① 主变电所、开闭所、中心降压变电所、牵引变电所、降压变电所内 10 kV 及以上电压等级的断路器、负荷开关及系统用电动隔离开关。

② 牵引变电所的直流快速断路器、直流电源总隔离开关、降压变电所的低压进线断路器、低压母联断路器、三级负荷低压总开关。

③ 接触网电源隔离开关。

④ 有载调压变压器的调压开关。

（2）遥信（YX）：是指将被控站设备的状态，如断路器的位置信号、报警信号等，传输给调度端。遥信的内容包括：

① 遥信对象的位置信号。

② 高中压断路器、直流快速断路器的各种故障跳闸信号。

③ 变压器、整流器的故障信号。

④ 交直流电源系统故障信号。

⑤ 降压变电所低压进线断路器、母联断路器的故障跳闸信号。

⑦ 钢轨电位限制装置的动作信号。

⑧ 预告信号。

⑨ 断路器手车位置信号。

⑩ 无人值班变电所的大门开启信号。

（3）遥调（YT）：是调度所直接对被控站某些设备的工作状态和参数的调度，如调节变电所的母线电压值。

（4）遥测（YC）：是指将被控站的运行参数如功率、电压、电流、电度和温度等参数，传输给调度端。

调度端装置设置在控制中心内，一般称为主站（MS）；被监控端设置在变电所内，一般称为分站或远方数据终端（RTU），调度端与被监控端之间通过通信通道传送遥控、遥信、遥调和遥测信息。

3. 电力监控系统的优点

（1）集中监控可提高系统运行的安全可靠和经济性。正常时，实现合理的系统运行方式；事故时，可及时直接显示和记录事故发生时间和内容，有利于加快事故处理。

（2）集中控制使调度人员直接控制运行方式的改变，运行操作效率及其可靠性高，值班人员在变电所内仅需对电气设备进行监护，劳动条件得到改善。

（3）有利于变电所实现无人值班化，可节省变电所基建和运行费用。

目前，国外城市轨道交通供电系统均采用计算机远动监控设备来实现集中监视与控制。在我国，城市轨道交通牵引供电系统已被规定应优先采用计算机远动监控设备。

学习工作任务单

工单编号	7	工单名称	轨道交通供电系统
工单类型	基础型工单	面向专业	轨道交通行业相关岗位
工单大类	学习型工单	能力面向	专业能力
职业岗位	机车乘务员、车辆乘务员、动车组司机、电客车司机等轨道交通行业从业人员		
考核点	轨道交通车站		
工单简介	本工单主要了解轨道交通供电方式和 SCADA 系统，掌握常见的轨道交通供电系统组成，掌握接触网的结构和作用，能对比分析各种供电方式的优缺点。对轨道交通供电系统有整体的认知，为以后的工作学习打下坚实基础。 加强学生爱党爱国、热爱轨道交通行业的精神，以及民族自豪感。		
设备环境	多媒体教室		
用途说明	在常规课程中可引导学生获取信息的能力和总结归纳的能力		

实施人员信息（学生填写）

姓名		班级		学号		电话	

任务目标	笔记栏
实施该工单的任务目标如下： 1. 了解轨道交通供电系统供电方式。 2. 了解 SCADA 系统。 3. 掌握轨道交通供电系统的组成 4. 掌握接触网的结构和作用。 5. 对比分析不同供电方式的优缺点。	

任务介绍

1. 任务描述

本任务从轨道交通供电系统组成开始介绍,主要学习常见的供电方式,掌握主要的供电设备接触网的主要结构和作用,在学习中加强学生爱党爱国的精神,以及新时代铁路精神。

2. 任务要求

(1)说明轨道交通供电方式有哪些。

(2)说明轨道交通供电系统都包括哪些具体系统或结构。

(3)说明轨道交通供电系统组成设备的主要用途。

任务资讯

(10分) 1.简述轨道交通供电方式有哪些?

(10分) 2.轨道交通供电系统都包括哪些具体系统或结构?

(10分) 3.说明轨道交通供电系统组成设备的主要用途?

笔记栏

任务实施	笔记栏

任务实施要求如下:

(**10分**) 1. 接触网的一般都由哪些部分组成?

(**5分**) 2. 轨道交通供电系统不同供电方式的特点。

(**10分**) 3. 轨道交通供电系统不同设备的适用场合。

(**5分**) 4. SCADA 系统的主要功能?

任务扩展

任务扩展要求如下：

请根据目前铁路和城轨交通供电系统现况并结合我国国情，展望未来轨道交通供电系统的发展。

（10分） 1. 简述未来轨道交通行业线路供电的发展方向？

（10分） 2. 结合本专业，展望下未来接触网可能的形态。

笔记栏

工作日志

（5分）实施工单过程中填写如下日志：

工作日志表

日期	工作内容	问题及解决方式

工作总结

（15分）请编写完成本任务的工作总结：

笔记栏

质量监控单（教师完成）

工单实施栏目评分表

评分项	分值	作答要求	评审规定	得分
任务资讯	30	问题回答清晰准确，能够紧扣主题，没有明显错误项。	对照标准答案错误一项扣2分，扣完为止。	
任务实施	30	近期展望贴合实际，结合所学专业能有基本准确的定位。	回答前后逻辑合理，不合理处扣2分。	
任务扩展	20	各种类型表述清楚，特点描述准确。	分类少些一项扣2分，对照标准答案错误一项扣5分，扣完为止。	
其他	20	日志和问题项目填写详细、能够反映实际工作过程。	没有填或者太过简单每项扣5分。	
合计得分				

职业能力评分表

评分项	等级	作答要求	等级
知识评价	A|B|C	A：能够完整准确地作答任务资讯的所有问题，准确率在90%以上。 C：对基础知识掌握得不牢固，任务资讯和答辩的准确率在50%以下。	
能力评价	A|B|C	A：熟悉各个环节的实施步骤，完全独立完成任务，有能力辅助其他学生完成规定的工作任务，实施快速，准确率高（任务规划和任务实施正确率在85%以上）。 C：未完成任务或只完成了部分任务，有问题没有积极向其他同学请教，工作实施拖拉，不积极，各个部分的准确率在50%以下。	
态度素养评价	A|B|C	A：不迟到、不早退，对待他人有礼貌，善于帮助他人，积极主动完成规定工作任务，工作台完整整洁，回答老师提问科学。 C：未完成任务或只完成了部分任务，有问题没有积极向其他同学请教，工作实施拖拉不积极，不能准确回答老师提出的问题，各个部分的准确率在50%以下。	
思政素养	A|B	A：树立正确爱党爱国精神，树立不畏艰难、勇于创新的开拓精神，深入实践、严谨细致的科学精神，能深刻理解"詹天佑"工匠精神。 B：对"铁路"工匠精神理解不够全面。	

PART EIGHT

第八章

动车组和城市轨道列车

学习目标

知识目标
1. 了解动车组的分类
2. 掌握动车组的特点

能力目标
1. 对比分析各种动车组的结构
2. 正确识别动车组和城市轨道交通车辆标记

素质目标
1. 培养学生的民族自豪感
2. 培养学生爱国、爱路的情怀

近年来，我国在引进国外先进动车组和城轨车辆技术的基础上大力开展自主创新，目前，已有多种国产化动车组投入运营。尤其是"和谐号"系列高速动车组的大量投入使用，标志着我国高速动车组技术已处于世界前列。

第一节 概　述

动车组是国内外铁路客运大量采用的车型，是自带动力、固定编组、可双向开行的列车，具有安全可靠、运行快捷、乘坐舒适、编组灵活等特点，是高效率、大密度的载运工具。动车组和城轨车辆是由动力车和拖车或全部由动力车长期固定地连挂在一起组成的车组。其中，带有动力的车辆称为动车（用 M 表示），不带动力的车辆称为拖车（用 T 表示）。

动车组的分类、特点及发展概况

一、动车组的分类和特点

（一）动车组的分类

1. 按照动力源分类

按照动力源，动车组分为内燃动车组（简称 DMU）和电力动车组（简称 EMU）两种。其中内燃动车组按传动装置形式的不同，可分为液力传动动车组和电力传动动车组；而电力动车组有交-直电传动、交-直-交电传动和交-交电传动等形式。目前，国内外所采用的动车组大多数都是电力动车组。

2. 按照牵引动力的配置方式分类

按照牵引动力的配置方式，动车组有动力集中式和动力分散式两种。动力集中式动车组列车只有两端为动力车，其余均为拖车，由于动力装置安装比较集中，动力集中式动车组具有检查维修方便、电气设备的总质量相对较小等优点。但其缺点也比较突出，即动车的轴重较大，对线路不利。

动力分散式动车组又分为完全分散式和相对分散式两种模式。完全分散式是指高速列车编组中的车辆全部为动力车，这种模式采用较少。相对分散式为目前动车组采用的主要模式，是指高速列车编组中一部分是动力车，其余部分为无动力的拖车，目前我国的高速动车组均为此种模式。动力分散式动车组的特点是：列车中任意一节动车的牵引动力发生故障，对全列车的牵引指标影响不大。

动力分散式动车组的缺点是：牵引力设备的数量多、总质量大。但其优点较多，如最大轴重小、对线路的影响小、列车总体利用率高、列车的牵引及制动性能好、可靠性高、运用成本低等。因此，动力分散式动车组是当今世界铁路动车组，特别是高速动车组技术发展的方向。

3. 按照用途分类

按照用途，动车组主要分为客运动车组、货运动车组和特殊用途动车组等。动车组主要用于客运，但国外也有少部分用于货运（如日本 M250、法国 TGV 行邮）以及其他特殊用途（如轨道检测等）。

4. 按照车辆转向架布置和车辆之间的连接分类

按照车辆转向架布置和车辆之间的连接，动车组可分为独立（转向架）式和铰接（转向架）式。

（二）动车组的优点

相对于传统的机车车辆模式，动车组在运营上有许多优点，尤其是动力分散式动车组的优点更为明显，主要有以下几点：

（1）动力效率较高，启动加速快。动力分散式动车组的驱动轴较多，黏着性能比较稳定，容易实现高速运转。

（2）由于动车组在两端都有司机室，因此，转换运行方向较为方便，可以加快运转速度。

在保证安全的前提下，可明显提高行车密度，从而提高整个铁路网的运输能力。

（3）动车组甩挂方便，比较容易组合成长短不同的列车。可以根据客流的大小，加挂或少挂动车组，由于动车组中每组都是既有动力车又有拖车，因此，加挂动车组不影响速度，少挂动车组也不影响动力的发挥。

（4）动车组的制动效果好。电力动车组因为有较多的电动机，所以再生制动能力良好。另外，动车组一般都采用两种或两种以上制动方式，制动效果更为显著。

（5）最大轴重小，同时对线路的影响小。由于动车组的牵引设备分散布置在各动力车上，因此能够降低列车的轴重，减小运行阻力，减少对铁路线路的影响，并降低了维修保养费。

（6）动车组更加注重环保。高速动车组的内部装饰和化工材料全部符合国际环保规定的要求，卫生间均采用集便式便器，集中收集排放污物，不会对列车行经路段沿线造成污染；车内外噪声也非常小，已将噪声污染降到最低。

二、城市轨道交通车辆的分类和特点

（一）城市轨道交通车辆的分类

1. 按牵引动力配置分类

（1）动车：自身具有动力装置（装有牵引电机），具有牵引与载客双重功能，动车又可分为带有受电弓的动车和不带受电弓的动车（用 M 表示）。

（2）拖车：不装备动力装置，须具有动力牵引功能的车辆牵引拖带，仅有载客功能，可设置司机室（用 Tc 表示），也可带受电弓（用 T 表示）。

2. 按驱动方式分类

（1）旋转电动机驱动：包括直流电动机驱动和交流电动机驱动，都是依靠轮轨黏着作用传递牵引力。

（2）直线电动机驱动：将传统电动机从旋转运动方式改为直线运动方式，由于取消了传统的旋转电机从旋转运动转换成直线运动的机械变速传动机构，使转向架结构简单、重量轻。

3. 按车辆规格（车体宽度）分类

按车辆规格一般可分 A 型车、B 型车和 C 型车。A 型车为高运量地铁车辆的基本车型；B 型车为大运量地铁车辆；C 型车为轻轨车辆的基本车型。A 型车轴重较大，载客人数较多，车体尺寸较大。B 型车相对 A 型车各项指标值均较小，C 型车更小。各型车辆的主要指标见表 8-1-1 所示。

表 8-1-1 城市轨道交通各种车辆主要指标

系统	类型	车辆条件			适用线路条件		客运能力/（万人次/h）	运营速度/（km/h）
		车长/m	车宽/m	定员/人	最小半径/m	最大坡度/‰		
地铁系统	A 型	24.4/22.8	3.0	310	300	35	4.0～7.5	≥35
	B 型	19.52	2.8	230～245	250	35	3.0～5.0	≥35
	C 型	17.2/16.8	2.8	215～240	100	60	2.5～4.0	≥35

续表

系统	类型	车辆条件			适用线路条件		客运能力/(万人次/h)	运营速度/(km/h)
		车长/m	车宽/m	定员/人	最小半径/m	最大坡度/‰		
轻轨系统	C型	18.9	2.6	200	50	60	1.0~3.0	25~35
	直线电机C型	16.5	2.5	150	60	60	1.0~3.0	25~35
单轨系统	跨坐式单轨	15	3	150~170	60	60	1.0~3.0	≥35

4. 按车辆制作材料分类

（1）钢骨车：车底架、车体骨架等受力部分采用钢材制作，其他用木材或合成材料制作。

（2）新型材料车：采用轻质合金材料，如铝合金等，以降低车辆自重，提高承载能力和运输效率。

此外，按受电方式分为受电弓受电和受流器受电两种，按连接方式分为贯通式和非贯通式两种，贯通式的全列车载客部分贯通，乘客可沿全列车走动，以有效调节各个车辆的载客拥挤度，在全列车中均匀分布，也有利于在列车发生意外事故时疏散乘客。非贯通式车辆之间无通道贯通。

（二）城市轨道交通车辆的特点

城市轨道交通车辆作为城市公共交通工具，主要在市内和市郊运行。它的运营条件与铁道车辆有所不同：车辆要在地下隧道、高架和地面轨道上运行，线路曲线半径小，坡度大；站距短，起动和停车频繁，车辆起动加速度和制动减速度都比较大；客流量大而集中，高峰时严重超载，因此，它有着自身的特点。

（1）在车内的平面布置上有其特征，如座位少、车门数量多且开度大，内部服务乘客的设备较为简单等。

（2）重量的限制较为严格，要求轴重小，以降低线路的工程投资。

（3）为使车体轻量化，对于车体承载结构一般采用大型中空截面挤压铝型材，或高强度复合材料，或不锈钢。对车体其他辅助设施也尽量采用轻型化材料。

（4）对车体的防火性能要求高，在车体的结构及选材上均采用防火设计和阻燃处理。

（5）对车辆的隔音和减噪有严格要求，以最大限度地降低噪声对乘客和沿线居民的影响。

（6）车辆外观造型和色彩具有美化和与城市景观相协调的要求等等。

第二节　动车组和城市轨道车辆构造

一、动车组基本构成

目前，世界上运营的动车组种类繁多，仅国内运用的高速铁路动车组而言，就有"和谐号"CRH1、CRH2、CRH3、CRH5、CRH380A等多种，各种类型的动车组在设计、制造上都有一些

了解动车组的基本构造

区别，但基本构造通常都包括车体、车辆内部设备、转向架、车辆连接装置、制动装置、牵引传动系统、辅助供电系统以及空气调节系统等部分。

（一）动车组的车体及车内设施

动车组车体是用于旅客乘坐和司机驾驶的部分，也是安装和连接其他设备与部件的基础，它由侧墙、端墙、车顶、底架和车头等部分组成。动车组车体分为带司机室车体和不带司机室车体两种。车内设备是指服务于乘客的车内固定附属装置，包括车门、车窗、座席、司机室、乘务员室、照明装置、供水、通风、取暖、空调、安全设备、行李架、旅客信息服务系统等，图 8-2-1 所示为我国"和谐号"CRH380A 型动车组部分车辆的车厢内部布置。

（a）一等客座　　　　　　　　　　（b）二等客座

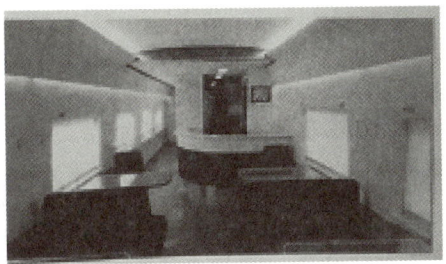 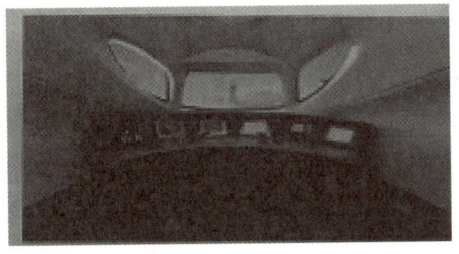

（c）餐厅　　　　　　　　　　（d）司机室

图 8-2-1　CRH380A 型动车组的车厢内部布置

为了满足高速行车的要求，保证行车安全和旅客的舒适性，动车组一般将车头设计成流线型，车体选用轻量化、高强度的材料，并通过运用车体的密封隔声技术，使车体具有良好的密封性和隔音效果。

1. 车体结构流线型

随着列车运行速度的提高，周围空气的动力作用，一方面对列车和列车运行性能产生影响；同时列车高速运行引起的气动现象对周围环境也产生影响。对于高速动车组来说，流线型车头可以有效减少运行空气阻力以及列车交会压力波，并有效解决了运行稳定性等问题。图 8-2-2 所示的日本新干线 500 系动车组即为流线型车头结构，它是所有新干线车辆中流线型效果最好的一种。

图 8-2-2　日本新干线 500 系动车组

另外,车身的外形一般设计成细长、无棱角的流线型;采用与车身横断面形状相吻合的裙板遮住车下设备,使车体表面光滑平整;车窗、车门与车体齐平,手把、扶杆凹装在车体表层内,以尽量减少突出物;除受电弓外,顶板上尽可能不安装其他部件,使顶部光滑平整。

2. 车体及车内设施轻量化

1) 车体及车内设施轻量化的意义

为了节省牵引功率,降低高速列车引起的动力作用对线路结构、机车车辆结构产生的损伤,以及提高旅客乘坐的舒适度,需要最大限度地降低高速动车组的轴重。对于高速铁路动车组,在保证客车使用寿命和客车结构能承受各种载荷的工况下,实现车体及车内设施轻量化具有非常重要的意义。具体体现在以下几点:

(1) 节省列车牵引功率。

(2) 减小列车运行阻力。

(3) 有利于改善列车的运行品质。

(4) 降低高速列车引起的动力作用对线路结构、机车车辆结构产生的损伤,减少工程和维修费用。

(5) 有利于环保。由于轴重的下降,减小了列车运行时沿线路基的振动,同时也降低了轮轨之间的噪声,从而有利于环保。

2) 车体及车内设施轻量化技术

车体及车内设施轻量化技术包括车体结构的轻量化技术和车内设施的轻量化技术两个方面。

(1) 车体结构的轻量化技术。实现车体结构轻量化主要可以通过两种途径:

① 采用新材料。目前,国外高速动车组的车体材料主要有不锈钢、高强度耐候钢和铝合金。从使用效果和发展趋势来看,由于铝合金具有较好的塑性,挤压成型容易,且具有良好的耐腐蚀性,能够延长客车的使用寿命,减轻检修工作量,因此,铝合金将成为动车组车体的主导材料。

② 合理优化结构设计。在保证车体强度和刚度的基础上,应充分利用等强度理论和结构的有限元分析程序,对车体结构进行优化设计,减轻车辆自重。国内外经验证明,通过优化计算,车体结构重量可显著降低。图 8-2-3 所示为日本新干线 300 系动车组采用的大型中空挤压铝型材焊接结构,它不仅可以明显降低车体重量,还可以大幅度减少焊接工作量,简化车辆的制造工艺。

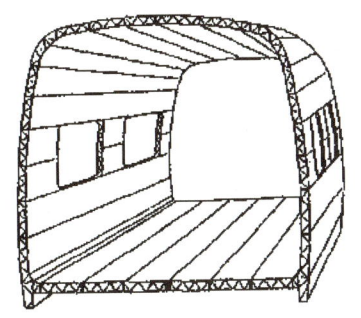

图 8-2-3　大型中空挤压铝型材焊接结构

（2）车内设施的轻量化技术。动车组的车内设备约占客车总重量的 20%，故对其进行轻量化设计具有非常重要的意义。目前，对动车组车内设施的轻量化主要通过采用新型材料来实现，如车门、车窗、行李架、座椅、供水设备、卫生设备等，均通过选用轻合金或高分子材料、复合材料来减轻重量，而车内装饰板材则广泛采用薄膜铝合金墙板或工程塑料顶板来使设备轻量化。

3. 车体具有良好的气密性

列车通过隧道或在运行中与其他列车交会时，车内压力发生巨大变化，旅客会有耳痛等不适感觉，因此必须提高动车组车体的气密性，使车内压力不受车外压力的影响。目前世界上提高动车组气密性的措施主要是从车体结构和部件上考虑，采用的密封技术主要有：

（1）车体金属结构采用连续焊，以消除焊接气隙，对不能施焊的部位采用密封胶密封。

（2）车门采用密封性能良好的塞拉门，台风挡采用橡胶大风挡，并保证渡板处的密封良好。

（3）采用固定式车窗，车窗玻璃的结构、强度和车窗的组装工艺要保证密封的可靠性和耐久性。

（4）列车空调通风装置的换气系统设立压力控制，如在进、排气风口安装压力保护阀，在排气风道中装设带有节气阀的排风机、安装压力保护通风机等，从而既保证正常的通风换气，又保证车内压力变化控制在有限值之内。

（5）装设水的密封装置，防止洗脸室、卫生间以及空调机组冷凝水排水管在外部高压时的回流。另外，对直通车下的管路和电缆孔均采取必要的密封措施。

4. 优质的车体隔声性能

由于动车组运行速度较高，它所产生的噪声也比较大。为了降低车内噪声，除了要削弱噪声源发出的噪声外，还要提高车体的隔声性能。提升车体隔声性能的主要技术措施有：

（1）在车体金属表面涂刷防振阻尼层，使钢结构的声频振动转化为热能消散，减少声波的辐射和声波振动的传递，从而减少车内噪声。

（2）采用双层墙结构，以增强整体隔声量。

（3）采用带空气层的双层车窗，减少从侧面传入车内的噪声，以提高车窗的隔声量。

（4）车内选用吸声效果好的高分子聚合材料。

（5）采取提高车体气密性的措施，同样可以起到隔声作用。

（二）动车组的转向架

动车组的每个车体下都装有转向架，其中动车下面是动力转向架，拖车下面是拖车转向架，它们的主要区别是动力转向架有牵引电机和驱动装置，而拖车转向架没有。动车组转向架置于车体和轨道之间，除了要承担车体、车内设施及乘坐旅客的全部重量外，更重要的作用是牵引和引导车辆沿轨道行驶，承担动车组安全、高速、平稳的运行任务。

1. 转向架的构造

转向架是保证动车组运行品质和安全的关键部件，主要由构架、轮对轴箱装置、牵引装置、弹簧悬挂装置和基础制动装置组成，如图 8-2-4 和图 8-2-5 所示。

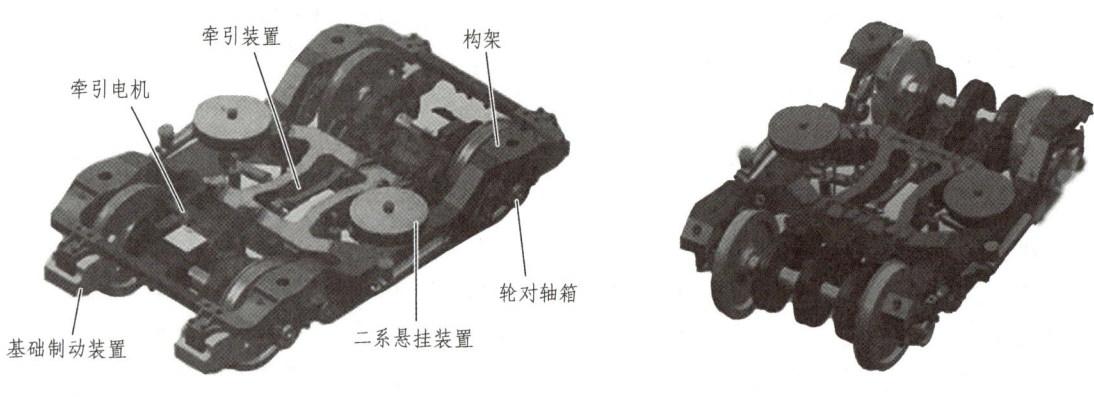

图 8-2-4 CRH1 型动车组转向架的基本构造示意图

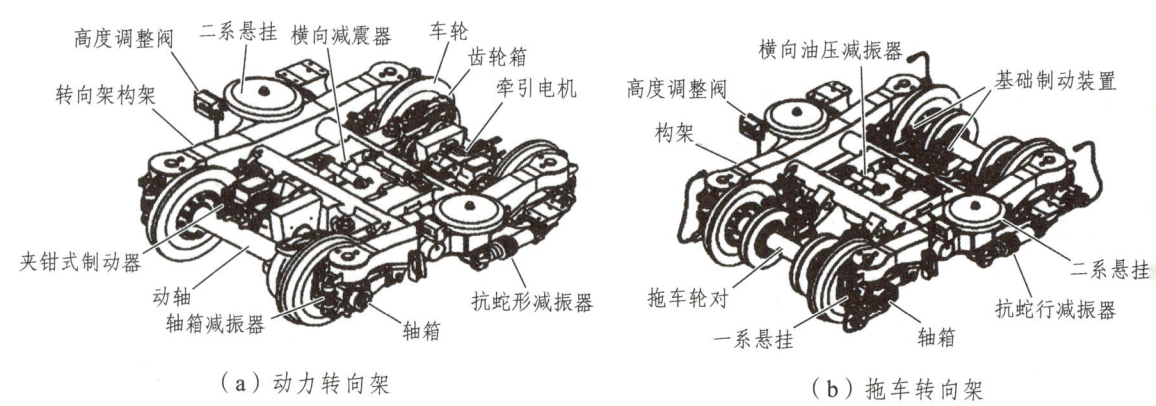

图 8-2-5 CRH2 型动车组转向架的基本构造

1）转向架构架

构架是转向架的骨架，是安装各种零部件的载体，并承受和传递垂向力和水平力等。从图 8-2-5 中可看出构架在转向架上所处的位置。转向架构架分为动车转向架构架和拖车转向架构架，一般都由侧梁与横梁、相关支座、连接梁等构成，它们都要具备足够的强度。

2）轮对轴箱装置

轮对轴箱装置（简称轮轴）主要由车轮、动力车轴、非动力车轴、挠性联轴器和轴箱等部件组成。它承受和向钢轨传递列车重量,并在负重条件下以较高的速度引导车辆在钢轨上行驶;它还通过轴箱定位装置使轮对相对于构架前后、左右活动,以适应线路条件;另外还有某些制动力也通过轮对实现。

3)牵引装置

牵引装置是车体与转向架的连接装置,用来传递车体与转向架之间的水平力等,同时保证车体与转向架之间的回转运动。不同类型的转向架其牵引装置也不同,例如,Y32 型转向架的牵引装置,其牵引力是通过钢丝绳连接车体和转向架构架后直接传递的,牵引钢丝绳一端连接在装于构架中间纵向梁下部的一个"十"字形座上,而另一端则连接在一个螺杆上,通过弹簧装置与车体下的牵引座相连。这样的传递方式可以使车体与转向架之间完全是弹性连接。

4)弹簧悬挂装置

弹簧悬挂装置是转向架支撑车体的装置,它一方面能够保证一定的轴重分配;另一方面还起到缓和轮轨冲击、保证车辆运行平稳性等作用。弹簧悬挂装置由空气弹簧(见图 8-2-6)、横向减振器、抗蛇行减振器和自动高度调节阀等构成。设在轮对和构架之间的弹簧悬挂装置称为轴箱弹簧装置或一系悬挂装置;设在构架与车体之间的弹簧悬挂装置称为中央弹簧悬挂装置或二系悬挂装置。

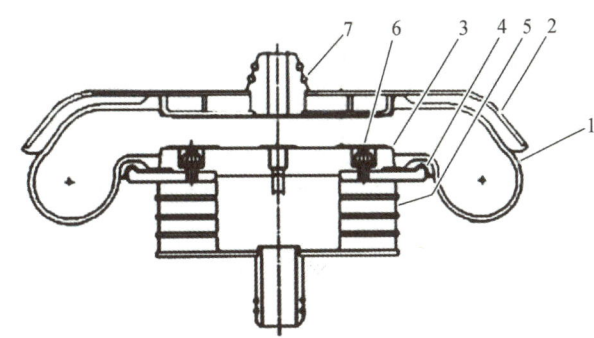

1—橡胶囊;2—上盖板;3—下盖板;4—橡胶座;5—橡胶堆;6—螺母、垫片;7—O 形圈。

图 8-2-6 CRH2A 型动车组的空气弹簧

5)基础制动装置

动车组一般采用摩擦制动和动力制动相结合的模式,其中摩擦制动方式多采用盘形制动和电磁涡流制动,动力制动方式则选用电阻制动或再生制动。动车组基础制动装置一般由制动盘、制动闸片、制动缸、防滑器和踏面清扫器等组成,其中制动盘的种类有用于动车转向架的"动车轮盘制动盘"以及用于拖车转向架的"拖车轮盘制动盘"和"拖车轴制动盘"等。

2. 动车组转向架应具备的性能

1)高速运行的稳定性

列车在钢轨上运行,随着速度的加快可能会出现蛇行运动,从而造成转向架的运动失稳,损伤车辆及线路,影响旅客舒适度。动车组通常采用轴箱定位装置和回转阻尼装置来抑制蛇行运动,确保车辆运行的稳定性。

2）通过曲线的安全性

高速客车通过曲线时，过大的侧压力会造成轮轨的剧烈磨损。因此要选择合理的踏面形状与较小的踏面斜度，以防止脱轨、倾覆现象发生。

3）旅客乘坐的舒适性

虽然影响舒适度的因素很多，但振动是动车组整个运行过程中始终存在的，动车组引起的噪声也会使旅客产生疲劳感。因此在动车组转向架中采用了空气弹簧和橡胶件以降低轮轨噪声，减小了噪声对车内及环境的污染。

3. 动车组转向架结构的轻量化技术

在保证必要性能的前提下，动车组转向架也要尽量实现轻量化。国外高速动车组转向架的轻量化措施之一是采用无摇枕结构，由中央空气弹簧直接支承车体重量；此外还有很多轻量化措施，如取消端梁使构架结构轻量化、采用铝合金制作轴箱及齿轮箱以及采用轻型轮对等。

（三）动车组的连接装置

动车组的连接装置主要用于连接各个车辆并传递牵引力与制动力，同时还能起到缓冲和减振作用，另外还可以保证车辆的密封性。

动车组的连接装置一般由密接式车钩装置、风挡、空气及电气连接设施和车体间减振器等构成。空气及电气连接设施包括：列车总风管、列车通信总线连接、制动控制线连接、供电母线连接、电路电气设备连接、高压电线连接等。

目前世界各国的高速动车组普遍采用密接式车钩连接装置（见图 8-2-7），如日本新干线动车组车钩全部采用密接式车钩方式。该装置的两车钩连接面的纵向间隙一般都小于 2 mm，上下、左右偏移也很小，对提高列车的运行平稳性和电气线路、风管的自动对接提供了保证。在车钩连接的同时，贯通全列车的控制信息线路通过密接式车钩的电气连接器自动接通。

密接式车钩的连挂及分解示意图如图 8-2-8 所示，下面分别做简单介绍。

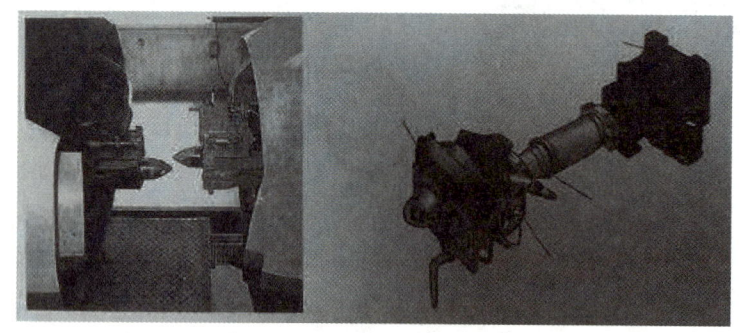

图 8-2-7　密接式车钩缓冲装置

1. 连　挂

凸锥插进对方的凹锥孔中，这时凸锥的内侧面在前进中压迫对方的钩舌转动，使解钩风缸的弹簧受压，钩舌沿逆时针方向旋转；当两钩连接面相接触后，凸锥的内侧面不再压迫对方的钩舌，此时由于弹簧的作用，使钩舌处于闭锁位置。

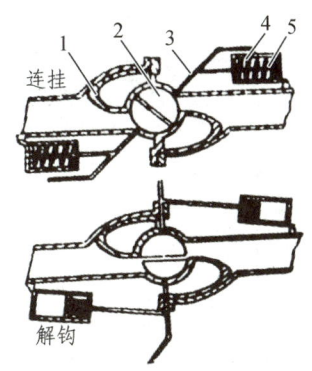

1—钩头凸锥；2—钩舌；3—解钩杆；4—弹簧；5—解钩风缸。

图 8-2-8　密接式车钩的工作原理

2. 分　解

司机操纵解钩阀，此时压缩空气由总风管进入前车（或后车）的解钩风缸，同时经解钩风管连接器送入相连挂的后车（或前车）解钩风缸，活塞杆向前推并带动解钩杆，使钩舌转动至开锁位置，此时两钩即可解开。另外也可以通过人力推动解钩杆，使钩舌转动至开锁位置，实现两钩的分解。

（四）动车组的制动装置

1. 制动装置的条件

制动装置是列车安全、正点运行的重要保证，也是提高列车运行速度的前提条件。动车组制动装置应具备的条件是：

（1）尽可能缩短制动距离以保证列车安全。

（2）保证高速制动时车轮不滑行。

（3）司机操纵制动系统灵活可靠，能适应列车自动控制的要求。

2. 制动方式

目前，铁路上所采用的制动方式有摩擦制动和动力制动两大类。其中，摩擦制动包括闸瓦制动、盘形制动、电磁轨道制动 3 类；动力制动包括电阻制动、再生制动、电磁涡流制动等。由于动车组运行速度较高，因此对制动装置的要求也较高。动车组通常采用动力制动与摩擦制动相结合的制动模式，表 8-2-1 列出了部分国家高速动车组的制动方式。

表 8-2-1　部分国家高速动车组制动方式

国别	列车名称	动力车制动方式	非动力车制动方式
日本	0 系列	电阻制动+盘形制动	电磁涡流制动+盘形制动
	100 系列	电阻制动+盘形制动	电磁涡流制动+盘形制动
	300 系列	再生制动+盘形制动	
法国	TGV-PSE	电阻制动+闸瓦制动	盘形制动+闸瓦制动
	TGV-A	电阻制动+盘形制动	盘形制动
	TGV-N	再生制动+盘形制动	盘形制动+电磁轨道制动

续表

国别	列车名称	动力车制动方式	非动力车制动方式
德国	ICE	再生制动+盘形制动	电磁涡流制动+盘形制动
中国	CRH1、CRH2、CRH3、CRH5、CRH380A	再生制动+电空制动	盘形制动
		再生制动+空气制动+电阻制动	盘形制动
		再生制动+电空制动	电磁涡流制动+盘形制动

动车组制动控制系统包括动力制动控制系统和空气制动控制系统，此外还有电子防滑器及基础制动装置等。动车组制动系统应推行轻型化和免修化，减少维修工作量。例如，采用的再生制动机是感应电机，不但是轻型的，而且几乎是免维修的。

动车组的制动模式包括常用制动、快速制动、紧急制动、耐雪制动和辅助制动等几类。

（五）动车组的牵引传动系统

目前世界上的高速动车组一般都采用电力牵引传动方式，牵引传动系统包括主电路、高压设备、受电弓、主断路器、主变压器、牵引变流器、牵引电机等。

由于运行速度较高，电力牵引高速动车组的受电与电力牵引常速列车的受电相比，具有一些明显的特点，例如，接触网与受电弓的波动特性发生变化，受电弓产生的噪声较大，所受的空气阻力较大，需要的牵引功率较大等。

图8-2-9所示为动车组受电弓的结构原理图。

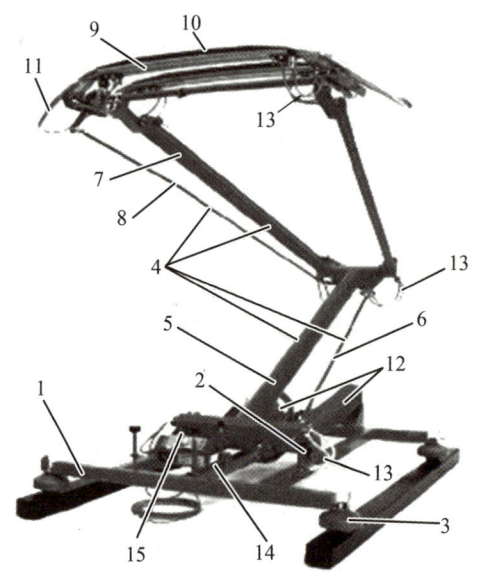

1—底架；2—高度止档；3—绝缘子；4—框架；5—下臂；6—下导杆；7—上臂；
8—上导杆；9—弓头；10—碳滑板；11—端角；12—升降装置；
13—电流传输装置；14—锁钩；15—最低位置指示器。

图8-2-9　FB系列单臂受电弓基本结构

近几年来，各国动车组的电力传动系统由早期的直流牵引电动机驱动改为交流感应电动机驱动，即采用了交流传动系统，不仅实现了牵引电机的小型轻量化，而且减轻了电机的日常维护检修工作量。交流传动系统的具体优点主要有：① 交流电机体积小、质量轻，而且输出功率大，很适合高速动车组；② 功率因数可控制到 1；③ 再生制动机淘汰了电阻器，在重量减轻的同时，腾出了车下空间；④ 因不需要像直流电机那样的整流电刷，故易于保养，在功率相同的情况下使架线电流降低等。

（六）动车组的辅助供电系统

动车组的辅助供电系统包括：辅助变压器、辅助整流用变压器、滤波电容器、输入侧电磁接触器、充电电阻、放电电阻、控制单元、蓄电池、空气压缩机、空气调节系统、采暖设备、照明设备、旅客服务设备、冷却通风机、应急通风装置及维修用电等。由于辅助供电系统备有容量充足的蓄电池组，供应急时使用，因此它具备应急供电功能。应急用电包括：应急照明、客室应急通风、广播系统、列车无线装置、应急显示、维修用电、通信及其控制等。应急用电量一般最少要能持续 2 h。

（七）动车组的空气调节系统

动车组有较好的气密性，因此必须解决好车内的通风换气问题。动车组列车内的通风换气是通过空气调节系统来实现的。动车组的空气调节系统与普通客车的空调系统有很大的区别，它包括客室空调装置、通风系统、司机室空调换气装置等几部分。

为了实现轻量化，并减小车体断面积和高速运行时的空气阻力，目前世界上新型高速动车组的客室空调装置一般都安装在车体下。另外，为了使动车组在车外气压变化很大时仍能正常地进行通风换气，并避免通过换气口将车外气压变化传入车内，保证客车的气密性，高速动车组客车的通风换气装置一般都设计成可控式的。

除了上述基本构造外，动车组还配置了给排水系统、配电盘、车辆信息控制装置、车载信息系统及行车安全装置等。

二、城市轨道交通车辆基本组成

城市轨道交通车辆因类型不同，技术参数也不一样，但其结构基本相同。一般城市轨道交通车辆的组成为：车体、车门、车钩缓冲装置、转向架和制动装置等。

（一）车　体

车体是容纳乘客和驾驶员驾驶的地方，坐落在转向架上。除了载客之外，几乎所有的机械、电气、电子等设备都安装在车体的上部、内部及下部，驾驶室也设置在车体中。

1. 车体材料

车体最初由普通碳素钢制造。为了减少腐蚀，提高使用寿命，耐候钢制造的车体得到广泛应用。为实现车体的轻量化，现代城市轨道交通车辆多由不锈钢、铝合金制造。车体的个别部位（如前端等）也可采用有机合成材料制造。

2. 车体结构

城市轨道交通车辆车体分有司机室车体和无司机室车体两种。车体按结构功能分为车体

（壳体）、车门、车窗、贯通道和内装饰。

车体由底架、车顶、侧墙、端墙等部件组成整体承载结构，为封闭筒形结构，整体承载方式。

车体底架由地板梁、牵引梁、枕梁、横梁、侧梁组成，如图 8-2-10 所示。每根地板梁由上下翼板、腹板和筋板组成中空截面挤压铝型材，将与车体等长的地板梁通过两侧的接口拼焊成车地板。每块地板梁下部有两对安装车下设备（各种机电设备、制动设备等）的吊挂座。牵引梁设在底架的两端，用来安装车钩缓冲装置。枕梁用来支承车体下两端的转向架。底架两端为横梁，两侧为侧梁，用来承重。

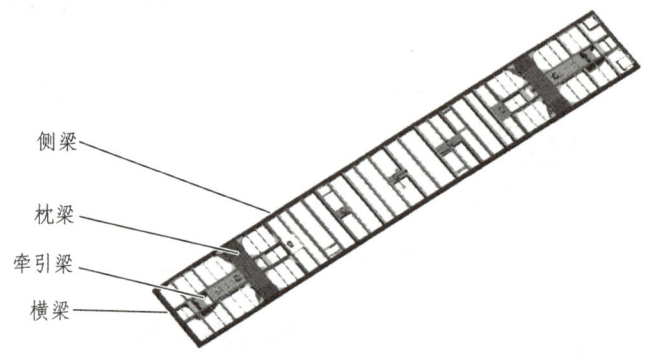

图 8-2-10　车底架

车顶设受电弓，空调机组一般安装在车辆顶棚的上方，风通沿车顶两侧配置。

车体的左右侧墙各有 5 扇宽型车门和 4 个车窗，车体两端的端墙由弯梁、贯通道立柱和墙板组成。

两车体间有贯通道（见图 8-2-11）。贯通道是车辆的一个弹性部件，能满足车辆之间相对运动，并能提供一个安全舒适的通道，从一辆车走到另一辆车，还能在拥挤的载荷条件下提供额外的乘客站立区域。

图 8-2-11　贯通道

(二)车门

城市轨道交通车辆一般共有 4 种车门,即客室车门、司机室车门、紧急疏散门、司机室通道门。广州地铁一、二号线每辆车安装了 10 个客室车门(每侧 5 个),供乘客上下车使用。在 A 车司机室安装有 2 个司机室车门,1 个紧急疏散门,1 个司机室通道门,整列车共 4 个司机室车门,2 个紧急疏散门,2 个司机室通道门。

客室车门应满足:① 要有足够有效宽度;② 车门要均匀分布,以方便乘客的上、下车;③ 要有足够数量车门;④ 车门附近要有足够的空间和面积,方便上、下车乘客的周转;⑤ 要确保乘客的安全。

1. 车门的种类

1)按驱动方式不同区分

(1)风动式车门。风动式车门由压缩空气驱动传动气缸,再通过机械传动系统和电气控制系统完成车门的开关动作。机械传动系统的作用是将传动气缸活塞杆的运动传递至车门,使车门动作。电气控制系统的作用是为了保证车门动作可靠和行车安全。

(2)电动式车门。电气驱动车门由电动机、传动装置、控制器、闭锁装置和紧急开门装置组成。

2)按开启方式不同区分

(1)内藏嵌入式车门。内藏嵌入式车门(见图 8-2-12)开关车门时门翼在车辆侧墙的外墙与内护板之间的夹层内移动。在门上方设置有一套气动机构,由风缸、滑轮、铝合金导轨、钢丝绳等组成,地板上也设有导轨,使车门在风缸的驱动下,沿上下导轨平滑运动。车门上方还设置一套紧急解锁装置,以便在紧急情况下,能从客室内直接打开车门。

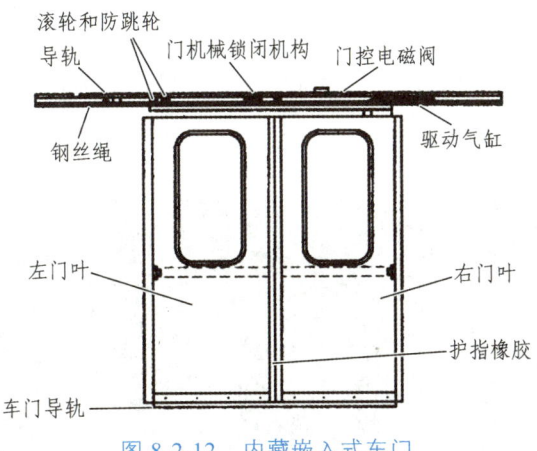

图 8-2-12 内藏嵌入式车门

(2)外挂式车门。外挂式车门(见图 8-2-13)与上述内藏嵌入式车门的主要区别仅在于开、关车门时,门页和悬挂机构始终处于侧墙的外侧,车门驱动机构的工作原理与内藏嵌入式车门相同。

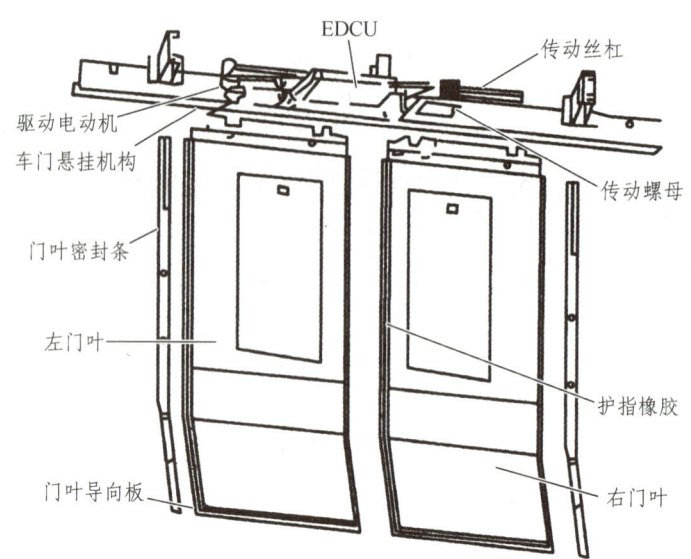

图 8-2-13 外挂式车门

（3）塞拉门。借助于车门上端的传动机构和导轨，车门开启状态时门翼贴靠在侧墙的外侧，车门在关闭状态时，门翼外表面与车体外墙成一平面，这不仅使外表美观，而且也有利于在高速行驶时减少空气阻力，车门不会因空气产生涡流和噪声，也便于自动洗车装置对车体的清洗。

塞拉门优点：① 由于塞拉门在关门状态时门板外表面与车体外表面齐平，所以使车体外形美观，在行车时空气阻力小，也不会因空气涡流而产生噪声。② 塞拉门的密封性比外挂门、内藏门好，可以减少车内噪声。③ 采用塞拉门能使车内有效宽度增加，载客量也会增加。

塞拉门缺点：① 由于塞拉门多了一个塞紧动作，结构比较复杂，价格比外挂门约高 20%。② 故障率高。根据香港地铁提供的资料，在市区线车辆（外挂门）故障总数中，外挂门故障占 16%；在机场快线车辆（塞拉门）故障总数中，塞拉门故障占 33%。随着设计、制造技术的不断改进和用户使用、维护经验的增加，其可靠性将会不断提高。上述 3 种车门实物如图 8-2-14 所示。

（a）内藏门

（b）外挂门

（c）塞拉门

图 8-2-14 城市轨道交通车辆车门

（4）外摆式车门。开门时通过转轴和摆杆使车门向外摆出并贴靠在车体外墙板上，门关闭后门翼外表面与车体外墙成一平面。这种车门的结构特点为开门时具有较大的门翼摆动空间。

3）按用途不同区分

（1）紧急疏散门。疏散门的功能是为了在紧急情况下打开，使乘客安全转移。一般设在司机室前端正中央，其结构各有不同。

紧急疏散门（见图 8-2-15）为可伸缩的套节式踏级板，两侧设有扶手栏杆，中间铝合金踏板上涂有防滑漆，故乘客在上面行走时不会滑跌。其门锁在驾驶室内或室外都可开启，一旦门锁开启车门能自动倒向路基，并且还有缓冲器，不致使倒下的加速度过大，而使疏散门装置损坏。

（2）司机室车门。在司机室两侧墙上各有一扇单叶的内藏式滑动移门，其结构与客室车门类似，只是没有气动装置，用人工开关，以供司机上下车。

在司机室背墙中间有一通客室的通道门，是供司机走入客室的通道。它在客室一侧没有开门把手，乘客是不能开启这扇门的。但在其上方有一红色紧急拉手，其用途是当乘客发现司机因突发急病时，可用紧急手柄开启通道门对司机进行抢救。

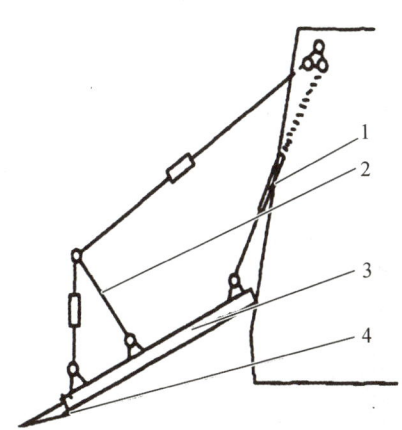 

1—弹簧杆；2—连杆；3—安全疏散梯；4—伸缩杆。

图 8-2-15 疏散门

（三）车钩缓冲装置

车钩缓冲装置固定在车体底架上，车钩用来保证各车辆的连接，并且传递牵引力、制动力和其他纵向冲击力。缓冲装置缓解车辆之间的互相冲击，并且使车辆间保持一定的距离，还要连接车辆间的电路和气路。车辆运行牵引、制动时产生的纵向拉力、压缩力经车钩、缓冲器，最后传递给车体底架的牵引梁。

如果这些作用由同一装置来承担，则该装置称为车钩缓冲装置。因此，车钩缓冲装置包括车钩、缓冲器、电路连接器和气路连接器。

车钩就结构而言，有密接式和非密接式之分。我国地铁车辆都采用密接式车钩。

1. 车 钩

1）车钩的分类

按车钩特点的不同，可分为非刚性车钩和刚性车钩。非刚性车钩的两车钩在垂直方向上有一定的位移，两车钩各自保持水平位置，同时保证车钩在水平面内可以自由地摆动，这种车钩为非密接式车钩，如图 8-2-16 所示。刚性车钩（也称密接式车钩）的两车钩不允许存在相对位移，两车钩的轴线连挂后处在同一条直线上，钩体尾端销接，以保证车辆间具有相对的位移，如图 8-2-17 所示。刚性车钩与非刚性车钩相比较具有如下优点：刚性车钩连接间隙小，磨耗小，降低了纵向力，同时改善了自动车钩零件的工作条件，并且降低了车钩冲击噪声，避免发生事故时后车辆爬到前一车辆上的危险。

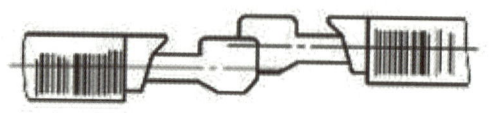
图 8-2-16　非刚性车钩

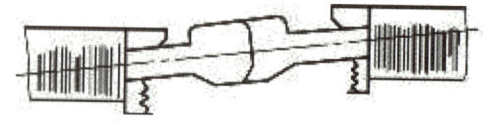
图 8-2-17　刚性车钩

按照牵引连挂装置的连接方法，可分为自动车钩、半自动车钩、半永久车钩（也称半永久牵引杆）3 种，如图 8-2-18、图 8-2-19、图 8-2-20 所示。

（a）

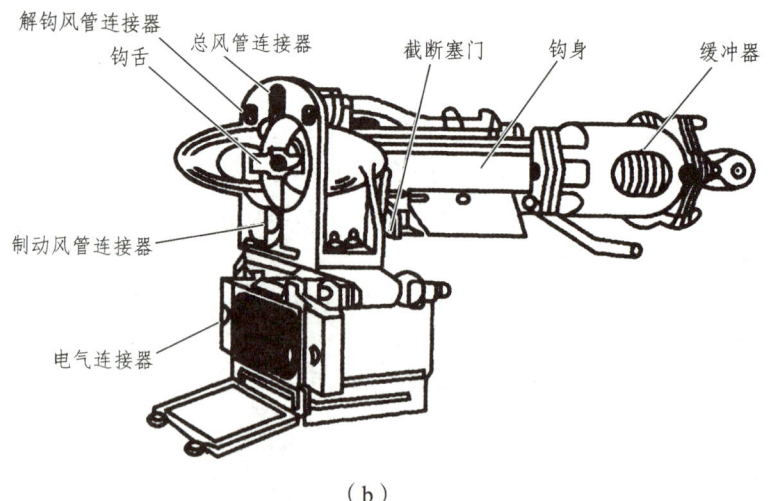

（b）

图 8-2-18　自动车钩

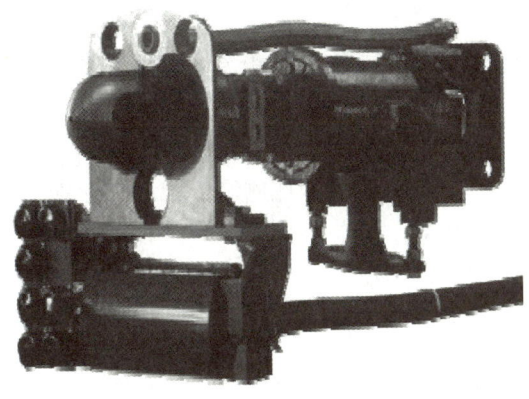

（a）半自动车钩　　　　　　　　　　（b）连挂好的半自动车钩

图 8-2-19　半自动车钩

（a）半永久性牵引杆　　　　　　　　（b）连挂好的半永久性牵引杆

图 8-2-20　半永久性牵引杆

第三节　动车组和城市轨道交通车辆标记

为了便于轨道车辆的识别和管理运用，一般需要对动车组和城市轨道交通车辆进行识别标记。

一、认知动车组的识别标记

动车组是牵引动力装置（相当于机车）和载客装置（相当于客车车底）固定为一体的特殊车底，因此，动车组具有机车和客车车底双重性质，但其运用方式又不同于机车和车辆。

动车组也和普通铁路客运车辆一样，有运用识别标记，包括路徽、配属局段简称、车型、车号、定员、最高运行速度、制造厂名及日期等。我国电气化区段运行的动车组还有"电气化区段严禁攀登"的标志。

各种动车组的运用识别标记基本相似,下面仅针对我国动车组的相关标记作详细介绍。

(一)动车组的型号和列车编号

动车组的型号和列车编号涂打在动车组首、尾车驾驶室外的两侧侧墙上,每车 2 处,其型号和编号构成如图 8-3-1 所示。

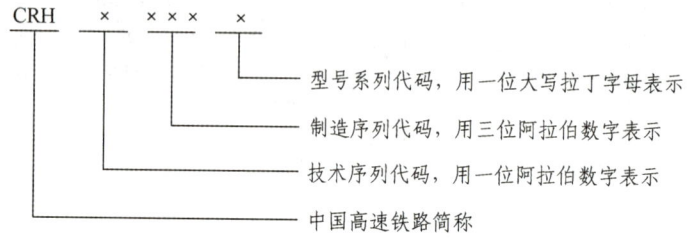

图 8-3-1　动车组的型号和列车编号构成

1. 技术序列代码分配

1——BST(青岛四方-庞巴迪铁路运输设备有限公司)动车组。

2——青岛四方/川崎动车组。

3——唐山/西门子动车组。

5——长客/阿尔斯通动车组。

2. 制造序列代码

按不同的技术序列单独编排,顺序由 001～999 依次排列。

3. 型号系列代码

按动车组的速度等级、车种确定。对已有的动车组规定如下:

A——运营速度 200～250 km/h、8 辆编组、座车。

B——运营速度 200～250 km/h、16 辆编组、座车。

C——运营速度 300(含 275)km/h、8 辆编组、座车。

D——运营速度 300(含 275)km/h、16 辆编组、座车。

E——运营速度 200～250 km/h、16 辆编组、卧车。

4. 动车组型号和车号示例

图 8-3-2 中所示为青岛四方股份有限公司的第 20 列、运营速度为 200 km/h、8 座车辆编组的 CRH 动车组。

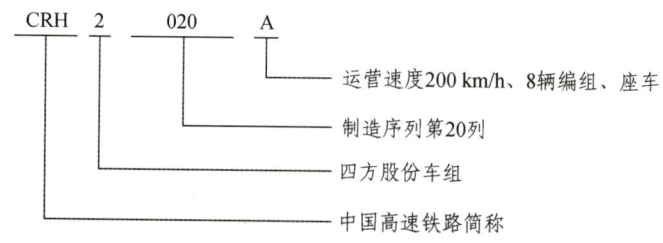

图 8-3-2　动车组的型号和列车编号示例

（二）动车组车辆的车种和编号

动车组中车辆的车种和编号由拼音字母加 6 位阿拉伯数字构成（如图 8-3-3 所示），涂打于每辆车的两侧，每车 4 处。

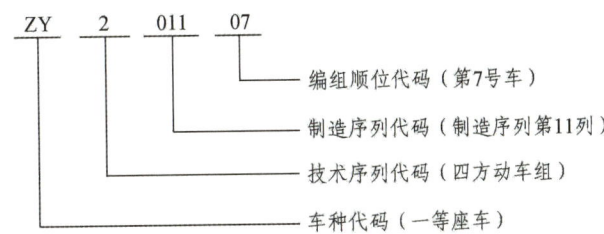

图 8-3-3　动车组车辆的车种与编号

1. 车辆的车种代码

我国动车组中车辆的车种代码是以车种名称的汉语拼音首写字母表示的，如表 8-3-1 所示。动车组 1 号和 0 号车均设有驾驶室，可在两端操纵驾驶。

表 8-3-1　动车组中车辆的车种代码

车种代码	车种名称	备注
ZY	一等座车	
ZE	二等座车	
ZG	高级座车	VIP
WR	软卧车	四人包间
WG	高级软卧车	两人包间
SW	商务车	
SWG	商务车/观光车	
CA	餐车	含酒吧车
ZYG	一等座车/观光车	
ZEC	二等座车/餐车	

2. 编组顺位代码

动车组车辆的编组顺位代码：以两位阿拉伯数字表示，位置排列编号自首车起从"01"开始顺序排列，尾车的排列编号为"00"。

例如，图 8-3-3 中所示为青岛四方股份有限公司的第 11 列动车组，它的编组顺位是第 7 位，属于一等座车。

（三）CRH380 型动车组的运用标记

对于 CRH380 型动车组，为了体现新一代高速动车组自主创新和速度特征，在既有动车组编号规则的基础上，对其型号、车号及座席号的编制重新规定如下：

1. CRH380 型动车组的型号和列车编号

CRH380 型动车组的型号和列车编号的基本构成为 CRH380A-6001L，其中：

CRH——含义同前，即中国高速铁路简称。

380——时速特征代码，体现最高运营时速为 380 km。

A——型号代码，以大写英文字母 A、B、C、D 表示不同型号动车组，其中：A 为四方新一代高速动车组，B 为长客新一代高速动车组，C 为唐山新一代高速动车组，D 为 BST 新一代高速动车组。

6001——制造序列代码，以四位阿拉伯数字表示，是新一代动车组的统一编号，以 6 字开头，各制造厂的制造序列号按已签订合同数量以百位间隔分配不同的号段，并按出厂时间顺序编排，具体分配为：四方股份（140 列 CRH380A）为 6001～6140；长客股份（110 列 CRH380B）为 6201～6310；唐山客车公司（70 列 CRH380C）为 6401～6470；BST 公司（80 列 CRH380D）为 6601～6680。

L——编组数量代码，以一位大写英文字母表示，L 表示 16 辆编组，8 辆编组时不带标号。

2. CRH380 型动车组车辆的车种和编号

例如，图 8-3-4 所示的 CRH380 型动车组车辆的车种和编号的基本形式为 ZYG630101，其中：

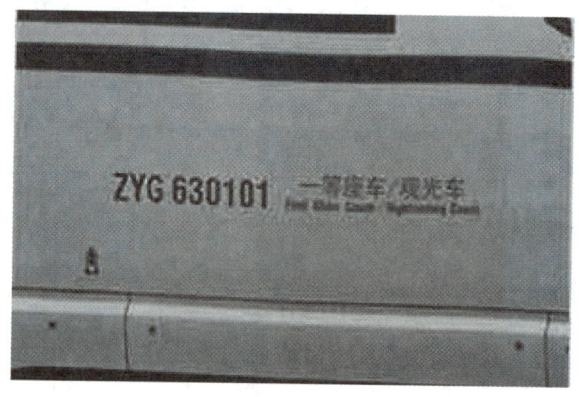

图 8-3-4　CRH380 动车组车辆的车种及编号示例

ZYG——车辆车种代码，是车种名称的汉语拼音首写字母缩写，包括：SW 为商务车（设置了可躺式 VIP 座椅车）；ZY 为一等座车；ZE 为二等座车；CA 为餐车；ZEC 为餐座合造车；ZYG 为一等座车/观光车；ZEG 为二等座车/观光车。

6301——动车组制造序列代码。

01——车辆编组顺位代码，以两位阿拉伯数字表示。

（四）动车组座位的编号规则

动车组座位号采用数字和字母组合的方式表示，数字表示排号，字母表示位置。座椅排号从车辆 1 位端开始按顺序编排，用阿拉伯数字表示。座椅位置采用 A、B、C、D、F 等 5 个字母表示，其中，3+2 座椅排列中，3 人座椅用 A、B、C 表示，分别代表靠窗、中间和走廊位置，2 人座椅用 D、F 表示，分别代表走廊、靠窗位置；2+2 座椅排列分别用 A、C 和 D、

F 表示；2+1 座椅排列分别用 A、C 和 F 表示。这样，无论是何种座椅排列，A、F 代表靠窗座椅，C、D 代表走廊座椅。

二、认知城轨车辆的识别标记

对于城轨车辆来说，标识是指对车辆及其设备进行标记或编号。为了车辆运用和检修等情况下管理和识别的方便，必须对车辆进行标识。由于城轨车辆仅运行在各城市相对固定的线路上，目前我国没有统一的车辆标识规定，用户和制造商一般参照国外成熟的做法，车辆的标识方法比较类似。

（一）列车编组

城市轨道列车中，动车和拖车通过车钩连接而成的一个相对固定的编组称为一个（动力）单元，一列车可以由一个或几个单元编组而成。

我国地铁列车编组形式为：六辆编组的主要有"三动三拖"和"四动二拖"，四辆编组主要有"二动二拖"。例如，广州地铁一号线每一列车由六节车辆组成，采用"四动二拖"形式，六节车有 A、B、C 3 类车各两辆，编组为：-A*B*C=C*B*A-。A 车为拖车，一端设有驾驶室，车顶上装有受电弓，车下装有一套空气压缩机组。B 车和 C 车均为动车，结构基本相同。广州地铁二号线与一号线基本一样，只是受电弓装于 B 车车顶，而空气压缩机组装于 C 车车底。而上海地铁一、二号线车辆在开通近期为六节编组，也采用"四动二拖"形式，即：-A=B*C=B*C=A-；而远期为八节编组，采用"六动二拖"形式，即：-A=B*C=B*C=B*C=A-。A 车为拖车，一端设有驾驶室。B 车为动车，车顶上装有受电弓。C 车为动车，车下装有一套空气压缩机组。（其中 A、B、C 含义见本章第一节所述）

天津滨海轻轨车辆在开通近期为四节编组，采用"二动二拖"形式，编组为：=Mcp * T = T * Mcp =；而远期为六节车编组，采用"三动三拖"形式，编组为：=Mcp * T = T * M = T * Mcp =。"Mcp"表示带司机室、受电弓的动车；T 表示拖车。

上述编组表达式中，"-"表示全自动车钩；"="表示半自动车钩；"*"表示半永久车钩。

（二）车辆编号

一般每节城轨车辆都有属于自己的固定的编号，但各城轨车辆制造商或运营商的编号方式不一样。如上海地铁一、二号线车辆的编号由 5 位数组成，采用 YYCCT 形式，其中 YY 为车辆出厂的年份，CC 为出厂时这一年的同类型车辆的生产顺序号，T 为车辆类型代号，其中"1"为 A 车，"2"为 B 车，"3"为 C 车。例如"92082"为 1992 年出厂的第 8 辆车，其车辆类型为 B 车。目前上海地铁列车的编组是固定的，编号后的车辆在列车中的编组位置相应没有变化。例如"92121"号车为第 2 号列车中的一辆 A 车。而广州地铁一、二、三号线车辆采用了一样的编号形式，其车辆编码包含信息有：车辆的所属线路（一个字母或数字的位置）、车辆的类型（A，B 或 C 车）、生产顺序号（同类型车辆的连续编号（2 位数字），不同的车辆类型以新的顺序开始编号）。

广州地铁二号线车辆编号的范例如图 8-3-5 所示。

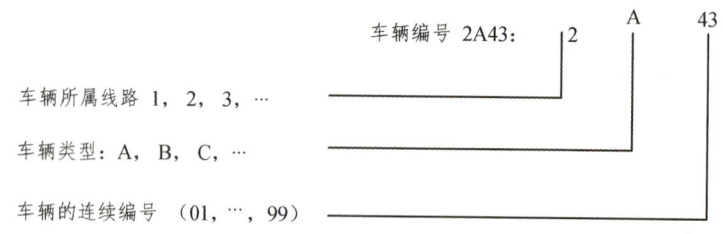

图 8-3-5　广州地铁二号线车辆编号

广州地铁二号线各编号车辆在列车中的编组情况如表 8-3-2 所示。

表 8-3-2　广州地铁二号线各编号车辆在列车中的编组情况

第一列车	第二列车	……	第二十六列车
2A43	2A45	……	2A93
2B43	2B45	……	2B93
2C43	2C45	……	2C93
2C44	2C46	……	2C94
2B44	2B46	……	2B94
2A44	2A46	……	2A94

（三）车端、车侧、车门、座位等的标识定义

1. 车辆的车端、车侧的定义[见图 8-3-6（a）]

车端：每辆车的 1 位端按如下定义。A 车 1 位端是带有全自动车钩的一端；B 车 1 位端是与 A 车连接的一端；C 车 1 位端是连接半永久牵引杆的一端。另一端就是 2 位端。

车侧：人立于车辆的 2 位端，面向 1 位端，则人的右侧就称为该车辆的右侧，人的左侧也称为该车辆的左侧。

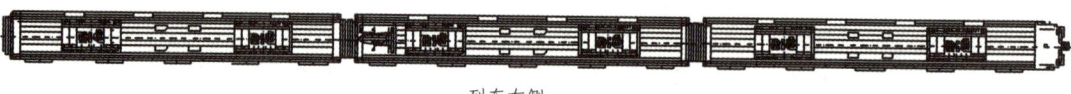

（a）列车左侧

（b）列车右侧

图 8-3-6　车辆端部和侧部及列车侧部的标识

2. 列车的车侧的定义（见图8-3-6）

列车的车侧的定义与车辆的车侧的定义是不同的。它是以司机为主体，司机坐于列车驾驶端座位上，司机的右侧即为列车的右侧，左侧为列车的左侧。换句话说，是按列车的行驶的方向来定义的，这与公路上汽车按行驶方向定义左右侧是相同的。

3. 转向架和轴的编号（见图8-3-7）

每辆车的转向架都分为转向架1和转向架2。转向架1在车辆的1位端，转向架2在车辆的2位端。每辆车的四根轴从1位端开始至2位端，依次连续编号轴1至轴4。

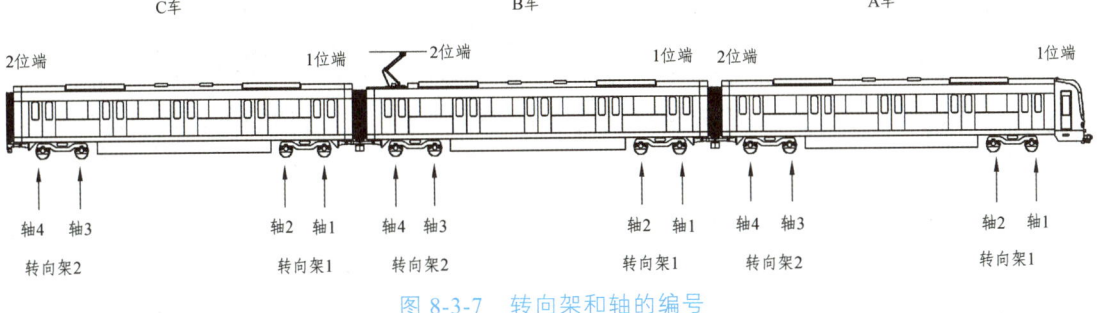

图8-3-7 转向架和轴的编号

4. 车门和门页的编号（见图8-3-8）

门页的编号：自1位端到2位端，沿着每辆车的左侧为由小到大的连续奇数，即1、3、5、7、9、11…17、19；右侧为由小到大的连续偶数，即2、4、6、8、10、12…18、20。车门的编号则由该车门两个门页的号码合并而成：自1位端到2位端，左侧车门的编号为1/3、5/7、9/11…17/19，而右侧车门的编号2/4、6/8、10/12…18/20。

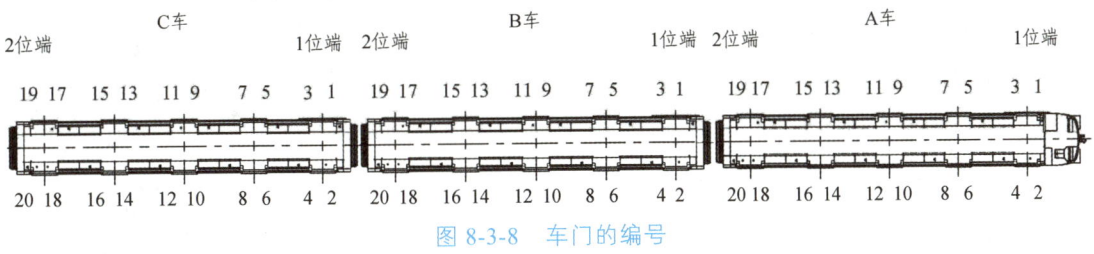

图8-3-8 车门的编号

学习工作任务单

工单编号	8	工单名称	动车组和城市轨道列车
工单类型	基础型工单	面向专业	轨道交通行业相关岗位
工单大类	学习型工单	能力面向	专业能力
职业岗位	机车乘务员、车辆乘务员、动车组司机、电客车司机等轨道交通行业从业人员		
考核点	轨道交通车站		
工单简介	本工单主要了解动车组的分类和标记,掌握常见动车组的组成特点,能对比分析各种结构动车组的优缺点。对动车组和城市轨道交通车辆有整体的认知,为以后的工作学习打下坚实基础。 加强学生爱党爱国、热爱轨道交通行业的精神,以及民族自豪感。		
设备环境	多媒体教室		
用途说明	在常规课程中可引导学生获取信息的能力和总结归纳的能力		

实施人员信息(学生填写)

姓名		班级		学号		电话	

任务目标

笔记栏

实施该工单的任务目标如下:
1. 了解轨道交通车辆的分类。
2. 掌握动车组和城轨列车的组成特点。
3. 了解轨道交通车辆的主要性能指标。

| 任务介绍 | 笔记栏 |

1. 任务描述

本任务从动车组的分类开始介绍,从动车组和城轨列车的特点和主要指标出发学习,在学习中加强学生爱党爱国的精神,以及新时代铁路精神。

2. 任务要求

(1)说明动车组和城轨列车的分类。
(2)说明动车组和城轨列车的特点。
(3)说明动车组和城轨列车的结构。

任务资讯

(10分) 1. 动车组和城轨列车的分类依据有哪些?

(10分) 2. 动车组和城轨列车可以分成哪几类?

(10分) 3. 轨道交通车辆有哪些特点?

任务实施	笔记栏

任务实施要求如下：

（**15分**） 1. 常见动车组和城轨列车编组形式有哪些？

（**15分**） 2. 动车组和城轨列车标记代表什么？

任务扩展

任务扩展要求如下：

请根据目前轨道交通车辆的现况并结合我国国情，展望未来动车组和城轨列车的发展趋势并结合专业对未来职业做出展望。

（**10分**）1. 简述未来动车组和城轨列车的发展方向？

（**10分**）2. 结合本专业展望，未来动车组和城轨列车的驾驶维修有哪些新技术？

工作日志	笔记栏

（5 分） 实施工单过程中填写如下日志：

工作日志表

日期	工作内容	问题及解决方式

工作总结

（15 分） 请编写完成本任务的工作总结：

质量监控单（教师完成）

工单实施栏目评分表

评分项	分值	作答要求	评审规定	得分
任务资讯	30	问题回答清晰准确，能够紧扣主题，没有明显错误项。	对照标准答案错误一项扣2分，扣完为止。	
任务实施	30	近期展望贴合实际，结合所学专业能有基本准确的定位。	回答前后逻辑合理，不合理处扣2分。	
任务扩展	20	各种类型表述清楚，特点描述准确。	分类少些一项扣2分，对照标准答案错误一项扣5分，扣完为止。	
其他	20	日志和问题项目填写详细、能够反映实际工作过程。	没有填或者太过简单每项扣5分。	
合计得分				

职业能力评分表

评分项	等级	作答要求	等级
知识评价	A|B|C	A：能够完整准确地作答任务资讯的所有问题，准确率在90%以上。 C：对基础知识掌握得不牢固，任务资讯和答辩的准确率在50%以下。	
能力评价	A|B|C	A：熟悉各个环节的实施步骤，完全独立完成任务，有能力辅助其他学生完成规定的工作任务，实施快速，准确率高（任务规划和任务实施正确率在85%以上）。 C：未完成任务或只完成了部分任务，有问题没有积极向其他同学请教，工作实施拖拉，不积极，各个部分的准确率在50%以下。	
态度素养评价	A|B|C	A：不迟到、不早退，对待他人有礼貌，善于帮助他人，积极主动完成规定工作任务，工作台完整整洁，回答老师提问科学。 C：未完成任务或只完成了部分任务，有问题没有积极向其他同学请教，工作实施拖拉不积极，不能准确回答老师提出的问题，各个部分的准确率在50%以下。	
思政素养	A|B	A：树立正确爱党爱国精神，树立不畏艰难、勇于创新的开拓精神，深入实践、严谨细致的科学精神，能深刻理解"詹天佑"工匠精神。 B：对"铁路"工匠精神理解不够全面。	

PART NINE 第九章

重载列车和磁悬浮列车

学习目标

知识目标

1. 了解国内外重载运输的发展
2. 了解磁悬浮列车的发展
3. 掌握重载列车的模式

能力目标

能搜集、整理重载列车和磁悬浮列车相关技术和发展

素质目标

1. 培养学生民族自豪感
2. 培养学生爱国、爱路的情怀

当前，世界各国铁路发展呈现着两大趋势，即"客运高速"和"货运重载"。也就是说世界铁路向高速化和重载化发展。这是铁路发展的方向，也是铁路随着时代的进步和科学技术的发展，高科技在铁路的运用和体现。货运重载"列车，一般每列车牵引 2~3 万 t，最多的重载列车牵引达到了近 10 万 t。并且开行了第二代重载列车。重载运输的发展，给铁路不但带来了先进技术装备，而且带来了巨大的经济效益。

磁悬浮列车是一种靠磁悬浮力来推动的列车，它通过电磁力实现列车与轨道之间的无接触的悬浮和导向，再利用直线电机产生的电磁力牵引列车运行。其轨道的磁力使之悬浮在空中，减少了摩擦力，行走时不同于其他列车需要接触地面，只受来自空气的阻力，高速磁悬浮列车的速度可达 400 km/h，中低速磁悬浮则多数在 100~200 km/h。

重载运输和磁悬浮列车都是轨道交通发展的趋势，作为铁路相关专业的一名学子，我们要为我国轨道交通的繁荣发展而自豪，也要为轨道交通事业做好奋斗的准备。

第一节　重载运输

一、国外重载运输发展概况

20世纪60年代开始，随着科学技术的进步，特别是电子工业的发展，许多国家铁路技术装备水平有了明显的提高，为开展重载运输提供了一定的物质基础，重载运输得到了世界越来越多国家的广泛重视，一些幅员辽阔、货源丰富，煤

轨道交通新技术重载运输

炭、矿石、粮食等大宗货物运量占较大比重的工业发达国家，重载运输的发展尤为迅速。

重载运输的主要特点在于列车重量加大，列编组加长，实现全程直达运输，使一条铁路尽可能地多输送车流，充分发挥铁路集中、大宗、长距离、全天候的运输优势，达到铁路运输能力高效率、多运快运、降低成本的目的。

为了提高大宗货物运输的经济性，除了采用大功率的交流车外，在运载工具上，还应注重提高货车轴重、减轻自重，提高装载能力。发达国家广泛应用系统工程的观点来优化设计货运机车和货车，而不是单纯将各部件组装集成，并且以市场和维修的需求而不是以技术来决定重载列车的性能参数标准。例如，美国轴重30 t以上的货车占总数的65%，大型高边敞车轴重达35 t，其主要方法：一是采用新型材料，如铝合金制造的铝制敞车、高强度合成材料试制的漏斗车；二是采用新型结构，如大宗货物列车和集装箱列车均采用了铰接式连接等。国外发达国家正在进一步研究开发40 t轴重的列车系统。

大宗货物重载运输一直是世界铁路发展的方向，目前美国、加拿大、俄罗斯、巴西、南非、澳大利亚、中国、瑞典等十多个国家均开行了重载列车。重载货车向大轴重、低自重、低动力作用的方向发展。美国诺福克西方铁公司开行的运煤重载列车，全长6 500 m，编组500辆，总重达44 066 t；南非铁路公司矿石重载运输采用的列车全长7 200 m，编组660辆，总重达71 660 t；澳大利亚重载列车更是不断刷世界纪录，其BHP铁矿公司在扬迪尔—黑德兰港间275 km的线路上，已开行了一列静载重8 200 t、总重达99 734 t的重载列车，编组682辆，列车长度为7 300 m，由8台功为6 000马力（4 474 kW）的AC 600 CW交流传动内燃机车牵引。重载列车将成为本世纪铁路货物运输的主要形式。此外，各国铁路还非常重视专用货车的发展，例如，德国在1991年专用货车所占的份额就已达到50.1%，并把发展的重点放在运送高附加值的专用车和运送集装箱的平车上。

二、重载运输的主要模式

根据重载列车的作业组织方法不同，铁路重载运输可分为以下3种模式。

1. 单元式重载列车

对于货源充足、品类单一、产销关系稳定的大宗散堆装货物（如煤炭、矿石、粮食等），可组织开行装、卸地之间的单元式重载列车。这种列车固定编组，货物品种单一，运量大而

集中，在装、卸地之间循环往返运行，此方式以北美铁路为代表。单元重载列车是加速货物送达和机车车辆周转的有效运输组织形式。不过，这种重载运输方式要求装、运及各个环节的技术设备协调配套，装车采用不停车的作业方法，需设置装车环形线及高效率装车设备；卸车采用不摘钩卸车的作业方法，需设置卸车环形线及高效率卸车设备（翻车机、车底开门车辆等）。

2. 组合式重载列车

组合式重载列车是由两列及以上同方向运行的普通货物列车首尾相接、合并组成的列车。机车分别挂于各自的车列首部，由最前方货物列车的机车担任本务机车，运行至前方某一技术站或终到站后，分解为普通货物列车。这种重载运输方式始于苏联，世界范围内应用不太广泛。我国大秦线开行的 20000 t 重载列车即采用该形式。

3. 整列式重载列车

整列式重载列车是由单机或多机重联牵引，由不同形式和载重的货车混合编组。在我国繁忙干线上开行的重载列车主要为这种模式，其他国家也应用较少。整列式重载列车是在既有繁忙干线上发展重载运输的主要形式，只需适量延长全线一部分既有车站到发线的有效长，采用大功率机车牵引，即能大幅度提高铁路的输送能力。

三、重载列车的牵引动力

重载列车的牵引机车，有内燃机车，也有电力车。美国和加拿大采用内燃机车，其他国家多采用电力机车。

对于牵引重载列车的机车，有两个基本要求：足够大的功率和足够大的黏着牵引力。机车牵引重载列车，要以规定的计算速度通过限制坡道，在平道上也要达到一定的速度，由于列车质量大，因而运行阻力大，要求机车的功率也大。如果一台机车的功率不够，可以采用双机或多机牵引重载列车。电力机车的功率内燃机车大，故重载运输采用电力牵引是有优势的。

各国用于重载牵引的机车，不论是内燃机车还是电力机车，近年来都有增大功率的趋势，其目的在于减少牵引机车的台数，降低运输成本。

重载列车在起动或通过限制坡道时，列车的阻力较大，因此对机车的牵引力就有一定的要求。但机车的最大牵引力不能超过机车的黏着牵引力，因而对机车的轴数、轴重、黏着系数都有一定的要求。轴重受线路的限制。机车的黏着系数，不同类型的机车相差甚大，通常称为该机车黏着性能的好坏。一般来说，电力机车的黏着性能比内燃机车好（黏着系数大于10%）；交流传动机车比直流传动机车的黏着性能好；机车采用径向转向架，其通过曲线线路时的黏着系数不下降，与在直道上一样；计算机控制的防空转装置能使轮轨间的黏着潜力得到充分的利用。

必须指出，机车的功率及牵引力必须同时满足牵引重载列车的要求。若功率足够但牵引力不足，则有时会拉不动列车；若功率不足，则列车不能达到规定的速度。

重载列车采用双机或多机组合牵引时，如果牵引重载列车的机车集中在列车头部，尽管可以增加机车功率，但受车钩强度及制动性能的限制，列车质量不可能有大的提高，否则极易造成车钩断裂、列车分离，不能保证行车安全。所以，机车集中在列车头部时，通常只采用双机牵引，而不采用多机组合牵引。

几乎所有的重载列车，无论是美国的重载单元列车还是苏联的超重超长列车，在列车质量超过 10 000 t 时，都应采用多台机车组合牵引，这些机车合理地分布在列车头部和中部根据列车质量确定所需机车台数。头部机车担当本务机车，中部机车按本务机车司机的指令进行操纵。根据大量理论及试验研究得知，为了减轻列车制动时的纵向冲动，中部机车配置在距列车尾部 1/3 列车长度时为好。

重载牵引的机车在列车头部和中部分散布置，可减轻列车纵向冲动，减小车钩力，避免断钩事故；但却增加了前后机车的可靠联系、协配合、同步运转的复杂性。美国采用遥控系统，由装设在本务机车上的主控设备和装在中部辅助机车上的受控设备组成。司机操纵指令由列车无线通信信道传送，受控设备接收后经过逻辑处理，通过控制电路使牵引或制动装置动作，实现辅助机车按照要求同步或独立工作，这种遥控系统在许多国家得到应用。苏联的超长超重列车和组合列车，利用无线电台联络，由装设在辅助机车上的空气同步操纵和制动装置实现同步操纵和制动，还可借助于中继阀切断中部机车的牵引功率。

重载列车在山区和长隧道线路区段运行时，遥控同步操往往会因为干扰出现无线电波传送困难的问题，使前后机车的无线通信联系中断。为了保证无线电波在长隧道内传送，目前各国多采用在隧道内加装波导线、在隧道口装设中继器的方式解决。

四、重载列车的制动和牵引操纵

重载牵引需要一整套的先进技术与之配套，才能保证行车安全。机车车辆必须性能良好，制动装置和车钩缓冲器的性能要适应重载牵引，还要正确操纵制动机，否则列车纵向冲动剧烈，会产生很大的纵向冲击力，冲击或拉曳列车致使列车断钩分离。

美国、苏联等改进重载列车的制动系统和牵引操纵的主要措施为：

（1）采用性能良好的制动机。机车制动是列车制动系统的操纵机构。美国重载列车主要采用 26-L 型空气制动机。该制动机除了适合干线机车运营的所有特性外，还增加了安全控制、超速控制和列车自动控制的特殊功能。苏联牵引重载列车的机车采用 394 和 2M 自动制动阀，这些制动机性能可靠，并有利于降低重载列车的纵向冲动。

美国铁路货车上主要使用 ABD 型和 ABDW 型空气分配阀，苏联铁路货车主要装用 270 型和 483 型空气分配阀。这些空气分配阀具有制动波高、作用灵敏可靠等特点，能减少制动时列车的纵向冲动。

（2）采用可靠的大容量车钩缓冲装置。列车制动时产生纵向冲动，纵向冲动的程度取决于列车长度及制动装置的性能。缓冲器承受冲、衰减列车的纵向冲击，车钩承受纵向冲击力，因此，缓冲器应具有足够的容量、阻抗力和行程，车钩应具有足够的抗拉强度，以免断钩。美国铁路货车采用的缓冲器为 Mark50 型，苏联采用的是 Ⅲ1-TM 型，它们的容量均在 50 kJ 左右，能满足重载列车的要求。

近年来国外出现一种新的弹性胶泥缓冲器，这是利用了过去用于军工的"弹性胶泥"作为缓冲材料，这种缓冲器结构简单，检修简便。波兰生产的 73ZW 型弹性胶泥缓冲器的容量自重比达到 Mark50 型缓冲器的 2.2 倍。

（3）装用列车分离保护装置。列车分离保护装置是在重载列车发生意外情况时，用于保证列车的安全运行。

美国重载列车使用多机组合方式牵引的机车都装有 A-2 型充风截断控制阀。当机车遇到意外情况需要施行紧急制动时，A-2 阀动作，及时切断机车功率和通向制动管的压缩空气，对列车施行紧急制动而不致造成列车断钩分离。

苏联采用制动管分离报警装置，当重载列车制动管压力异常或发生断裂时，该装置做出反应，并自动采取措施切断机车功率，并使列车停车。

（4）制定制动机操纵规程并对司机进行培训。美国根据重载列车运行要求和制动机的技术特性，制定了防止列车断钩的机车操纵方法。苏联1981年颁布的《铁路机车车辆制动机使用规程》中，专门对列车质量为6 000 t及编组长为350轴以上的超重超长列车和组合列车的制动机整备和操作做了具体详细的规定，以保证重载列车的运行安全。

为了提高重载列车司机的操纵技能，各国都很重视对司机进行牵引和制动操纵的理论和实践培训，选拔合格的人员担当重载列车的机车司机。一些国家已广泛应用模拟机车操纵台来培训司机，能模拟重载列车各种不同的运行工况，既提高了培训司机的效果，又节约了大量经费，收到了良好的效果。

第二节　磁悬浮列车

当今世界，随着社会经济的发展和人民生活水平的日益提高，一方面人们出行的频数迅速增加；另一方面人们在生活质量不断提高的同时，对外出旅行的舒适度要求也在逐步提高，尤其是对城市内和城市间的旅行运输工具的品质和效率要求更高，提出了尽快发展更加快捷、安全、舒适且符合低碳、环保要求的现代交通运输工具的新要求。

磁悬浮与自动驾驶新技术

20世纪60年代初，发达国家已经开始探索非黏着式或非接触式的超高速列车的技术或方式，包括对气垫式悬浮和磁悬浮等技术的研究并经过深入研究和对比试验，人们认为在能源消耗、噪声控制、成本效益等方面，磁悬浮比气悬浮有更多的优势。因此，当今除法国在奥尔良修了一条18 km的气垫车辆试验线路外，英、美、德、日等国先后停止了对气垫车辆的技术研究进而专攻磁悬浮技术的研究。

经过多年的研究和试验，世界各国对磁悬浮技术的开发有了突破性进展。尤其是德国和日本已经进入实用性研究阶段。而超导技术的研究和取得的阶段性成果，为磁悬浮技术进一步研究拓展了道路，大大加快了磁悬浮技术的发展进程。磁悬浮技术的研究和发展，适应了人们对现代交通运输工具在速度、舒适、品质、环保等方面的新要求。专家预测，磁悬浮线路上运行的列车（以下简称磁悬浮列车）很有可能成为未来城市或城际旅客运输的主要交通工具之一。

一、何谓磁悬浮技术

磁悬浮列车与传统的轮轨交通工具有着很大的不同。它是利用磁悬浮力（即磁的吸引力和排斥力）来使整个列车悬浮在导轨上，并靠电磁力进行导向，利用直线电机将电能直接转换为推动力来推进列车前进。

由于磁悬浮列车在轨道上靠磁力使之悬浮在空中，行走时不接触地面，因此，其阻力只限于空气的阻力，对线路的垂直负荷小，适于高速运行。目前，世界上磁悬浮列车的最高试验速度达 603 km/h，它是由日本 2015 年 4 月在山梨磁悬浮试验线上取得的。

运用磁悬浮技术开行的列车在运行时无机械振动和噪声，无废气排放和污染，有利于环境保护；它能充分利用能源，有较高的运输效率；由于磁悬浮系统采用导轨结构，且与地面有一定的空隙，不会发生脱轨和颠覆事故，大大提高了列车的运行品质和安全可靠性；同时，磁悬浮线路上没有钢轨、车轮和接触导线等摩擦部件，大大降低了日常维修的工作量和运用维修成本。

德国是研究磁悬浮技术起步最早的国家。1922 年德国工程师赫尔曼·肯佩尔（Hermann Kemper）提出了电磁悬浮原理，并于 1934 年申请并获得了世界上第一项有关磁悬浮技术的发明专利。在电磁悬浮理论诞生之后的近 40 年间，由于二战后经济的不景气、世界铁路的停滞和当时科技水平的限制，直到 20 世纪 60 年代前，磁悬浮技术在实用化方面没有取得什么实质性的突破。20 世纪 70 年代以后，随着世界工业的发展，发达国家经济实力的不断增强，为提高交通运输能力，适应经济发展和人们对提高列车运行速度的需要，德国、日本、美国、加拿大、法国、英国和苏联等发达国家相继投入大量的人力、物力和财力进行磁悬浮技术的研究和开发。

由于多种原因，美国和苏联在 20 世纪七八十年代先后放弃了对磁悬浮技术的研究和开发。美国人给出的最后结论是，无论是气浮列车还是磁悬浮列车都还离实用化太远。因此，随后除德国、日本外，其他国家要么觉得轮轨式更有竞争力，要么是因本国经济、技术或工业制造能力等方面的原因，先后淡出了磁悬浮列车研发的竞争舞台。只有德国、日本和中国等少数国家仍在继续进行磁悬浮技术的研究，并均取得了一些令世人瞩目的进展。具有代表性的有：日本超导超高速磁悬浮技术（Magnetic Levitation 或称 Maglev，ML），德国常导超高速磁悬浮技术（Transrapid），日本高速地面运输系统（High Speed Surface Transport，HSST），以及中国科技工作者自主研发并拥有核心技术和发明专利的永磁悬浮技术。

二、磁悬浮技术的主要特点

从技术经济和社会效益的角度来看，运用磁悬浮技术开行的磁悬浮列车与传统的黏着式铁路运输及其他交通工具相比较，有着自身独特的优越性。

1. 速度快、能耗低

磁悬浮列车是当今唯一能达到 500 km/h 运营速度的地面客运交通工具，具有不可取代的优越性，这是最主要的特点；同时，磁悬浮列车在 500 km/h 速度下每座位每公里的能耗仅为飞机的 1/3～1/2，比汽车少 30%。在相同速度下比高速铁路动车组的能耗还要低。

2. 安全好、维修少

磁悬浮列车是沿导轨运行，由于导轨与悬浮电磁铁的特殊结构，不但速度快，而且平衡、舒适，安全性和可靠性均比飞机高，从世界各国的试验和载人运行情况看，还没有出现过任何事故。磁悬浮列车由于没有车轮与钢轨接触，以及受电弓与接触网的机械接触，震动小、舒适性好，其工况属于无磨损运行，维修主要集中在电子器件方面，因此，维修部件少、体力劳动小、运用效率高。

3. 噪声小、无污染

当今世界，经济快速发展，人们交往增加。随之而来的是运量剧增，各种传统的交通运输方式给大气和环境带来的公害和污染加重，直接影响人们的身心健康。在城市中心地区，机动车的起动、鸣笛等交通噪声甚至可达 105 dB（一般当噪声达到 95 dB 时人就会感到焦躁不安）。据统计，在城市交通中，汽车废气占大气污染量的 60%，已经与道路阻塞、交通事故构成城市地面交通的"三大公害"。而磁悬浮列车可以离开地面（高架或地下），运用计算机、自动控制、无人驾驶等技术，避免交通事故和交通阻塞；由于磁悬浮列车采用橡胶轮支撑和悬浮运行，噪声大大低于其他交通工具。据德国有关部门实测表明，TR 磁悬浮列车通过时，在 25 m 距离处的噪声为 83 dB，而 ICE 列车为 88～90 dB。在我国上海磁悬浮示范运营线上，当列车运行速度达到 300 km/h 时，噪声小于 65 dB。因此，可以说磁悬浮技术是无震动、无废气排出、对环境无污染的新型环保交通运输工具。

4. 起停快、爬坡强

德国 TR07 磁悬浮列车起动 50 s 后（走行 2 km），速度可达 200 km/h；100 s 后（走行 4.8 km）可达 300 km/h；而轮轨高速铁路的 ICE 列车 150 s 后（走行 5 km）达 200 km/h。已经有数据证明，磁悬浮列车爬坡能力可达 10%，而轮轨高速列车为 4%。在同等速度下，磁悬浮列车转弯半径小，从而其选线的自由度要比高速铁路大得多，这意味着同距离的两点，全程线路可以相对缩短，且少占地面，节约耕地，降低工程总投资。

5. 能耗高、投资大

从直接数据来看，运用磁悬浮技术修建的线路，其电力消耗比高速铁路和飞机要高。加拿大曾做过对比研究，对于 600 km 的路程，磁悬浮列车的单位能量消耗效率是格拉斯 De-9 型客机的 7 倍；是波音 737 的 3.8 倍。苏联的资料表明，只有当往返方向的年客运量大于 2500 万人时，磁悬浮列车比传统铁路要经济。

与此同时，我们也要看到，由于目前磁悬浮技术仍处于基础研究阶段，不仅在防辐射、防潮湿、防线路下沉、线路平整度、道岔转换、安全保障等工程技术和制造工艺方面仍有诸多问题尚未彻底解决，且工程造价高。据估算，仅磁悬浮线路投资与高速铁路相比要大。例如，日本于 1982 年建成的、速度为 210～260 km/h 的新干线，投资为 56 亿日元，而同期磁悬浮列车的投资估算为 60 亿日元/km 以上，比新干线高约 10%。目前，世界各国对是否选用磁悬浮技术多持谨慎、观望、等待的态度。但在城市或城际间的中短旅客运输上采用这一技术还是有很大优势的，我国上海磁悬浮示范运营线就是一个成功范例。

三、磁悬浮线路的分类

根据着眼点的不同，磁悬浮线路可以有多种不同的分类。

（一）按应用范围划分

1. 城际磁悬浮

其线路长度在 500 km 以下，连接客运繁忙的相邻两大城市。运行速度一般达到中高速铁路的速度范围。

2. 城市磁悬浮

其线路长度一般不超过 100 km，承担市内交通、机场内交通或机场与市区间交通的任务。由于运行距离较短，列车的运行速度一般在中低速的速度范围内。

（二）按运行速度划分

磁悬浮列车根据运行速度的不同，可以分为低速、中速、高速、超高速磁悬浮线路。一般将低速和中速磁悬浮统称为中低速磁悬浮，而高速和超高速磁悬浮统称为高速磁悬浮。中低速磁悬浮主要用于城市轨道交通（包括机场内交通），高速磁悬浮主要适用于干线和城际交通。

（三）按制冷剂及工作温度划分

超导磁悬浮线路依靠制冷剂使超导绕组维持在超导状态，目前超导磁悬浮常用的制冷剂为液氮和液氦。根据两者工作温度的不同，磁悬浮线路又可以分为高温超导、低温超导磁悬浮线路两类。

1. 高温超导磁悬浮

液氮的工作温度为 77 K（-196 ℃）。采用适合于该工作温度的超导材料制作线圈绕组的磁悬浮称为高温超导磁悬浮，目前一般采用液氮作为高温超导线圈绕组制冷剂。

2. 低温超导磁悬浮

液氦的工作温度为 4.2 K（-269 ℃）。采用适合于该工作温度的超导材料制作绕组并且采用液氦作为超导绕组制冷剂的磁悬浮称为低温超导磁悬浮，简称超导磁悬浮。

（四）按直线电机定子长度划分

根据直线电机的定子长度的不同，直线电机可以分为长定子和短定子直线电机。

1. 长定子直线电机

长定子直线电机的定子设置在导轨上，其定子绕组可以在导轨上无限长地铺设，故称为"长定子"。长定子磁悬浮一般采用导轨驱动技术，列车的运行速度和运行工况由地面控制中心直接控制。长定子直线电机通常在高速及超高速磁悬浮线路中，应用在干线或城际线路上。

2. 短定子直线电机

短定子直线电机的定子设置在车辆上。由于其长度受列车长度的限制，故称"短定子"。短定子磁悬浮一般采用列车驱动技术，列车的运行速度和运行工况由司机直接控制。短定子直线电机通常在中低速磁悬浮线路中，用在城市轨道交通领域。

（五）按直线电机的磁场是否同步划分

导轨磁场与车辆磁场可以同步运行，也可以是不同步运行。据此可以划分为直线同步电动机和直线感应电机两种类型。

1. 直线同步电机

LSM（Linear Synchronous Motor，LSM）直线电机一般采用长定子技术，转子磁场与定子磁场同步运行，控制定子（初级线圈，导轨侧）磁场的移动速度就可以准确控制列车的运行速度。高速、超高速磁悬浮线路一般使用该种长定子直线同步电机。该种电机技术复杂，一般用于长大干线交通或城际交通系统之中。

2. 直线感应电机

LIM（Linear Induction Motor，LIM）直线电机的转子磁场与定子磁场不同步运行，故也称为直线异步电机。次级线圈（导轨侧）的磁场移动速度低于初级线圈磁场的移动速度。

短定子直线感应电机结构比较简单，制造成本较低；缺点是效率和功率因数相对较低，运行中需要地面供电装置对磁悬浮列车接触供电，不能实现车辆与线路之间完全无接触地运行，所以适合中低速磁悬浮线路使用，一般用于城市轨道交通。

（六）按驱动方式划分

列车的运行工况（牵引、惰行、制动）及运行速度完全由定子绕组中移动磁场控制。按照直线电机的初级线圈（定子线圈）的设置位置不同，磁悬浮线路可以分为导轨驱动和列车驱动磁悬浮技术。

1. 导轨驱动磁悬浮

导轨驱动也称为路轨驱动。直线电机的初级线圈（定子线圈）设置在导轨上，采用长定子同步驱动技术。其列车的运行工况及运行速度由地面控制中心控制，列车司机不能直接控制。一般用于干线或城际交通。

2. 列车驱动磁悬浮

中低速磁悬浮直线电机的初级线圈（定子线圈）设置在导轨上，故这种磁悬浮线路也称为列车驱动的磁悬浮线路。其列车的运行工况及运行速度由司机控制。一般用于城市轨道交通。目前我国自主研制的磁悬浮系统大都使用这种列车驱动技术。

（七）按导轨结构形式划分

磁悬浮线路所使用的导轨结构有多种形式。常用的有"U"形、"一"形、"T"形、"⊥"形导轨。

1. "U"形导轨

这种导轨梁的横断面为"U"形，列车在"U"形槽中运行，地面的驱动、悬浮及导向绕组均安装在"U"形的内侧壁。这种导轨梁可以采用高架结构架设在桥墩上，也可以采用无石乍轨道形式铺设在路基上。与"T"形导轨相比，"U"形轨道梁的加工精度及对列车的悬浮控制、导向控制的要求较低，但对最小曲线半径的要求更高一些（即要求最小曲线半径更大一些）。

2."一"形导轨

这种导轨梁的横断面为"一"形，地面绕组均安装在导轨梁的正上方，车辆绕组均安装在车辆的正下方，列车在导轨梁上方运行，这种导轨梁一般架设在桥墩上，采用高架结构，特点是结构简单，但导向功能稍差一些，因此，主要适用于低速磁悬浮。

3."T"形导轨

该种导轨的横断面为"T"形，直线电机的驱动绕组及悬浮绕组均安装在导轨梁两侧翼的下方，导向绕组安装在两侧翼的外端。导轨梁直接安装在桥墩上。

由于这种磁悬浮列车"抱"着导轨运行，故遇突发事故时的安全性更好一些，并且线路设计中的最小曲线半径也可以更小一些。但它对轨道梁的加工精度和列车的悬浮及导向的控制要求很高。

4."⊥"形导轨

这种导轨结构类似于城市轨道交通中的跨座式独轨交通。由于这种导轨的"凸"个部分侵占车辆的底部空间，影响车厢的载客率，所以目前一般不再采用这种导轨结构形式。

（八）按悬浮方式划分

按照将车辆悬浮起来的原理及方式的不同，磁悬浮线路可以分为电磁悬浮和电动悬浮两类。

1. 电磁悬浮

电磁悬浮（EMS）也称为磁吸式悬浮，一般采用"T"形导轨，车辆环抱导轨运行。导轨上的驱动、悬浮绕组安装在导轨侧翼底部，车辆上的驱动、悬浮绕组安装在车辆下翼的上缘，通过电磁作用将列车向上吸起悬浮于轨道上，磁铁和铁磁轨道之间的悬浮气隙一般为 8~12 mm。列车通过控制悬浮磁铁电流来保证稳定的悬浮气隙。这种悬浮方式由于采用磁铁异性相吸的原理，磁场在直线电机的初级、次级线圈之间基本上可以形成闭合回路，磁场向外界扩散较少，电磁污染程度很低，磁场对人的影响可以忽略不计。

2. 电动悬浮

电动悬浮（EDS）也称为磁斥式磁悬浮。当列车运动时，车载磁体（一般为低温超导线圈或永久磁铁）的运动磁场在安装于线路上的悬浮线圈中产生感应电流，两者相互作用，地面绕组产生的磁场与车辆绕组产生的磁场同性相斥将车辆悬浮起来。电动悬浮的悬浮高度一般为 100~150 mm。与电磁悬浮相比，电动悬浮系统在静止时不能磁悬浮，必须达到一定的运行速度（120~150 km/h）后才能起浮。电动悬浮系统在应用速度下，悬浮间隙较大，不需要进行主动控制。

电动悬浮可以采用"⊥"形导轨，车辆跨在导轨上运行。

磁斥式磁悬浮由于采用磁铁同性相斥的原理，初、次极线圈产生的磁场在直线电机内部不能闭合，故其电磁污染比磁吸式磁悬浮要大许多。

(九)按导体材料划分

根据直线电机线圈绕组是否使用超导材料,磁悬浮线路可以划分为常导磁悬浮和超导磁悬浮。

1. 常导磁悬浮

常导磁悬浮使用普通材料制成线圈绕组,采用普通导体通电励磁,产生电磁悬浮力和导向力。该种直线电机具有结构简单、养护维修方便等优点。其主要缺点是线圈绕组中电阻较大。因此,该种直线电机的功率损失较大,并且线圈绕组容易发热,列车的运行速度也会受到一定的限制。

2. 超导磁悬浮

超导磁悬浮的线圈绕组使用超导材料。超导材料在周围环境温度低于其临界温度后就处于超导状态,即超导绕组内的电阻几乎为零。超导电磁铁能产生强大的磁场,具有极高的工作效率,因此,可以使列车获得较大的悬浮高度和更快的运行速度。其缺点主要为:超导磁铁结构复杂,体积庞大,并且为了使超导绕组始终处于超导状态,在列车上还要配置制冷装置。

四、超导的概念

1911 年,荷兰莱顿大学的物理学家卡茂林·昂尼斯意外地发现,将汞冷却到-268.98 ℃时,汞的电阻突然消失;后来他又发现许多金属和合金都具有与上述汞相类似的低温下失去电阻的特性,由于它的特殊导电性能,卡茂林·昂尼斯称之为超导态。卡茂林也由于这一重大发现而获得了 1913 年的诺贝尔奖,并引起了世界性的震动。在他之后,人们开始把处于超导状态的导体称之为"超导体"。超导体的直流电阻率在一定的低温下突然消失,被称作零电阻效应。导体没有了电阻,电流流经超导体时就不会发生热损耗,电流可以毫无阻力地在导线中流动,从而产生超强磁场。

1933 年,荷兰的迈斯纳和奥森菲尔德共同发现了超导体的另一个极为重要的性质。即:当金属处在超导状态时,这一超导体内的磁感应强度为零,并把原来存在于体内的磁场排挤出去。他们在对单晶锡球进行实验时发现:锡球过渡到超导态时,锡球周围的磁场突然发生变化,磁力线似乎一下子被排斥到超导体之外去了,人们将这种现象称之为"迈斯纳效应"。

后来人们还做过这样一个实验:在一个浅平的锡盘中,放入一个体积很小但磁性很强的永久磁体,然后把温度降低,使锡盘出现超导性,这时可以看到,小磁铁竟然离开锡盘表面,慢慢地飘起,悬空不动。

迈斯纳效应的发现有着重要的现实意义,它可以用来判别一种物质是否具有超导性。为了使超导材料有实用性,人们开始探索高温超导。从 1911 年至 1986 年,超导温度由水银的 4.2 K 提高到 23.22 K(0 K=-273 ℃)。1986 年 1 月发现钡镧铜氧化物超导温度是 30 K;当年 12 月 30 日,又将这一纪录刷新为 40.2 K;1987 年 1 月升至 43 K,不久又升至 46 K 和 53 K;当年的 2 月 15 日发现了 98 K 超导体,很快又发现了 14 ℃下存在超导迹象。由此,高温超导体的研究取得了巨大突破,使超导技术开始走向大规模应用。

超导材料和超导技术的应用前景十分广阔。人们可以利用超导现象中的迈斯纳效应制造超导列车和超导船。由于这种交通工具将在无摩擦状态下运行,可以大大提高它们的速度和安静性能。超导列车已于 20 世纪 70 年代成功地进行了载人可行性试验，并于 1987 年开始试运行。虽然利用超导材料制造现代交通工具在技术上还存在一定的障碍，但其良好的发展前景已经在人们面前展现。并可以预期，在不远的将来，人类将会实现常温（300 K 左右）超导的梦想。

常温超导材料若付诸实用，将对未来的工业技术革命开辟新的纪元。这是因为常温超导材料可以应用于很多领域，诸如精密测量、卫星通信、军事侦察和信息储存、交通、医学、科学研究等方面。例如，用超导线绕制的超导线圈，具有磁场强、体积小、重量轻、耗电少等显著优点，被称为第三代磁体；超导材料的零电阻特性还可以用来制造大型磁体和输变电。超高压输电会有很大的损耗（通常称为"电损"），而利用超导体则可最大限度地降低损耗。但目前，由于临界温度较高的超导体还未进入实用阶段，从而限制了超导输电技术的运用。随着科学研究的不断深入和科学技术的发展，新型超导材料的不断涌现，超导输电将在不久的将来得以实现。

超导磁体在核物理、高能物理中的应用也十分广泛。用超导材料能制成大功率的发电机和电动机。超导材料制成的电机线圈，磁感应强度可提高 5~10 倍，允许电流密度可提高 100~1000 倍，在同样功率下，电机重量可大大减轻，这对减轻飞机、高速铁路列车等运载工具的自重意义重大。

但是，现有的高温超导体还处于必须用液态氮来冷却的状态，它由于制冷技术复杂、代价高而很难推广使用。而只有在常温下实现超导，才具有现实意义。因此，提高超导的临界温度，是当前世界各国科学家面临的一个重大课题。但人们仍认为超导是 20 世纪世界最伟大的科学发现之一。

五、磁悬浮列车的工作原理

下面我们主要以德国 TR 系统的磁悬浮列车为例，介绍磁悬浮列车的工作原理。

（一）悬浮原理

常导磁吸式 EMS 型的磁悬浮列车，在"T"形梁翼底部为同步直线电机的定子，其下方为安装在车体上的悬浮电磁铁，该电磁铁同时兼作同步直线电机的转子。悬浮电磁铁通电时产生磁场，成为电磁铁，与直线电机定子的铁心产生吸引力，把磁悬浮车往上拉向定子。利用距离传感器控制悬浮电磁铁与定子的距离（即悬浮气隙），保持在 10 mm 左右。

超导磁斥式 EDS 型的磁悬浮列车，是在车辆底部安装超导磁体，在轨道两侧铺设一系列铝环线圈。列车运行时，给车上线圈（超导磁体）通电流，产生强磁场，地上线圈（铝环）与之相切割，在铝环内产生感应电流。感应电流产生的磁场与车辆上超导磁体的磁场方向相反，两个磁场产生排斥力。当排斥力大于车辆重量时，车辆就浮起。因此，超导磁斥式就是利用置于车辆上的超导磁体，与铺设在轨道上无源线圈之间的相对运动来产生悬浮力，将车体抬起的。

（二）导向原理

轮轨列车的导向是靠车轮的轮缘与钢轨之间的相互作用实现的，而磁悬浮列车是利用电磁力的作用来进行导向。

1. 常导磁吸式导向系统

常导磁吸式导向系统是在车辆的两侧面安装一组专门用于导向的电磁铁。当车辆运行发生左右偏移时，车上的导向电磁铁与导向轨的侧面相互作用，产生一种排斥力，使车辆恢复到正常位置，并和导轨两侧之间保持一定的间隙。当车辆的运行状态发生变化时，例如：运行在曲线或坡道上时，控制系统通过控制导向磁铁中的电流来保持这一侧向间隙，从而达到控制列车运行方向的目的。德国 TR 系统采用的就是这种方式。

2. 超导磁斥式导向系统

超导磁斥式导向系统一般采用 3 种方式：

（1）通过安装在车辆上的机械导向装置实现列车的导向。该装置采用车辆上的侧向导向辅助轮，使之与导轨侧面相互作用（滚动摩擦）以产生复原力，使这种力与列车沿曲线运行时的侧向力相平衡，从而使列车始终保持沿着导轨中心线运行。

（2）安装导向超导磁体在车辆上，使之与导轨侧向的地面线圈或金属带产生磁斥力，并使该力与列车侧向作用力相平衡，从而使列车始终保持正确的运行方向。该导向方式只要控制侧向地面导向线圈中的电流，就可以使列车保持一定的侧向间隙，并避免了机械摩擦。

（3）"零磁通量"导向系统。沿线路中心线均匀铺设"8"字形的封闭线圈，当列车上超导磁体位于该线圈的对称中心线上时，线圈磁场为零；而当列车发生侧向位移时，"8"字形的线圈内磁场不为零，并产生一个以平衡列车侧向力的反作用力，使列车回到线路中心线的位置。

（三）牵引原理

由于磁悬浮列车是悬浮在一定的高度，使"车轮"与导轨脱离，故不再是依靠它们之间的摩擦力产生牵引力使车辆前进，而是采用一种叫作直线电机的牵引装置作为列车的牵引动力。这种无接触的牵引工作原理类似于转动的同步电动机，只是它将旋转的电机的定子切开，并且沿着线路方向展开，这样，在定子上产生的就不再是一个旋转的行波磁场，而是一个移动的行波磁场。列车的悬浮电磁铁通电后，就成为电动机的转子（励磁磁极）。路轨上的定子中三相绕组产生的移动行波磁场，作用在车上的悬浮磁铁（转子）上，产生同步的电磁牵引力，引导磁悬浮列车前进或后退。同步直线电机驱动，调节定子供电的频率与电压，即可改变磁悬浮列车的运行速度。

（四）供电原理

1. 非接触式的供电原理

浮磁铁上的三相绕组将产生感应交流电，经整流后可供列车用电。这些高频磁场分量因列车运行时惯性较大，对列车悬浮控制影响不大。

2. 同步直线电机定子的供电原理

如前所述，TR 系统的磁悬浮列车的动力和其他用电全部从同步直线电机定子上获取。定子分段铺设于线路上，且每段的长度不等，视列车在该段的运行速度、加速度、爬坡、转弯等情况及车体长度而定，一般为 300~2 000 m。定子线圈的供电来自沿线的变电站，一般变电站相隔在 25~40 km。两个变电站之间只允许有一个列车运行，而且仅对列车所在的那一段定子供电，其他线路段则无电。

由于定子安装在线路上，因而可以根据该段线路的具体情况（例如爬坡或加速），确定该段直线电机的功率，再确定为这段线路供电变电站的功率与距离，而无须像轮轨列车那样按整个线路可能出现的最大功率需求来确定列车上的电机功率。直线同步电机的控制，采用 VVVF 变压变频高速方式。

（五）制动原理

常导磁悬浮列车的正常制动方式均利用同步直线电机作为发电机进行控制。当列车高速运行时，采用再生制动方式，即直线电机的工作方式由牵引改为发电，将列车的动能转化为电能回馈给电网，以降低列车速度；当列车速度较低时，再生制动改为电阻制动，即电能不再反馈给电网，而是消耗在变电站的特殊电阻上，以热的形式散发；当列车的速度很低时，直线电机改为反接制动，即电机的牵引方向与列车的运行方向相反，直到列车停止；当长定子供电产生故障导致直线电机制动失灵或需要紧急制动时，采用涡流制动方式。即车上的涡流制动磁铁励磁，使侧向导轨上产生涡流，形成对列车的涡流制动力。

（六）控制原理

传统的轮轨列车依靠轮轴短路两根钢轨上传输的电信号来确定列车的位置，而磁悬浮列车无轮轨系统，不能采用这种方式。TR 系统的磁悬浮列车的定位由两部分构成：一是在线路上的定子下方每隔大约 500 m 设置有电磁性标志板，列车经过时，即读取标志板上绝对地址；二是标志板之间的定位靠记录经过的定子齿槽数而获得，定子齿槽间距为 8.6 cm。因此，TR 系统的磁悬浮列车定位精度较高。

磁悬浮列车以无线通信方式与地面进行联系。沿线路大约每隔 300 m（视线路具体情况而定）有一根无线电杆，采用 38 MHz 的高频专用信道以安全编码方式与列车进行双向通信，传输所有与行车安全有关的指令及数据。与安全无关的信号则通过其他频道传输。

TR 系统的磁悬浮列车自动控制系统由三级构成：第一级为中央控制中心；第二级为分区控制中心（设在变电站）；第三级为列车控制系统。每一级都由高可靠独立冗余（三取二）安全计算机系统构成，其中列车两端各有一套独立的计算机系统。正常情况下由一套计算机系统工作，另一套热机备用。一旦工作系统出现异常，备用系统立即自动投入工作，并实现列车安全停车。

第三节　列车自动驾驶系统

列车自动驾驶系统（ATO）是实现列车自动行驶、精确停车、站台自动化作业、无人折返、列车自动运行调整等功能的列车自动控制系统。城市轨道交通的列车自动控制系统（ATC），通常包括 3 个子系统：（1）列车自动监控子系统（ATS）。主要作用是监督列车运行状态，实现列车运行管理自动化。（2）列车自动防护子系统（ATP），其运用的主要目的是实现列车的间隔控制、超速防护和进路的安全监控，保证行车安全。（3）列车自动驾驶系统（ATO），主要完成站间内动运行和定位置停车，并能接收控制中心指令，实现列车运行自动调整。适应列车高速、高密度运行的需要。

3 个子系统通过信息交换网络构成闭环系统，可以充分发挥保证行车安全，提高运行效率，缩短行车间隔，促进管理现代，提高综合运营能力和服务质量的作用。ATP 子系统包括车载设备和地面设备，联锁设备作为安全设施也纳入 ATP 子系统。ATS 子系统通过系统内部的人机联系环节及 ATP/ATO 轨旁设备和站、段设备收集信息，实现列车追踪、列车进路的自动设置及列车运行调整等功能。ATO 子系统接受来自 ATP/ATS 系统的地面信息和行车控制指令以及必要的人工操作实现列车加速运行、惰行、减速、停车和端站的折返作业控制。

1. ATO 技术发展概况

城市轨道交通自动化技术经历了以下几个发展阶段：

（1）传统运行方式。

（2）ATC（列车自动控制）技术，含 ATP（列车自动防护）、ATS（列车自动监控）、ATO（列车自动驾驶）3 个子系统；

（3）全自动无人驾驶方式，如法国的 VAL 系统、日本的新交通系统等。

21 世纪，高载客量、无人驾驶地铁的实施在技术上和经济上成为可能，从 20 世纪 80 年代以来，无人驾驶技术进入一个新阶段。它将自动控制、自动加速和在司机室速度显示器上形成的编码轨道电路组合起来，以使驾驶功能自动化，尽管在列车到站后最终的停车精确性上还有欠缺，但在提高乘客舒适度上已能达到预期的效果。

现在 ATO 的发展方向很宽，但归根到底可分为两种运行制式：手动或自动。在选择自动模式时，ATO 系统代替司机操纵列车牵引、制动，自动地实现列车启动加速、匀速运行、减速制动等基本驾驶功能。然而，不论是由司机驾驶还是 ATO 自动驾驶，都需要 ATP 系统执行速度监督和超速防护功能，具体的操作形式为：司机人工驾驶+ATP 系统=手动驾驶；ATO 系统自动驾驶+ATP 系统=自动驾驶。

2. ATO 系统功能

列车自动驾驶系统是地铁车站列车集中控制系统的一个子系统，是列车自动控制系统（ATC）中必不可少的一个重要子系统。它能模拟完成驾驶列车的任务，通过利用地面信息实现对列车牵引、制动、自动折返等运行控制，使列车经常处于最佳运行状态，提高乘客的乘坐舒适度和列车的准点率，节约能源。另外，它还提供定点停车、车门控制和给车站反馈列车定位信息等功能。ATO 使列车运营降低了成本、增加运营弹性，使密集发车成为可能，是城市轨道交通进入自动化时代的可靠技术保障。具体功能如下：

（1）自动驾驶和目的制动：这是 ATP 和 ATO 装备的列车常规运行模式，3 种基本的驾驶阶段是：加速（包括启动）、巡行和制动（包括惰行）。

（2）开门：ATO 是根据 ATP 的命令自动打开车门。

（3）列车由车站发车。

（4）加速。

（5）巡航。

（6）在正线上停车。
（7）限速区段运行。
（8）通过车站。
（9）车辆段向正线发车。
（10）从正线向车辆段发车。
（11）列车自动折返。

3. 工作原理

ATO 子系统能保证运行时间与定点停车，还能提高运行效率，提高舒适度，减少能耗。但作为 ATC 的一个子系统，它的功能是要依靠 ATC 各子系统协调工作共同完成的，缺少 ATP 与 ATS 子系统，ATO 将无法正常工作。

从运行中所起作用来说，ATO 主要实现驾驶列车的功能，能进行车速的正常调整，给旅客传送信息，进行车门的开关作业，但这只是执行操作命令，不能确保安全，这就需要 ATP 来进行防护。ATP 起监督功能，对不符合安全的情况给予防护，保证列车不超速，车门不误动。由此可见 ATP 系统是列车运行时必不可少的安全保障，ATO 系统则是提高城市轨道交通列车运行水平（准点、平稳、节能）的技术措施。在任何时候，只要 ATP 系统正常的话，就应让其执行防护工作，以确保行车安全。

如图 9-3-1 所示，从 ATP 与 ATO 两子系统的 3 条制动曲线，也可明显地看出：ATP 主要负责"超速防护"，起保障安全的作用，ATO 主要负责正常情况下的列车高质量地运行，其中，曲线 1 表示列车的紧急制动曲线，由 ATP 系统计算及监督，曲线 2 表示由 ATP 系统计算，在驾驶室显示出来的最大允许速度，它略低于紧急制动曲线，当列车速度达到曲线 2，应给出告警，曲线 3 是由 ATO 系统动态计算的制动曲线，也即正常运行情况下的停车制动曲线。

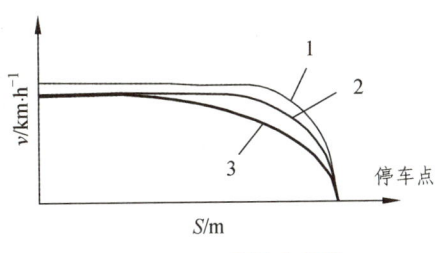

图 9-3-1　3 种制动曲线

由于地铁列车的运行密度越来越大，安全性要求越来越高，所以要求有 ATS 系统，以使列车按照设计好的时刻表准确有序地运行，并监视列车运行状态实现智能调度。

4. ATO 技术特点比较

20 世纪 90 年代，国内已运用的 3 种制式 ATO 车载设备分别是北京地铁 1 号线的英国西屋公司的 ATO 设备、上海地铁 1 号线的美国 GRS 的 ATO 设备和广州地铁 1 号线运行的德国西门子公司的 ATO 设备，下面就这 3 种设备的基本情况做一下介绍。

1）北京地铁一号线的 ATO 设备

（1）ATO 设备。车载设备：由设在列车每一端的司机室内的 ATO 控制器及安装在列车每一端的司机室车体下的两个 ATO 接收天线和两个 ATO 发送天线组成。

地面设备：在各车站设备室内设有车站 ATO 通信器 PAC（Platform ATO Communicator）。PAC 内存有至下两个站的线路信息，并通过与 ATS 接口，得到来自控制中心的控制命令。在各车站上下行站台以及进行 ATO 折返的折返线出轨道上，设有 Xd 或者 X2 环路及 Rd 环路。

列车在车站停车期间，经联锁电路及轨道电路的有关条件控制向室外环路发送。

（2）ATO需求数据和传输通道。在ATO数据的获取过程中，车载ATP接受安全信息。安全信息由列车当前运行区段的AF-900轨道电路传来，采用低频脉冲调幅方式，有8种不同的调制频率，6种用于ATP速度命令，2种用于门控命令。另外，车载TWC系统接收地面的TWC信息。该信息一般为非安全控制功能数据，诸如运行等级、列车号、目的地和跳停等。该信息采用FSK调制方式，通过地面的TWC设备向列车发送。最后，车载接受到来自车载ATP、TWC的信息和标志线圈的信息。

（3）控制策略。速度调节：ATO根据从ATP中获取的MSS和TS，计算列车运行速度曲线。该区相比较简单，只要计算加速转匀速，匀速转加速或制动的位置点，以保证列车运行时间不超过MSS，并且在每个轨道电路区段目标距离处速度不超过目标速度。控制器根据线路情况自动控制列车的牵引和制动运行输出，尽量使列车按运行曲线的速度行驶。当列车速度超过目标速度时，ATP设备报警；当超过最大的允许速度时，ATP实施紧急制动。

车站停车：在车站的停车位上停车是通过X2和Xd环路来实现的，列车进入车站内的环路范围后，通过地与车之间的通信，得到距离停车点的距离，进行第一次位置调整，并使速度尽量贴近预置的停车速度曲线。在Xd环路处，进行第二次也是最后一次位置调整。若需要对运行时间进行调整，ATS将给出控制命令，如惰性控制、下一站通知等命令，由ATO执行。

2）上海地铁1号线ATO设备

（1）ATO设备。车载设备：主要包括主控设备，车底的ATP/TWC接收环线、TWC发送天线（TWC为车-地通信系统）、对位天线、标志线圈。

地面设备：包括ATC车站停车模块以及沿每个站台布置的一组地面标志线圈。

（2）ATO需求数据和传输通道。（与北京地铁一号线相同）

（3）控制策略。速度调节：ATO与ATP配合调节速度。ATP共设6个速度命令，即20、30、45、55、65、80 km/h。ATC系统具有4个ATS运行等级，对应于ATP的各个速度命令有相应的修正速度。参考速度就是接收到的ATP速度命令，ATS运行等级的修正速度即定点停车速度曲线三者中最小的速度。ATO根据轨旁接受的运行等级获得的运行速度信息，并调节速度、加速度和程序减速度，以符合所接收的运行等级。在检出限制速度变低并在正常的制动条件下，如果车速大于现在新的限制速度，则以制动减速度 0.97 m/s^2 启动常用制动。ATO子系统利用闭环反馈技术进行调速，即将实际车速与参考速度之差作为误差控制量。通过牵引或制动曲线对列车实施一定的牵引力或制动力，使误差控制量为零。

车站停车：车载ATO系统将修正程序停车取向，以符合所接收的运行等级。精确的车站停车是通过应用轨道电路ID和边界的转换以及车站的环路来实现的。应用轨道电路的ID来确定正确的停车曲线的起点。列车经过站外350 m处的第一对地面标志器时，定点停车曲线便由此启动。定点停车是建立在一个固定的减速率基础上的。当ATS速度与定点停车曲线速度相同时，列车撞入定时停车控制模式，列车经过150 m、25 m处的地面标志器时，它离开最后停车点的距离信息被不断更新。列车经过8 m处的有源地面标志器上方，并接收到由该标志器发送的信号，列车即可转为定位停车模式，实施全常制动，将车停下。车辆对位天线与地面对位天线对齐。

运行时间的调整：主要是通过选择不同的运行等级来实现。惰行模式已经包含在运行等级中。

运行模式的改变：ATC 系统的逻辑要求是必须在列车停下前可以进行转换，否则将导致一次紧急制动。

3）广州地铁 1 号线 ATO 系统

（1）ATO 设备。

车载设备：主要包括 ATC 设备机架、速度表、控制台、ATP 接收天线、PTI 发送天线。

地面设备：包括车站交叉环线和 PTI 环线。

（2）ATO 需求和传输通道。由于广州地铁采用 FTGS 数字频率轨道电路，因此能传送报文信息。地面传送给列车的数据信息全部经轨道电路由车载 ATP 接收。ATO 需要的信息主要通过车载 ATP 获得。包括经 ATP 处理的信息（实际速度、运行方向、实际位置、列车长度、限速命令、制动减速度，附加信息：下一区段精度、停车位置、车站停车……），以及 ATS 经过 ATP 传给 ATO 的信息（车门控制、到下一站的时间、车站号、车次号、目的地号、轨道电路号）。报文由所有类型的电码按照一定的次序组成，是由轨道电路环路发送的。

（3）控制策略。

速度调节：ATO 接收来自 ATP 的带 4 个标志点的速度命令信息（包括最大速度、第一限速、第二限速和入口速度的起点、终点、速度值），计算列车要求的运行速度。ATO 按照时刻表和运行需要提供 3 种模式曲线：最大允许曲线，常规速度曲线（较最大速度曲线下降 10%），节能速度曲线（较最大速度曲线下降 20%）。然后根据各种线路情况、车辆信息，计算所需牵引力或制动力，使列车到达最大加速度，总比 ATP 的最大允许速度曲线低一点。当超过警告曲线则警告。

车站停车：车站内的位置调整点由多交叉的环路提供。相对应的车站中间的环路交叉是用来确定距离的，一般的距离是 6 个枕木之间。另外还定义一些粗调点，它们之间的距离减少至 3 个枕木间距且 3 个一组。ATP 车载设备能接收到这些交叉点，并能把每个交叉点的处理信息传给 ATO，ATO 计算每个交叉点间的距离，粗调点只有在期望的位置窗口内才能被识别到。假如识别到粗调点，则下一个交叉点便可用作为之同步。这些交叉点的位置已预置在 ATO 中。惰行/巡航是 ATO 的一项辅助功能。时间充裕的话，可采用巡航/惰行来调整运行时间，节省能源。

正线上改变运行模式：在列车运行中的任一时刻，司机可以通过移动操纵杆使之脱离零位置，从而进行人工驾驶。在任何时候和任何驾驶阶段，ATO 给出可以进行驾驶的显示，司机通过移动操作杆，使之进入零位置并按压 ATO 启动键，列车运行模式变为 ATO 模式。

5. 展　望

目前，城市交通的理想特征是：在规划上具有科学性、超前性、合理性、可调整性；在法律上具有权威性、连续性；在建设方面具有资金保障、技术先进、时机恰当的特点；在管理上具有现代化、高效率、低成本、应变强的特点。在自动驾驶系统（ATO）上，国外已研究适用于高密度城市轨道交通的列车驾驶系统，并在城市轨道交通系统中广泛应用。我国在此项技术上研究较少，为了降低地铁投资，迫切需要国内具有自主产权的适用于城市轨道交通的列车自动驾驶系统。

学习工作任务单

工单编号	9	工单名称	重载运输和磁浮列车
工单类型	基础型工单	面向专业	轨道交通行业相关岗位
工单大类	学习型工单	能力面向	专业能力
职业岗位	机车乘务员、车辆乘务员、动车组司机、电客车司机等轨道交通行业从业人员		
考核点	重载列车和磁悬浮列车相关知识		
工单简介	本工单主要了解重载铁路和磁悬浮技术,掌握常见的重载铁路的特殊要求,能主动搜集、整理总结相关技术。对目前重载铁路和磁悬浮技术有整体的认知,为以后的工作学习打下坚实基础。 加强学生爱党爱国、热爱轨道交通行业的精神,以及民族自豪感。		
设备环境	多媒体教室		
用途说明	在常规课程中可引导学生获取信息的能力和总结归纳的能力		

实施人员信息(学生填写)

姓名		班级		学号		电话	

任务目标	笔记栏
实施该工单的任务目标如下: 1. 了解国内外重载运输的发展,培养铁路员工的安全意识。 2. 了解磁悬浮列车的发展。 3. 掌握重载运输需要克服的技术难点。 4. 掌握磁浮技术的主要特点。	

任务介绍

1. 任务描述

重载运输已成为世界各国铁路货物运输发展的共同趋势,也是我国加速提高铁路运输能力的一条主要途径。在本任务的学习中,请同学们着重考虑如何根据所学知识提升自身的专业技能,为重载运输更好地发展提出建设性的可实施方案。

2. 任务要求

(1)了解世界重载铁路的发展概况。
(2)掌握我国重载运输的发展现状。
(3)掌握重载运输的主要模式。
(4)了解世界重载运输的新技术。

任务资讯

(10分)1. 重载运输适用哪些行业或哪些货物?

(10分)2. 常见的重载列车有哪些形式?

(10分)3. 磁浮列车的工作原理?

笔记栏

任务实施

任务实施要求如下:

(**5分**) 1. 什么是磁浮技术?

(**5分**) 2. 如何按悬浮方式进行分类?

(**5分**) 3. 磁浮技术的主要特点有哪些?

(**5分**) 4. 简述磁浮列车的制动原理。

(**10分**) 5. 简述重载列车的技术特点。

笔记栏

任务扩展

任务扩展要求如下:

随着重载列车的发展,轴重和限界成为制约重载列车发展的主要因素,请查阅相关资料,完成以下问题。

(5分) 1. 简述未来重载列车的发展方向?

(5分) 2. 针对轴重和限界这两大制约重载列车发展的因素,试想一下有哪些解决措施?

通过学习磁悬浮列车的技术经济特点和磁悬浮技术在国内外高速铁路中的发展概况,试回答以下问题。

(5分) 1. 磁悬浮技术为何没有大规模地投入商业运营?

(5分) 2. 我国轨道交通运输业发展可能采取哪种技术?

| 工作日志 | 笔记栏 |

（5 分） 实施工单过程中填写如下日志：

工作日志表

日期	工作内容	问题及解决方式

工作总结

（15 分） 请编写完成本任务的工作总结：

质量监控单（教师完成）

工单实施栏目评分表

评分项	分值	作答要求	评审规定	得分
任务资讯	30	问题回答清晰准确，能够紧扣主题，没有明显错误项。	对照标准答案错误一项扣2分，扣完为止。	
任务实施	30	近期展望贴合实际，结合所学专业能有基本准确的定位。	回答前后逻辑合理，不合理处扣2分。	
任务扩展	20	各种类型表述清楚，特点描述准确。	分类少些一项扣2分，对照标准答案错误一项扣5分，扣完为止。	
其他	20	日志和问题项目填写详细、能够反映实际工作过程。	没有填或者太过简单每项扣5分。	
合计得分				

职业能力评分表

评分项	等级	作答要求	等级
知识评价	A|B|C	A：能够完整准确地作答任务资讯的所有问题，准确率在90%以上。 C：对基础知识掌握得不牢固，任务资讯和答辩的准确率在50%以下。	
能力评价	A|B|C	A：熟悉各个环节的实施步骤，完全独立完成任务，有能力辅助其他学生完成规定的工作任务，实施快速，准确率高(任务规划和任务实施正确率在85%以上)。 C：未完成任务或只完成了部分任务，有问题没有积极向其他同学请教，工作实施拖拉，不积极，各个部分的准确率在50%以下。	
态度素养评价	A|B|C	A：不迟到、不早退，对待他人有礼貌，善于帮助他人，积极主动完成规定工作任务，工作台完整整洁，回答老师提问科学。 C：未完成任务或只完成了部分任务，有问题没有积极向其他同学请教，工作实施拖拉不积极，不能准确回答老师提出的问题，各个部分的准确率在50%以下。	
思政素养	A|B	A：树立正确爱党爱国精神，树立不畏艰难、勇于创新的开拓精神，深入实践、严谨细致的科学精神，能深刻理解"詹天佑"工匠精神。 B：对"铁路"工匠精神理解不够全面。	

参考文献

[1] 中华人民共和国铁道部. 铁路技术管理规程[M]. 北京：中国铁道出版社，2014.

[2] 中华人民共和国铁道部. 铁路技术管理规程〈普速铁路部分〉条文说明[M]. 北京：中国铁道出版社，2014.

[3] 佟立本. 铁道概论[M]. 北京：中国铁道出版社，2020.

[4] 李德伟，等. 高速铁路概论[M]. 北京：中国铁道出版社，2021.

[5] 周平，金峰. 城市轨道交通概论[M]. 北京：中国铁道出版社，2015.

[6] 中国国家铁路集团有限公司运输部. 铁道概论[M]. 北京：中国铁道出版社，2022.